Pebble® Plus

Health and Your Body

Science and Your Health

by Rebecca Weber

CAPSTONE PRESS
a capstone imprint

Pebble Plus is published by Capstone Press,
151 Good Counsel Drive, P.O. Box 669, Mankato, Minnesota 56002.
www.capstonepub.com

Books published by Capstone Press are manufactured with paper
containing at least 10 percent post-consumer waste.

Library of Congress Cataloging-in-Publication Data
Weber, Rebecca.
  Science and your health / by Rebecca Weber.
    p. cm.—(Pebble Plus. Health and your body)
  Includes bibliographical references and index.
  ISBN 978-1-4296-6612-1 (library binding)
  1. Health—Juvenile literature. 2. Medicine—Juvenile literature.
I. Title. II. Series.
  RA777.W435 2011
  613—dc22   2010034315

Summary: Simple text and color photographs illustrate the ways science is used to keep people healthy,
including medicine, X-rays, ultrasounds, and surgery.

Editorial Credits
Gillia Olson, editor; Veronica Correia, designer; Svetlana Zhurkin, media researcher; Laura Manthe, production specialist

Photo Credits
Capstone Studio/Karon Dubke, cover
Dreamstime: Darren Baker, 20; Mangostock, 6–7; Paul Landsman, 18–19; Photoeuphoria, 8–9; Valerijs Vinogradovs, 10–11
Getty Images/The Image Bank/Robert J. Herko, 16–17
Photo Researchers/Peter Menzel, 15
Shutterstock: forestpath, 1; Jim Barber, 21; StockLite, 13; wavebreakmedia, 4–5

Note to Parents and Teachers

The Health and Your Body series supports national standards related to health and physical
education. This book describes and illustrates how science keeps people healthy. The images
support early readers in understanding the text. The repetition of words and phrases helps early
readers learn new words. This book also introduces early readers to subject-specific vocabulary
words, which are defined in the Glossary section. Early readers may need assistance to read
some words and to use the Table of Contents, Glossary, Read More, Internet Sites, and Index
sections of the book.

Printed in the United States of America in North Mankato, Minnesota.
092010
005933CGS11

Table of Contents

Science and Health

What does science have

to do with your health?

Doctors and nurses use science

every day to keep you healthy.

Helpful Medicine

Long ago, doctors used plants
to help people. Today, doctors
use all kinds of medicines,
but some still come from plants.
Aspirin is made from tree bark.

Some medicines are vaccinations.

Vaccinations teach the body

how to fight off certain diseases.

They keep people from getting

sick in the first place.

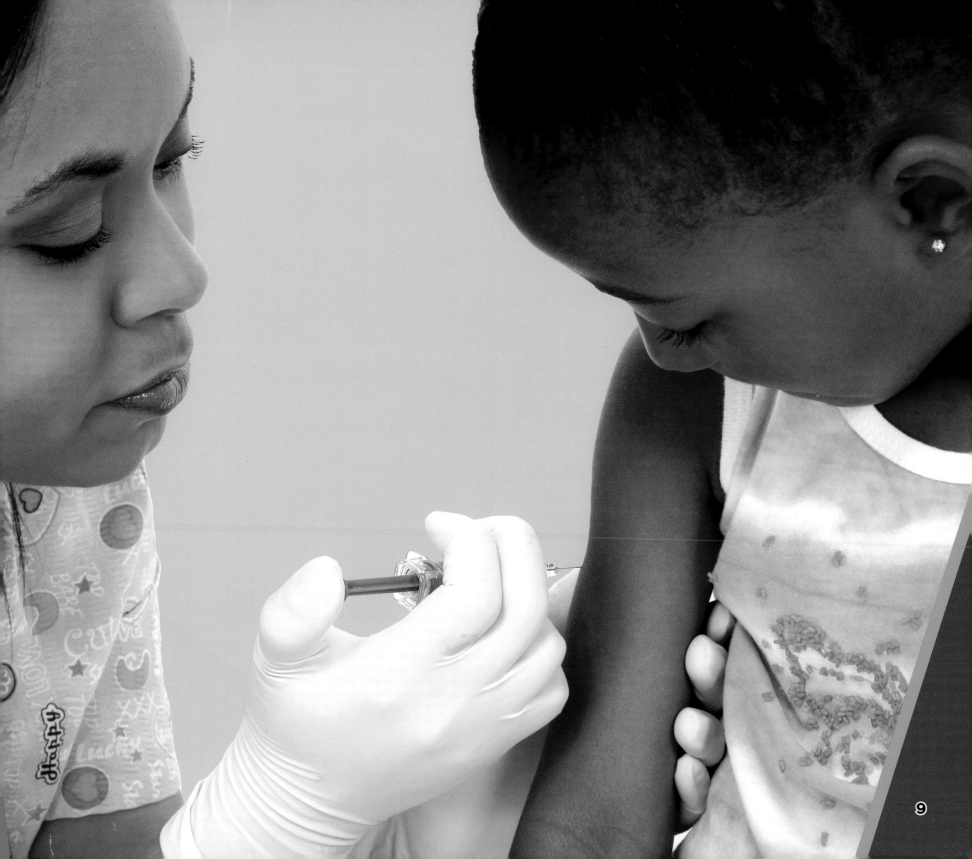

Looking Inside

Sometimes doctors look inside the body to help patients. X-rays are invisible beams of light. They pass through the body to create X-ray pictures.

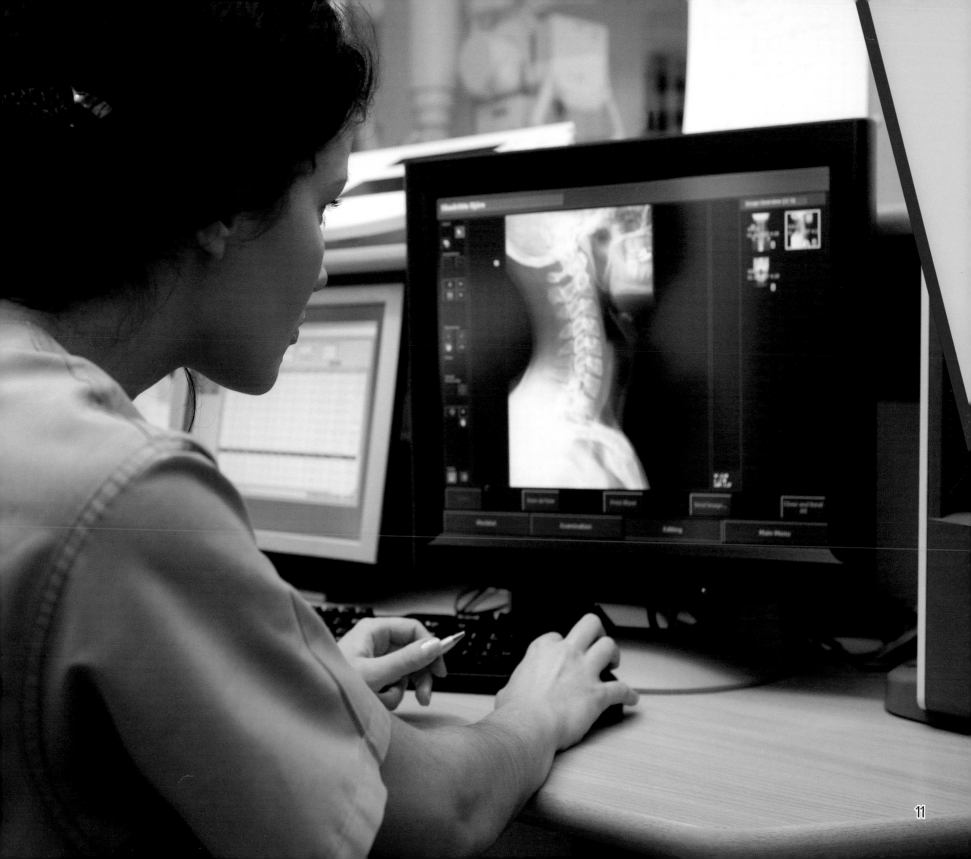

An ultrasound also shows inside the body. This machine uses sound waves that bounce off things in the body. A computer turns the waves into a picture.

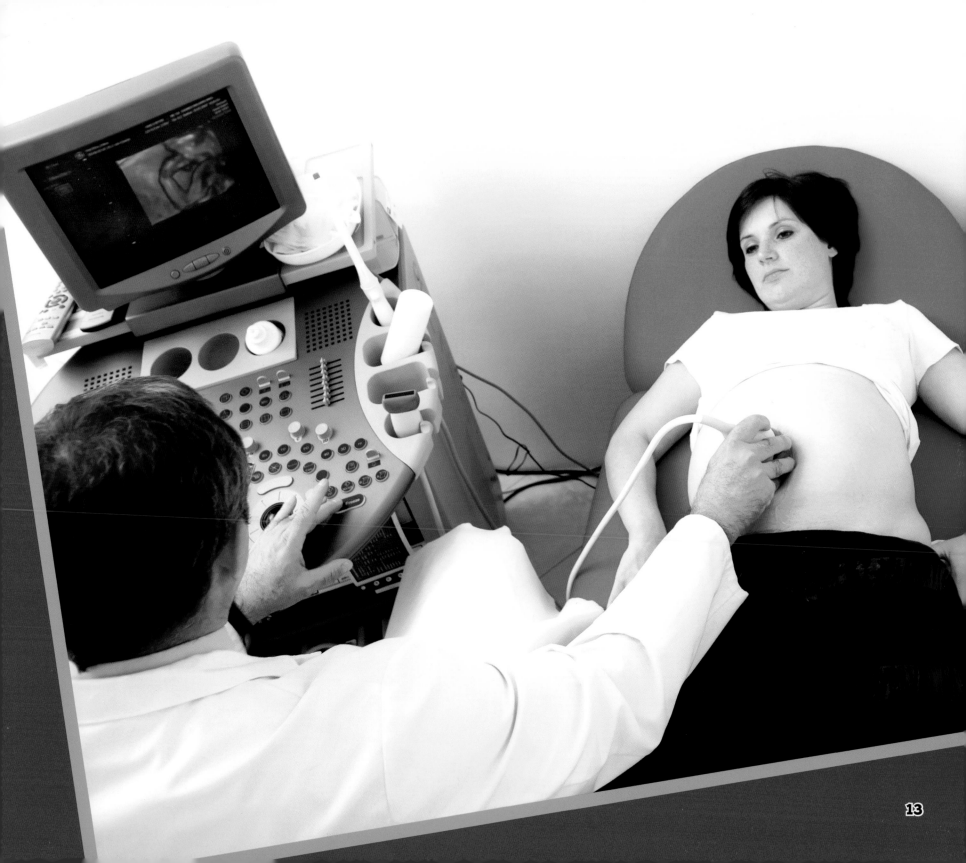

Surgery

Patients sometimes need
an operation, or surgery.
Some surgeries use robots.
A doctor controls the robot to
make tiny, exact movements.

Most surgeries use knives,

but some use lasers. Lasers are

powerful beams of light.

They can fix weak eyes

or erase scars.

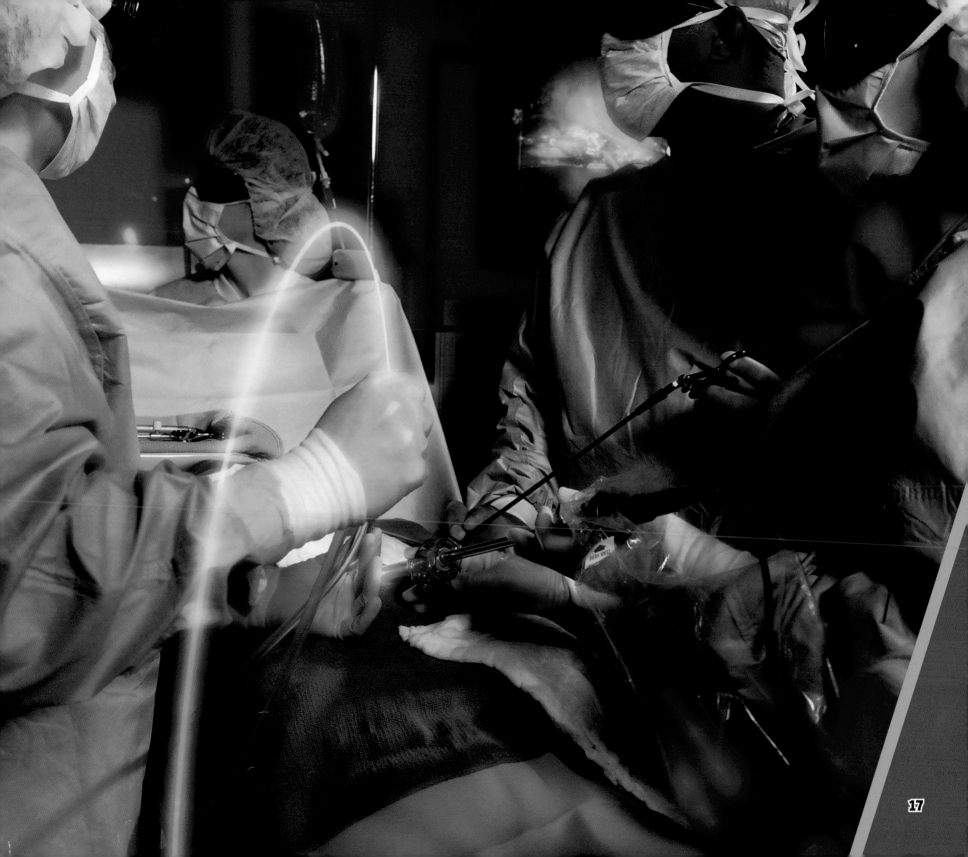

Doctors who do surgeries are called surgeons. They are always using science to help patients. They can even replace one person's heart with another.

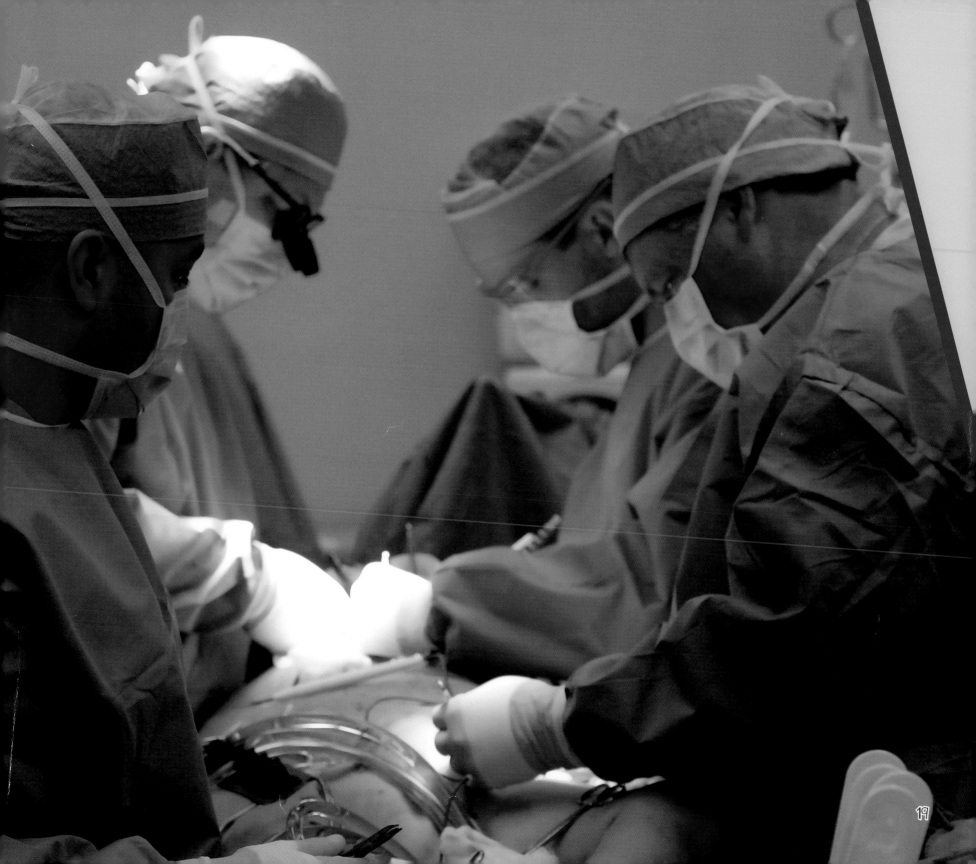

Fun Facts

- Microscopes were invented almost 400 years ago. Doctors use them to look at cells from inside a person's body.

- The first successful transplant of a heart from one person to another happened in 1967. It was done by a surgeon in South Africa.

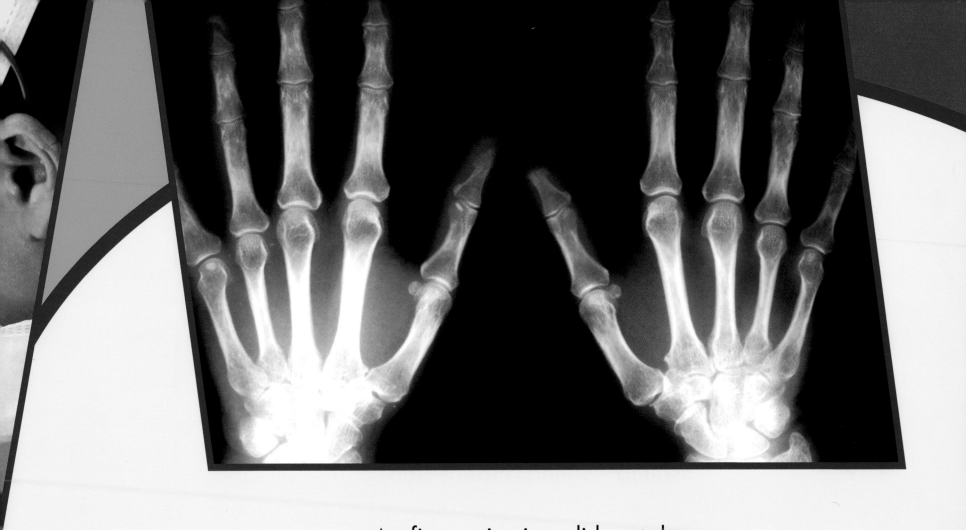

- At first, scientists did not know what X-rays were. They used "X" to describe the rays.

- X-rays can hurt an unborn baby, but ultrasound waves are safe. Many pregnant mothers first see their babies using ultrasounds.

Glossary

disease—a sickness

laser—a thin, powerful beam of light

patient—a person seen and treated by a doctor

robot—a machine that is programmed to do jobs that are usually done by people; a robot can also be directly controlled by a person

ultrasound—sound that is too high for the human ear to hear; ultrasound waves are used in medical scans

vaccination—medicine that protects from getting a disease, usually given in a shot

X-ray—an invisible high-energy beam of light that can pass through solid objects; X-rays are used to take pictures of teeth, bones, and organs inside the body

Read More

Fluet, Connie. *A Day in the Life of a Nurse.* Community Helpers at Work. Mankato, Minn.: Capstone Press, 2005.

Gorman, Jacqueline Laks. *Doctors.* People in My Community. New York: Gareth Stevens Pub., 2011.

Morgan, Sally. *How We Use Plants for Medicine and Health.* How We Use Plants. New York: Rosen Pub. Group's PowerKids Press, 2009.

Internet Sites

FactHound offers a safe, fun way to find Internet sites related to this book. All of the sites on FactHound have been researched by our staff.

Here's all you do:

Visit *www.facthound.com*

Type in this code: 9781429666121

Super-cool stuff! Check out projects, games and lots more at **www.capstonekids.com**

23

Index

Word Count: 189 (main text)
Grade: 1
Early-Intervention Level: 21

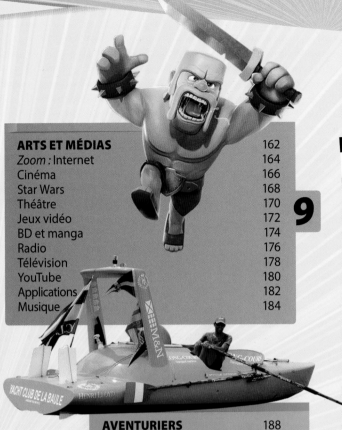

9

10

11

LES BONUS

Notre iconographe, Michael, et notre caméraman, Matt, ont parcouru le globe pour rapporter de nouvelles photos et vidéos d'exception. Sur la page www.guinnessworldrecords.com/bonus, vous pourrez accéder en exclusivité à du contenu inédit : levez le voile sur l'histoire de quelques-uns des records les plus sensationnels du GWR et de l'édition *Gamer*, et découvrez les coulisses du Guinness World Records.

Le contenu est exclusif. Pour y accéder, vous devrez répondre à un quiz. Pas de panique ! Toutes les réponses sont dans le livre que vous tenez entre les mains.

RETROUVEZ EN EXCLUSIVITÉ :

DES GALERIES PHOTOS BONUS

DES VIDÉOS DES COULISSES DU GWR

DES INTERVIEWS DES DÉTENTEURS DE RECORDS

BATTRE UN RECORD...

...À LA TÉLÉVISION

Êtes-vous fait pour les records ?

Il n'est pas nécessaire d'être un sportif de haut niveau ou une star hollywoodienne pour entrer dans l'histoire : battre un record est gratuit et ouvert à tous ceux qui veulent tenter leur chance. Vous n'avez même pas besoin d'intervenir à la télé : vous pouvez le faire confortablement installé chez vous.

Si vous souhaitez établir un record, voici quelques étapes simples à suivre :

1 INSCRIVEZ-VOUS EN LIGNE
La première chose à faire est de donner le plus d'informations possibles à nos équipes concernant votre idée en visitant le site **www.guinnessworldrecords.com/ set-a-record.**
Expliquez votre record en détail : de quoi il s'agit, à quel endroit, quand et comment vous comptez vous y prendre.

2 SUIVEZ LES RÈGLES
Si vous envisagez d'améliorer un record existant, nous vous enverrons par e-mail les règles officielles à suivre. Si c'est une nouvelle idée, nos équipes vous contacteront pour en discuter et valider votre défi Guinness World Records. Si votre idée est approuvée, nous vous enverrons les règles applicables.

3 TENTEZ VOTRE RECORD
Après avoir pris connaissance des règles, vous pouvez vous lancer.
Préparez-vous à recueillir toutes les preuves nécessaires pour valider votre record tel qu'indiqué dans les règles. Nous aurons par exemple besoin de la déclaration d'un témoin indépendant, de photos, de vidéos ou de coordonnées GPS.

4 ENVOYEZ VOS PREUVES
Rassemblez vos preuves et envoyez-les pour validation. Ce processus peut prendre plusieurs semaines. Si vous êtes pressé, nous proposons un service express.
Pour toute question, vous serez mis en relation avec un responsable des records. Si votre performance est validée, vous recevrez votre certificat officiel par voie postale. Bonne chance !

L'émission *Guinness World Records* est diffusée dans le monde entier. Chaque année, des records sont battus devant des millions de téléspectateurs. Serez-vous la prochaine star ?

Nos équipes recherchent continuellement des idées de records saisissants pour nos émissions télévisées. Plus la tentative est spectaculaire et périlleuse, mieux c'est !

Si vous vous inscrivez pour la première fois, n'hésitez pas à nous dire si votre record mérite d'être diffusé à la télévision. Et si vous détenez déjà un record, vous pourriez être contacté par nos équipes pour intervenir devant les caméras.

Voici deux exemples parmi les centaines de records qui ont été plébiscités dans nos émissions...

La plus rapide à gonfler et faire exploser une bouillotte
Shobha S. Tipnis (Inde) a fait une démonstration de son incroyable capacité pulmonaire sur le plateau du *Guinness World Records – Ab India Todega*, à Mumbai (Inde), le 17 mai 2011. La coach en fitness n'a eu besoin que de 41,2 s pour gonfler une bouillotte en caoutchouc... avec son seul souffle.

Le véhicule le plus lourd tracté par un crochet dans la bouche
Le 21 mars 2012, lors de l'émission *Lo Show dei Record* tournée à Rome (Italie), Ryan Stock (Canada) a tiré une voiture de 725 kg avec un crochet entré par une narine, traversant sa cavité nasale et ressortant par la bouche ! Il a amélioré son record en 2013.

...SUR INTERNET

Rendez-vous sur la page « Challengers » du site GWR et choisissez parmi des centaines de records amusants et accessibles celui que vous voulez tenter chez vous.

Cette rubrique vous permet de goûter instantanément à l'expérience du Guinness World Records. Choisissez parmi cinq catégories – Alimentation, Objets du quotidien, Jeux et jouets, Sport et fitness ou Jeux vidéo – et sélectionnez le record à battre. Il vous suffit ensuite de prendre connaissance des règles et de télécharger votre vidéo pour que nos juges puissent délibérer. Essayez sans plus attendre !
www.guinnessworldrecords.com/challengers

Le meilleur score dans le niveau 1-1 « Poached Eggs » d'*Angry Birds* pour Chrome
« Sizzlin' Steve » Kish (RU) s'est connecté au site GWR pour nous montrer son record de 37 510 points sur *Angry Birds*. Kish est un habitué des challenges GWR et détient notamment le record du **plus rapide à construire une pyramide de 36 dés** (17,23 s), du **plus de pièces empilées en 30 s** (51) et du **plus d'enveloppes pliées en deux en 30 s** (46).

Le plus de pinces à linge accrochées au visage en 1 min
Accro aux records et aux pinces, Silvio Sabba (Italie) a fixé 51 pinces à linge sur son visage en 60 s. Aïe ! Silvio détient aussi le record du **plus de pièces de monnaie reçues en plein visage en 1 min** (57) et a marché sur le **plus de bouteilles debout en 1 min** (358).

...EN DIRECT !

Les sites Guinness World Records Live ! sont les seuls lieux où vous pouvez vous présenter, choisir un record et tenter votre chance devant un juge.

L'expérience GWR Live ! est disponible sur deux sites permanents aux États-Unis : les musées Guinness World Records d'Hollywood (Californie) et de San Antonio (Texas). De nombreux shows itinérants parcourent différentes villes dans le monde. L'année dernière, le Royaume-Uni, le Japon, l'Espagne, la Grèce, les Émirats arabes unis et le Canada étaient à l'honneur.

Le plus de pièces de monnaie posées sur la tranche en 30 s (duo)
Aaron Kingslien et Ashton Woerz (tous deux USA) étaient venus visiter le musée Guinness World Records à Hollywood (Californie, USA), le 19 février 2015... et sont repartis avec un record en poche ! Le duo dynamique a battu le record précédent d'une seule pièce en réussissant à faire tenir 20 pièces sur la tranche, de quoi leur permettre de repartir avec un certificat officiel.

Le plus de steps en 30 s.
Jack Picton (RU) s'est montré à la hauteur du défi à Skegness (RU), le 25 avril 2015. Parmi les nombreux records proposés dans le parc de Butlins, il s'est essayé à un exercice de fitness : son jeu de jambes impressionnant lui a permis de faire 40 steps en 30 s.

LE MOT DE L'ÉDITEUR

La **montgolfière**, le **parachute**, le **braille** et les **Grands Prix automobiles** sont des **inventions françaises**.

EN CHIFFRES

4 810 m
Altitude du mont Blanc dans les Alpes françaises, la plus haute montagne d'Europe.

343 m
Hauteur maximale du **viaduc multi-haubané le plus haut**, le viaduc de Millau (Aveyron).

547 030 km²
Superficie de la France, le plus grand pays de l'Union européenne.

84 700 000
Nombre de visiteurs en France, en 2013, la **destination touristique la plus fréquentée**.

9,3
Nombre de visiteurs au musée du Louvre en 2014, c'est le **musée d'art le plus visité**.

Bienvenue dans la dernière édition entièrement actualisée du **livre millésimé le plus vendu** au monde. Cette édition présente un aperçu des records battus dans l'année, ainsi qu'une sélection de performances classiques tirées de notre base de données. Et, comme toujours, nos pages sont riches d'illustrations inédites et de centaines de photos originales.

Pendant 12 mois d'anthologie, nous avons célébré, ici au *Guinness World Records*, le 60ᵉ anniversaire de notre 1ʳᵉ édition. C'est un privilège d'avoir rencontré ces légendes qui ont brisé tant de records et nous ont fait l'honneur d'apparaître dans notre livre pendant ces six décennies ; vous découvrirez une sélection de ces champions dans cette édition. Aucun lauréat n'a boudé son plaisir en recevant son certificat et sa médaille commémorant nos 60 ans. Je voudrais les remercier ainsi que tous ceux qui nous ont aidés à faire de cette année une année d'exception.

Grâce à notre livre, au site Internet, aux émissions de télévision, aux manifestations et aux musées (voir p. 4-5), il existe de plus en plus de moyens de battre un record, et il est évident que l'intérêt du public pour ces exploits ne faiblit pas. Cette année, nos équipes de rédaction et de gestion des records ont traité 39 740 demandes, parmi lesquelles 4 281 ont obtenu un certificat officiel Guinness World Records.

Parmi ces records, nouveaux ou actualisés, plus de 3 000 ont été identifiés par notre équipe de conseillers et de consultants externes. Ce sont eux les héros (généralement méconnus) qui se cachent derrière tous ces records, et cette année nous avons voulu vous les présenter et mettre des visages sur quelques noms.

Le plus de zoos visités

Au 31 décembre 2014, Jonas Livet a visité 873 institutions zoologiques, dans 47 pays, sur 25 ans. Jonas, qui a étudié la gestion de la faune sauvage et la biologie de la conservation, travaille pour Biozones, entreprise française de conseil en zootechnie.

La plus grande chaise pliante

Le 27 mai 2015, la plus grande chaise pliante a été homologuée à la hauteur de 4,77 m en position repliée. Une fois *dépliée*, la chaise mesure toujours la taille incroyable de 4,22 m, avec une assise située à 2,15 m au-dessus du sol. Cet exploit a été accompli à Bondoufle, par Intermarché et par Neyrat Peyronie, fabricant de mobilier de jardin. Ce record avait pour objectif de mettre en valeur cette gamme de chaises d'extérieur.

Vous en saurez plus sur ceux qui dénichent ces records p. 250-251. C'est une équipe plutôt éclectique qui compte archéologues, cosmologues, gérontologues et zoologues. Nos fondateurs, Norris et Ross McWhirter, ont d'ailleurs toujours souhaité que ces mots qui se terminent en « -logues » soient associés à des superlatifs. Nous conservons cette vocation… 61 ans plus tard.

L'équipe d'iconographes n'a pas chômé non plus cette année en photographiant certains de nos plus emblématiques détenteurs de records. Avec les talentueux vidéastes de GWR, elle a souhaité également nous révéler leur attrait pour le monde des records. En plus d'avoir immortalisé quelques-uns de nos « incroyables visiteurs » dans le QG de GWR (voir p. 50-51), l'équipe a parcouru le monde entier pour rencontrer les recordmen à domicile. Et pour citer quelques destinations qui ont jalonné leur itinéraire : les États-Unis – pour un gros plan intimidant de la **vache aux plus longues cornes** (p. 118) –, ils ont évité le rouge ce jour-là ; les Pays-Bas – pour photographier une bicyclette, en mode panoramique poussé à l'extrême (p. 161) ; et en Italie, pour mitrailler le festival de records excentriques de *Lo Show dei Record*, véritable phénomène de la télé transalpine.

Le plus de tours en nose manual sur un BMX en 30 s

Le cascadeur professionnel et « rider » Rémy Dunoyer a réalisé 18 tours pour l'émission *Officially Amazing* (CBBC), à Lyon, le 25 juin 2014. Rémy a validé le record après sa 3ᵉ tentative de « nose wheelies », où seule la roue avant touche le sol tandis que le rider doit accomplir un tour complet de 360°.

❗ INFO

Pour réaliser ces « nose wheelies », le *rider* doit s'équilibrer tout en tournant et ne peut utiliser qu'un pied pour guider la roue avant. Rémy devait tourner au moins 15 fois.

La plus grande image humaine d'un instrument de musique

Le 21 juin 2014, pour célébrer le lancement du Nice Jazz Festival, 1 660 personnes ont créé la forme d'un saxophone – le logo du festival –, sur la promenade du Paillon, à Nice. La longueur du saxophone complet atteignait 56 m. C'est le maire, Christian Estrosi, qui a lancé le compte à rebours lors de l'événement et qui a reçu le certificat.

Le plus d'œufs écrasés en s'asseyant dessus en 1 min

Pour célébrer le Guinness World Records Day du 13 novembre 2014, Michaël Levillain a tenté de battre un nouveau record dans les studios parisiens de la radio NRJ. Il a réussi à écraser 72 œufs en 60 s en s'asseyant dessus par à-coups. On le voit ci-dessus recevoir avec fierté son certificat, délivré par la juge GWR Christelle Betrong.

Son talent ? Un œil de lynx

Eva Norroy, juge officielle GWR depuis décembre 2012, décrit son expérience comme « une véritable aventure »…

Que trouvez-vous de plus difficile ?
Les records sont par nature très difficiles à battre et ils requièrent énormément de préparation et de concentration. Toutes les tentatives ne sont pas couronnées de succès. Alors, le plus compliqué reste d'annoncer la mauvaise nouvelle au participant. La plupart du temps, ils le comprennent et trouvent les ressources pour réessayer et triompher.

Pourquoi s'inscrire pour obtenir un titre ?
Parce qu'on a tous un talent – individuel ou collectif – qui nous permet de réussir quelque chose d'exceptionnel et que ça peut devenir une source d'inspiration.

Quelle est votre dernière homologation ?
La **plus grande tirelire** et le **plus grand haka** (ci-dessus et à gauche). La tirelire était si grande qu'une petite grue devait déposer les pièces dans la fente !

Et votre record préféré ?
Question difficile… C'est peut-être le **plus haut saut à l'élastique dans l'eau** (115,9 m), réalisé par Ray Woodcock. Il avait 71 ans à l'époque et n'avait jamais pratiqué le saut à l'élastique… Pourtant, il n'a pas hésité une seconde.

Quel record aimeriez-vous faire ?
J'aimerais essayer de battre un record d'agilité en 1 min et, pourtant, je suis assez maladroite !

Le plus grand haka

Le 27 septembre 2014, lors d'une manifestation organisée par Mazda France et le rugby club C.A. Brive (Corrèze, Limousin), 4 028 personnes ont participé à un haka, au stade Amédée Domenech de Brive-la-Gaillarde. L'événement s'est déroulé après une rencontre entre le C.A. Brive et Bordeaux. Les supporters de chaque équipe se sont réunis pour battre ce record.

LE MOT DE L'ÉDITEUR

La **tour Eiffel** nécessite **60 t** de peinture, le poids de **10 éléphants**.

EN CHIFFRES

400
Types de fromages fabriqués en France. Il s'agit d'une estimation car il existe de nombreuses variantes régionales. Le plus vieux est le Roquefort, produit depuis le XVIIᵉ siècle

15
Nombre de lauréats français du prix Nobel de littérature, plus que tout autre pays.

99
Nombre d'éditions du Tour de France depuis la course inaugurale de 1903, interrompues uniquement par les deux guerres mondiales.

+ de 296
Nombre de sites illuminés à Paris, parmi lesquels ponts, fontaines, statues et monuments.

195 000 $
Prix au détail d'un balthazar (12 l) de Château Margaux 2009, chez Le Clos, marchand de vin à Dubaï (ÉAU), en 2013.

La plus grande ratatouille

Le 6 octobre 2014, à Disneyland Paris, Disney Channel France et Shine France ont organisé un découpage géant d'aubergines, de poivrons et de tomates afin de préparer une ratatouille de 563 kg. Inspirée par le dessin animé *Ratatouille*, cette performance fut le clou des épreuves pour deux familles en compétition dans l'émission *Chez Rémy*.

L'équipe de Michael s'est aussi rendue en Inde. En plus d'immortaliser de nouveaux records – la **plus petite vache** (p. 119) et le **plus grand stylo à bille** (p. 90) –, elle a repris contact avec des légendes telles que Shridhar Chillal – qui a les **ongles les plus longs sur une main** (p. 59). Découvrez les coulisses des séances photo sur www.guinnessworldrecords/bonus.

La plus longue phrase humaine

Pour son 20ᵉ anniversaire, la multinationale Tiens Group (Chine) a offert à ses équipes un séjour à Paris et à Nice durant lequel 6 262 employés et volontaires se sont alignés sur la promenade des Anglais afin d'écrire: « Tiens' dream is Nice in the Côte d'Azur », le 8 mai 2015.

Le plus long saut périlleux arrière en patins à glace

Le 23 juin 2014, au cours d'*Officially Amazing* (CBBC), à Bordeaux, le patineur et danseur sur glace Oleksandr Liubchenko a réussi un saut périlleux arrière de 6,09 m. Il bat ainsi le record de 5,48 m établi par Robin Cousins (RU), en 1983. Le saut est mesuré de la ligne de départ au point où se pose l'arrière du patin.

LA NOTION D'ÉCHELLE

Chez GWR, nous sommes obsédés par les mesures. Cette année, nous sommes allés plus loin dans la notion d'échelle en présentant une rubrique en bas de chaque page. Elle commence p. 10 avec la mousse quantique, la « chose » connue la plus petite de l'Univers. La plus grande se trouve p. 243 : l'Univers lui-même. Entre ces deux extrêmes, vous trouverez le diamètre des particules subatomiques, la distance de la Terre à la Lune ou la largeur de la Voie lactée.

ZOOM

Parallèlement à l'observation de la notion d'échelle, nous avons voulu ouvrir chaque chapitre avec l'explication plus détaillée d'un sujet de record singulier. Ces pages « Zoom » révèlent tous les secrets du record en question, qu'il soit celui du **volcan le plus mortel** (Tambora, p. 14-15), de l'**animal le plus grand** (la baleine bleue, p. 30-31), du **sport stacking** le plus rapide (p. 68-69), ou du **plus grand accélérateur de particules** (le Grand Collisionneur de hadrons, p. 144-145). Notre attention a été aussi attirée par le **poids le plus lourd soulevé par un humain** (p. 208-209) – record classique qui, pendant des années, a été brouillé par la désinformation, la malhonnêteté et le manque de cohérence. Cette

INFO
Dès le XIXᵉ siècle, la baie des Anges est devenue la destination hivernale préférée des touristes britanniques. Fondée et financée par le révérend Lewis Waya, la promenade des Anglais longe cette baie.

Le pouvoir du French cancan

Le plus de saltos arrière avec un jetpack à eau en 1 min

Le 26 juin 2014, le champion de jet-ski Franky Zapata a réalisé 26 saltos arrière pour *Officially Amazing* (CBBC), dans le port de L'Estaque, à Marseille.

Connu sous le nom de flyboard, ce sport utilise une planche qui se fixe aux pieds. Les jets d'eau servent de propulseurs.

Le plus long tricotin (équipe)

Le 27 août 2014, des tricotins totalisant une longueur de 47,03 km ont été déroulés dans un jardin public de Laval (Mayenne), entre deux poteaux distants de 100 m.

L'événement a été organisé par la mairie de Laval. Les tricotins avaient été réalisés les mois précédents par 1 500 Lavallois. 469 longueurs de tricotin ont contribué à établir ce record.

En 2014, le Moulin Rouge de Paris a fêté ses 125 ans… 125 ans d'enchantement pour les spectateurs venus admirer les danseurs et les acrobates au rythme de chansons intemporelles. Pour marquer cet événement – et célébrer le 10ᵉ Guinness World Records Day – le 7 novembre, c'est en «faisant des ronds de jambe» (dans le bon sens du terme!) que les artistes ont battu des records.

Des danseuses froufroutantes, toutes de bleu-blanc-rouge vêtues (ci-dessous) ont établi le record **du plus grand nombre de ronds de jambe en 30 s (par une seule troupe)**, soit 29. Dans la catégorie des exploits individuels, Nicolas Pihiliangegedara (ci-dessus) a accompli **le plus grand nombre de figures « balai »** (toupies au sol en grand écart) en 30 s : 36 : c'est phénoménal ! Enfin, Adonis Kosmadakis (Grèce, ci-dessous), étonnant de souplesse, a battu un record en 30 s, celui du **nombre de passements de jambe autour de la tête** – 1 par seconde, soit 30.

Et la juge GWR Christelle Betrong, chargée d'homologuer les records, de se réjouir : « Quelle chance d'assister à ces exploits remarquables dans ce cadre typiquement français. Le record de French cancan s'est déroulé devant le Moulin Rouge ; l'organisateur a obtenu que la rue soit fermée à la circulation, afin que les participants puissent danser devant les passants. C'était spectaculaire. J'ai été impressionnée par le talent des danseurs et la synchronisation parfaite. »

année, enfin, nous avons établi un record irréfutable.

Cet exploit en haltérophilie montre qu'il existe encore de nombreux records à battre ou à homologuer. C'est l'histoire du Guinness World Records : on peut toujours battre un record. Et comme de nouvelles technologies apparaissent sans cesse, nos juges et nos équipes seront toujours prêts à revoir les limites de toute chose.

Dans aucun domaine, l'innovation n'a été plus étonnante et plus rapide que dans le domaine du numérique. Au même titre que les records d'Internet (p. 164-165), consultez nos nouvelles catégories consacrées à la baladodiffusion (p. 176-177), Netflix (p. 179), YouTube (p. 180-181) et aux applis (p. 182-183). Parmi les nouveaux sujets cette année : les jumeaux (p. 62-63), les pirates (p. 110-111), les ballons – montgolfières (p. 202-203) et sculptures (p. 92-93) – et la star des jeux vidéo *Minecraft* (p. 140-141).

Enfin, vous trouverez une nouvelle rubrique, à droite de la plupart des doubles pages. Ici, nous

creusons un thème et, dans certains cas, nous vous offrons une interview de recordmen tels que le golfeur Rory McIlroy, le guide spécialiste de l'Everest Apa Sherpa, l'auteur de BD Alan Moore, l'explorateur sir Ranulph Fiennes et le chef d'entreprise et kite-surfeur Richard Branson. Chaque record raconte une histoire, et cette année notre livre en recèle des milliers. J'espère que vous les aimerez toutes…

Craig Glenday,
Éditeur en chef

LE SENS DE LA MESURE

Le plus grand nombre défini est le **gogolplex** : un 1 suivi de 10^{100} zéros !

Longueur : mètre
Distance parcourue par la lumière dans le vide en 1/299 792 458 de seconde

Masse : kilogramme
Masse du « prototype » physique du kilogramme

Temps : seconde
9 192 631 770 périodes de la radiation correspondant à la transition entre les deux niveaux de l'état fondamental de l'atome de césium 133

Courant électrique : ampère
Courant qui produirait, dans deux conducteurs parallèles placés à 1 m, une force de 2×10^{-7} newtons par m

Température : kelvin
Fraction 1/273,16 de la température thermodynamique du point triple de l'eau

Quantité de matière : mole
Quantité de matière d'un système contenant autant d'entrées élémentaires que d'atomes dans 0,012 kg de carbone 12

Luminosité : candela
Intensité lumineuse d'une source qui émet un rayonnement de fréquence 540×10^{12} hertz et dont l'intensité énergétique dans cette direction est de 1/683 watts par stéradian

Combien de biscuits y a-t-il dans un « pack familial » ? Qu'est-ce qu'une « portion généreuse » ? Et à quelle quantité correspond le « verre et demi » de lait frais revendiqué sur l'emballage des barres chocolatées Cadbury ? En introduction au *Guinness World Records 2016*, nous vous donnons quelques éléments pour comprendre à quoi correspondent les unités de mesures, qu'elles soient officielles ou informelles.

Les unités de mesure informelles mentionnées ci-dessus donnent une idée des quantités, mais elles sont trop vagues pour être utilisées en dehors de la publicité – feriez-vous confiance à un dentiste qui vous injecterait une « portion généreuse » d'anesthésiant ?

La volonté de trouver des moyens précis pour mesurer et décrire le monde remonte à l'Antiquité, les exigences des échanges commerciaux ayant imposé les premières tentatives de normalisation. Certaines mesures très anciennes étaient basées sur le poids et le volume des céréales et des graines – le terme « carat » par exemple, toujours utilisé en joaillerie, remonte à l'époque où on utilisait des graines de caroube pour vérifier le poids des pierres, « carat » étant une déformation de « caroube ».

Un système pratique : les unités de base du SI

Les unités de base du SI (**S**ystème **I**nternational d'Unités) consistent en 7 unités de mesure universelles fixes, définies par le Bureau international des Poids et Mesures et adoptées en 1960. Certaines unités de base sont interdépendantes (illustration ci-dessous) : le mètre, par exemple, est défini par la vitesse de la lumière, ce qui signifie qu'il est déterminé par la définition de la seconde.

Les unités de longueur faisaient référence aux outils les plus faciles à trouver, comme… la main (sans oublier le bras et les doigts). Il y a 5 000 ans, il n'était pas rare de voir les gens tout mesurer en « coudées » (du tissu aux grandes villes), une coudée étant égale à la distance entre le coude et le majeur tendu. Pour des longueurs inférieures, on utilisait les mains ou les doigts – l'une des définitions du « pouce » faisant référence à la largeur du pouce, et une autre à la distance entre la dernière articulation et son extrémité, la taille des chevaux est encore souvent exprimée en « mains » (voir *L'homme de Vitruve* p. 11).

Nos liens avec les chevaux ont évidemment donné naissance au terme « cheval-vapeur », qui reste un moyen de mesurer la puissance d'un moteur, même si ce terme n'a plus rien de vague aujourd'hui, un cheval-vapeur correspondant précisément à 745,699872 watts.

Les améliorations dans la précision des mesures se sont imposées. De la construction de huttes en terre à celle de stations spatiales internationales, le besoin de normalisation a permis d'arriver à un consensus : aujourd'hui, tous les pays, à trois exceptions près (Liberia, Birmanie et États-Unis), ont adopté le système métrique.

C'est la raison pour laquelle nous pouvons affirmer avec certitude qu'un « verre et demi » de lait (slogan autrefois utilisé à propos des barres chocolatées Cadbury) équivaut précisément à 426 ml pour 227 g de chocolat.

L'erreur de conversion la plus coûteuse

Le 23 septembre 1999, la sonde *Mars Climate Orbiter* lancée par la NASA est passée derrière Mars et s'est désintégrée dans son atmosphère. La raison ? Une erreur humaine de conversion d'unités de mesure. Le logiciel embarqué mesurait la poussée en unités du système métrique, alors que les commandes de correction de trajectoire envoyées par la salle de contrôle au sol utilisaient les unités du système anglo-saxon. Coût de la mission : 327,6 millions $.

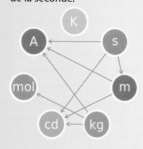

NEXT GAS 100 MILES

INFO

Aux États-Unis, les panneaux routiers sont en unités anglo-saxonnes, mais le système métrique est aussi employé, les deux figurant souvent sur le même panneau (surtout sur les routes proches du Canada et du Mexique).

env. 30 000 av. J.-C.
Premiers bâtons de comptage connus (os sur lesquels des entailles ont été faites).

env. 3000 av. J.-C.
La coudée égyptienne (distance entre le coude et la pointe du majeur) devient la **1ʳᵉ unité** de mesure standardisée.

env. 2600 av. J.-C.
Les graines de caroube (ci-dessus) et les grains de blé sont adoptés comme unités de poids dans la vallée de l'Indus.

env. 2540 av. J.-C.
La pyramide de Khéops est construite en utilisant la coudée royale égyptienne : les 4 côtés sont identiques à 0,05 % près.

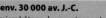

0 , 00000000000000000000000000000000001 m Taille à laquelle l'espace « entre en ébullition » et se transforme en « mousse quantique », selon les théories de la mécanique quantique

Doigt : équivaut suivant les cas à 1,905 cm, à 22,225 mm (0,75 in, chez les Anglo-Saxons) ou pour semer encore plus la confusion 11,43 cm dans l'industrie textile

Cheveu : « s'en falloir d'un cheveu » manque de précision, mais la taille d'un cheveu est de 50 à 100 μm (micromètres)

Trou de l'oreille : utilisé traditionnellement en Éthiopie pour mesurer les volumes de remèdes

Taille : utilisée par les Anglo-Saxons pour définir le « yard » (tour de taille d'un homme)

Main : toujours utilisée dans les pays anglo-saxons pour mesurer la taille des chevaux, une « main » équivaut à 10,16 cm (4 in) ; le « pouce » était autrefois défini comme l'épaisseur d'un doigt d'homme à la base de l'ongle

Coude-bout du doigt : la distance entre le coude et le bout du majeur tendu était appelée « coudée »

Écartement des bras : utilisé pour mesurer la « brasse », défini comme 1,8288 m

Pied : correspond officiellement à 0,3048 m ; divisé en douze « unciae » (pouces) par les Romains, ce qui a donné ce mot « once » en français

Écartement des jambes : utilisé par les Romains pour mesurer la distance faite en 2 enjambées ; un double pas mesurait 152,4 cm, et un mille romain correspondait à 1 000 doubles pas

Échelle humaine
Le dessin ci-dessus représente *L'homme de Vitruve*. Il a été réalisé par Léonard de Vinci (Italie) vers 1490. Il est inspiré des écrits de l'architecte romain Vitruve (Ier siècle av. J.-C.) qui avait fait le parallèle entre les proportions du corps humain et celles à appliquer en architecture, et utilisé les parties du corps pour normaliser les unités de mesure.

Comme l'écrivait Vitruve, le corps humain est l'instrument de mesure le plus ancien. Tout au long de l'histoire, le pied a servi de mesure, de même que de nombreuses autres parties du corps comme le bras ou le doigt. Au fil du temps, ces unités ont été normalisées sous la forme de prototypes physiques – comme la coudée royale – pour éviter les différences liées aux variations de la taille du corps.

INFO
Les Pirahã, tribu de l'Amazonie brésilienne, n'ont aucune notion de comptage (à part « plus que » ou « moins que »), ce qui fait d'eux la **culture possédant le moins de nombres.**

Des unités pour rire
On pourrait prétendre qu'un mètre n'est un mètre que parce qu'un comité de gens très importants se sont accordés sur une définition. Mais pourquoi devrions-nous nous limiter aux unités de mesures perceptibles ? Pourquoi ne pas utiliser des warhols ou des kardashians ? Voici quelques alternatives aux unités de mesure SI que nous avons glanées sur Internet.

Comment l'Amérique a failli adopter le système métrique
Le 17 janvier 1794, le scientifique Joseph Dombey (France) met les voiles pour les États-Unis pour présenter au Congrès des prototypes en cuivre du mètre et du kilo, qui venaient d'être définis. Ils doivent aider les États-Unis à réformer le système de poids et mesures hérité des Britanniques. Hélas, Dombey n'atteindra jamais le sol américain.

En mars, son bateau est pris dans une tempête si violente qu'elle le pousse vers le sud des Antilles, obligeant Dombey à se réfugier à Pointe-à-Pitre (Guadeloupe). Dès qu'il débarque, il est arrêté et emprisonné par le gouverneur, un Français royaliste opposé au nouveau régime installé en France. Au moment où il est libéré et reprend sa route, il souffre d'une terrible fièvre.

Les choses ne s'arrangent pas : à peine sorti du port, le bateau de Dombey est attaqué par une bande de pirates anglais. Ils volent le mètre et le kilo en cuivre et kidnappent Dombey, puis l'emmènent sur l'île de Montserrat et exigent une rançon.

En avril, toujours aux mains des pirates, Dombey meurt. Ses prototypes de mètre et de kilo sont perdus pour toujours et les États-Unis manquent une occasion d'adopter le système métrique. Ils restent aujourd'hui l'un des trois seuls pays à ne pas l'utiliser.

Kardashian
Unité de temps utilisée pour mesurer la longueur d'un mariage ; basée sur les 72 jours qu'a duré l'union de Kim Kardashian et Kris Humphries ; 1 an de mariage équivaut à 5,07 kardashians.

Seconde new-yorkaise
Sans doute l'unité de temps la plus courte possible dans tout l'Univers ; correspond au temps qui s'écoule entre le moment où le feu passe au vert et celui où la voiture derrière vous commence à klaxonner.

Milli-Helen
En référence à Hélène de Troie (« le visage qui lança mille bateaux »), une milli-Helen est une jolie femme dont la présence est requise lors du lancement d'un bateau.

Warhol
Unité de mesure de la célébrité faisant référence à Andy Warhol, qui prétendait que « chacun aurait droit à 15 minutes de célébrité mondiale » ; par extension 1 kilo-warhol équivaut à 15 000 min (ou 10,42 jours) sur le devant de la scène, tandis que 1 méga-warhol correspond à une longue carrière sous les feux de la rampe (28,5 ans).

L'univers déployé
Observez le bas de cette double-page et vous remarquerez des nombres très longs. Tournez la page et vous en découvrirez d'autres. C'est parce que nous déroulons le fil de ce thème tout au long de ce livre. La série débute avec la chose la plus petite que l'on trouve dans l'Univers et se termine par la plus grande. Suivez-la d'un bout à l'autre et vous saisirez la nature extraordinaire de choses ordinaires recèle toutes sortes de merveilles et de surprises. Après tout, c'est bien de cela que ce livre a toujours parlé.

Longueur d'un bassin olympique de natation **50 m**

La « mine », qui est une forme de monnaie et la 1re unité de poids standardisée largement utilisée, apparaît ; inventée par les Babyloniens, l'unité (estimée

env. 1650 av. J.-C.
aujourd'hui entre 640 et 978 g) est adoptée par les Hittites, les Phéniciens, les Assyriens, les Égyptiens, les Hébreux et les Grecs.

1215
En Angleterre, la Magna Carta établit des unités de mesure standardisées pour le vin et la bière.

Le mathématicien et ingénieur flamand Simon Stevin – qui avait introduit les fractions décimales en Europe – suggère un système

1586
de mesures basé sur les décimales, posant ainsi les fondations de ce qui allait devenir le système métrique.

1799
La France est le 1er pays à adopter le système métrique ; l'illustration montre un étalon du mètre à usage public à Paris.

1960
Le SI compte 7 unités de base définies et adoptées de façon (presque) universelle (voir encadré p. 10).

Longueur de Plank, **plus petite unité de mesure** – environ 1 millionième de milliardième de milliardième de milliardième de centimètre **0 , 0000000000000000000000000000000016 m**

TERRE

Le plus ancien parc national

Le parc national de Yellowstone – situé essentiellement dans l'État du Wyoming aux États-Unis – a été créé le 1ᵉʳ mars 1872 par le président Ulysses S. Grant. Le parc abrite plus de 10 000 phénomènes géothermiques : sources d'eau chaude, mares de boue, fumerolles (panaches de vapeur et de gaz naturels). On voit ici la Grand Prismatic Spring – la plus vaste source d'eau chaude des États-Unis. Leur beauté ne doit pas faire oublier que tous ces phénomènes sont alimentés par un supervolcan, tapi sous la surface. Endormi depuis 640 000 ans, il peut encore entrer en éruption…

Selon l'Unesco, Yellowstone se distingue par la **plus grande concentration de geysers du monde**, plus de 300, dont l'« Old Faithful » (voir photo ci-dessus), ce qui correspond à deux tiers des geysers de la planète.

0 , 00000000000000000000000001 m   Le neutrino, la particule la plus légère connue, pèse au plus 0,00000000000000000000000000000000000018 kg

SOMMAIRE

! INFO

Rouge, orange, jaune, vert et bleu... Les anneaux de couleurs vives de la Grand Prismatic Spring proviennent des colonies de bactéries qui prospèrent à diverses températures dans l'eau riche en minéraux.

ZOOM TAMBORA

L'éruption du Tambora a fait environ 71 000 victimes ; c'est l'**éruption la plus meurtrière de l'histoire.**

! INFO

En 24 h, le nuage de cendres du Tambora atteint la taille de l'Australie. En l'espace de 2 semaines, des aérosols soufrés – d'un poids estimé à 100 millions t – se répandent sur toute la planète.

1
Tambora
Indonésie
1815
IEV 7

2
Paektu (Changbai)
Chine/Corée
1000 apr. J.-C.
IEV 7

3
Théra (Santorin)
Grèce
1610 av. J.-C.
IEV 7

4
Taupo (Hatepe)
Nouvelle-Zélande
180 apr. J.-C.
IEV 7

5
Samalas
Indonésie
1257-1258
IEV 7

6
Ambrym
Vanuatu
50 apr. J.-C.
IEV 6+

7
Pinatubo
Philippines
1991
IEV 6

8
Novarupta
Alaska (USA)
1912
IEV 6

9
Santa Maria
Guatemala
1902
IEV 6

10
Krakatoa
Indonésie
1883
IEV 6

Les Européens qui découvrent le Tambora sur l'île de Sumbawa (Indonésie) pensent qu'il s'agit d'un volcan éteint. Toutefois, le 5 avril 1815, ce géant assoupi se réveille et entre en éruption.

Sous la montagne, la pression dans la chambre magmatique augmente et le poids du strato-volcan ne suffit plus à la contenir. Les explosions, semblables à des coups de canon, s'entendent à près de 1 400 km et, le lendemain, une légère cendre retombe sur toute la région. Ce n'est que le début.

Le 10 avril, le sommet du Tambora explose. Trois colonnes éruptives distinctes s'en échappent et finissent par fusionner en un panache terrifiant qui culmine à 43 km d'altitude.

Quand il est liquide, le magma contient des gaz dissous, comme une bouteille de soda contient du CO_2. Une pression suffisante maintient ces gaz dans cet état. Lorsque le magma atteint la surface, la pression s'effondre et le gaz forme des bulles dans la roche liquide. En raison de l'expansion

détonante de ces bulles, l'éruption « plinienne » du Tambora évoque davantage une explosion nucléaire qu'une effusion de lave telle qu'on la voit de nos jours dans les îles hawaïennes.

Cette phase de l'éruption dure environ 1 h et déchaîne le plus mortel des dangers volcaniques : la nuée ardente. Ces flots de cendres dévalent les flancs du volcan à une vitesse qui peut atteindre 725 km/h. Le déferlement de roches et de gaz bouillant à une température proche de 1 000 °C détruit tout sur son passage. La végétation de la péninsule est anéantie et les villages avoisinants, enterrés sous une chape de cendres et de pierres d'environ 1,5 m.

Le 15 avril, les explosions cessent, mais le volcan continue d'émettre des nuages de cendres pendant une semaine. Quand ils se dissipent, le volcan dévoile sa nouvelle forme ; le cône s'est effondré sur lui-même pour combler le vide laissé par l'épanchement de la chambre

magmatique. Une grande caldeira de 6 à 7 km de diamètre et de 700 m de profondeur a pris la place du sommet et le volcan lui-même a perdu un tiers de sa hauteur.

Le bilan humain s'avère terrible : 12 000 morts lors de l'éruption du Tambora et environ 59 000 plus tard, en raison notamment de la famine causée par les mauvaises récoltes.

Localisation

Mer de Florès

Mt Tambora

Péninsule de Sanggar

Sumbawa

Le Tambora (− 8.25°S, 118°E) est un stratovolcan situé sur l'île de Sumbawa (Indonésie). Il forme la péninsule de Sanggar, de 60 km de large, au nord de l'île.

L'explosion équivalant à 800 mégatonnes de TNT expulse des éjectas jusqu'à 43 km d'altitude.

L'éruption plinienne majeure commence par 3 colonnes de feu distinctes.

Indice d'explosivité volcanique

L'indice d'explosivité volcanique (IEV) est la mesure de la puissance d'un volcan. L'échelle – de 0 à 8 – se fonde sur le volume de matériaux éjectés, la hauteur du nuage éruptif et d'autres variables. Il s'agit d'une échelle logarithmique, ainsi un IEV de 8 est 10 fois plus puissant qu'un IEV de 7, et 100 fois plus puissant qu'un IEV de 6. Par chance, il n'y a pas eu d'éruption avec un IEV de 8 depuis 10 000 ans. Nous présentons ici les 10 éruptions les plus violentes des 2 000 dernières années.

Tambora en coupe : avant et après

Hauteur (m)

■ Pré-éruption
■ Post-éruption

- - - - 4 300 m

4 000
3 000
- - - - 2 850 m
2 000
1 000
Niveau de la mer

Cendre grise projetée sur des kilomètres autour de Sumbawa.

Les nuées ardentes détruisent la végétation et incendient des villages entiers.

L'éruption initiale est entendue à 1 400 km sur l'île de Ternate (Indonésie).

Panaches de feu expulsés pendant 3 h

Cheminées secondaires

Le magma monte dans la cheminée d'émission.

Villages

Chambre magmatique : bassin souterrain de roche liquide à une pression pré-éruptive de 4 000 à 5 000 bars (1 bar = pression de l'atmosphère)

0,000000000000000000003 m Quark *bottom* : 3ᵉ génération des « saveurs » de quark, il possède une charge de -⅓ (*voir p.144-145*).

Le panache volcanique atteint la stratosphère.

Nuage classique en forme de champignon

La principale éruption a été entendue à plus de 2 000 km, à Sumatra.

Deux jours d'obscurité

Le nuage pyroclastique qui s'élève du Tambora se dirige vers l'ouest et recouvre les îles voisines d'une chape de cendres atteignant 50 cm. Après l'éruption, la région autour du Tambora – sur près de 600 km – est plongée dans l'obscurité totale pendant 2 jours. Le nuage de cendres, qui atteint la stratosphère, se disperse bientôt dans tout l'hémisphère nord. Les États-Unis et le Royaume-Uni sont tous deux marqués par le climat anormal qui en résulte *(voir « L'année sans été », ci-dessous).*

Pluies de cendres attestées à près de 1 300 km, à Jakarta

140 milliards t de roches éjectées

Effondrement de la caldeira

Densité de cendres de 636 kg/m² attestée à 400 km

Le magma en fusion s'écoule sur près de 20 km depuis le sommet et ravage l'île entière.

Un tsunami de 4 m frappe la côte.

Des tonnes de débris se répandent dans la mer.

Des pierres ponces (jusqu'à 20 cm) pleuvent sur la région.

11 avr.

10 avr. 22 h

10 avr. 19 h

5 avr.

	150-180 km³			
		18 km³		10 km³
3 km³			0,7 km³	
Vésuve **79 apr. J.-C.**	Tambora **1815**	Krakatoa **1883**	St Helens **1980**	Pinatubo **1991**

Des éjectas record

Le Tambora a expulsé entre 150 et 180 km³ d'éjectas (roche, magma et cendres) – un volume équivalant à 66 000 fois celui de la pyramide de Gizeh. C'est la **plus grande quantité de matière émise par un volcan** recensée dans l'histoire.

En comparaison, l'éruption du Vésuve (Italie, 79 apr. J.-C.), qui a englouti Pompéi, n'a expulsé « que » 3 km³ d'éjectas.

✚ L'année sans été

● Les cendres et les aérosols soufrés injectés dans l'atmosphère par l'éruption du Tambora ont initié une baisse des températures mondiales de l'ordre de 0,4 à 0,7 °C, laquelle, à son tour, a engendré « l'année sans été ». La météo catastrophique de 1816 a joué un rôle remarquable dans certaines toiles de l'époque, telles que *Weymouth Bay (ci-dessous)* de John Constable, qui dépeint le temps chaotique d'une journée d'été.

● De nombreux pays ont connu de très mauvaises récoltes, voire des famines. Parmi les autres conséquences, on notera l'interruption de la mousson en Inde, ainsi que des épidémies de choléra et de typhus. En Allemagne, où les fermiers perdent leurs chevaux en raison de la famine, le baron Karl von Drais, un fonctionnaire, invente un moyen de transport alternatif : le vélocipède, ou draisienne *(ci-dessus)*, l'**ancêtre de la bicyclette**.

● L'obscurité a sûrement eu un impact sur Mary Shelley ; confinée chez elle la majeure partie de l'été, la jeune femme de 18 ans lit des histoires fantastiques et finit par écrire la sienne : *Frankenstein*.

! INFO

Le Tambora a explosé en relâchant une énergie équivalant à 14 *Tsar Bomba*, la **bombe atomique la plus puissante testée** (essai soviétique du 30 octobre 1961).

Mégatonnes : comparaison des explosions les plus puissantes (échelle non respectée)

			57 MT	800 MT
		24 MT		
	10-15 MT			
0,015 MT				
Hiroshima **1945**	Tunguska **1908**	Mont St Helens **1980**	Tsar Bomba **1961**	Tambora **1815**

Qu'est-ce que la mégatonne ?

Les explosions les plus puissantes sont mesurées en mégatonnes (Mt). 1 Mt équivaut à l'énergie produite par 1 million t de TNT (trinitrotoluène). (Le préfixe « méga » multiplie par 1 million.) 1 Mt d'énergie suffirait à alimenter un foyer occidental moyen pendant environ 120 000 ans.

Frankenstein MARY SHELLEY

Quark *charm* : 2ᵉ génération des « saveurs » de quark, il possède une charge de +⅔ *(voir p. 144-145).* 0,000000000000000001 m

15

FOUDRE

On appelle parfois « **fulminologie** » l'**étude scientifique** de la foudre.

26
Décès causés par la foudre aux États-Unis en 2014.

+ de 100
Nombre d'impacts de foudre qui frappent la Terre chaque seconde.

120 dB
Volume sonore d'un coup de tonnerre.

10 %
Taux de mortalité des personnes frappées par la foudre ; 70 % souffrent de graves dommages à long terme.

200
millisecondes
Durée moyenne d'un éclair.

16 km
Distance susceptible d'être parcourue par l'éclair depuis le cœur de l'orage.

1 milliard
Voltage maximum d'un éclair.

25
Coups de foudre qui frappent l'Empire State Building en moyenne tous les ans ; lors d'un orage sans précédent, il a été touché 8 fois en 24 min !

Le type d'éclair le plus long

Si l'éclair est le moyen pour la nature de rétablir l'équilibre des charges électriques, il se manifeste sous diverses formes. En 1956, un radar a enregistré un éclair intranuageux (IN) – comme représenté ci-dessus – qui parcourait une distance de 149 km. L'IN, ou éclair diffus, se produit à l'intérieur d'un nuage et ne touche pas le sol.

L'**éclair le plus haut**, quant à lui, est appelé « jet géant » (*à droite*). Version XXL du « jet bleu », cet éclair vertical peut atteindre plus de 90 km de hauteur.

L'éclair le plus commun
Provoqué par la disposition des charges électriques positives ou négatives dans un cumulonimbus, l'éclair intranuageux (*voir ci-dessus*) représente près de 90 % des éclairs. Les autres types, plus rares, comprennent les éclairs internuageux, nuage-sol et nuage-air.

La distance la plus grande entre éclairs coordonnés
Depuis le début de la conquête spatiale, les astronautes qui orbitent autour de la Terre ont noté que les éclairs de certains orages peuvent déclencher des éclairs dans des orages distants d'au moins 100 kilomètres. Baptisé « éclair sympathique »

Le plus de morts dus à la foudre

Un cauchemar aérien est devenu une réalité tragique à Noël 1971, lorsque le vol 508 de la LANSA s'est écrasé, touché par la foudre tandis qu'il survolait l'Amazone. Sur les 92 passagers et membres d'équipage, il n'y a eu qu'une survivante : Juliane Koepcke, 17 ans (Allemagne ; *ci-dessus*). Chose incroyable, non seulement elle en est ressortie quasi indemne (des coupures et une clavicule cassée), mais en outre, elle a affronté seule les périls de la jungle amazonienne pendant 10 jours avant d'être retrouvée.

(« provoqué à un autre endroit ») par l'astronaute Edward Gibson (USA), ce phénomène reste inexpliqué. On suggère toutefois que des radiations électromagnétiques, en rebondissant à la surface de la Terre, pourraient générer un éclair dans un orage éloigné.

Le plus de fusées déclenchées par la foudre
Mieux vaut ne pas lancer une fusée par une nuit orageuse. Toutefois, le 9 juin 1987, la NASA n'a rien pu faire : 3 fusées ont décollé de Wallops Flight Facility en Virginie (USA), déclenchées par la foudre. Deux ont d'abord suivi la trajectoire prévue, tandis que la 3e s'est abîmée en mer, à 90 m de l'aire de lancement. Ironie du sort, ces fusées avaient été conçues pour étudier les orages.

Le plus grand réseau de détection de la foudre
Avec plus de 800 détecteurs dans plus de 40 pays, l'Earth Networks Total Lightning Network est le plus grand système de détection de la foudre. Les détecteurs à large bande de fréquence peuvent localiser à la fois les éclairs intranuageux et les éclairs nuage-sol.

Le plus long éclair artificiel
On dit que le scientifique et ingénieur Nikola Tesla (Croatie) – connu surtout pour avoir inventé la machine asynchrone – serait né lors d'un orage. En 1899, dans son laboratoire de Colorado Springs (USA), il a créé un éclair long de 40 m. Le coup de tonnerre subséquent aurait été entendu à une distance de 35 km.

Le 1er détecteur de foudre
Créées en 1742 par l'inventeur Andrew Gordon (RU) à l'université d'Erfurt (Allemagne), les cloches à foudre (ou de Franklin) convertissent l'électricité en mouvement, celui d'un marteau entre 2 cloches aux charges opposées. Conçu pour avertir de l'imminence d'un orage, cet instrument fut par la suite appelé « carillon électrique », en raison du son mélodieux qu'il produit. Peu après, en 1749, Benjamin Franklin (USA) a inventé le 1er **paratonnerre**. Ces tiges métalliques placées

La concentration d'éclairs la plus élevée

À l'endroit où la rivière Catatumbo se jette dans le lac Maracaibo (Venezuela), on peut voir des éclairs près de 300 nuits par an, lors d'orages épiques pouvant durer 9 h ! En fait, cette région reçoit environ 250 impacts de foudre par km² tous les ans. Cette tempête incessante se révèle le produit de l'affrontement entre courants d'air froid et chaud, piégés par la chaîne montagneuse qui borde le lac.

0,000000000000000004 m Quark *strange* : deuxième génération des « saveurs » de quark, il possède une charge de − ⅓ (voir p. 144-145)

au sommet d'un bâtiment et connectées à la terre conduisent sans danger la foudre vers le sol et protègent ainsi les structures.

Le 1ᵉʳ éclair déclenché par une fusée

La nature imprévisible et éphémère des éclairs rend leur étude scientifique particulièrement ardue. L'une des solutions consiste à lancer dans un nuage orageux une petite fusée à laquelle est accroché un câble de cuivre ou d'acier. Celui-ci crée un chemin de moindre résistance pour les impacts potentiels. Après de nombreux échecs, l'Académie chinoise des sciences y est enfin parvenue en 1977, à Gansu (Chine).

! INFO

Certains scientifiques pensent que la foudre peut avoir généré la vie sur Terre. Des expériences ont montré qu'appliquer un arc électrique sur des composants inorganiques pouvait créer des acides aminés organiques.

La fulgurite la plus longue

Formées par la foudre quand elle frappe certains minéraux tels que la silice ou même de la simple terre, les fulgurites s'apparentent à des tubes de verre créés par l'électricité lorsqu'elle passe à travers le sol. En 1996, des géologues ont découvert un spécimen spectaculaire en Floride (USA), dont une branche plongeait à 5,2 m sous la surface.

L'expansion rapide de l'air autour de l'éclair provoque le tonnerre.

Les particules de l'air sont surchauffées jusqu'à 30 000 °C.

Le diamètre moyen d'un éclair est de 2,5 cm.

Traceur par bonds

La décharge parcourt l'air ionisé.

Arc électrique en retour

Base du nuage chargée négativement

Les structures au sol sont chargées positivement.

? LEXIQUE

Traceur par bonds : alors qu'il semble qu'un éclair nuage-sol se produit en une seule phase, en réalité, la progression vers le sol se fait le long de canaux d'air chargés négativement d'environ 50 m de long, qu'on appelle « traceurs ».

Canal positif : un canal positif monte depuis les points les plus élevés sur le sol – parmi lesquels bâtiments… et individus –, attiré par le champ électrique négatif du traceur.

Arc électrique en retour : lorsqu'un traceur rencontre un canal positif, le circuit est complet et provoque un éclair brillant. L'explosion d'énergie fonce d'abord vers le sol avant que le courant s'inverse et remonte vers le nuage ; c'est cet « arc électrique en retour » que nous percevons comme un éclair.

La plus haute température naturelle sur Terre

On pourrait croire que le record revient à un désert ou au noyau en fusion de notre planète, mais comparé aux températures générées par un éclair… c'est le pôle Nord ! Pendant quelques millisecondes, l'air traversé par un éclair peut atteindre 30 000 °C – environ 5 fois plus que la surface du Soleil. Les particules d'air surchauffées émettent une lumière blanche.

Généralement, c'est l'« éclair positif », l'**éclair le plus puissant**, qui atteint de telles températures. Il apparaît lorsque le transfert net de charge entre le nuage et le sol est positif, alors qu'il est le plus souvent négatif. Partant du sommet des cumulonimbus, ces éclairs génèrent des champs électriques bien plus puissants, qui peuvent atteindre près de 1 milliard de volts.

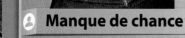

👤 Manque de chance

Heureusement, la plupart d'entre nous n'ont jamais été frappés par la foudre…

Selon la National Oceanic and Atmospheric Administration, le risque d'être frappé par la foudre s'élève à 12 000 contre 1, et peut aller jusqu'à 1 000 000 contre un pour une année déterminée. L'histoire extraordinaire de Roy Sullivan (*ci-dessus*) de Virginie (USA), l'homme qui a survécu au **plus grand nombre d'impacts de foudre** – pas moins de 7 – a de quoi surprendre tous les statisticiens. (voir p. 204-205 pour d'autres survivants).

La 1ʳᵉ rencontre foudroyante de ce garde forestier posté au parc national de Shenandoah dans les Blue Ridge Mountains se produit en avril 1942. Alors qu'il s'enfuit d'une tour d'observation qui a pris feu pendant un orage, Sullivan est frappé à la jambe droite par un impact de plusieurs millions de volts. Il lui laissera une belle cicatrice et le privera de l'ongle de son gros orteil.

Il ne pouvait pas savoir qu'il s'agissait du début d'un combat incessant contre Mère Nature. Pendant les 35 années suivantes, 6 autres impacts de foudre laissèrent leur marque (similaires aux cicatrices ci-dessus). Cela vaudra à Roy le surnom de « Spark Ranger » :

Juillet 1969 : sourcils brûlés et montre détruite pendant qu'il conduit.

Juillet 1970 : épaule gauche calcinée alors qu'il se trouve dans son jardin.

Avril 1972 : ses cheveux prennent feu tandis qu'il se trouve à son poste de garde.

Août 1973 : ses cheveux prennent feu de nouveau et ses jambes sont brûlées dans son véhicule.

Juin 1976 : cheville blessée pendant qu'il marche.

Juin 1977 : poitrine et ventre brûlés alors qu'il pêche sur une barque.

Roy est mort en 1983, à 71 ans, d'une blessure provenant d'un coup de pistolet qu'il s'était tiré.

FROZEN

Il y a 715 millions d'années, la **Terre** était presque entièrement **recouverte de glace**.

ICEHOTEL EN CHIFFRES

100
Nombre de personnes ayant participé à la construction de l'hôtel.

1 000 t
Quantité de glace utilisée pour sa construction.

30 000 t
Quantité du mélange de neige et de glace servant de mortier, utilisée pour la construction de l'hôtel.

200 km
Distance, vers le nord, séparant l'ICEHOTEL du cercle Arctique.

50 000
Nombre annuel moyen de visiteurs de l'ICEHOTEL.

La plus grande exposition de lanternes de glace

La sculpture de lanternes de glace est une tradition hivernale à Vuollerim (Suède). Le 5 février 2013, la population locale s'est surpassée avec 2 651 lanternes exposées dans le village lapon.

Le désert le plus froid

Elles ne ressemblent pas au désert traditionnel, mais les vallées sèches de McMurdo (Antarctique) reçoivent moins de 100 mm de précipitation annuelle et satisfont aux critères définissant un désert.

La température moyenne annuelle de – 20 °C s'avère plutôt clémente pour l'Antarctique et les 4 800 km² couverts par ces vallées représentent la zone dépourvue de glace la plus vaste du continent gelé.

La 1ʳᵉ formation d'un brinicle filmée

Les brinicles sont des stalactites de glace sous-marines qui se forment lorsqu'une eau de mer très froide et très salée s'écoule et gèle dans une eau moins froide. Si le brinicle atteint le plancher océanique, l'eau extrêmement froide se répandra en gelant et en tuant toute forme de vie. Ce phénomène a été filmé pour la 1ʳᵉ fois par la BBC pour sa série *Frozen Planet* en 2011 dans le détroit de McMurdo (Antarctique).

Le plus grand glacier

Le glacier Lambert (Antarctique) couvre 1 million de km². Avec une longueur de 400 km, c'est le **glacier le plus long**. Chaque année, il fournit à l'océan Austral près de 33 milliards t de glace prélevée sur la calotte polaire de l'Antarctique oriental.

La plus grande barrière de glace

Découverte par le capitaine James Clark Ross (RU) en 1841, sur la côte ouest de l'Antarctique, la barrière de Ross (472 000 km²) est le plus gros morceau de glace flottant sur Terre. L'extrémité de la barrière présente une face presque verticale de 15 m qui plonge vers l'océan.

La plus longue route de glace

Construite en 1982, la Tibbitt to Contwoyto Winter Road (route d'hiver reliant Tibbitt à Contwoyto, Canada) s'avère essentielle pour relier les mines des Territoires du Nord-Ouest et du Nunavut. Reconstruite chaque année, la route de 568 km traverse des lacs glacés sur 495 km.

La plus longue piste de glace

Avec 3 050 m de long et environ 67 m de large, deux pistes temporaires créées tous les ans dans la glace qui recouvre la mer près de la station McMurdo (Antarctique) partagent ce record.

La 1ʳᵉ neige artificielle

Le scientifique Ray Ringer (Canada) et ses collègues ont créé la 1ʳᵉ neige artificielle dans les années 1940.

C'est en étudiant la formation de la glace sur les réacteurs qu'ils ont fait cette découverte. L'eau projetée dans une soufflerie réfrigérée devant un réacteur produisait en effet de la neige à l'autre extrémité. Ringer a publié ces résultats qui ont inspiré le 1ᵉʳ « canon à neige », en 1954.

Le 1ᵉʳ bonhomme de neige répertorié

Un Livre d'heures est un livre de prières écrit par des moines au Moyen Âge. Un ouvrage de 1380, conservé à la Koninklijke Bibliotheek de La Haye (Pays-Bas), présente dans une marge un griffonnage ressemblant à un bonhomme de neige.

Le plus grand igloo

Le 19 février 2011, le parc accrobranches ZipZag.ca (Canada) a construit un igloo composé de 2 500 blocs de glace (ci-dessus et médaillon). D'un diamètre interne de 9,2 m, il atteignait 5,3 m de haut.

Le **plus grand igloo en neige** a été conçu par l'équipe de l'émission de télévision *Pro 7 Galileo* (Allemagne), le 7 février 2011. D'un diamètre intérieur de 12,1 m, il faisait 8,1 m de haut.

La plus grande harde de rennes

La population de rennes (*Rangifer tarandus caribou*) de George River, dans le nord du Canada, comptait près de 50 000 individus en 2011. Elle atteignait 800 000 têtes en 1992 et, depuis, a connu une baisse significative.

La plus grande structure de glace

Reconstruit tous les ans à partir de blocs de glace coupés dans la rivière Torne, l'ICEHOTEL de Jukkasjärvi (Suède) occupe 5 500 m². En 2015, la 25ᵉ version de l'ICEHOTEL comprend un bar, une église, ainsi que de nombreuses suites originales présentant, par exemple, un wagon du métro londonien ou un ours polaire dansant à la barre… sculptés dans la glace.

0,000000000000001 m Taille d'un neutron, particule subatomique qui – avec le proton – forme le noyau de l'atome.

Le plus long contact de tout le corps avec de la glace

Pour reconquérir un titre qu'il détenait en 2011, Jin Songhao (Chine) a passé 1 h, 53 min et 10 s enseveli dans la glace sur le plateau du *CCTV-Guinness World Records Special*, à Fujian (Chine), le 4 septembre 2014. Il bat de 8 s le record existant.

Le plus de bonshommes de neige façonnés en 1 h

Sous l'égide de Drama 24 Unhandy Handyman (Japon), 1 406 personnes ont confectionné 2 036 bonshommes de neige à Akabira (Hokkaido, Japon), le 28 février 2015. Tous les bonshommes de neige devaient avoir une carotte en guise de nez, du charbon pour les yeux et des branchages en guise de bras.

Le plus rapide à réaliser 60 sculptures sur glace

Richard Daly (USA), sculpteur sur glace plusieurs fois récompensé, a créé 60 œuvres en 2 h, 52 min et 12 s,

Le plus grand bonhomme de neige

Demandez aux habitants de Bethel (Maine, USA) de confectionner un bonhomme de neige et ils vous répondront : « Oui ! » Le 26 février 2008, après 1 mois de travail, les résidents de Bethel et des villages voisins ont érigé une « bonne femme de neige » de 37,21 m.

Le plus grand labyrinthe de neige

Mesuré le 15 février 2015, un labyrinthe de neige de 1 696 m² a été construit au Fort William Historical Park (Canada, ci-dessus). Il est présenté dans le cadre du 13e Festival d'hiver du Voyageur.

Le **plus grand labyrinthe de glace** – partiellement construit en forme de bison – a été conçu par l'Arctic Glacier Ice Maze (USA), à Buffalo (New York, USA). Mesuré le 26 février 2010, il couvrait 1 194,33 m².

à Lakeville (Pennsylvanie, USA), le 20 octobre 2013. Les sculptures de Daly s'inspiraient de sujets divers : nourriture, bâtiments et, en raison de la date, de la fête d'Halloween.

Les plus au nord…

• **Hôtel :** l'hôtel de l'hémisphère nord situé à la plus haute latitude est le Radisson Blu Polar Hotel à Spitsbergen à Longyearbyen (archipel norvégien du Svalbard). Ce groupe d'îles, cap septentrional de l'Europe, s'étend entre 74° et 81° Nord ; il est recouvert à 60 % de glaciers.

• **Restaurant :** à Longyearbyen, on déniche aussi le kebab mobile baptisé « L'Ours polaire rouge ». Propriété de Kazem Ariaiwand (Iran), il a beaucoup de succès auprès des 2 000 habitants.

• **Territoire royal :** au 83°40'N, sur l'île de Kaffeklubben (« Le Club café »), au large du nord du Groenland, se trouve le territoire le plus austral administré par une monarchie. Devenu colonie danoise en 1814, le Groenland a intégré le royaume du Danemark en 1953. Bien que le Groenland soit autonome depuis 1979, il dépend toujours du Danemark.

• **Endroit habité :** à près de 800 km du pôle Nord géographique, à 82°30'N, 62°W, se trouve une station des forces canadiennes à Alert sur l'île d'Ellesmere. Alert se situe plus près de Stockholm (Suède) que de la plus proche des villes canadiennes : Edmonton (Alberta).

Exploration de l'Antarctique

Créée en 1962 pour coordonner les recherches sur le continent gelé, la British Antarctic Survey a d'abord été dirigée par l'explorateur sir Vivian Fuchs (RU). GWR a interrogé le professeur David Vaughan (RU, ci-dessus), directeur des sciences à la BAS, sur leur travail.

Quel type de recherches menez-vous ?
Nous étudions les interactions des particules solaires avec le champ magnétique terrestre. Elles provoquent les aurores boréales dans la haute atmosphère et peuvent menacer l'approvisionnement énergétique, les communications et les satellites.

Nous analysons l'histoire du climat et de la vie sur Terre. Elle est fixée dans la glace et les roches de l'Antarctique. Nous tentons de prévoir le climat et de savoir comment il affectera la calotte glaciaire et modifiera le niveau de la mer. Nous travaillons en Antarctique et en Arctique et partout où notre expérience polaire peut être utile.

Quelles sont les difficultés pratiques lors d'une mission en Antarctique ?
Le froid, bien sûr. Mais surtout, les distances immenses et l'isolement, encore plus complexes à gérer. Chaque hiver, les mois d'obscurité représentent une épreuve psychologique.

Quelles découvertes avez-vous faites ?
Nous avons été les premiers à identifier le trou dans la couche d'ozone au-dessus de l'Antarctique dans les années 1980 (à gauche). En analysant les noyaux de glace, nous avons progressé dans la compréhension du changement climatique. Nous savons qu'il est généré par les gaz à effet de serre.

CHUTES D'EAU

Lorsqu'elle a vu pour la 1re fois les **chutes d'Iguazú** (Amérique du Sud), Eleanor Roosevelt se serait exclamée : « **Pauvre Niagara !** »

EN CHIFFRES

47

Nombre de cascades du Salto Ángel (*en bas à droite*).

275

Nombre de cascades des chutes d'Iguazú, s'écoulant sur 2,7 km le long du fleuve Iguazú, à la frontière entre le Brésil et l'Argentine.

165 m

Hauteur de la **cascade artificielle la plus haute**, la Cascata delle Marmore, près de Terni (Italie), créée par les Romains vers 270 av. J.-C.

340 m

Hauteur des chutes de Nohkalikai, les plus hautes d'Inde.

1,5 million

Nombre de visiteurs annuel des chutes de Snoqualmie (82 m, État de Washington, USA). On les voit dans la série *Twin Peaks*.

840 m

Hauteur des James Bruces Falls (Canada), les chutes les plus hautes d'Amérique du Nord.

20 %

Proportion de l'eau potable des États-Unis provenant des chutes du Niagara.

La plus haute chute en cascade

Les Tugela Falls s'écoulent sur 948 m en 5 sauts depuis le sommet des Drakensberg (montagnes du Dragon), dans le Royal Natal National Park de la province du Kwazulu-Natal (Afrique du Sud). Les Tugela Falls sont également les 2es plus hautes du monde.

La plus haute chute d'eau côtière

L'île hawaïenne de Molokai abrite les plus hautes falaises du monde. L'eau qui coule des chutes d'Olo'upena, hautes de 900 m, tombe directement dans le Pacifique. Large de près de 12 m, Olo'upena est la 4e plus haute chute du monde.

La plus haute chute sous-marine

Sous le détroit du Danemark, qui sépare le Groenland de l'Islande, se cache une chute d'eau sous-marine, à l'endroit où l'eau froide, plus dense, coule de la mer du Groenland dans la mer d'Irminger, légèrement plus chaude. L'eau

froide « tombe » de plus de 3,5 km, au moins 3 fois la hauteur du Salto Ángel.

Découverte en 1989, cette chute, appelée Cataracte du détroit du Danemark, débite près de 5 millions m³ d'eau par seconde, ce qui fait d'elle la **plus importante chute en termes de volume d'eau.**

La plus grande chute d'eau de tous les temps

Il y a environ 18 000 ans, à la fin de l'âge glaciaire, un énorme lac s'est formé en Amérique du Nord, près de Missoula (Montana, USA). Il est apparu lorsqu'un glacier gigantesque a entravé le cours d'un fleuve en piégeant environ 2 000 km³ d'eau.

L'eau a fini par rompre le barrage de glace, et le lac, connu sous le nom de lac glaciaire de

Missoula, s'est vidé, provoquant une inondation majeure. En coulant des falaises aujourd'hui nommées Dry Falls, l'eau a créé des chutes spectaculaires mesurant environ 5,6 km de large et 115 m de haut. Par comparaison, les chutes du Niagara (*en bas*) font 1,6 km de large et 50 m de haut.

Le plus grand bassin naturel

Lacs ou dépressions au pied des chutes, les bassins naturels sont formés par l'action érosive de l'eau. Celui de Perth Canyon, à l'ouest des côtes australiennes, descend à 300 m de profondeur et couvre 12 km². Une chute d'eau l'a façonné au cours de la préhistoire, lorsque cette région se situait au-dessus du niveau de la mer.

La plus haute cascade intérieure

L'atrium de 8 étages qui se déploie sur toute la hauteur de l'International Center de Detroit (Michigan, USA) est orné d'une pièce d'eau mesurant 34,75 m. L'eau coule sur 840 m² de carreaux de marbre et reflète la lumière naturelle zénithale.

Le plus grand rideau d'eau

Avec 1 708 m de large et 108 m de haut, les chutes Victoria, sur le fleuve Zambèze, entre le Zimbabwe et la Zambie, créent un rideau d'eau de près de 184 400 m². David Livingstone (RU, 1813-1873) les a baptisées ainsi en l'honneur de la reine Victoria, mais les habitants les connaissent sous le nom de Mosi-oa-Tunya (« la fumée qui gronde »). La brume d'eau produite par les chutes est visible à plus de 20 km.

INFO

Pendant cette descente très risquée des Palouse Falls, Tyler Bradt est resté près du rideau d'eau et a visé le cœur du torrent à l'impact afin que l'eau bouillonnante amortisse sa chute.

72

Nombre de chutes qui coulent dans la vallée de Lauterbrunnen (Suisse).

90 %

Pourcentage des poissons qui survivent à une « baignade » dans les chutes du Niagara.

50 m

Hauteur de The Fang (« le Croc », Colorado, USA), colonne de glace qui se forme à partir d'une chute d'eau lors des hivers très froids.

8 m

La plus grande circonférence des chutes de Taroshi (Japon), colonne de glace hivernale ; cette mesure aurait un lien avec la qualité de la récolte de riz.

Le plus gros débit annuel

Les chutes d'Inga, sur le fleuve Congo (ouest de la Rép. dém. du Congo), débitent environ 25 768 m³ d'eau par seconde. Selon le World Waterfall Database, base de données mondiale qui dresse la liste des plus hautes et des plus volumineuses chutes d'eau du monde, les chutes d'Inga mesurent 96 m de haut, courent sur 15 240 m, ont une largeur maximale de 4 023 m et présentent un saut maximum de 21 m.

La chute d'eau avec le plus de ponts naturels

Découvert en 1952, le gouffre des Trois Ponts, à Tannourine (Liban), abrite une chute d'eau culminant à 255 m, creusée dans un calcaire du jurassique vieux de 160 millions d'années. Elle est traversée par 3 formations naturelles en forme de pont.

La chute d'eau la plus large

Les chutes de Khone, sur le Mékong (sud du Laos), atteignent une largeur de 10,78 km. Elles mesurent de 15 à 21 m de haut et enregistrent un débit de 42 500 m³ d'eau par seconde.

La plus longue descente de chute d'eau en kayak (femme)

Le 10 mai 2009, Christie Glissmeyer (USA) a descendu 25 m dans les Metlako Falls d'Eagle Creek (Oregon, USA). Cette descente était 2 fois plus longue que ses précédentes.

Le plus haut plongeon depuis une chute d'eau

Le 5 octobre 2008, Di Huanran (Chine) a plongé de 12,19 m depuis les chutes Diaoshuilou du lac Jingbo à Mudanjiang (Chine). Un équipement de mesure professionnel a été utilisé pour mesurer le plongeon.

La plus longue descente d'une chute d'eau en kayak

Le 21 avril 2009, le kayakiste de l'extrême Tyler Bradt (USA, *encart*) a descendu 57 m sur les Palouse Falls (État de Washington, USA), dans une chute libre qui a duré plus de 4 s. Il s'en est sorti avec une entorse du poignet et une rame brisée. Cet exploit lui a permis de battre le précédent record de 18 m.

La chute d'eau la plus visitée

Les chutes du Niagara, à la frontière entre le Canada et les États-Unis, accueillent 22 500 000 visiteurs par an, ce qui en fait non seulement les chutes d'eau les plus visitées de la planète, mais aussi la 5ᵉ attraction touristique mondiale la plus populaire devant les parcs Disney, la cathédrale Notre-Dame de Paris et la Grande Muraille de Chine.

Elles comprennent 3 chutes : les « chutes américaines », le « voile de la mariée » et le « fer à cheval » (ou « chutes canadiennes »). Certes, il existe près de 500 chutes plus hautes, mais celles du Niagara sont plus facilement accessibles.

TOP 10 DES CHUTES LES PLUS HAUTES

Ces mesures représentent la « hauteur totale, quelle soit en chute libre ou avec des sauts ».

Rang	Nom de la chute	Hauteur	Localisation
1	Salto Ángel	979 m	Bolívar (Venezuela)
2	Tugela	948 m	Kwazulu-Natal (Afrique du Sud)
3	Three Sisters	914 m	Junín (Pérou)
4	Oloʻupena	900 m	Hawaii (USA)
5	Yumbilla	896 m	Amazonas (Pérou)
6	Vinnufallet	865 m	Møre og Romsdal (Norvège)
7	Skorga	864 m	Møre og Romsdal (Norvège)
=8	Puʻukaʻoku	840 m	Hawaii (USA)
=8	James Bruce	840 m	Colombie-Britannique (Canada)
10	Browne	836 m	South Island (Nlle-Zélande)

Source : World Waterfall Database

Le saut le plus haut

Le Salto Ángel (alias « Angel Falls », État de Bolívar, Venezuela) présente un saut de 807 m. Après être tombée d'une telle hauteur, l'eau forme une colonne de brume. Le Salto Ángel est également la **plus haute chute d'eau** : en associant ce saut aux cascades en contrebas, elle atteint une hauteur totale de 979 m. Elle porte le nom de l'aviateur Jimmie Angel (USA),qui l'a évoquée pour la 1ʳᵉ fois dans son journal de bord le 16 novembre 1933.

OCÉANS

À ce jour, nous avons exploré **moins de 5 %** des océans de la planète.

EN CHIFFRES

4 km
Profondeur moyenne des océans de la Terre.

70 %
Proportion de l'oxygène que nous respirons, produite par les océans.

90 %
Proportion de l'activité volcanique sur Terre générée sous les océans.

1 000 ans
Temps qu'il faudrait à 1 m³ d'eau de mer pour faire le tour du monde.

65 000 km
Longueur de la chaîne montagneuse sous-marine la plus étendue : la dorsale séparant les océans Atlantique et Arctique.

9,4 millions km²
Superficie de l'océan Arctique, le **plus petit océan**.

166,2 millions km²
Superficie du **plus grand océan**, l'océan Pacifique.

Le trou bleu le plus profond

Les trous bleus, ou trous marins, se situent au niveau de la mer ou juste sous sa surface. Il s'agit de grottes ou de puits que la mer a rempli après la dernière glaciation, il y a environ 12 000 ans. Les calottes glaciaires ont alors fondu et le niveau de la mer s'est élevé. Le trou bleu de Dean – 76 m de diamètre – descend jusqu'à 202 m dans la baie de la Tortue, près de Clarence Town (côte atlantique des Bahamas). À quelques encablures du rivage, il contient 1,1 million m³ d'eau.

La température de surface moyenne la plus chaude de l'océan mondial

Selon la National Oceanic and Atmospheric Administration (NOAA), les températures de surface les plus élevées de l'océan mondial ont été enregistrées entre janvier et septembre 2014. Ces températures dépassaient de 0,66 °C les valeurs moyennes relevées aux xxe et xxie siècles. Les résultats ont été publiés dans le rapport en ligne *State of the Climate : Global Analysis September 2014* édité par le Centre national des données climatiques du NOAA.

Selon cette même source, la température de surface moyenne la plus froide relevée aux xxe et xxie siècles (– 0,49 °C) a été enregistrée entre janvier et septembre 1911.

Le biome sous-marin le plus profond

Le fond de la zone pélagique (parties de la mer ou de l'océan autres que la côte ou le fond marin) porte le nom de zone hadale ou hadopélagique. Elle comprend les fosses océaniques et commence à une profondeur de 6 000 m pour descendre jusqu'au plancher océanique. Cette zone se caractérise par une absence de lumière et par des pressions qui peuvent atteindre 986,9 atmosphères (1,01 t par cm²). La plupart des animaux vivants à cette profondeur sont incolores et utilisent la bioluminescence comme source lumineuse. Ce biome présente des monts hydrothermaux dont la chaleur et les nutriments chimiques permettent à de nombreuses espèces de vivre, comme l'escargot au pied d'écaille (recouvert d'écailles en sulfure de fer).

L'acidification de l'océan la plus rapide

Les océans absorbent environ 30 % des émissions de CO_2 avec lesquelles ils réagissent chimiquement en formant de l'acide carbonique. Près de 20 millions t par jour sont ainsi « prélevées » dans l'atmosphère. En conséquence, les océans deviennent de plus en plus acides (près de 30 % de plus depuis le début de la révolution industrielle, au xviiie siècle). Si les niveaux de pH des océans varient selon les régions, le changement mondial actuel est environ 100 fois plus rapide qu'il ne l'a été en 20 millions d'années.

L'onde interne la plus haute

Les ondes internes se produisent dans les parties de l'océan où l'eau est stratifiée (composée de différentes couches). L'onde survient sous la surface de l'eau, à la frontière entre des couches d'eau à la salinité et à la densité différentes. La plus grande onde localisée se trouve au sud de la mer de Chine, et elle peut atteindre 170 m en avançant seulement de quelques centimètres par seconde. Cette découverte a été révélée par des scientifiques du Massachusetts Institute of Technology (USA), le 8 janvier 2014.

LES PLUS VASTES...

Superficie de banquise

Selon la NASA, le 20 septembre 2014, la banquise autour de l'Antarctique a atteint la surface maximale jamais enregistrée de 20,15 millions km². Cette donnée provient de l'US National

Le stack, ou pilier de pierre, le plus haut

Située dans le Pacifique, au sud-est de l'île australienne Lord Howe, la pyramide de Ball mesure 561 m de haut sur une base de 200 m. (Ce qui représente, à titre de comparaison, 6 fois la statue de la Liberté, piédestal compris.)

Jadis, pourtant, cet affleurement était bien plus grand. Ce vestige d'un énorme volcan vieux de 7 millions d'années ne fait plus que 0,5 % de sa taille originelle.

> **! INFO**
> Sous l'impact des vagues au pied des falaises, des fissures naissent, puis des grottes. Si cela se produit de chaque côté d'un promontoire rocheux, les grottes créent une arche. L'érosion finit par supprimer le sommet créant le pilier, ou stack.

0,000000000025 m Rayon atomique de l'hélium (He), le premier des gaz nobles et l'**élément le plus inerte**

Le 1er polluant océanique

Selon le programme des Nations unies pour l'environnement, les sacs en plastique constituent plus de 50 % des déchets marins, avec 46 000 morceaux de plastique tous les 2,6 km² d'océan. Dans certaines parties du Pacifique, pour chaque kilo de biomasse, on trouve 6 kg de plastique. La Blue Ocean Society for Marine Conservation estime que plus de 1 million d'oiseaux et 100 000 mammifères marins meurent chaque année en s'étouffant ou en s'empêtrant avec du plastique.

La mer la plus claire

Le 13 octobre 1986, les scientifiques de l'Institut Alfred Wegener de Bremerhaven (Allemagne) ont mesuré la limpidité de la mer de Weddell au large de l'Antarctique. Ils ont plongé dans l'eau un disque noir et blanc de 30 cm de diamètre, appelé disque de Secchi, et l'ont suivi jusqu'à ce qu'il disparaisse. Il est resté visible jusqu'à 80 m : une limpidité équivalant à celle de l'eau distillée.

d'eau n'a été découverte que sous les États-Unis continentaux, et on pense qu'elle contiendrait environ 4 milliards km³ d'eau, environ 3 fois le volume des océans terrestres.

Gisement de nodules polymétalliques

Les nodules polymétalliques sont des concrétions rocheuses de forme sphérique composées d'hydroxyde de manganèse et de fer entourant un noyau constitué de débris océaniques. On les trouve sur les fonds marins où ils se sont formés grâce à la précipitation des métaux présents dans l'eau de mer, ainsi que d'autres processus chimiques.

La plus grande surface de mer lumineuse

En 1995, les scientifiques de l'US Naval Research Laboratory ont détecté, grâce à leur satellite, une mer lumineuse dans l'océan Indien, au large des côtes de Somalie. La surface d'eau d'environ 14 000 km² mesurait plus de 250 km de long. On pense que des bactéries bioluminescentes ont provoqué cette luminosité inhabituelle.

Leur croissance s'étend sur des millions d'années. Leur taille varie de l'échelle microscopique à près de 20 cm. Le plus grand gisement se situe au large de l'île de Clipperton (France) et couvre environ 9 millions km² au fond du Pacifique. Cette région contiendrait 21 milliards t de nodules polymétalliques.

👤 Capitaine Donald Walsh

Le 23 janvier 1960, le docteur Jacques Piccard (Suisse, en bas, à droite) et Donald Walsh (USA, ci-dessus et en bas à gauche, alors lieutenant) ont réalisé la **plongée habitée la plus profonde dans un océan** : 10 911 m dans le bathyscaphe *Trieste* de la marine US. Le site ? Challenger Deep dans la fosse des Marianes, le **point le plus bas de la Terre (voir p. 155)**. Pour GWR, le capitaine Walsh est revenu sur ce jour historique.

Comment était-ce dans le bathyscaphe ?
Après avoir installé notre équipement, l'intérieur de la sphère n'était pas vaste. L'équipage – 2 personnes – disposait d'un espace de la taille d'un grand réfrigérateur ; et il y régnait la même température !

Pouvez-nous expliquer la plongée et sa durée ?
La plongée a duré 9 h : 5 h de descente, 20 min au fond et le reste pour revenir à la surface. En descente, nous allions beaucoup moins vite, afin de nous assurer que nous ne rencontrions aucun obstacle.

Comment résumer l'impact de votre plongée ?
Il y a cet intérêt qu'on porte à la conquête de l'une des dernières frontières géographiques de notre planète. Il est impossible de savoir si nous avons suscité des vocations d'océanautes, d'océanographes ou d'ingénieurs marins.

En revanche, nos « empreintes » et notre « ADN » se retrouvent dans la plupart des véhicules sous-marins de nos jours. C'est incroyable de voir un équipement dans un nouveau submersible et de pouvoir se dire : « Oui, on a fait le premier, il y a cinquante ans. »

Snow & Ice Data Center qui relève le niveau de la banquise depuis 1979.

Étendue d'eau souterraine

Le 12 juin 2014, des scientifiques américains ont affirmé avoir localisé de l'eau piégée dans une strate de ringwoodite, à une profondeur de 700 km dans le manteau terrestre, entre la croûte et le noyau. En analysant les ondes sismiques (générées par les tremblements de terre) qui ralentissent en la traversant, ils en ont conclu à la présence d'eau. Jusqu'à présent, cette couche de ringwoodite et

Le plus important vêlage glaciaire filmé

Le 16 novembre 2012, le documentaire *Chasing Ice* est sorti aux États-Unis. Réalisé par Jeff Orlowski, ce film suit l'expédition du photographe James Balog et de son équipe de l'EIS, réunis afin de rassembler des preuves du changement climatique anthropique (provoqué par l'homme) au Groenland, en Islande et en Alaska. Durant le tournage, l'équipe a passé plusieurs semaines sur le glacier Jakobshavn (Ilulissat, Groenland), où ils ont assisté à un vêlage de 75 min. Près de 4 km³ de glace sont tombés dans l'océan (ci-dessus). C'est également le **plus long vêlage glaciaire jamais filmé**.

GEMMES ET MINÉRAUX

Il y a près de 35 minéraux différents dans une télévision. Et 15 dans une voiture.

LES JOYAUX DE LA COURONNE BRITANNIQUE EN CHIFFRES

2,23 kg
Poids de la couronne de Saint-Édouard, avec laquelle sont sacrés les souverains britanniques.

530,2 carats
Poids du Cullinan I (Première Étoile d'Afrique) qui orne le Sceptre à la croix : le **plus gros diamant brut sans défaut taillé** (106,04 g).

3 000
Nombre de pierres précieuses serties dans la couronne impériale d'apparat, avec laquelle George VI a été sacré.

317 carats
Poids du Cullinan 2 (Deuxième Étoile d'Afrique) serti sur la couronne impériale d'apparat (63,4 g).

3 106 carats
Poids du Cullinan, le **plus gros diamant** jamais trouvé (621,2 g), dans lequel ont été taillées les Étoiles d'Afrique.

6 000
Nombre de diamants, rubis et émeraudes sertis sur la couronne impériale des Indes, portée une fois, en 1911, par George V lors d'une cérémonie à Delhi.

La plus ancienne utilisation du diamant en tant qu'outil

Des chercheurs de l'université de Harvard, à Cambridge (Massachusetts, USA), ont montré qu'il y a 6 000 ans, les Chinois employaient des diamants afin de tailler et polir des haches funéraires en pierre. Même avec des techniques de polissage moderne, il s'avère difficile d'atteindre un tel degré de maîtrise. Ces haches, mesurant de 13 à 22 cm, proviennent des cultures Sanxingcun (4000-3800 av. J.-C.) et Liangzhu (environ 2500 av. J.-C.). Cette découverte a été annoncée dans le numéro de février 2015 d'*Archaeometry*.

Le diamant, allotrope du carbone (C), atteint une dureté de 10 sur l'échelle de Mohs, ce qui en fait l'**élément le plus dur**. On extrait les diamants principalement en Inde, au Brésil, en Afrique du Sud et en Russie.

Le talc est le **minéral le plus tendre**. En bas de l'échelle de Mohs se trouve le talc, un silicate, avec une dureté estimée à 1 degré. Comme de nombreux minéraux terrestres, il est composé de silicium, de magnésium et contient des traces d'éléments présents dans l'eau.

Le 1er diamant synthétique

En février 1955, les scientifiques du laboratoire GE de Schenectady (New York, USA) dévoilaient un équipement à ultra-haute pression : la « presse à diamant », petite cellule soumise à des pistons capables de produire une pression de 1 milliard kg_f/m^2) et une température de 2 760 °C. Un courant électrique fusionnait le métal et le carbone qui refroidissaient ensuite de 10 à 20 min. Résultat : des diamants synthétiques parfaits pesant jusqu'à $1/10^e$ de carat.

Le minéral le plus abondant dans la croûte terrestre

Le feldspath (à droite) est un minéral de formule $KAlSi_3O_8$ - $NaAlSi_3O_8$ - $CaAl_2Si_2O_8$ qui forme des cristaux dans le magma. Avec le quartz et le mica, il s'agit d'un des principaux constituants du granite. Les feldspaths connaissent de nombreuses variétés, parmi lesquelles les plagioclases, orthoclases, l'albite et l'anorthite. Ils représentent environ 60 % des minéraux de la croûte terrestre.

Les **minéraux les plus abondants sur Terre** sont les silicates (formés de silicium et d'oxygène) – dont les feldspaths – qui constituent environ 95 % de la croûte terrestre. Ce qui explique pourquoi l'oxygène compose une si grande partie – près de 46 % – de la masse de la croûte. À gauche, on voit un morceau de silicium cristallin.

Le plus grand gisement de diamant

Située dans la république de Sakha (Russie), la mine à ciel ouvert Youbileynaya exploite le plus grand gisement de diamant. Connue également sous le nom de mine du Jubilé, elle contenait en janvier 2013 plus de 153 millions de carats (Mct) de diamants exploitables, dont 51 Mct de réserves potentielles souterraines. Elle est gérée depuis 1986 par le groupe Aikhal mining & processing (division d'Alrosa, entreprise publique russe d'exploitation diamantifère).

Le principal producteur de plomb

L'homme extrait et utilise le plomb depuis des millénaires. On extrait facilement ce métal très malléable du minerai de plomb. En 2014, la Chine reste le 1er producteur mondial avec 2 950 000 t, soit environ la moitié de la production mondiale.

LES PLUS GRANDS…

Perle d'ormeau

Une perle d'ormeau baroque de 718,50 carats mesurant 14 x 8 x 4 cm a été trouvée par Dat Vi Truong (USA), à Mendocino (Californie, USA), le 31 mai 2010. Les perles d'ormeau ne pouvant être cultivées, elles sont toutes d'origine naturelle. L'ormeau (genre *Haliotis*), mollusque assez commun, peuple les océans tempérés. Toutefois, il produit rarement des perles et quand c'est le cas, il en résulte une concrétion irrégulière, de couleur variée, rouge, vert, bleu ou jaune.

Agate

Le 25 octobre 2009, la Commission du développement et de la réforme de la municipalité de Fuxin (province du Liaoning, Chine) a pesé lors d'une cérémonie une agate de 61 090,2 kg.

Morceau d'ambre

La Maison de l'ambre et le musée de l'Ambre de Copenhague (tous 2 Danemark) possèdent un morceau d'ambre de 47,56 kg. Il a été pesé à la maison Kanneworffs de Copenhague (Danemark), le 31 mars 2015. Découverte en 2014 au cœur de la région de Dharmasraya, dans la province occidentale de Sumatra (Indonésie) cette pièce unique a probablement entre 15 et 25 millions d'années.

Géode d'améthyste

Présentée au Muséum d'histoire naturelle de Shandong Tianyu (province du Shandong, Chine), la plus grande géode d'améthyste mesure 3 m de long, 1,8 m de large et 2,2 m de haut pour un poids de 13 t.

La plus ancienne utilisation de l'obsidienne

L'obsidienne – roche formée lorsque la lave felsique issue d'une éruption volcanique se refroidit rapidement – doit sa couleur marron foncé à noire au magnésium et au fer qu'elle contient. Taillée, elle présente des arêtes acérées, très précieuses pour les premiers hommes, qui l'utilisaient pour son tranchant. Sur le site préhistorique de Kariandusi (Kenya), on a trouvé des preuves de son emploi qui remonte à 700 000 ans, soit au paléolithique inférieur.

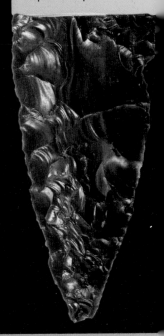

  0,00000000016 m Diamètre d'un atome de carbone. Le carbone est l'élément possédant le **plus d'allotropes**, grâce à son atome qui connaît 7 formes de liaison différentes.

Le plus gros cristal de gypse

En 2000, on a découvert la grotte des Cristaux sous la montagne Naica dans le désert de Chihuahua (Mexique). Elle contient des cristaux de gypse uniques, dont le plus grand mesure près de 11 m de long pour un poids estimé de 55 t.

Aigue-marine

Une aigue-marine ($Al_2Be_3[Si_6O_{18}]$) de 520 000 carats a été découverte près de Marambaia (Brésil), en 1910. Elle contenait plus de 200 000 carats de pierres de qualité gemme.

Opale noire

Mesurant 2 450 x 1 460 x 527 mm et pesant 11 340,95 carats (2 268 kg), la plus grande opale noire appartient à Dallas, Judith, Shannon, Jeffery et Ken Westbrook (tous Australie). Elle a été découverte à Lightning Ridge (Nouvelle-Galles du Sud, Australie).

La plus grande sphère de quartz rose

Yoshiyuki Nishiyama de Machida (préfecture de Tokyo, Japon), possède la plus grande sphère de quartz rose. Son diamètre de 96,6 cm a été attesté le 21 mai 2013. Veinée de rose et pesant 1 220 kg, cette pierre colossale provient du Brésil.

Saphir taillé

Le 19 mars 2005, au Hickory Metro Convention Center (Caroline du Nord, USA), l'Unifour Gem, Mineral, Bead, Fossil & Jewelry Show a exposé un saphir gris et or taillé de 80 500 carats (16,1 kg). Le propriétaire a passé 3 ans à le sertir de diamants.

Pépite d'or

La pépite Holtermann a été découverte le 19 octobre 1872, dans la mine Star of Hope de Beyers & Holtermann, à Hill End – alors connu sous le nom de Bald Hill – (Nouvelle-Galles du Sud, Australie). Elle contenait près de 82,11 kg d'or dans un amas de 235,14 kg.

Le diamant le plus cher

Le 16 novembre 2010, chez Sotheby's, à Genève (Suisse), le Graff Pink, diamant Fancy Intense Pink de 24,78 carats a atteint 45 442 500 francs suisses (environ 34 millions €). C'est aussi le **bijou le plus cher vendu aux enchères**. Le **diamant Fancy Orange le plus cher vendu aux enchères** (à gauche) a atteint 32,6 millions de francs suisses (environ 26,3 millions €), chez Christie's, à Genève (Suisse), le 12 novembre 2013.

👤 Le casse qui n'a pas eu lieu

Pendant le week-end de Pâques 2015, des cambrioleurs ont pillé 70 coffres à Hatton Garden, le quartier des joailliers de Londres. Ils ont volé pour 380 millions $ de pierres précieuses. Une fortune ! Toutefois, celle-ci aurait été facilement éclipsée par le butin du plus grand braquage… un casse qui a tout simplement échoué !

En 2000, le Dôme du Millénaire à Londres (RU) accueille une exposition organisée par De Beers, un des principaux conglomérats diamantaires. L'une des pièces, un diamant parfait de 203 carats le « Millennium Star » (ci-dessus), vaut à lui seul 285 millions $. Un gang de cambrioleurs planifie un casse, à l'aide d'une excavatrice JCB. Ils convoitent 12 diamants de 500 millions $ et prévoient de s'enfuir en hors-bord sur la Tamise.

Ce casse a échoué. Deux membres de la bande, connus des services de police, ont été surpris par les caméras de surveillance en pleine reconnaissance 2 mois avant l'exposition. Le 6 novembre 2000 – le jour où le gang doit passer à l'acte –, la police remplace les diamants par des copies en cristal. Les mauvaises conditions météo sur la Tamise les obligent à reporter leur projet d'une journée. Le lendemain, affublés de masques (ci-dessus, à droite), ils se fraient un chemin dans l'exposition après avoir lancé des grenades fumigènes et fracturent la vitrine (ci-dessus, à gauche). Ils sont rapidement arrêtés par la police.

Comme le regrettera un des membres de la bande : « On s'en serait sortis, s'il n'y avait pas eu 140 policiers qui nous attendaient. »

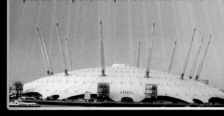

RESSOURCES NATURELLES

Nos océans contiennent près de **8 fois la quantité d'or** jamais extraite.

EN CHIFFRES

1,5 kg
Poids de l'énergie fossile requise pour fabriquer une puce de 32 MB.

28 %
Pourcentage de l'énergie produite par le charbon dans les pays développés ; pour le gaz naturel, le chiffre atteint 20 %, tandis que le pétrole reste la principale source d'énergie avec 40 %.

60
Nombre approximatif d'éléments chimiques dans un téléphone portable.

34 kg
Poids d'or susceptible d'être extrait de 1 million de téléphones portables recyclés.

19 milliards
Nombre de barils de pétrole utilisés quotidiennement aux USA.

60 milliards de tonnes
Poids des matières premières brutes extraites dans le monde chaque année, ce qui équivaut au poids de plus de 40 000 Empire State Building.

Le 1er pays interdisant la fracturation hydraulique
La fracturation hydraulique, est une technique d'extraction des hydrocarbures utilisant un mélange à haute pression d'eau, de sable et de produits chimiques. Les risques potentiels – pollution des eaux souterraines, voire séismes – ont rendu ce procédé très controversé. Le 30 juin 2011, le parlement français a voté son interdiction complète en France.

Le forage sous-marin le plus profond
En septembre 2009, la plate-forme pétrolière Deepwater Horizon, propriété de Transocean (USA), a foré le puits de pétrole le plus profond de tous les temps, à 10 685 m (plus grand que la **plus haute montagne**, Mauna Kea, Hawaii, USA, qui mesure 10 205 m du fond marin à son sommet). Le forage se trouvait à 400 km au sud-est de Houston (Texas, USA), à 1 259 m sous l'eau, dans le champ de pétrole Tiber, lui-même situé au sein du gisement bloc 102 du canyon sous-marin Keathley.

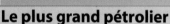

Le plus grand pétrolier
Quatre superpétroliers transporteurs de pétrole brut (ULCC) de classe TI ont été construits en 2002-2003 par Daewoo Shipbuilding & Marine Engineering (Corée du Nord). Ils mesurent 379 m de long sur 68 m de large et affichent un déplacement de 517 659 t en charge. Baptisés *TI Europe*, *TI Oceania* (tous deux propriété d'Euronav NV), *TI Africa* et *TI Asia*, ce sont les plus gros navires construits depuis le *Jahre Viking* (alias *Seawise Giant* et *Knock Nevis*). En 2010, deux sont devenus des unités flottantes de stockage et de déchargement.

Le 1er pays exploitant les hydrates de méthane
Parfois connus sous le nom de « glace inflammable », les hydrates de méthane sont un composé solide ressemblant à de la glace. Ils contiennent du méthane piégé dans leur structure cristalline et apparaissent dans les fonds marins. En mars 2013, le Japon a annoncé qu'il avait extrait du méthane des gisements d'hydrates de méthane présents dans la fosse de Nankai, à 50 km au large de la principale île du Japon. Toutefois en février 2015, l'extraction commerciale n'avait pas encore commencé sur ce site.

Le plus haut gazoduc
Exploité par Peru LNG SLR et Techint SAC (Pérou), le plus haut gazoduc du monde culmine à 4 900 m (mesure du 16 août 2009). Il court sur plus de 400 km à travers le Pérou, entre Chiquintirca (région d'Ayacucho) et Pampa Melchorita.

Le **plus long gazoduc sous-marin**, le Nord Stream, constitué d'une double canalisation, parcourt 1 222 km sous la mer Baltique. Mis en service le 8 octobre 2012, il relie Vyborg (Russie) à Greifswald (Allemagne). Le gazoduc transporte 55 milliards de m³ de gaz naturel par an de la Russie vers l'Europe : suffisamment pour alimenter plus de 26 millions de foyers européens.

Le plus grand gisement de gaz naturel
Découvert en 1971, le gisement South Pars/North Dome Field chevauche la frontière entre l'Iran et le Qatar et couvre une surface souterraine de 9 700 km². On estime ses réserves à 360 milliards de barils de pétrole, soit la superficie de Chypre.

Les 1ers puits de pétrole
On trouve des preuves de forages pétroliers en Chine remontant à 347 apr. J.-C. Ces forages utilisaient des mèches couplées à des conduites en bambou. Avec cette méthode, il était possible de forer jusqu'à 240 m de profondeur. Ci-dessus, une reconstitution de cette technique.

Les plus gros gisements de gaz de schiste
En 2013, l'Agence américaine d'information sur l'énergie a publié une analyse des réserves mondiales de gaz de schiste. La Chine abrite les plus grandes réserves – près de 31 570 milliards de m³ de gaz de schiste, exploitable avec les techniques actuelles. Vient ensuite l'Argentine, avec 22 710 milliards de m³.

En guise de comparaison : les réserves chinoises équivalent au volume de 12,6 milliards de piscines olympiques.

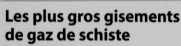

! INFO
Sous la surface de la Terre se trouvent des couches de schiste – roche capable de piéger le gaz naturel. C'est une bonne source d'énergie, mais les écologistes s'inquiètent des dégâts que pourrait causer son extraction.

0,00000000028 m Diamètre moléculaire de l'eau, H_2O. La minuscule molécule en forme de V est l'une des plus petites existantes.

La plus lourde plate-forme pétrolière

Située dans l'Atlantique, au large des côtes de Terre-Neuve (Canada), la plate-forme pétrolière Hibernia comprend un complexe de production de 37 000 t qui surmonte une base de 600 000 t pouvant contenir 1,3 million de barils de pétrole brut. Cette base abrite également 450 000 t de ballast solide qui stabilise la plate-forme. Accueillant 280 employés, l'usine de surface est conçue pour résister aux impacts des icebergs venus de l'Arctique.

La mine la plus profonde

AngloGold Ashanti détient la mine d'or de TauTona, près de Carletonville (Afrique du Sud). Ouverte en 1962, elle a atteint en 2008 la profondeur de 3,9 km.

La plus grande mine de lapis-lazuli

Prisé pour son intense couleur bleu outremer, le lapis-lazuli est une pierre semi-précieuse. On en extrait près de 9 000 kg par an des mines de Sary-Sang dans la vallée de Kokcha (province de Badakhshan, Afghanistan).

Le plus long incendie continu d'une nappe de pétrole

Elastec/American Marine, Inc. (USA) a délibérément provoqué un incendie qui a duré 11 h et 48 min, afin de brûler une nappe de pétrole

répandue après l'explosion de la plate-forme Deepwater Horizon dans le golfe du Mexique (USA). Cet incendie a eu lieu le 19 mai 2010.

Le plus gros consommateur de charbon

La Chine a consommé 3,61 milliards de tonnes de charbon en 2013, selon le Bureau des statistiques chinois.

Les États-Unis restent le **plus gros consommateur de gaz naturel** avec 730 milliards de m³ en 2013, selon l'Agence américaine d'information sur l'énergie.

La 1re compagnie pétrolière

Saudi Arabian Oil Co. (Saudi Aramco) contrôle des réserves de pétrole estimées à 303 285 milliards de barils.

Keppel FELS (Singapour), le **plus grand constructeur de plates-formes pétrolières**, a livré 21 plates-formes pétrolières du 1er janvier au 31 décembre 2013.

Le terminal pétrolier le plus septentrional opérationnel toute l'année

À 69°03'11"N 58°09'07"E, 22 km au large de Varandey (district autonome de Nénétsie, Russie), le terminal de Varandey appartient à LUKOIL (Russie). Il fonctionne depuis le 9 juin 2008.

La mine à ciel ouvert la plus profonde

La mine de Bingham Canyon, propriété de Rio Tinto Kennecott (USA), mesure 4 km de large et 1,2 km de profondeur. Située à Salt Lake City (Utah, USA), elle fonctionne depuis 1906. En 2012, elle produisait près de 179 317 t de cuivre, ainsi que de l'or et d'autres métaux.

> **! INFO**
>
> On pourrait mettre plus de 4 tours Eiffel dans la mine de Bingham Canyon. Elle est presque aussi large que l'île de Manhattan à New York (USA), qui mesure 3,7 km au plus large.

👤 Exploitation minière

L'homme moderne est apparu il y a près de 200 000 ans. Les archéologues estiment que la **plus vieille mine** – la mine de chert (silice) de Nazlet Sabaha, à Garb (Égypte) – a été utilisée pour la 1re fois 100 000 ans plus tard, au paléolithique moyen. Nos ancêtres utilisaient la silice pour fabriquer des outils et faire du feu. Depuis, nous creusons de plus en plus profond à la recherche de métaux précieux, de ressources énergétiques et de minéraux utiles.

La **plus grande mine d'or**, la mine de Grasberg (province de Papouasie, Indonésie, *ci-dessus*), exploite le **plus grand gisement d'or** du monde. Au 31 décembre 2012, on estimait les réserves d'or connues à 202 172,6 kg. Grasberg produit aussi d'autres métaux et se classe 3e mine de cuivre de la planète.

Cameco (Canada) détient une participation majoritaire (69,8 %) dans la mine d'uranium McArthur River au nord du Saskatchewan (Canada). C'est la **mine d'uranium la plus productive**. En 2013, elle a produit 7 744 t d'uranium, soit 13 % de la production mondiale d'uranium.

La **plus grande mine de minerai de fer**, la mine de Carajás (État de Pará, nord du Brésil, *ci-dessous*), contenait environ 7,27 milliards de tonnes de minerai de fer en décembre 2012. Cette année-là, elle a produit 106,7 millions de tonnes. La présence de riche gisements de minerai de fer a été découverte par accident dans les années 1960, par des géomètres ayant atterri sur une colline afin de faire le plein de leur hélicoptère. Remarquant combien la terre était aride, ils ont prélevé des échantillons. Comme Grasberg, la mine de Carajás produit aussi d'autres métaux, dont de l'or, du cuivre et de l'étain.

ANIMAUX

Le plus grand poisson prédateur

À l'âge adulte, le grand requin blanc *(Carcharodon carcharias)* mesure en moyenne 4,3-4,6 m de long et pèse environ 900 kg. De nombreux indices laissent à penser que certains individus dépasseraient 6 m de long. La taille des spécimens gigantesques aurait été estimée à plus de 10 m.

Cette magnifique photo d'une femelle a été prise, le 22 août 2014, par Amanda Brewer (New Jersey, USA), enseignante et passionnée de requins, lors d'une mission avec l'association White Shark Africa à Mossel Bay (Afrique du Sud). Ce cliché réalisé avec sa caméra GoPro pendant une plongée en cage au large de Seal Island a été posté sur Twitter le 5 octobre et s'est rapidement propagé sur Internet.

0 , 0000000008 m   Molécule de glucose (ou dextrose) $(C_6H_{12}O_6)$

SOMMAIRE

ZOOM
BALEINE BLEUE

Les scientifiques déterminent l'**âge d'une baleine** en comptant les **couches de cire** qui se sont formées dans son oreille.

Longueur (adulte) :
jusqu'à 30 m

Poids (adulte) :
jusqu'à 200 t

**Espérance de vie
moyenne :**
80-90 ans

Gestation :
10-12 mois

Vitesse :
jusqu'à 50 km/h

**Population
mondiale :**
10 000-25 000

**Profondeur
maximale
de plongée :**
500 m

Beaucoup de gens sont étonnés de découvrir que le plus gros animal de l'histoire de la Terre n'est pas un dinosaure. Le **plus grand mammifère de tous les temps**, et donc le **plus grand animal de tous les temps**, est bel et bien vivant.

La baleine bleue (*Balaenoptera musculus*) peut atteindre 30 m de long et 200 t, même si elle est en moyenne plus proche de 23 à 27 m et de 100 à 150 t. Pour mieux vous faire une idée de sa taille, regardez le tableau comparatif en page de droite.

Si on la compare aux dinosaures, son poids maximal représente 28 fois celui de *T. rex*, et environ 3 fois celui du plus grand sauropode (famille de dinosaures) découvert à ce jour.

Comment cet animal a-t-il pu surpasser en taille tous ceux qui ont vécu avant lui ? Tout est dû à son environnement. Les dinosaures, comme les autres animaux, subissaient l'attraction terrestre, force contrebalancée dans l'eau par le phénomène naturel de flottaison. Les grands animaux terrestres pouvaient atteindre une taille gigantesque mais une limite leur était imposée d'un point de vue biologique car la proportion squelette-muscles nécessaire pour soutenir une masse aussi importante et permettre des

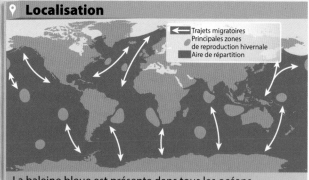

Localisation

Trajets migratoires
Principales zones de reproduction hivernale
Aire de répartition

La baleine bleue est présente dans tous les océans, sauf dans ceux qui entourent les pôles. Elle passe généralement l'hiver dans les eaux tropicales, où elle se reproduit, et remonte vers des latitudes plus élevées l'été ; c'est donc le **plus gros migrateur du monde**.

À taille exceptionnelle, chiffres exceptionnels

La baleine bleue est exceptionnelle. Aucun animal n'a jamais pesé plus lourd qu'elle ; plusieurs de ses organes atteignent un poids record et même ses petits sont plus gros que la plupart des autres animaux adultes. Coup d'œil sur son anatomie hors norme avec cette vue en coupe…

Quand elle remonte chercher de l'air, la baleine bleue peut projeter un jet de vapeur/d'eau jusqu'à 10 m à travers son évent.

Le mouvement vertical de la colonne vertébrale et des os de ses nageoires suggère que les baleines descendent de mammifères terrestres.

La capacité pulmonaire totale de la baleine bleue est de 5 000 l – de quoi gonfler environ 2 000 ballons de baudruche.

Côte

Le cerveau est relativement petit ; il ne pèse que 6 kg, alors que celui de l'homme pèse 1,4 kg.

Intestins

Estomac

Chaque mâchoire supérieure est dotée d'environ 400 fanons.

L'œil, assez minuscule, est à peu près de la taille d'un pamplemousse.

Cœur

Les fanons (sorte de poils fins) servent à filtrer le krill et les petits poissons contenus dans l'eau. Ils sont constitués de kératine – comme nos poils, cheveux et ongles.

La langue de la baleine bleue pèse 4 t ; c'est la **langue la plus lourde** – elle serait suffisamment grande pour contenir 50 personnes.

La gorge est garnie de 60 sillons qui permettent à l'œsophage de se dilater quand la baleine ingère de l'eau.

Foie

Un animal au grand cœur

Pour faire fonctionner un aussi gros corps, la baleine bleue a besoin d'un gros cœur – elle possède le **plus gros cœur** du monde. Il pèse 680 kg – plus de 2 226 fois plus que celui de l'homme – et il est à peu près aussi gros qu'une VW Coccinelle. L'aorte est si large qu'un homme peut ramper à l'intérieur (*à droite*).

Il existe un lien entre rythme cardiaque et longévité – *voir le graphique de comparaison*. La baleine bleue est le **mammifère ayant le rythme cardiaque le plus lent**, avec 4 à 8 battements par minute, et elle vit de 80 à 90 ans.

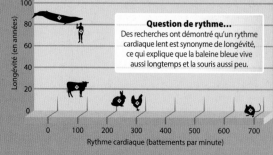

Question de rythme…
Des recherches ont démontré qu'un rythme cardiaque lent est synonyme de longévité, ce qui explique que la baleine bleue vive aussi longtemps et la souris aussi peu.

Longévité (en années)

Rythme cardiaque (battements par minute)

0,000000003 m   Largeur d'une seule molécule d'ADN. Déroulé, tout l'ADN de notre corps mesurerait plusieurs fois la distance entre la Terre et le Soleil.

mouvements efficaces ne pouvait pas dépasser un certain niveau.

Vous vous demandez sûrement pourquoi les baleines bleues ne sont pas encore plus grosses ? En fait, leur anatomie se heurte, elle aussi, à certaines limites. Au fur et à mesure qu'une baleine grandit, le reste du corps doit suivre ; les organes vitaux, comme les poumons et le cœur, ne peuvent supporter une masse corporelle trop importante. Se pose aussi le problème de sa capacité à localiser assez de nourriture pour alimenter ce corps énorme. Il y a donc de grandes chances pour que la taille de la baleine bleue en reste là dans un avenir proche.

Avec 10 000 à 25 000 individus vivant à l'état sauvage aujourd'hui, la baleine bleue est classée par l'Union internationale pour la conservation de la nature parmi les espèces menacées. Même si ce chiffre paraît important, il ne représente que 3 à 11 % de la population de 1911. Ce déclin massif est essentiellement dû à la chasse commerciale intensive menée au début du xxe siècle. Depuis qu'elle a été classée espèce protégée en 1966, sa population est en augmentation constante, ce qui permet d'être optimiste pour l'avenir de ce gentil géant.

Petit plat pour un géant

Le régime alimentaire de la baleine bleue est essentiellement constitué de krill (ci-dessous), qui ne mesure pas plus de quelques centimètres de long ; cet écart extrême représente la **plus grande différence de taille entre prédateur et proie** dans la nature.

Pour se nourrir, elle ouvre son immense bouche et avale d'énormes quantités d'eau de mer contenant du krill. La **plus lourde langue** du monde (voir p. 30) entre alors en action en se soulevant vers le palais pour expulser l'eau. Le krill est retenu par les longs poils des fanons accrochés à la mâchoire supérieure de la baleine, qui peut ensuite l'avaler.

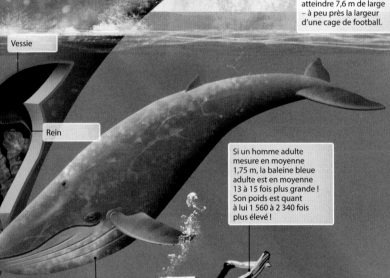

Malgré son nom, la couleur de la baleine bleue est un bleu-gris qui paraît bleu sous l'eau. Les scientifiques se servent de leurs taches uniques pour identifier les individus.

La nageoire caudale peut atteindre 7,6 m de large – à peu près la largeur d'une cage de football.

Vessie

Rein

Si un homme adulte mesure en moyenne 1,75 m, la baleine bleue adulte est en moyenne 13 à 15 fois plus grande ! Son poids est quant à lui 1 560 à 2 340 fois plus élevé !

Avec leur 6-8 m de long et leur 2-3 t à la naissance, les bébés de la baleine bleue sont les **nouveau-nés les plus gros**.

L'épaisse couche de graisse qu'elle a sous la peau sert à isoler les organes internes et constitue une réserve d'énergie pour les migrations.

! INFO
Une baleine bleue peut consommer plus de 190 l de lait à 40 ou 50 % de matière grasse par jour pendant ses tout premiers mois. Au bout d'un an, elle a déjà pris 32 850 kg !

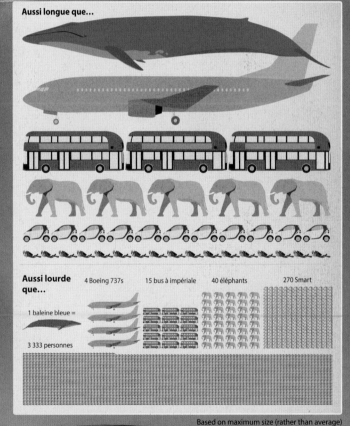

Aussi longue que…

Aussi lourde que…

| 4 Boeing 737s | 15 bus à impériale | 40 éléphants | 270 Smart |

1 baleine bleue =

3 333 personnes

Based on maximum size (rather than average)

Une famille de champions
La baleine bleue n'est pas le seul cétacé à battre des records…

Baleine à bosse

Avec environ 8 200 km parcourus par voyage, la baleine à bosse peut revendiquer la **plus longue migration d'un mammifère**.

Orque

L'orque, qui est en fait un dauphin, est le **mammifère marin le plus rapide** ; il peut atteindre 55,5 km/h.

Baleine à bec de Cuvier

Une étude de 2013 a permis de suivre ces baleines jusqu'à 2 992 m de profondeur – la **plongée la plus profonde** d'un mammifère.

Grand cachalot

Avec ses 9 kg, le cerveau du grand cachalot atteint un poids record – c'est le **cerveau le plus lourd**.

Marsouin du Pacifique

Avec moins de 100 individus en liberté, vivant uniquement dans le golfe de Californie, le **plus petit marsouin** du monde a aussi été déclaré **cétacé le plus rare** par l'UICN.

CHAUVES-SOURIS

Les chauves-souris sont les **seuls mammifères sachant vraiment voler** (elles battent des ailes).

EN CHIFFRES

225
Nombre d'espèces de chauves-souris en Indonésie, **pays en comptant le plus.**

1 240
Nombre d'espèces de chauves-souris connues, en augmentation chaque année.

300 000
Chauves-souris dans le **gîte artificiel pour chauves-souris le plus peuplé**, à l'université de Floride (USA).

La plus grande famille

On dénombre plus de 300 espèces de vespertilionidés. On en découvre chaque année de nouvelles. Pipistrelles, sérotines, nyctimènes, murins et barbastelles en font partie. La **plus petite famille de chauves-souris** est celle des Craseonycteridae, avec une seule espèce : *Craseonycteris thonglongyai*, alias kitti à nez de porc ou chauve-souris bourdon (*voir ci-dessous*).

La plus grande colonie

Chaque année, de mars à octobre, jusqu'à 20 millions de femelles de l'espèce baptisée molosse du Brésil (*Tadarida brasiliensis*) et leurs petits peuplent la grotte de Bracken à San Antonio (Texas, USA). Le radar de l'aéroport local arrive à les détecter quand elles s'égaillent la nuit pour aller se nourrir.

Cette espèce migratrice constitue la **plus grande colonie urbaine de chauves-souris**, sous le pont de la Ann W. Richards Congress Avenue à Austin (Texas, USA). L'été, entre 750 000 et 1,5 million d'entre elles se suspendent sous le tablier du pont et nichent dans les cavités que forment les éléments de la structure.

La chauve-souris la plus rare

On ne connaît pas le nombre exact de chauves-souris fantômes (*Macroderma gigas*), mais elles ne sont pas plus de 1 500. On les trouvait autrefois dans le nord de l'Australie. Toutefois, la plus grande colonie occupe aujourd'hui les grottes du mont Etna (Queensland, Australie). En 1966, avant l'ouverture de carrières de calcaire à ciel ouvert, elles étaient 450 à vivre dans des grottes mais, même protégées, elles sont aujourd'hui moins de 150.

La 1re espèce de chauve-souris

Officiellement baptisée en 1966, la 1re espèce de chauve-souris attestée est *Icaronycteris index*. Elle remonte à l'éocène inférieur (53,5-48,5 Ma).

On la connaît grâce à 4 squelettes fossilisés exceptionnellement bien conservés découverts dans la formation de la Green River (Wyoming, USA). Elle appartient au sous-ordre des microchiroptères. D'après les fossiles, elle mesurait environ 14 cm pour une envergure de 37 cm.

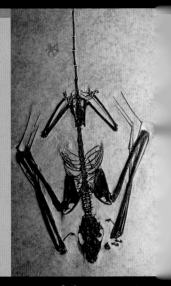

! INFO

À la naissance, un bébé chauve-souris pèse jusqu'à 25 % du poids de sa mère. C'est comme si une femme de poids moyen accouchait d'un bébé de 14 kg, soit le poids moyen d'un enfant de 3 ans !

La plus grande chauve-souris

Les renards volants, ou roussettes (famille des ptéropodidés), qui vivent dans les forêts tropicales d'Asie, font partie des mégachiroptères. Plusieurs espèces du genre *Pteropus* ont une longueur tête-corps pouvant atteindre 45 cm, pour 1,7 m d'envergure et 1,6 kg. Les plus grandes sont la roussette de Malaisie (*P. vampyrus*) et la chauve-souris géante d'Inde (*P. giganteus*). Contrairement aux autres chauves-souris, les roussettes n'utilisent pas l'écholocation pour attraper les insectes, mais se nourrissent de nectar, de fleurs, de pollen et de fruits.

Le plus petit mammifère

Le corps de la minuscule kitti à nez de porc (*Craseonycteris thonglongyai*) n'est pas plus grand qu'un gros bourdon. La longueur tête-corps n'est que de 2,9 à 3,3 cm, pour une envergure moyenne de 13 à 14,5 cm et un poids de 1,7 à 2 g.

TAILLE RÉELLE

L'ouïe la plus fine chez un animal non aquatique

Les chauves-souris chassent et communiquent par écholocation. Elles émettent des ondes sonores avec la bouche ou le nez et lorsque le son rencontre un objet, un écho leur est renvoyé. La plupart utilisent des fréquences entre 20 et 80 kHz, mais ce chiffre peut atteindre de 120 à 250 kHz chez certaines espèces, contre à peine 20 kHz pour l'oreille humaine. Ce système d'écholocation est si précis qu'elles peuvent détecter des insectes aussi minuscules qu'un moustique.

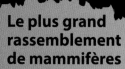

Le plus grand rassemblement de mammifères

En octobre, entre 5 et 10 millions de roussettes paillées africaines *(Eidolon helvum)* convergent de toute l'Afrique vers une zone de forêt marécageuse de 1 ha dans le parc national du Kasanka (Zambie). Elles y restent 6 semaines, sortant la nuit pour se nourrir de fruits sauvages. Le jour, elles dorment tête en bas dans les arbres, qui craquent souvent sous leur poids !

Le mammifère le plus récent d'Europe

Pipistrellus pygmaeus cyprius, sous-espèce de la pipistrelle soprane endémique de Chypre, (2007) est le dernier mammifère découvert en Europe. Il émet un signal d'écholocation de 55 kHz, soit 10 kHz de plus que celui de la pipistrelle commune *(P. Pipistrellus)*.

La chauve-souris la plus septentrionale

La sérotine boréale *(Eptesicus nilssonii)*, espèce eurasienne, est présente au-delà du cercle polaire en Norvège, avec un spécimen trouvé à Austertana (Norvège), à 70°N 25°E.

La plus grande chauve-souris carnivore

Vampyrum spectrum, chauve-souris du Mexique, d'Amérique centrale et du nord de l'Amérique du Sud, détient ce record, ainsi que celui de la **plus grande chauve-souris du Nouveau Monde**. Son envergure peut dépasser 1 m, pour une longueur tête-corps de 12,5 à 13,5 cm. Elle appartient à la famille des faux-vampires, dont on pensait à tort qu'ils se nourrissaient de sang. Elle mange diverses proies, petits mammifères (y compris des chauves-souris), oiseaux, petits reptiles, amphibiens et insectes.

La plus longue distance parcourue en volant

Une noctule commune *(Nyctalus noctula)* a parcouru 2 347 km. L'animal, bagué en août 1957 à Voronezh (Russie) par le docteur Petr P. Strelkov, spécialiste russe des chauves-souris, a été retrouvé en janvier 1961, dans le sud de la Bulgarie.

Le record de la **plus lourde charge portée par une chauve-souris en vol** est détenu par la femelle adulte de la chauve-souris rousse *(Lasiurus borealis)*. Dotée d'une force impressionnante et pesant de 9,5 à 14 g, elle peut voler avec 2 voire 3 petits accrochés à son

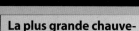

épaisse fourrure, leur poids total dépassant facilement le sien.

La plus longue période de gestation

La période de gestation du vampire commun *(Desmodus rotundus ; voir encadré à droite)* dure de 7 à 8 mois, ce qui est très long comparé aux 9 mois chez l'homme. Le nouveau-né tête ensuite sa mère pendant 9 mois, voire davantage.

La plus grande portée

La plupart des espèces donnent naissance à un seul petit, mais plusieurs espèces du genre *Lasiurus*, dont la chauve-souris rousse, la chauve-souris cendrée *(L. cimereus)* et la chauve-souris jaune de Floride *(L. interredius)*, ont des portées allant jusqu'à 4 petits.

Les plus longues oreilles (par rapport au corps)

L'oreillard maculé *(Euderma maculatum)*, qui vit dans le sud-ouest du Canada, l'ouest des États-Unis et le nord du Mexique, a des oreilles roses translucides mesurant jusqu'à 5 cm. Son corps, tête comprise, ne mesure que 6 à 7,7 cm.

La plus longue langue de mammifère (par rapport au corps)

La langue d'*Anoura fistulata*, espèce nectarivore des Andes équatoriennes, a une portée de 8,49 cm, soit 150 % de la longueur de son corps. Au repos, elle est logée dans sa cage thoracique. Découverte en 2005 par le docteur Nathan Muchhala de l'université de Miami (Floride, USA), cette espèce est la seule à polliniser *Centropogon nigricans*, dont les fleurs tubulaires mesurent de 8 à 9 cm de long.

🩸 Assoiffée de sang

Dracula, roman de Bram Stoker, a inspiré des films d'horreur comme *Nosferatu le vampire (ci-dessous)* et donné une très mauvaise image des chauves-souris vampires. La vérité est bien moins effrayante, mais tout aussi fascinante.

La chauve-souris vampire *(D. rotundus, ci-dessus)* n'a que 20 dents, ce qui en fait l'**espèce de chauve-souris ayant le moins de dents**. Ses incisives et canines supérieures, utilisées pour trancher la peau et faire saigner ses victime, sont grandes mais les autres sont minuscules. Les 3 espèces de vampires vivent en Amérique centrale et en Amérique du Sud.

Les vampires meurent vite de faim s'ils n'ingurgitent pas régulièrement leur ration de 28,4 ml de sang. Une colonie de 100 individus peut boire l'équivalent du sang de 25 vaches par an, alors qu'eux-mêmes ne sont pas plus gros qu'un pouce d'homme.

Ils préfèrent le sang des cochons, poulets, vaches ou chevaux à celui de l'homme. Ils percent la peau avec leurs incisives puis lèchent le sang avec leur langue en forme de goulotte *(ci-dessous)*. L'anticoagulant présent dans leur salive (draculine) empêche le sang de coaguler. Leurs victimes ne meurent pas, mais peuvent être infectées par ces hôtes indésirables.

OURS

Le **grizzly** doit son nom aux poils grisonnants (*grizzled* en anglais) de sa fourrure.

! INFO

La couleur de l'ours noir varie du noir au blanc en passant par un dégradé de marron, ce qui facilite le camouflage et le contrôle de sa température (une fourrure claire réfléchit mieux la lumière).

EN CHIFFRES

30 000 km²
Superficie du domaine vital de l'ours blanc – **le plus vaste de tous les mammifères terrestres.**

15
Nombre d'heures passées chaque jour par le panda à se nourrir.

8
Nombre d'espèces d'ours encore en vie.

200 000
Estimation du nombre d'ours bruns sauvages vivant en Eurasie et en Amérique du Nord.

82 °C
Température que peut atteindre la fourrure d'un ours noir en plein soleil.

50
Âge d'Andreas, le **plus vieil ours brun ayant vécu en captivité**, mort le 24 mai 2013 en Grèce.

5 300 000
ans en arrière : époque à laquelle plusieurs lignées du genre *Ursus*, dont l'ours lippu est un survivant, sont apparues.

25 ans
Espérance de vie moyenne d'un grizzli sauvage ; les ours peuvent vivre 2 fois plus longtemps en captivité.

La plus grande portée d'ours nés en captivité

Ces minuscules boules de poils sans défense sont des ours bruns (*Ursus arctos*) quintuplés – 3 mâles et 2 femelles baptisés Miso, Tapik, Dazzle, Bubu et Cindy – nés le 6 janvier 2002, au zoo de Košice, à Košice-Kavečany (Slovaquie). Un événement à la fois pour les parents et le zoo, puisque les portées ne comptent généralement qu'un ou deux oursons.

L'espèce d'ours la plus répandue

On estime à 600 000-800 000 individus la population d'ours noirs (*U. americanus*), soit le double du nombre total d'ours appartenant aux 7 autres espèces. On le trouve dans presque toutes les forêts du globe.

L'**ours qui compte le plus de sous-espèces** est l'ours brun (*U. arctos*), originaire d'Eurasie et d'Amérique du Nord. Son arbre généalogique compte 15 sous-espèces encore en vie, dont l'ours Isabelle (*U. a. isabellinus*), l'ours bleu du Tibet (*U. a. pruinosus*), le grizzli (*U. a. horribilis*, voir ci-dessous) et l'ours kodiak (*U. a. middendorffi*).

Le panda géant le plus récent

En 2005, le panda de Qinling (*Ailuropoda melanoleuca qinlingensis*) a été formellement reconnu comme sous-espèce distincte. Il diffère du panda géant qui a une fourrure marron foncé et marron clair, une tête plus petite et des dents plus longues. Sa population de 200-300 individus vit dans les monts Qinling, dans le sud de la Chine.

La **plus petite espèce de panda géant** est le panda nain (*A. microta*), apparu il y a 2 à 2,4 millions d'années et aujourd'hui éteint. Long d'environ 1 m, il ressemblait à un gros chien domestique et vivait dans les basses forêts tropicales de bambous de Chine.

L'ours à la plus longue queue

La plupart des ours ont une queue très courte ou insignifiante (contrairement à leurs ancêtres). La plus longue est celle de l'ours lippu (*Melursus ursinus*) : 15-18 cm.

D'après les spécialistes de l'évolution, la queue des ours s'est raccourcie, car elle ne servait à rien. Chez le chien, cousin proche de l'ours, la queue joue un rôle important dans la communication, c'est pourquoi elle est restée longue et imposante. Lors de la parade, les ours ont plutôt tendance à se faire face et leur queue ne se voit pas.

L'ours le plus rapide (sur la durée)

L'ours n'est pas réputé pour la rapidité de ses mouvements. La vitesse la plus élevée dûment enregistrée est de 56 km/h ; elle a été atteinte par un ours blanc (*U. maritimus*) courant le long d'une route à Churchill (Manitoba, Canada), le 16 décembre 2011.

De tous les ours, l'ours blanc a le **système d'isolation le plus efficace**.

Le plus petit ours

L'ours malais (*U. malayanus*), dont le mâle adulte mesure 1,4 m, est l'ours le plus petit. Il possède une tache dorée sur la poitrine. Il grimpe aux arbres avec agilité et se sert de sa longue langue et de ses griffes de 15 cm pour chercher des fruits, du miel et des vers.

Même quand la température tombe à –37 °C, sa température corporelle et son métabolisme restent normaux grâce à une couche de duvet et de graisse pouvant atteindre 10 cm.

Doté du **nez le plus sensible chez un mammifère terrestre**, l'ours blanc peut détecter ses proies à plus de 30 km et même sous la glace. On a vu un ours blanc parcourir 32 km en ligne droite pour atteindre sa nourriture.

Le plus grand ours de l'histoire

L'ours blanc géant (*U. m. tyrannus*, aspect probable représenté ci-dessous à l'extrême gauche), qui vécut au milieu du pléistocène (il y a 250 000-100 000 ans), aurait dominé – sinon tyrannisé – tous les ours apparus après lui. Il mesurait 1,83 m au garrot pour 3,7 m de long et pesait en moyenne 1 t. Cette sous-espèce fossile a aussi été le **1er ours blanc** et le **plus grand mammifère terrestre carnivore**.

Juste après lui, l'ours blanc actuel est le **plus grand ours de la Terre** (voir page de droite) : le mâle atteint 2,4-2,6 m de long, du nez à la queue. Avec sa taille de 1,5-2,5 m, son voisin le grizzli (*U. a. horribilis*) reste tout de même immense par rapport à l'homme. Le panda géant (*A. melanoleuca*) peut atteindre la taille moins impressionnante de 1,9 m, mais il paraît énorme à côté d'*U. malayanus*, le plus petit ours (voir ci-dessus).

LA GRANDE PARADE DES OURS – DU PLUS GRAND AU PLUS PETIT

0 , 00000006 m Longueur d'onde de la lumière ultraviolette

Le plus de tours sur lui-même en l'air

Le très acrobatique dauphin à long bec (*Stenella longirostris*) peut tourner 7 fois sur lui-même en un seul saut. Cet animal grégaire des eaux tropicales au corps mince et musculeux de 1,3-2 m de long et 45-47 kg tourne sans doute ainsi pour se débarrasser des parasites, s'entraîner à l'écholocation, parader ou exprimer son émotion, mais comme tous les dauphins sautent (voir ci-contre à gauche), la (les) véritable(s) raison(s) reste(nt) inconnue(s).

La 1re description scientifique d'une orque

Le naturaliste Conrad Gessner (Suisse) a été le premier à décrire *Orcinus orca* en 1558 dans le tome consacré aux poissons de son encyclopédie animale en plusieurs volumes, *Historiae Animalium* (1551-1558). Cette description a été faite à partir d'une orque morte échouée dans la baie de Greifswald,

au large des côtes allemandes au sud-ouest de la mer Baltique, et qui fascina à juste titre la population locale. Comme pour célébrer cet événement historique, 4 siècles plus tard, une orque mâle d'environ 20-25 m de long a battu le record du **mammifère marin le plus rapide**. Le 12 octobre 1958, il a été chronométré à 55,5 km/h dans le nord-est du Pacifique. Des vitesses similaires, mais sur un temps très bref, ont également été observées chez le marsouin de Dall (*Phocoenoides dalli*).

L'orque a un autre record à son actif, le mâle adulte possédant la **plus longue nageoire dorsale chez un cétacé**. Elle peut atteindre une hauteur de 1,8 m à la verticale, soit la taille d'un homme adulte.

Le dauphin qui possède le moins de dents

Le dauphin de Risso (*Grampus griseus*), hôte méconnu des eaux tropicales, tempérées et subantarctiques, possède jusqu'à 7 paires de dents sur la mâchoire inférieure, situées surtout à l'avant, mais il n'en a parfois que 2 paires. La mâchoire supérieure est souvent dépourvue de dents. Contrairement aux autres dauphins, il n'a presque pas de bec et sa tête arrondie rappelle celle des globicéphales. Il consomme des calmars et toutes sortes de poissons.

Le dauphin commun à long bec (*Delphinus capensis*), en revanche, possède 47-67 paires de petites dents coniques sur chaque mâchoire, utilisées pour attraper les proies glissantes ; c'est le **dauphin qui possède le plus de dents**.

Le dauphin à la moins bonne vue

Le dauphin du Gange (*Platanista gangetica*), espèce d'eau douce vivant en Asie dans le Gange et l'Indus, est le seul dauphin dont les yeux sont dépourvus de cristallin. L'ouverture de chaque œil – pas plus grosse qu'une tête d'épingle – est si petite que la lumière ne peut quasiment pas pénétrer, ce qui rend ce dauphin presque aveugle.

👤 Toujours prêt à aider !

Peu d'espèces aquatiques interagissent autant avec l'homme que le dauphin, animal intelligent et sociable. On trouve déjà dans la littérature gréco-romaine des légendes de dauphins bienveillants. Plutarque décrit cet animal comme « l'ami des hommes, auxquels il a souvent été d'un grand secours ».

C'est toujours le cas. En 2007, quand Todd Endris, un surfeur, fut attaqué par un grand requin blanc au large de la Californie (USA), un groupe de grands dauphins intervint en formant une barrière entre lui et le requin, ce qui lui permit de s'enfuir.

En 2013, Lynn Gitsham, une policière australienne, affirma que des dauphins l'avaient sauvée, avec son cocker Ramsay, de la noyade en « formant un fer à cheval » pour les repousser vers le rivage, alors qu'ils avaient été emportés par une forte vague.

Ces mammifères marins font aussi de bons travailleurs. Des pêcheurs de Laguna (Brésil) ont fait équipe avec des dauphins pour les aider à capturer des mulets (ci-dessous), les mammifères les encerclant pour les repousser vers le rivage et les filets. Les dauphins sont ravis d'être payés avec des poissons.

En 1970-1971, pendant la guerre du Vietnam, 5 grands dauphins entraînés par la marine américaine furent envoyés dans la baie de Cam Ranh (Vietnam) pour défendre des navires de guerre américains contre des nageurs ennemis, soit la **1re utilisation de mammifères marins dans une opération de défense**. L'armée américaine a commencé à entraîner des dauphins pour détecter des mines en 1960, et il existe aujourd'hui un bataillon d'environ 80 animaux en service actif (photo ci-dessus). La marine américaine souligne que les dauphins ne courent aucun danger, car ils ont été entraînés à rester à distance des mines qu'ils trouvent.

⚠ INFO

Le dauphin respire par un évent situé sur sa tête et remonte régulièrement à la surface chercher de l'air. Quand il dort, une moitié de son cerveau reste éveillée pour s'assurer qu'il continue à respirer, sinon il pourrait se noyer !

La plus grande espèce de dauphin

Malgré son surnom de baleine tueuse, l'orque, ou épaulard (*Orcinus orca*) appartient à la famille des delphinidés, dont elle est le membre le plus grand. Le mâle mesure 6-8 m de long et pèse environ 6 t.

ÉLÉPHANTS

Les éléphants mettent souvent en place **un système de guet** quand un groupe **se baigne**.

EN CHIFFRES

2
Nombre d'espèces d'éléphants d'Afrique : l'éléphant de la savane et celui des forêts.

1
Nombre d'espèce d'éléphant d'Asie.

27
Nombre de pulsations cardiaques chez l'éléphant (70 chez l'homme et 1 000 chez le canari).

17 cm
Croissance annuelle des défenses de l'éléphant.

8-100
Nombre d'individus dans un troupeau, composé de femelles et de petits.

12-15 ans
Âge auquel les mâles quittent le troupeau.

160 kg
Quantité de nourriture consommée chaque jour par un éléphant (écorce, feuilles, branches et herbe).

Le plus vieil éléphant

L'espérance de vie moyenne d'un éléphant est de 60 ans. Lin Wang, un éléphant d'Asie (*Elephas maximus*), est mort au zoo de Taipei le 26 février 2003, à 86 ans. « Papy Lin » avait transporté des vivres et des munitions dans la jungle birmane pour l'armée japonaise pendant la Seconde Guerre mondiale, jusqu'à ce qu'il soit capturé par les Chinois en 1943. Il avait été placé en 1954 dans le zoo en compagnie d'une femelle. À sa mort, il a été pleuré et honoré.

Le 1er éléphant de l'histoire

Les éléphants appartiennent à l'ordre des Proboscidiens, dont la 1re espèce connue est *Eritherium azzouzorum*. Le 1er spécimen, qui date de 60 millions d'années, a été découvert au Maroc et formellement décrit en 2009 à partir de fragments de crâne et de mâchoire.

Les 1ers cousins proboscidiens des « vrais » éléphants actuels sont les mastodontes d'Amérique du Nord. Ils avaient des pattes assez courtes, un long crâne, de longs poils, des dents distinctes et des défenses mamelonnées – leur nom latin signifie « dent en forme de mamelon ». Le **mastodonte le plus récent** est le mastodonte d'Amérique (*Mammut americanum*), éteint il y a 10 500 à 11 500 ans.

Les 1ers **« vrais » éléphants** sont *Primelephas gomphotheroides* et *P. korotorensis*, qui ont vécu en Afrique au miocène et au pliocène, de 23,03 à 2,58 millions d'années. On pense qu'ils ont donné naissance aux éléphants d'Afrique et d'Asie actuels, ainsi qu'au mammouth laineux éteint (voir encadré p. 43).

Le plus de sous-espèces d'éléphants

Pour la majorité des scientifiques, l'éléphant d'Asie (*E. maximus*) est celui qui compte le plus de sous-espèces, soit 4 : l'éléphant de Bornéo (*E. m. borneensis*, voir encadré ci-dessus), l'éléphant indien (*E. m. indicus*), l'éléphant du Sri Lanka (*E. m. maximus*) et l'éléphant de Sumatra (*E. m. sumatrensis*).

L'éléphant du Sri Lanka est la **plus grande sous-espèce**. Il peut atteindre 3,5 m au garrot et peser jusqu'à 5 500 kg. Sa couleur est aussi plus sombre que celles des autres éléphants d'Asie, avec plus de taches de dépigmentation. La plupart des spécimens sont dépourvus de défenses.

La **sous-espèce la plus rare** est l'éléphant de Sumatra, entre 2 400 et 2 800 individus vivent à l'état sauvage sur l'île de Sumatra (Indonésie). Sa population a diminué d'environ 80 % au cours des 75 dernières années du fait de la chasse et de la destruction de son habitat.

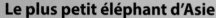

Le plus petit éléphant d'Asie

L'éléphant de Bornéo (*E. m. borneensis*) est le « bébé » de la famille : il est 30 % plus petit que ses cousins du continent asiatique. Il a été reconnu comme sous-espèce distincte en septembre 2003 après une analyse ADN. Le mâle adulte mesure entre 1,7 et 2,6 m de haut et pèse en moyenne 2 500 kg. On dénombre approximativement 3 500 individus vivant sur l'île de Bornéo, dans le Sud-Est asiatique.

La 1re domestication

Les 1res traces d'éléphants domestiqués, qui étaient des éléphants d'Asie, font état d'éléphants apprivoisés utilisés comme bêtes de somme il y a au moins 4 000 ans par la civilisation de la vallée de l'Indus (Pakistan et Inde actuels).

La plus petite espèce de « vrai » éléphant de l'histoire

L'éléphant pygmée (*Palaeoloxodon falconeri*) est une espèce à défenses droites qui vivait en Sicile et à Malte. Sa taille ne dépassait pas 1 m au garrot. C'est un exemple bien connu de nanisme insulaire qui caractérise l'évolution fréquente d'espèces de taille normale vers des formes beaucoup plus petites lorsqu'elles sont isolées sur des îles. Il s'est éteint il y a 11 700 ans.

Le plus grand mammifère terrestre

Le mâle adulte de l'éléphant de la savane (*Loxodonta africana*) mesure 3 à 3,7 m de haut au garrot et pèse 4 à 7 t. Le poids de 146 hommes équivaut approximativement au poids du spécimen le plus lourd que l'on connaisse, soit environ 12,24 t. C'est le **mammifère terrestre au cerveau le plus lourd** (jusqu'à 5,4 kg) – chez les mammifères, seul celui des plus grandes baleines est plus lourd.

0,000004 m Longueur moyenne d'une cellule de levure dont il existe 1 500 espèces. Seuls *Saccharomyces cerevisiae* sont utilisés en boulangerie-pâtisserie et pour le brassage de la bière.

Le plus grand repas consommé par un lézard

Le plus grand repas consommé par un lézard – preuve à l'appui – était constitué d'un sanglier de 41 kg. Il a été mangé par un dragon de Komodo (*V. komodoensis*), photographié ci-dessous. Comme le lézard ne pesait que 46 kg avant son repas, son poids a presque doublé après avoir ingurgité ce plat gargantuesque.

Le vertébré le plus grand à la naissance, par rapport à la taille de la mère

À la naissance, le scinque rugueux (*Tiliqua rugosa*) peut peser plus d'un tiers du poids de sa mère. C'est comme si une femme donnait naissance à un bébé de la taille d'un enfant de 6 ans.

Le plus petit varanidé

Originaires d'Asie, d'Afrique et d'Océanie (et présents dans le Nouveau Monde en tant qu'espèces invasives), les varanidés comprennent les plus grands lézards terrestres. Néanmoins, le varan à queue courte (*Varanus brevicauda*), qui vit en Australie, ne dépasse pas 25 cm et pourrait même être la plus petite espèce de varanidé (y compris les espèces fossiles) de tous les temps.

Le plus grand lézard de la Terre

Le dragon de Komodo (*Varanus komodoensis*), également appelé varan de Komodo ou ora, vit sur les îles indonésiennes de Komodo, Rinca, Padar et Flores. Le mâle mesure en moyenne 2,25 m de long et pèse environ 59 kg. Le plus grand que l'on ait jamais mesuré avec précision atteignait 3,1 m de long et pesait 166 kg.

L'ouïe la plus fine chez un lézard

Delma pax, espèce de la famille des Pygopodidés, ou geckos australiens apodes, peut détecter et réagir à un son de 60 décibels d'une fréquence de 11,1 kHz, soit plus d'un octave au-dessus de la plus haute note produite par un piano classique.

Les plus petits lézards

Sphaerodactylus parthenopion et *S. ariasae* ont tous les deux une longueur moyenne de 16 mm. Ce sont les plus petits des 23 000 espèces d'amniotes. Les amniotes sont des vertébrés chez qui les œufs fécondés restent à l'intérieur de la mère ou sont pondus sur terre, et non dans l'eau.

TAILLE RÉELLE

L'animal à la meilleure vision nocturne des couleurs est *Tarentola chazaliae*, gecko actif la nuit.

Le lézard le plus austral

Liolaemus magellanicus vit dans l'archipel de la Terre de Feu, à la pointe de l'Argentine, à l'extrême-sud de l'Amérique du Sud.

Le **lézard le plus septentrional**, que l'on trouve bien au-delà du grand nord de la Norvège, bien au-dessus du cercle polaire arctique, est le lézard vivipare (*Lacerta vivipara*).

Le meilleur système de thermorégulation chez un lézard

Liolaemus multiformis est une espèce d'iguane à écailles noires originaire des Andes péruviennes. Au bout d'une seule heure passée à lézarder au soleil dans des conditions de froid extrêmes proches du gel, à 1,5 °C, il arrive à utiliser le rayonnement solaire pour faire passer sa température corporelle à 33 °C.

Le plus grand animal qui marche sur l'eau

Le basilic commun, parfois appelé lézard Jésus-Christ (*Basiliscus basiliscus*), peut courir sur deux pattes à la vitesse de 1,5 m/s sur environ 4,5 m avant de sombrer dans l'eau. Il peut aussi « marcher sur l'eau » sur ses quatre pattes, augmentant ainsi la distance parcourue à la surface de l'eau de 1,30 m.

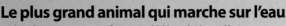

🔴 Mosasaures

Les mosasaures, prédateurs dotés de longues mâchoires aux dents acérées, parcouraient les océans il y a 66 à 93 millions d'années, à la fin du crétacé supérieur. On les a surnommés les *Tyrannosaurus rex* des mers.

Ils se propulsaient à l'aide de leur queue, qui faisait office de gouvernail, et mangeaient tout ce qu'ils trouvaient. Aucune proie n'était trop grosse ou dure pour leurs mâchoires.

Les nombreuses découvertes faites en Angola ont permis de constater qu'ils mangeaient aussi leurs semblables : les restes de 3 mosasaures ont été trouvés dans le ventre fossilisé d'un 4e spécimen, emprisonné dans les falaises de Bentiaba.

Comme les dinosaures, les mosasaures ont disparu dans l'extinction massive qui a eu lieu il y a 66 millions d'années. Leurs fossiles sont restés cachés dans les roches sédimentaires jusque dans les années 1770, sur les rives de la Meuse, près de Maastricht (Pays-Bas) – d'où leur nom scientifique, qui signifie « lézard de la Meuse ».

Trois principaux genres (groupes) de mosasaures vivaient dans l'actuel Manitoba (Canada), où le **plus grand mosasaure exposé** – *Hainosaurus pembinensis* (plus familièrement appelé « Bruce ») – a été découvert. Vous pouvez le voir ci-dessous *in situ* au Centre canadien de découverte des fossiles, à Morden (Manitoba, Canada). Bruce évoluait dans

la Mer intérieure de l'ouest, une étendue d'eau profonde qui séparait l'Amérique du Nord en deux. Avec ses 13 m, il était plus grand que la moyenne des *T. rex*.

Le genre *Hainosaurus* comprenait les **plus grands mosasaures** qui pouvaient atteindre 15 m.

Diamètre d'une cellule cutanée humaine ; les **cellules cutanées les plus abondantes chez l'homme** sont les kératinocytes ; elles protègent la peau et lui donnent sa résistance   0,000035 m

47

MANCHOTS

Les manchots perdent **toutes leurs plumes** d'un coup – on parle de « **mue catastrophique** ».

EN CHIFFRES

1 sur 50 000
Nombre de manchots naissant avec un plumage brun (dit « isabelle »).

3-4 semaines
Durée de la mue chez le manchot.

50-70 %
Pourcentage de leur poids que prennent les manchots avant la mue.

2 m
Distance à laquelle les manchots peuvent se propulser à la surface de l'eau quand ils nagent à toute vitesse, activité baptisée « marsouinage ».

15-20
Nombre de battements cardiaques par minute chez le manchot pendant une longue plongée.

30
Nombre de poissons qu'un manchot peut ramener en une seule plongée.

38 °C
Température corporelle normale du manchot.

80 %
Pourcentage de leur vie que les manchots passent dans l'eau.

20 millions
Nombre de couples de manchots en Antarctique.

La plus grande colonie de manchots

La colonie de manchots la plus importante se trouve sur l'île Zavodovski, qui fait partie des îles Sandwich du Sud, dans le sud de l'océan Atlantique. Environ 2 millions de manchots à jugulaire (*Pygoscelis antarctica*) se reproduisent sur les pentes de l'île, un volcan actif. Ils doivent leur nom à la fine bande de plumes noires présente sous leur menton.

Le 1er manchot

Waimanu manneringi vivait en Nouvelle-Zélande il y a 62 millions d'années, au paléocène. Tout comme les espèces de manchots connues des scientifiques qui l'ont suivi, il ne savait pas voler et ressemblait probablement aux oiseaux aquatiques d'aujourd'hui appelés plongeons (genre *Gavia*).

Le manchot le plus lourd de l'histoire

D'après les scientifiques, *Palaeeudyptes klekowskii*, manchot géant de l'Antarctique, pesait 115 kg. Il a vécu sur l'île Seymour il y a quelque 37 millions d'années, à la fin de l'éocène. Il est représenté par le squelette de manchot fossilisé le plus complet que l'on ait jamais découvert en Antarctique.

Ce manchot était extrêmement lourd, mais aussi exceptionnellement grand, puisqu'il mesurait 2 m. Découvert en 2014, il a reçu le titre de **manchot le plus grand de l'histoire**. Le précédent détenteur de ce record était un de ses contemporains, *Anthropornis nordenskjoeldi*, espèce géante qui mesurait 1,7 m de haut.

Le plus grand manchot

Originaire de l'Antarctique, le manchot empereur (*Aptenodytes forsteri*) est la plus grande espèce actuelle de manchot. Les deux sexes ont une corpulence similaire, mâle et femelle mesurant 1,3 m de haut et pesant jusqu'à 45 kg.

Le plus grand alcidé

Originaire du littoral de l'Atlantique Nord, le grand pingouin (*Pinguinus impennis*) mesurait 85 cm et pesait 5 kg. Cet oiseau marin noir et blanc, incapable de voler, est le premier « pingouin » de l'histoire.

Autrefois commun, il a disparu en 1844 après avoir été chassé jusqu'à l'extinction par les marins qui les mangeaient ou les rapportaient aux musées.

Le plus grand genre de manchots

Le genre *Eudyptes* compte entre 7 et 9 espèces, suivant la classification. On les appelle gorfous, ou manchots à aigrettes, en raison des plumes souvent dorées qui forment des sourcils hérissés. On y trouve le gorfou doré (le **manchot le plus répandu**, *voir p. 49*) et le gorfou sauteur. Les gorfous vivent sur les îles arctiques et subantarctiques.

L'œuf le plus léger par rapport au poids du corps

Les manchots sont les oiseaux ayant les œufs les plus légers par rapport à leur poids adulte. Les œufs les plus légers sont ceux du manchot empereur (*A. forsteri*). Ses œufs pèsent en moyenne 450 g, soit 2,3 % du poids de la mère.

Le manchot ayant le plus de couvées par an

Le manchot pygmée, ou petit manchot bleu (*ci-dessous à gauche*), peut pondre jusqu'à 3 couvées par an. Les autres espèces de manchots n'en produisent qu'une.

Le plus petit manchot

Le manchot pygmée, ou petit manchot bleu (*Eudyptula minor*), est originaire du sud de l'Australie et de Nouvelle-Zélande. Il ne dépasse pas 40 cm de haut et ne pèse pas plus de 1 kg. Son espérance de vie moyenne est de 6 ans seulement. Plusieurs sous-espèces ont été répertoriées mais leur nombre officiel ne fait pas l'unanimité.

0,00005 m Diamètre moyen d'une particule de limon

Le manchot au plus long bec

Icadyptes salasi est un manchot géant qui vivait dans la zone tropicale de l'Amérique du Sud il y a 36 millions d'années, à la fin de l'éocène. Son bec mesurait 25 cm de long et représentait presque deux tiers de son crâne.

! INFO

Les muscles à la base de chaque plume permettent au manchot de s'adapter. À terre, les plumes emprisonnent l'air et la chaleur ; dans l'eau, elles s'aplatissent pour devenir imperméables.

Le plumage le plus dense

Les manchots possèdent les plumes les plus serrées. Dans une étude publiée en 1967, le docteur Bernard Stonehouse (RU) a relevé 11 ou 12 plumes par cm² chez les manchots pygmée, empereur, Adélie et à œil jaune.

Le plongeon le plus profond chez un oiseau

Le plongeon le plus profond (mesuré avec précision) chez un oiseau est celui de 534 m effectué par un manchot empereur de 29 kg. Le record a été enregistré en novembre 1993 sur l'île Coulman en mer de Ross (Antarctique) par le professeur Gerald Kooyman, de l'Institut océanographique Scripps. Kooyman a mesuré presque 16 000 plongeons effectués par divers oiseaux, le plus long ayant duré 15,8 min.

Le manchot le moins sociable

Contrairement aux autres manchots qui nichent en colonies (souvent très denses), le manchot à œil jaune (*Megadyptes antipodes*) est l'espèce de manchot la plus solitaire et la moins sociable. Il niche seul, hors de la vue de ses congénères, chacun choisissant son site de nidification dans les forêts, les broussailles ou les touffes d'herbe dense. Il est originaire de Nouvelle-Zélande et des îles subantarctiques Auckland et Campbell.

Le manchot le plus septentrional

Le manchot des Galápagos (*Spheniscus mendiculus*) est originaire des îles Galápagos, au large de l'Équateur, en Amérique du Sud. La majeure partie des individus vivent sur les îles Fernandina et Isabela. La pointe nord d'Isabela, à cheval sur l'équateur, se trouve en partie dans l'hémisphère nord ; c'est par conséquent la seule espèce de manchot qui vit à l'état sauvage dans les deux hémisphères. Toutes les autres espèces vivent uniquement dans l'hémisphère sud.

La température la plus basse supportée par un oiseau

En période de reproduction, les manchots empereurs posés sur la banquise antarctique peuvent survivre à une température moyenne de – 20 °C.

Cette espèce détient aussi le record du **jeûne le plus long chez un oiseau**. Un manchot empereur mâle a survécu 134 jours sans manger, en utilisant ses réserves de graisse sous-cutanée, dont l'épaisseur peut atteindre 3 à 4 cm.

L'oiseau qui nage le plus vite

Le manchot papou (*Pygoscelis papua*) peut atteindre une vitesse de pointe de 27 km/h.

Le manchot le plus répandu

On compte environ 6,3 millions de couples de gorfous dorés (*Eudyptes chrysolophus*) en Antarctique. La population de gorfous dorés a néanmoins beaucoup décliné depuis les années 1970 et est considérée comme « vulnérable » par l'IUCN.

! INFO

L'opération de sauvetage ci-dessous a impliqué le **plus important transport de manchots par voie aérienne** : 15-20 000 oiseaux ont été mis en sécurité. C'est la 1re fois que ces oiseaux se sont déplacés dans les airs.

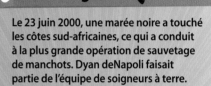

👤 Sauvetage

Le 23 juin 2000, une marée noire a touché les côtes sud-africaines, ce qui a conduit à la plus grande opération de sauvetage de manchots. Dyan deNapoli faisait partie de l'équipe de soigneurs à terre.

Quelle était la situation à votre arrivée ?
Mon équipe est arrivée une semaine après la marée noire et tout n'était pas encore opérationnel. Un énorme centre de sauvetage venait d'être construit pour abriter les oiseaux mazoutés qui continuaient d'arriver. En quelques jours, presque 20 000 manchots mazoutés, provenant essentiellement de Robben Island, ont été amenés. Le lendemain de notre arrivée, la marée noire a touché l'île de Dassen, nécessitant l'évacuation de 20 000 autres manchots indemnes. Ces oiseaux ont été transportés jusqu'à Port Elizabeth et relâchés dans des eaux non polluées pour leur permettre de parcourir les nombreux kilomètres qui les séparaient de chez eux.

Comment nettoie-t-on un manchot ?
Il est important de laisser l'animal s'adapter de 24 à 48 heures avant de le laver, car cette opération est très stressante. Quand il est prêt, on l'asperge de dégraissant, qu'on laisse agir 30 min. Celui-ci décompose le pétrole le plus lourd. Le manchot est ensuite plongé dans une série de bassines d'eau savonneuse jusqu'à ce que l'eau soit claire. On rince le plumage avec un tuyau à haute pression pour éliminer les résidus de savon, puis on met l'oiseau à sécher sous des lampes chaudes.

Les globes oculaires les plus exorbités

Impressionnante à plus d'un titre, Kim Goodman (USA) a la capacité de faire jaillir ses globes oculaires de leurs orbites, exploit qui a fait l'objet d'un record. Elle les a étirés à 12 mm de leurs orbites, à Istanbul (Turquie), le 2 novembre 2007, battant de 1 mm son précédent record de 1998. Cet étirement est mesuré scientifiquement par un optométriste à l'aide d'un appareil appelé optomètre. La moyenne de trois mesures donne le résultat final, susceptible de nous arracher des larmes.

du pont de Bloukrans (Cap occidental, Afrique du Sud), le 10 avril 2010. Âgé de 96 ans et 222 jours, Keet ignorait qu'il avait battu un record mondial.

Le chef d'orchestre le plus âgé

Le 23 février 2014, Juan Garcés Queralt (Espagne, né le 18 avril 1914), qui avait 99 ans et 311 jours, a dirigé un concert à la Sala Simfónica de l'Auditori i Palau de Congressos de Castelló, à Valence (Espagne), sa ville natale.

Le professeur le plus âgé

Le père Geoffrey Schneider (Australie, né le 23 décembre 1912) a cessé d'enseigner à plein temps le 11 avril 2014, à 101 ans et 109 jours. Il a mis fin à sa carrière, longue de 74 ans, faite au collège St Aloysius de Milsons Point (Nouvelle-Galles du Sud, Australie), où il a enseigné du CE2 à la 3e.

La mariée la plus âgée

Minnie Munro (Australie) avait 102 ans lorsqu'elle a épousé Dudley

LES PERSONNES LES PLUS ÂGÉES

Au 7 mai 2015, 50 personnes étaient officiellement supercentenaires, soit 48 femmes et 2 hommes. Aujourd'hui, les 10 premières sont exclusivement des femmes, avec un âge moyen de 114 ans et 318 jours. *Source : grg.org*

Nom	Née le	Âge
Jeralean Talley (USA)	23 mai 1899	115 ans et 349 jours
Susannah Mushatt Jones (USA)	6 juillet 1899	115 ans et 305 jours
Emma Morano-Martinuzzi (Italie)	29 nov. 1899	115 ans et 159 jours
Violet Brown (Jamaïque)	10 mars 1900	115 ans et 58 jours
Antonia Gerena Rivera (Porto Rico/USA)	19 mai 1900	114 ans et 353 jours
Nabi Tajima (Japon)	4 août 1900	114 ans et 276 jours
Goldie Steinberg (Russie/USA)	30 oct. 1900	114 ans et 189 jours
Kiyoko Ishiguro (Japon)	4 mars 1901	114 ans et 64 jours
Dominga Velasco (Mexique/USA)	12 mai 1901	113 ans et 360 jours
Olympe Amaury (France)	19 juin 1901	113 ans et 322 jours

Selon le ministère japonais de la Santé, du Travail et de l'Aide sociale, la Japonaise la plus âgée (Tokyo) – 115 ans – devrait figurer à la 5e place de ce tableau. Cependant, à la demande de sa famille, le nom de cette femme, née le 15 mars 1900, n'a pas été révélé.

Reid, âgé de 83 ans, à Point Clare (Nouvelle-Galles du Sud, Australie), le 31 mai 1991. Quant au **marié le plus âgé**, il s'agit de Harry Stevens (USA). Il avait 103 ans lorsqu'il a épousé Thelma Lucas, 84 ans, à la maison de retraite de Caravilla (Wisconsin, USA), le 3 décembre 1984.

Le sprinter le plus âgé

Hidekichi Miyazaki (Japon, né le 22 septembre 1910) avait 104 ans quand il a couru le 100 m en 34,61 s, au 18e championnat d'athlétisme d'Asie, à Kitakami (Iwate, Japon), le 22 septembre 2014.

La personne la plus âgée de tous les temps

L'âge le plus élevé officiellement enregistré pour un être humain est de 122 ans et 164 jours. Née le 21 février 1875, Jeanne Louise Calment (France) est décédée à la maison de retraite d'Arles le 4 août 1997.

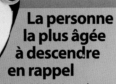

La personne la plus âgée à descendre en rappel

Le 18 mai 2014, jour de ses 100 ans, Doris Cicely Long, membre de l'ordre de l'Empire britannique (RU, née le 18 mai 1914), est descendue en rappel le long de la tour Spinnaker (Portsmouth, RU). Bien que la tour Spinnaker ait une hauteur de 170 m, Mme Long a « seulement » parcouru 92,96 m en rappel.

! INFO

Après son exploit, Doris a souligné qu'elle ne connaissait personne de son âge faisant ce type de choses. Rien de surprenant à cela : la tour Spinnaker est plus élevée que le London Eye.

Le témoin de mariage le plus âgé

Le 2 janvier 2014, Ronald Hornby (RU, né le 5 octobre 1917) a été témoin du mariage de son neveu, James Beattie, avec Isobel Coote (tous deux RU, *ci-dessus*), célébré à Clogher (comté de Tyrone, Irlande du Nord, RU). Le jour J, Ronald avait 96 ans et 89 jours. Sa femme, Frankie, a aussi fait office de témoin.

Au tournant du siècle

Les recherches de Robert Young portent sur l'extrême longévité. On le voit ci-dessous avec Besse Cooper (USA), fêtant le 116e anniversaire de celle-ci. En 2012, elle était la personne la plus âgée du monde.

Quand vous êtes-vous impliqué dans le groupe de recherche en gérontologie ?
J'ai commencé à m'impliquer en juin 1999. Ce groupe de bénévoles compte plus de 100 contributeurs dans le monde.

Pourquoi vous intéressez-vous aux personnes extrêmement âgées ?
À 5 ans, j'ai vu un reportage consacré à une femme qui fêtait ses 109 ans. J'étais fasciné qu'un être humain puisse avoir 100 ans de plus que moi. J'ai supposé qu'il était extrêmement rare d'atteindre cet âge.

À quelles difficultés êtes-vous confronté pour prouver l'âge de quelqu'un ?
Pour prouver ou réfuter l'âge de quelqu'un, la plus grande difficulté consiste à trouver suffisamment de preuves sur une période supérieure à 110 ans. En 1900, seuls 20 % de la population mondiale – environ –figuraient sur des actes de naissance officiels. Cependant, dans certains cas, nous pouvons pallier l'absence de documents relatifs au début de la vie, tels les recensements ou les registres baptismaux, ou le manque de documents relatifs à des événements plus tardifs, actes de mariage, registres de conscription, de pension, cartes d'identité ou actes de décès, par exemple. Il est également important de constituer un dossier pour montrer que les documents relatifs à la naissance correspondent bien à la personne vivante aujourd'hui. Plus de 98 % des personnes affirmant avoir 115 ans ou plus sont en fait moins âgées.

Largeur de la perle de soufre de Namibie (*Thiomargarita namibiensis*), la **plus grosse bactérie**, visible à l'œil nu 0,00075 m

55

LES CORPS DE L'EXTRÊME

Pendant la Révolution, un nain nommé Richebourg travaillait comme **espion** pour l'aristocratie, **déguisé en bébé**.

EN CHIFFRES

36 cm
Taille de la plus **longue barbe féminine**, celle de Janice Deveree (USA), mesurée en 1884.

90
Nombre de cornes recensées sur des êtres humains par le dermatologue Erasmus Wilson (RU, 1809-1884).

302 cm
Le plus grand tour de taille, mesuré sur Walter Hudson (USA).

132 cm
Taille des **plus longues jambes**, celles de Svetlana Pankratova (Russie).

L'homme le plus grand du monde

Le 8 février 2011, Sultan Kösen (né en Turquie, le 10 décembre 1982), ici en compagnie du directeur du GWR Sam Mason, mesurait 251 cm, à Ankara (Turquie).

Sultan, dont les mains mesurent 28,5 cm du poignet à l'extrémité du majeur, a les **plus grandes mains du monde**. Elles mesurent 30,48 cm de long, c'est-à-dire davantage qu'un ballon de football américain.

La femme la plus grande de tous les temps

À sa mort, Zeng Jinlian (26 juin 1964-13 février 1982), qui habitait la commune de la Lune brillante (Hunan, Chine), mesurait 248 cm. Ce chiffre ne correspond pas à une courbure normale de la colonne vertébrale car elle souffrait d'une grave scoliose (incurvation de la colonne vertébrale). Sa croissance est devenue anormale dès 4 mois. Elle mesurait 156 cm à la veille de ses 4 ans et 217 cm à 13 ans.

La femme la plus grande du monde

En décembre 2012, Siddiqa Parveen, habitant le sud du Dinajpur (Inde), mesurait au moins 222,25 cm, selon le docteur Debasis Saha du centre médical Fortis. En raison de la mauvaise santé de Mme Parveen et de son incapacité à se tenir droite, il a été impossible d'établir exactement sa taille. Le docteur Saha a néanmoins estimé que, debout, elle devait mesurer au moins 233,6 cm.

La taille la plus variable

Adam Rainer (Autriche, 1899-1950) est la seule personne de l'histoire de la médecine à avoir fait partie des nains puis des géants. À 21 ans, il mesurait 118 cm, mais il a soudain connu une croissance rapide.

En 1931, sa taille avait presque doublé et il mesurait 218 cm. Cette poussée de croissance l'a tant affaibli qu'il a dû rester au lit jusqu'à la fin de sa vie. À sa mort, il mesurait 234 cm.

LES PERSONNES LES PLUS GRANDES DE L'HISTOIRE

Les 10 personnes les plus grandes depuis un siècle. Wadlow est toujours l'homme le **plus grand de tous les temps**.

Nom (nationalité)	Taille (cm)	Année
Bernard Coyne (USA)	248	1921
Robert Wadlow (USA)	272	1940
Edward « Ted » Evans (RU)	234	1957
Suleiman Ali Nashnush (Libye)	246	1964
John F. Carroll (USA)	263	1966
Don Koehler (USA)	248	1970
Haji Mohammad Alam Channa (Pakistan)	232	1981
Radhouane Charbib (Tunisie)	235	1999
Xi Shun (Chine)	236	2005
Sultan Kösen (Turquie)	251	2011

La femme la plus petite du monde

Le jour de ses 18 ans, le 16 décembre 2011, Jyoti Amge (Inde) mesurait 62,8 cm, taille observée à Nagpur (Inde). Elle détenait le titre **de la plus petite adolescente**. Sa taille est supérieure de 8,2 cm à celle de Chandra Dangi, l'**homme le plus petit** (voir p. 57), qu'elle a rencontré à Rome (Italie), en avril 2012, lors de l'émission *Lo Show dei Record*.

! INFO

Le géant Daniel Cajanus (Finlande, 1704-1749) prétendait mesurer 283,2 cm, allégation très exagérée. L'examen post-mortem a établi que sa taille réelle était de 222,2 cm.

✚ Une histoire géante

Le record de Sultan lui a valu une certaine célébrité. Il a pu bénéficier d'une opération visant à mettre un terme à sa croissance. Des dons lui ont permis de s'offrir des vêtements sur mesure ainsi qu'un appartement à Ankara adapté à ses besoins et il peut désormais voyager dans des conditions agréables.

Le couple marié le plus grand du monde

Sun Mingming, le **plus grand basketteur**, et la handballeuse Xu Yan (tous deux Chine) se sont mariés à Pékin (Chine), le 4 août 2013. Ils mesurent respectivement 236,17 cm et 187,3 cm d'après les informations recueillies à Pékin, le 14 novembre 2013. Ils totalisent à eux deux 423,47 cm et battent ainsi de 4,37 cm le précédent record.

La femme la plus petite de tous les temps

Pauline Musters (Pays-Bas, 1876-1895), alias Princesse Pauline, mesurait 30 cm à sa naissance et 55 cm à 9 ans. Lorsqu'elle est décédée à 19 ans, à New York (USA), elle mesurait 61 cm.

Le couple marié le plus grand de tous les temps

À 17 ans, Anna Haining Swan (Canada, 1846-1888), dont les parents écossais avaient immigré en Nouvelle-Écosse, mesurait 241,3 cm. Le 17 juin 1871, elle épousa Martin van Buren Bates (USA, 1837-1919), à Londres (RU). Il mesurait lui-même 236,22 cm. À eux deux, le couple atteignait donc la taille de 477,52 cm.

L'homme le plus petit de tous les temps

Chandra Bahadur Dangi (Népal, voir ci-contre) mesure 54,6 cm. Sa taille a été vérifiée 6 fois en 24 h, à la clinique de médecine des voyageurs (CIWEC), à Katmandou (Népal), le 26 février 2012, en présence du rédacteur en chef du GWR Craig Glenday.

La personne la plus lourde de tous les temps

Jon Brower Minnoch (USA, 1941-1983) souffrait d'obésité depuis son enfance. En septembre 1976, il mesurait 1,85 m pour 442 kg. Deux ans plus tard, Minnoch est entré à l'hôpital universitaire de Seattle (Washington) parce qu'il souffrait de troubles respiratoires et cardiaques. D'après les calculs du docteur Robert Schwartz, endocrinologue, il pesait alors plus de 635 kg, poids dû en grande partie à de la rétention d'eau.

Après avoir suivi un régime ne dépassant pas 1 200 calories par jour pendant presque 2 ans, Minnoch est descendu à 216 kg. En octobre 1981, il avait repris 90 kg et a été de nouveau hospitalisé. À sa mort, le 10 septembre 1983, Minnoch pesait plus de 362 kg.

Jeannette (USA), l'épouse de Minnoch, ne pesait que 50 kg, soit 585 kg de moins que le poids le plus élevé atteint par Minnoch. Il s'agit de la **différence de poids la plus importante au sein d'un couple marié**.

La femme la plus lourde du monde

En juillet 2012, Pauline Potter (USA) pesait 293,6 kg. C'est la femme vivante la plus lourde, dont le poids a été confirmé médicalement. Si d'autres femmes ont prétendu peser davantage, aucune n'a été en mesure de produire des preuves médicales.

Rosalie Bradford (USA, 1943-2006), dont le poids a culminé à 544 kg en janvier 1987, c'est-à-dire 2 fois le poids de Pauline, est la **femme la plus lourde de tous les temps**.

L'adolescent le plus grand

Au moment où nous mettions cet ouvrage sous presse, nous avons été contactés par la mère de Kevin Bradford, un garçon de 16 ans originaire de Miami (Floride, USA) qui, d'après elle, mesurait 213 cm. « Mon fils est-il le plus grand adolescent du monde ? », nous a-t-elle demandé…

Le GWR prévoit en effet un record de la plus haute taille dans la catégorie « adolescent et adolescente », mais Broc Brown, le **garçon détenteur du record** précédent, né le 14 avril 1997 (USA), avait entretemps fêté son 18e anniversaire. Il ne pouvait donc plus prétendre à ce titre, car le GWR considère comme adultes les personnes âgées de 18 ans ou plus.

Kevin est né le 27 octobre 1998 et, pour confirmer qu'il était bien le nouvel adolescent le plus grand, dans la catégorie moins de 18 ans, il a été mesuré le 30 avril 2015 à la clinique pédiatrique de Doral en Floride. Les médecins ont confirmé, en présence des juges de GWR, que Kevin mesurait 215,9 cm, taille incroyablement élevée si l'on considère qu'il était âgé de 16 ans et 186 jours.

Après une radiographie de contrôle, les médecins ont conclu que les cartilages de conjugaison de Kevin n'étaient pas encore ossifiés. Au moment de la puberté, l'ossification de ces cartilages appelés épiphysaires, situés à l'extrémité des os longs, provoque un arrêt de la croissance. Cependant dans certains cas, comme dans celui de Kevin, le cartilage ne s'ossifie pas, ce qui entraîne une croissance très importante. Kevin n'a sans doute pas fini de grandir…

LE CORPS EN DÉTAIL

En moyenne, les **pieds** des filles **grandissent** jusqu'à l'**âge de 13 ans**, et ceux des garçons jusqu'à **15 ans**.

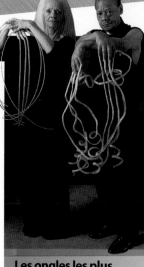

EN CHIFFRES

20
Nombre moyen de dents de lait d'un enfant de 3 ans.

1,23 m
La plus grande crête iroquoise coiffant le crâne de Kazuhiro Watanabe (Japon).

100 000
Nombre moyen de cheveux recouvrant une tête humaine ; nous en perdons entre 50 et 100 chaque jour.

2 à 3 mm
Croissance mensuelle moyenne d'un ongle de la main.

26
Nombre d'os d'un pied humain, soit environ un huitième du squelette complet.

44
Pointure masculine la plus fréquente au RU, selon une étude de 2014 par l'Institut de podologie – elle était de 41 dans les années 1970.

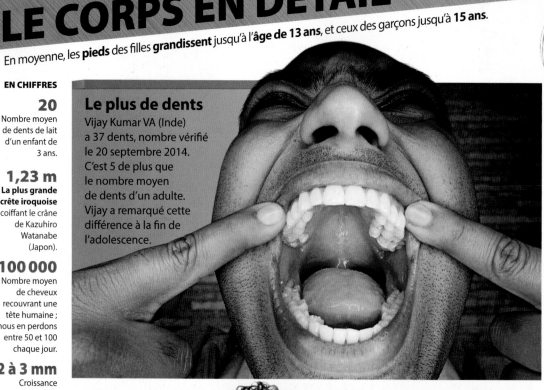

Le plus de dents
Vijay Kumar VA (Inde) a 37 dents, nombre vérifié le 20 septembre 2014. C'est 5 de plus que le nombre moyen de dents d'un adulte. Vijay a remarqué cette différence à la fin de l'adolescence.

La langue la plus longue
La langue de Nick Stoeberl (USA), surnommé « la langue », mesurait 10,1 cm de son extrémité au centre de ses lèvres, le 27 novembre 2012. Nick explique en partie ce record par le fait que son père était fan de KISS, groupe célèbre pour ses pitreries linguales sur scène.
Chanel Tapper (USA) est la **femme ayant la plus longue langue**, 9,75 cm, le 29 septembre 2010.

Les plus grands pieds
Jeison Orlando Rodríguez Hernández (Venezuela, ici avec son neveu) commande ses chaussures en Allemagne à la taille de ses immenses pieds. Le 6 octobre 2014, son pied droit mesurait 40,1 cm et le gauche 39,6 cm.
Les **plus grands pieds de tous les temps** étaient ceux de Robert Wadlow (USA, 1918-1940), l'**homme le plus grand de tous les temps**. Il portait des chaussures taille 37AA (taille US), ce qui correspond à un pied de 47 cm.

Les ongles les plus longs de tous les temps
Hommes : Melvin Boothe (USA, 1948-2009) avait les ongles les plus longs, à savoir 9,85 m (longueur des ongles des deux mains).
Femmes : Les ongles des mains de Lee Redmond (USA) atteignaient 8,65 m de long en 2008. Elle les a malheureusement perdus lors d'un accident de voiture l'année suivante.

La langue la plus large
À son point le plus large, la langue de Byron Schlenker (USA) mesure 8,57 cm. Grâce à ce record établi le 2 novembre 2014, il dépasse de 2 cm son précédent record de 8,3 cm. Il s'agit d'une histoire de famille. Le même jour, sa fille Emily (USA) devenait la **femme ayant la langue la plus large**, avec 7,33 cm.

Le nez le plus long
Lors de la vérification effectuée le 18 mars 2010 au cours de l'émission *Lo Show dei Record*, le nez de Mehmet Özyürek (Turquie) mesurait 8,8 cm de l'arête à la pointe. Selon des documents des années 1770, le **nez le plus long de tous les temps** était celui de l'artiste de cirque Thomas Wedders (RU), soit 19 cm.

La plus grande famille poilue
La famille Ramos Gómez, qui compte 19 membres (tous Mexique), souffre d'une maladie génétique rare, l'hypertrichose, à l'origine d'une pilosité excessive. Cette maladie, qui touche les hommes comme les femmes, est cependant plus visible chez les hommes, dont 98 % du corps est recouvert de poils épais, excepté la paume des mains et la plante des pieds.

LES POILS
LES PLUS LONGS...

Cheveux

Femmes : Mesurés le 8 mai 2004, les cheveux de Xie Qiuping (Chine) atteignaient 5,6 m. Elle a commencé à laisser pousser ses cheveux en 1973 et a aujourd'hui besoin d'un assistant pour les soulever quand elle se déplace.

Hommes : Selon des documents de 1949, les cheveux du moine Swami Pandarasannadhi (Inde), qui résidait au monastère Tirudaduturai de Madras, étaient longs de 7,9 m. Cela était peut-être dû à une maladie du cuir chevelu, la *plica polonica*, qui enchevêtre les cheveux au point qu'ils ne peuvent être démêlés.

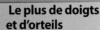

Le plus de doigts et d'orteils

Devendra Suthar (Inde) souffre d'une maladie congénitale appelée polydactylie. Il possède 14 doigts et 14 orteils, nombre vérifié le 11 novembre 2014, à Himatnagar (État de Gujarat, Inde). Si l'on en croit Devendra, charpentier de métier, ces doigts surnuméraires n'affectent pas son travail, bien qu'il se montre très prudent au moment de la découpe !

L'année de son décès, en 1927, elle mesurait 5,3 m. Elle a été léguée à la Smithsonian Institution (USA) 40 ans plus tard.

Dans l'oreille

Le 10 octobre 2007, les poils qui sortaient de l'oreille d'Anthony Victor (Inde), directeur d'école à la retraite surnommé « le professeur aux oreilles poilues » par ses élèves, mesuraient 18,1 cm.

Sur la poitrine

Le plus long poil (23,5 cm) a été mesuré sur la poitrine de Zhao Jingtao (Chine), le 13 septembre 2014. Le **plus long poil de mamelon** (17 cm) a été observé sur Daniele Tuveri (Italie), le 13 mars 2013.

Sur le dos

Le 9 novembre 2012, un poil long de 13 cm poussait sur le dos de Craig Bedford (RU).

Barbe

La plus longue barbe est celle de Sarwan Singh (Canada). Elle mesurait 2,4 m, le 8 septembre 2011. Sarwan est loin du record de la **plus longue moustache**, détenu par Ram Singh Chauhan (Inde), dont la moustache mesurait 4,2 m, au 4 mars 2010. Hans Langseth (Norvège) possédait la barbe la **plus longue jamais mesurée**.

Jusqu'au bout des ongles

Shridhar Chillal (Inde, ci-dessus en 1975 et à gauche en 2014) a les ongles les plus longs sur les doigts d'une main. Après avoir poussé pendant 52 ans, ils mesurent désormais 9,09 m au total.

Pourquoi avoir laissé pousser vos ongles ?
En 1952, j'ai eu des problèmes à l'école avec un camarade. Un professeur nous a alors dit que nous ne comprenions pas la valeur de la patience nécessaire à la croissance d'un ongle, et je l'ai pris au mot. Mes parents étaient hostiles à ma décision, mais cela n'a fait que m'inciter à les laisser pousser. Plus tard, ils m'ont soutenu quand ils ont vu à quel point j'étais déterminé.

C'est compliqué d'entretenir des ongles pareils ?
Ils sont extrêmement fragiles. Le moindre contact est susceptible de casser des ongles de cette taille, j'applique donc une couche de vernis pour les protéger.
Je dois aussi faire attention quand je dors. Je ne peux pas bouger, alors je me réveille à peu près toutes les demi-heures et je pose ma main de l'autre côté du lit.

Y a-t-il des avantages ?
Oui, je suis reconnu partout où je vais. De plus, je ne dois jamais faire la queue. À terme, j'aimerais faire don de mes ongles à un musée pour la postérité.

Y a-t-il des inconvénients ?
On m'a refusé de nombreux jobs à cause de mes ongles. J'ai également été éconduit par une dizaine de filles avant que ma femme accepte de m'épouser.

> **! INFO**
> Taille des ongles de Shridhar :
> pouce 197,9 cm ;
> index : 164,5 cm ;
> majeur : 186,6 cm ;
> annulaire : 181,6 cm ;
> auriculaire : 179,1 cm.

MODIFICATIONS

Ötzi, la momie congelée (env. 3300 av. J.-C.), arbore **lobes distendus** et **tatouages**.

EN CHIFFRES

86 %
des personnes ayant un tatouage ne le regrettent pas selon un sondage Harris.

1 sur 5
Proportion de Britanniques et d'Américains à avoir un tatouage.

35 %
des piercings d'oreille entraînent des complications (dont 77 % d'infections légères).

30-39 ans
Âge des Américains les plus susceptibles d'être tatoués.

3 000
Nombre de fois par minute où un pistolet de tatouage perce la peau.

12 Mrd $
Somme dépensée aux États-Unis en interventions esthétiques (chirurgicales et non chirurgicales) en 2013.

Le labret le plus imposant

Les jeunes filles de la tribu éthiopienne des Surmas arborent des labrets pouvant atteindre 15 cm de large pour indiquer qu'elles sont prêtes à se marier. Celles qui portent les plus imposants sont les plus beaux partis car la taille du labret correspond au nombre de têtes de bétail exigées de leurs soupirants.

Prise par le réalisateur Abraham Joffe (Australie) en Éthiopie en 2014, cette photo montre Ataye Eligidagne (Éthiopie), 20 ans, dont le labret a une circonférence de 59,5 cm et un diamètre de 19,5 cm. Dans le médaillon, on voit Ataye sans son labret.

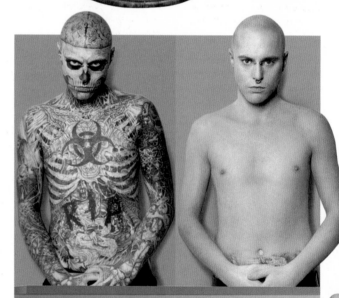

Le plus de modifications corporelles chez un couple marié

Les époux Victor Hugo Peralta (Uruguay) et Gabriela Peralta (Argentine) totalisent 84 modifications corporelles, ce qui a été confirmé le 7 juillet 2014. On compte 50 piercings, 8 microdermabrasions, 14 implants corporels, 5 implants dentaires, 4 écarteurs auriculaires, 2 barbells et 1 langue fourchue.

LE PLUS DE PIERCINGS...

En une seule fois

Le 16 décembre 2012, l'examen médical de Rolf Buchholz (Allemagne) a révélé la présence de 481 piercings. Il arborait aussi d'autres ornements, dont 2 implants sous-cutanés en forme de corne et 5 implants magnétiques au bout des doigts de la main droite, portant à 516 le total, ce qui lui a permis de battre le record du **plus de modifications corporelles chez un homme**.

María José Cristerna (Mexique), a transformé son corps en y ajoutant tatouages, implants transdermiques et piercings dans le nombril, les lobes d'oreilles, les sourcils, les lèvres, les tétons, le nez et la langue. Elle a réalisé le **plus de modifications corporelles (49) chez une femme**.

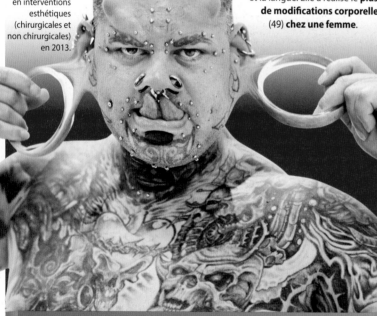

Le plus de tatouages en forme d'os

Le fan de films d'horreur Rick Genest (Canada) a 139 os – presque 70 % du squelette – tatoués sur le corps. Connu sous le nom de « Zombie », Rick a dépensé des milliers de dollars pour réaliser ces tatouages qui l'ont rendu célèbre. Il a même fait une apparition dans le clip de *Born this Way, de* Lady Gaga. Dans la même veine, Rick arbore aussi le **plus d'insectes tatoués** (176), tels des mille-pattes ou des cafards. La photo ci-dessus à droite montre l'efficacité du maquillage pour recouvrir les tatouages.

Le plus grand tunnel auriculaire

Tatoueur et adepte du body art, Kalawelo Kaiwi (USA) arbore un tunnel de 10,5 cm dans chaque oreille, comme l'a confirmé la clinique Hilo Natural Health (Hawaii, USA), le 14 avril 2014. À peu près de la taille d'une tasse à thé, le diamètre des tunnels est assez grand pour y passer le poing. Kala arbore aussi des tatouages, des piercings, des cornes sous-cutanées et a la langue fendue.

Elaine Davidson (Brésil/RU), qui a fait constater la présence de 462 piercings le 4 mai 2000, détient le **record du plus grand nombre de piercings comptabilisés en une fois (femme)**. Avec 4 225 piercings au 8 juin 2006, Elaine a aussi réalisé le **plus de piercings au cours d'une vie**. Ce nombre est en évolution constante.

Sur le visage

Au 17 février 2012, Axel Rosales (Argentine), dont le but était de recouvrir son visage d'un masque de piercings, arborait 280 clous et anneaux faciaux. Il a fait poser les 9 derniers le jour du record, voulant atteindre un nombre plus rond que 271.

Le plus de carrés tatoués

Surnommé «Le damier humain», Matt Gone (USA) a 848 carrés tatoués sur le corps, dont 201 uniquement sur la tête, record enregistré le 7 juillet 2014. Matt a même fait tatouer sa langue et le blanc de ses yeux, en dépit du risque d'infection élevé que l'opération comporte.

Une vision étriquée

Joel Miggler (Allemagne) totalise le **plus de tunnels faciaux** : 11 au 27 novembre 2014. Voici son histoire…

Quand vous êtes-vous lancé dans les tunnels corporels ?

Je me suis fait percer un tunnel dans le lobe de l'oreille à l'âge de 13 ans. J'ai bien aimé, et je suis peu à peu arrivé à ce résultat !

Avez-vous des problèmes pour manger ou boire ?

Non, mais je ne peux avaler que de petites quantités.

…et pour embrasser ?

Non, pas vraiment ! Ma copine a elle aussi un gros labret (piercing à la lèvre). C'est juste un peu plus difficile de s'embrasser.

Comment se sont formés les tunnels de vos joues ?

On a d'abord fait un petit trou d'environ 10 mm dans mes joues pour y introduire un bijou en Téflon. Après 3 mois de cicatrisation, on a élargi les trous de 8 mm. Il a fallu un mois pour que la peau cicatrise. Puis, on a élargi les trous de 1 mm par mois jusqu'à ce qu'ils atteignent 22 puis 30 mm. Leur diamètre est actuellement de 34 mm. J'aimerais maintenant qu'ils atteignent 40 mm, mon objectif final. La personne à l'origine de ces modifications a suivi une formation médicale dans l'armée et réalise ces modifications extrêmes depuis 8 ans. Je lui fais confiance. Il a beaucoup d'expérience. C'est indispensable, car c'est très compliqué d'entailler les joues. On risque de couper les glandes salivaires et c'est très dangereux.

La cicatrisation est douloureuse combien de temps ?

Les entailles sont douloureuses pendant une semaine. Après, ça ne fait plus mal.

LES TATOUAGES

La personne la plus tatouée

Lucky Rich (Australie/NZ) a enduré plus de 1 000 h de tatouage. De nouveaux tatouages ayant été ajoutés sur les anciens, on estime que son corps est recouvert à plus de 200 %.

María José Cristerna (Mexique) est la **femme la plus tatouée** : au 8 février 2011, 96 % du corps de la «vampire mexicaine» était recouvert de tatouages.

Tom Leppard (RU), dont le corps est recouvert à 99,9 % de taches de léopard, est l'**homme âgé le plus tatoué**. La **femme âgée la plus tatouée** est Isobel Varley (RU), avec 93 %, record établi le 25 avril 2009.

Le plus de tatouages de…

Pièces de puzzle : L'Énigme, alias Paul Lawrence (USA), est fan de modifications corporelles. 2 123 pièces de puzzle sont tatouées sur son corps, record enregistré le 13 avril 2011 lors de *Lo Show dei Record* (Italie).

Personnage de dessin animé : au 5 juin 2014, Lee Weir (NZ) arborait 41 tatouages d'Homer Simpson sur le bras gauche, notamment bébé, en Hulk et même en diable à ressort. Il a fallu plus de 25 h pour réaliser ces différentes versions d'Homer.

Drapeaux : entre juillet 2009 et juillet 2011, Guinness Rishi (Inde) s'est fait tatouer 366 drapeaux du monde entier. Il arbore encore bien plus de tatouages de cartes et de noms de pays.

! INFO

Les modifications corporelles extrêmes sont l'équivalent d'une opération chirurgicale. Elles doivent donc être réalisées par des praticiens agréés. Ne tentez jamais de les réaliser chez vous !

GÉMELLITÉ

Même les **vrais jumeaux** n'ont pas les **mêmes empreintes digitales**.

EN CHIFFRES

14 semaines
Âge à partir duquel les fœtus de jumeaux commencent à se toucher dans l'utérus de leur mère.

22 %
Proportion de jumeaux gauchers. Dans la population de non-jumeaux, la proportion de gauchers est inférieure à 10 %.

17 min
Durée moyenne entre la naissance du 1er et du 2nd jumeau.

1 sur 250
Proportion de naissances gémellaires (vrais jumeaux).

1 sur 200 000
Proportion de jumeaux siamois. 1 naissance de vrais jumeaux sur 200 débouche sur la naissance de siamois.

Les jumelles séparées le plus longtemps
Elizabeth Ann Hamel (née Lamb, USA, *à gauche*) et Ann Patricia Hunt (née Wilson, RU, *à droite*) sont nées le 28 février 1936 à Aldershot (RU). Elles se sont retrouvées à Fullerton (Californie, USA) le 1er mai 2014, après avoir été séparées pendant 77 ans et 289 jours.

Le jumeau le plus riche
David H. Koch (USA) est né le 3 mai 1940, en même temps que son jumeau William (USA). Son revenu net est de 42 milliards $. Il est vice-président de Koch Industries, société fondée par son père, Fred Koch, en 1940. David occupe la 6e place sur la liste des 500 plus grandes entreprises (Fortune 500), rang qu'il partage avec son frère aîné, Charles. William Koch, dit « Bill », a créé Oxbow Corporation, entreprise qu'il dirige.

Les plus vieux octuplés
Nés à la clinique Kaiser Permanente de Bellflower (Californie, USA), les octuplés Suleman ont fêté leur 6e anniversaire le 26 janvier 2015. Ils sont nés après la fécondation in vitro (FIV) de leur mère, Nadya Suleman (USA), âgée de 33 ans.

! INFO
Nés 9 semaines avant terme, les octuplés pesaient entre 0,68 et 1,47 kg. Le poids moyen d'un bébé est de 3,4 kg.

Le plus long intervalle entre la naissance de jumeaux
Quatre-vingt-sept jours séparent la naissance des jumelles Amy Ann et Kate Marie Elliott mises au monde par Maria Jones-Elliott (Irlande). Les jumelles sont nées à l'hôpital régional de Waterford (Irlande). Amy est née prématurément le 1er juin 2012 et Kate le 27 août.

Le plus de jumeaux et de triplés inscrits dans la même école la même année
L'école Henry James Memorial, à Simsbury (Connecticut, USA), a inscrit 20 écoliers issus de naissances multiples au cours d'une même année scolaire, soit 18 jumeaux et 2 triplés. Les chiffres ont été vérifiés le 31 mai 2012.

Les jumelles les plus âgées ayant survécu à l'Holocauste
Annetta Able et Stephanie Heller (nées Heilbrunn) ont fêté leurs 90 ans le 4 février 2015. Nées à Subotica (ex-Yougoslavie, actuelle Serbie), elles étaient âgées de 18 ans quand elles furent déportées au camp de Terezín (Tchécoslovaquie). En 1943, à 19 ans, elles furent envoyées à Auschwitz (Pologne). On pense que ce sont les jumelles les plus âgées à avoir survécu aux expériences médicales déshumanisantes du docteur Josef Mengele. Après avoir été évacuées d'Auschwitz en 1945, elles furent parquées dans des camps avant de s'échapper. Quelques jours plus tard, elles furent secourues par des soldats américains.

LES PREMIERS...

Jumeau à marcher sur la Lune
L'astronaute et vrai jumeau Charles Moss Duke junior (USA), dit « Charlie », fut le 1er et, à ce jour, le seul jumeau à avoir marché sur la Lune, entre les 21 et 23 avril 1972. Charlie, qui pilota le module lunaire d'*Apollo 16*, fut la 10e personne et aussi la **plus jeune à avoir marché sur la Lune.**

Les 1ers jumeaux nés dans des régions différentes du Royaume-Uni
Dylan Fox (RU, *ci-dessus à gauche*) est né au domicile de ses grands-parents à Wooler (Northumberland, Angleterre), le 1er juillet 2012. Sa sœur Hannah (*ci-dessus à droite*) n'étant pas prête à naître, Donna Keenan, leur mère, a été emmenée en ambulance à l'hôpital de Melrose (Écosse) à environ 72 km. Le trajet a duré 1 h et Hannah est née 90 min après son frère.

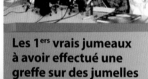

Les 1ers vrais jumeaux à avoir effectué une greffe sur des jumelles monozygotes
En janvier 1999, à Los Angeles (USA), les médecins Rafael et Robert Mendez, jumeaux monozygotes, ont greffé un rein aux vraies jumelles Anna et Petra Martinez (USA). Les jumeaux monozygotes constituent des donneurs et des receveurs mutuels idéaux, car leur profil génétique est proche. Sur la photo ci-dessus, de gauche à droite : Rafael, Petra, Anna et Robert.

0,01 m Largeur moyenne d'un flocon de neige. Mesurés le 28 janvier 1887, à Fort Keogh (Montana, USA), les **plus gros flocons de neige** atteignaient jusqu'à 0,38 m de large.

Il demeure l'une des 12 personnes à avoir jamais posé le pied sur la Lune.

Jumeaux chefs d'État

Les jumeaux Lech Aleksander Kaczyński et Jarosław Aleksander Kaczyński (Pologne) sont nés le 18 juin 1949. Lech a été élu président de la Pologne, poste qu'il a occupé de décembre 2005 à avril 2010. Son jumeau Jarosław a été Premier ministre de juillet 2006 à novembre 2007.

Épouse d'un président des États-Unis à accoucher de jumeaux

Laura Bush (USA), l'épouse du 43e président des États-Unis

Le taux de naissance gémellaire naturelle le plus élevé

Le terme « gémellité naturelle » désigne des jumeaux nés sans l'aide de techniques de procréation médicalement assistée. Selon l'étude internationale et la base de données mondiale Twinning Across the Developing World, publiées en 2011, le Bénin a le taux de jumeaux naturels le plus élevé, avec 27,9 jumeaux pour 1 000 naissances.

Le Vietnam est le **pays au taux de naissance gémellaire naturel le plus bas** : 6,2 pour 1 000.

Les 1ers astronautes jumeaux monozygotes

Scott et Mark Kelly (*nés le 21 février 1964*, USA) sont les seuls vrais jumeaux à avoir volé dans l'espace. Scott (*à gauche*) a effectué son 1er vol dans l'espace en tant que pilote de *Discovery*, lors de la mission STS-103, du 19 au 27 décembre 1999. Mark (*à droite*) a fait ses débuts dans l'espace en tant que pilote d'*Endeavour*, lors de la mission STS-108 qui s'est déroulée entre les 5 et 17 décembre 2001.

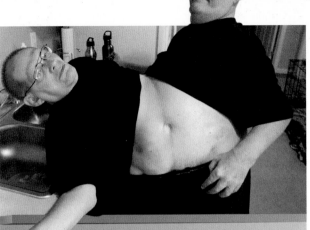

Les siamois les plus âgés de tous les temps

Le 4 juillet 2014, Donnie (*à gauche*) et Ronnie Galyon (*à droite*, tous deux USA), âgés de 62 ans et 252 jours, ont détrôné Chang et Eng Bunker (11 mai 1811-17 janvier 1874), siamois célèbres dans le monde entier qui avaient atteint l'âge de 62 ans et 251 jours (*voir ci-dessous pour plus d'informations*).

Ronnie et Donnie ont fêté leurs 63 ans le 28 octobre 2014. Ils ont battu le record des jumeaux considérés comme les plus âgés de tous les temps, à savoir Giacomo et Giovanni Battista Tocci (Italie, *nés vers 1875*), très célèbres pour avoir atteint 63 ans.

George W. Bush, est la seule première dame américaine à avoir donné naissance à des jumelles. Jenna et Barbara sont nées le 25 novembre 1981, à Dallas (Texas, USA).

LES SIAMOIS

Les siamoises les plus âgées de tous les temps

Masha et Dasha Krivoshlyapova (Russie, *nées le 3 janvier 1950*) souffraient de *dicephales tetrabrachius dipus*, gémellité fusionnée (elles avaient 2 têtes, 4 bras et 2 jambes). Elles sont mortes à 17 h d'intervalle le 17 avril 2003, à 53 ans et 104 jours, à Moscou.

Ce record est désormais détenu par Lori Lynn et Dori Schappell (USA,

nées le 18 septembre 1961), jumelles craniopagus dont les corps sont séparés mais les crânes partiellement reliés. Au 23 mars 2015, elles avaient 53 ans et 186 jours. Bien qu'elles soient génétiquement identiques, Dori s'est déclarée transsexuelle en 2007. Elle a adopté une identité masculine et s'appelle George. Cette situation fait des jumelles les 1res siamoises **à se déclarer de sexe différent**.

Le plus d'enfants engendrés par des siamois non séparés

Chang et Eng Bunker, siamois originaires du Siam (actuelle Thaïlande), sont nés en 1811. En 1843, ils ont épousé les sœurs Adelaïde et Sarah Yates et ont eu à eux deux 21 enfants. Chang et Adelaïde en ont eu 10, Eng et Sarah 11.

Dr Nancy Segal

Le GWR discute avec notre nouvelle spécialiste des jumeaux, ci-dessous avec les jumelles séparées le plus longtemps.

Qu'est-ce qui vous a poussée à étudier les jumeaux ?

J'ai moi-même une jumelle. Nous ne sommes pas de vraies jumelles. Ma sœur et moi avons toujours eu une apparence et un comportement assez différents. Cela m'intriguait, même lorsque j'étais enfant. Nous avions les mêmes parents et partagions un grand nombre d'expériences.

Le taux de naissance gémellaire est-il en augmentation ou en baisse ?

Aux États-Unis, ce taux est passé de 18,7 ‰ en 1980 à 33,7 ‰ en 2013. Les deux tiers de cette augmentation s'expliquent par le recours à des techniques de procréation médicalement assistées (PMA), qui provoquent la naissance d'un grand nombre de jumeaux dizygotes (faux jumeaux). La PMA a aussi fait augmenter le taux de jumeaux monozygotes (vrais jumeaux), phénomène peut-être lié à la manipulation d'ovules fécondés en laboratoire, à la stimulation ovarienne ou à d'autres facteurs. Concernant le dernier tiers, l'augmentation est due au fait que certaines femmes retardent leur grossesse pour des raisons professionnelles ou universitaires. Les femmes qui conçoivent des enfants plus tard produisent plus souvent 2 ovules, augmentant ainsi la probabilité d'avoir de faux jumeaux.

Existe-t-il un lien psychique entre les jumeaux monozygotes ?

Le terme « psychique » sous-entend une communication extrasensorielle entre les jumeaux, ce qui n'est pas prouvé. Il est vrai que les jumeaux, notamment monozygotes, sont très proches. Certains finissent les phrases de leur jumeau.

JEUX D'ESPRIT

Ernő Rubik (Hongrie) a inventé le **Rubik's Cube** en 1974. Il lui a fallu **1 mois** pour le résoudre !

EN CHIFFRES

20 à 30 s
Durée pendant laquelle notre mémoire à court terme est capable de mémoriser 7 éléments.

59
Nombre de jeux de cartes mémorisés après une seule observation, par Dave Farrow (Canada).

12 jours
Selon une étude de 2014, capacité mnésique du cichlidé africain, donnée contredisant la légende selon laquelle les poissons rouges ont la mémoire courte.

20 %
Taux de réduction des cellules nerveuses de l'hippocampe d'une personne de 80 ans.

13 min et 7 s
Temps record pour réaliser le puzzle Hasbro du GWR, par Deepika Ravichandran (USA).

Le plus petit Rubik's Cube
« Grigorusha », alias Evgeniy Grigoriev (RU), a créé un Rubik's Cube de 10 mm de large. Les faces de ce minuscule cube en plastique givré, fabriqué avec une imprimante 3 D de modelage à jets multiples, se tournent comme un Rubik's Cube standard.

TAILLE RÉELLE

Le grand test de la mémoire du GWR
Et maintenant, que diriez-vous de mettre votre mémoire à l'épreuve ? Cent objets sont reproduits ci-dessous. Regardez-les pendant 1 min, puis fermez le livre et voyez de combien d'objets vous vous souvenez. Cela constituera un parfait entraînement pour le vrai défi proposé à l'adresse suivante : **www.guinnessworldrecords.com/memory**. Si vous êtes le meilleur, vous figurerez peut-être dans le *GWR* 2016.

Le plus grand tangram
Un tangram (mot chinois signifiant « les 7 plaques d'habileté ») est un carré divisé en 7 pièces qu'il faut réorganiser afin de former le plus de formes et de profils.

Mesuré le 6 septembre 2014, le plus grand tangram couvre 36,28 m². Il est l'œuvre de la société immobilière Jiangsu Sunan Vanke, Ltd (Chine).

Le plus de mots croisés élaborés au cours d'une vie
Après plus de 50 ans passés à créer des mots croisés pour 115 publications, Roger F. Squires (RU) en avait publié plus de 77 854 en février 2015. Cela correspond à peu près à 2,34 millions de définitions.

Le plus de Rubik's Cubes résolus sous l'eau
Le 1er août 2014, il a fallu 1 min et 18 s au champion de Rubik's Cube Anthony Brooks (USA) pour terminer 5 Rubik's Cubes, alors qu'il était immergé dans un bassin.

Le 6 octobre 2010, Adrian Leonard (Irlande) a terminé le **plus de Rubik's Cubes en pédalant sur un monocycle**, soit 28.

Marcin Kowalczyk (Pologne) a résolu 41 casse-têtes sur 41 en un peu moins de 1 h, soit le **plus de Rubik's Cubes résolus avec un bandeau sur les yeux**.

Le plus de personnes à résoudre un Rubik's Cube
Le 4 novembre 2012, 3 248 personnes se sont mesurées au cube coloré, à l'École d'ingénieurs de Pune (État du Maharashtra, Inde). Seules 19 d'entre elles ne sont pas parvenues à résoudre le casse-tête et ne sont donc pas recensées dans le décompte final.

Le nombre binaire le plus long mémorisé en 5 min
Le système binaire est le plus simple des systèmes numériques. Il se compose uniquement de 1 et de 0. Lors des championnats britanniques de la mémoire en 2008, le comptable Ben Pridmore (RU) s'est souvenu de 930 chiffres binaires extraits d'une séquence aléatoire, après les avoir étudiés 5 min.

CHAMPIONS DE LA MÉMOIRE
Le Comité sportif international de la mémoire préside les championnats annuels mondiaux de la mémoire ainsi que de nombreux événements régionaux.

Discipline	Temps	Nom	Total
Images abstraites	15 min	Johannes Mallow (All.)	492
Noms et visages	15 min	Simon Reinhard (All.)	186
Dates historiques et à venir	5 min	Johannes Mallow (All.)	132
Mots aléatoires	15 min	Simon Reinhard (All.)	300
Nombres lus	intervalles de 1 s	Jonas von Essen (Suède)	380
Nombres (vitesse)	5 min	Johannes Mallow (All.)	501
Nombres longs	1 h	Wang Feng (Canada)	2 660
Cartes (marathon)	1 h	Ben Pridmore (RU)	1 456
Cartes (sprint)	< 5 min	Simon Reinhard (All.)	21,19 s
Chiffres binaires	30 min	Ben Pridmore (RU)	4 140

Source : world-memory-statistics.com ; données corrigées en février 2015.

The World Memory Championships

0,016 m Longueur du **plus petit hippocampe** (*Hippocampus denise*)

Le plus de cartes mémorisées sous l'eau

Le 16 décembre 2013, Matteo Salvo (Italie) a retenu son souffle 2 min et 51 s pour mémoriser l'ordre dans lequel apparaissaient des cartes à jouer préalablement mélangées. Après être sorti de la piscine, il a remis les 52 cartes d'un autre jeu dans le même ordre que celui observé sous l'eau.

Le problème de maths non résolu le plus ancien

Formulée en 1742 par le mathématicien prussien Christian Goldbach (1690-1764), « la conjecture de Goldbach » n'est toujours pas vérifiée 273 ans plus tard. D'après cette conjecture, tout nombre entier positif supérieur à 3 est la somme de 2 nombres entiers (pas nécessairement distincts). En 2015, personne n'avait encore ni confirmé ni infirmé cette hypothèse.

LE PLUS RAPIDE À...

Multiplier de tête 2 nombres à 5 chiffres

En 2010, il a fallu 1 min et 16 s à Marc Jornet Sanz (Espagne), alors âgé de 16 ans, pour multiplier 10 paires de nombres à 5 chiffres, soit une moyenne de 7,6 s par opération. Tous les nombres avaient été sélectionnés arbitrairement par ordinateur à l'université de Valence (Espagne).

Calculer la racine carrée d'un nombre à 6 chiffres

Le 2 septembre 2013, au centre Memoriad d'Ankara (Turquie), Granth Rakesh Thakkar (Inde), alors âgé de 12 ans, a battu un record en calculant la racine carrée de 10 nombres à 6 chiffres en 1 min et 7,52 s, soit une moyenne de 6,75 s par opération. Il a donné 8 chiffres de chaque nombre sans faire la moindre erreur.

Le plus de capitales citées en 1 min

Le 24 juillet 2014, Boris Konrad (Allemagne) a cité la capitale de 56 nations choisies par ordinateur.

Le 7 septembre 2014, en Chine, il a mémorisé le **plus de nombres à 3 chiffres**, soit 15, lors de l'émission *CCTV-Guinness World Records Special*.

Le plus de cartes mémorisées en 30 min

L'athlète de la mémoire Ben Pridmore (RU) a mémorisé 884 cartes – soit 17 jeux *(ci-dessus)* – lors des championnats de la mémoire de Derby (RU), en 2008. Pridmore détient également le record du **plus de cartes mémorisées en 1 h**, à savoir 1 456 cartes – ou 28 jeux complets –, lors des championnats du monde de la mémoire de 2010 en Chine.

Épeler 50 mots à l'envers

Le 13 novembre 2010, l'électronicien Shishir Hathwar (Inde) a correctement épelé 20 mots de 6 lettres, 15 mots de 7 lettres et 15 mots de 8 lettres en 1 min et 22,53 s, au club de la presse de Bangalore (État de Karnataka, Inde).

👤 Mémoire absolue

Johannes Mallow (Allemagne) est l'actuel champion du monde de la mémoire.

Quelles techniques utilisez-vous pour vous entraîner ?
En fait, je transforme toujours les informations que je dois mémoriser – qu'il s'agisse de mots, de noms, de dates ou de nombres – en images mentales. À partir de ces images, j'invente des histoires drôles ou effrayantes, beaucoup plus faciles à mémoriser.

Votre mémoire vous a-t-elle aidé à l'école ?
Pendant mes études, j'ai utilisé ces techniques mnésiques pour passer les examens. Cela m'a aidé, notamment pour mémoriser des définitions et des processus scientifiques complexes.

Pensez-vous que les gens doivent entraîner leur esprit de la même façon que leur corps ?
Oui ! Mal traiter son corps a des conséquences. C'est la même chose pour l'esprit. Exercer régulièrement son esprit, notamment en utilisant sa créativité et son imagination, est utile à long terme dans d'autres domaines de la vie.

Vous arrive-t-il d'oublier quelque chose ?
J'oublie souvent où j'ai mis mes clés et ma clé USB. Un jour, j'ai même oublié de payer l'addition au restaurant !

TOUS EN ACTION

La traversée la plus haute sur un câble tendu

Le 20 mars 2015, le funambule de l'extrême Freddy Nock (Suisse) a repoussé les limites en s'élançant sur un câble tendu incliné reliant deux pics dans les Alpes suisses. Débutant à une altitude de 3 532 m au-dessus du niveau de la mer, il a gravi 50 m – soit une altitude moyenne de 3 557 m. Durant cette traversée, l'homme aux multiples records a surplombé 1 000 m de vide.

Le câble mesurait 347 m de long et un petit 18 mm de large. Qui plus est, Nock a effectué sa traversée sans harnais de sécurité ni cordes – et tout cela en à peine 39 min. Un acrobate littéralement au sommet de son talent.

SOMMAIRE

Des études ont démontré que le *sport stacking* (empilage de gobelets) **améliore le temps de réaction et la coordination main-œil** d'environ 30 %.

3-6-3 (12 gobelets)

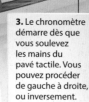

Cycle (12 gobelets)

Tout semble simple. Empiler et désempiler des gobelets dans un certain ordre le plus vite possible. Quand vous voyez des champions de *sport stacking*, vous comprenez que ce n'est pas qu'un jeu d'enfants.

Né aux États-Unis dans un centre de loisirs, dans les années 1980, le *sport stacking* consistait à l'origine à empiler des gobelets en carton en pyramide.

Le sport que nous connaissons, avec des gobelets en plastique spécialement conçus à cet effet que l'on déplace selon un schéma prédéfini, est apparu à la fin des années 1980. Il faudra attendre qu'il soit diffusé à la télé américaine, dans *The Tonight Show Starring Johnny Carson*, en 1990, pour que le public s'y intéresse.

Le professeur de sport Bob Fox (USA) a officialisé la discipline, en fondant la World Sport Stacking Association (WSSA) en 2001 pour standardiser les événements et organiser des compétitions internationales.

Fox nous explique :

« L'engouement pour le *sport stacking* est universel. Simple à apprendre, il est toutefois difficile à maîtriser, et l'envie d'être plus rapide est presque addictive. Professeurs et entraîneurs l'adorent car il est excellent pour la coordination main-œil, ceux qui le pratiquent parce que c'est amusant. L'avenir de ce sport continue de prendre de la hauteur ! »

Empilez… désempilez !

En *sport stacking* pro, il existe 3 séquences principales, ou « empilages sportifs », en individuel : la 3-3-3 *(décrite ci-dessous)*, la 3-6-3 *(à droite, en haut)* et le Cycle *(à droite, en bas)*. À cela s'ajoutent les compétitions en double et les relais en équipes de 4 en face à face et chronométrés.

Ce qui différencie les configurations est le nombre de gobelets utilisés et l'ordre dans lequel ils sont déplacés. Ci-dessous, James Acraman (RU) – membre de l'équipe britannique championne en titre de relais 3-6-3 – nous explique la plus simple des séquences : l'empilement 3-3-3.

1. Tenez-vous droit derrière la table, pieds écartés à la largeur des épaules.

2. Débutez avec 3 empilements de 3 gobelets alignés, les mains posées sur le pavé tactile du tapis.

3. Le chronomètre démarre dès que vous soulevez les mains du pavé tactile. Vous pouvez procéder de gauche à droite, ou inversement.

4. Empilez chaque série de gobelets. Soulevez le gobelet du haut avec la main droite et posez-le à côté du gobelet du bas. Soulevez le gobelet du milieu avec la main gauche et placez-le au-dessus pour former une mini-pyramide.

! INFO

Certains empileurs s'entraînent avec des gobelets en métal juste avant une compétition. Quand ils reprennent leurs gobelets en plastique lors de la compétition, ils sont ainsi bien plus faciles à manipuler.

En néoprène (matériau des tapis de souris), le StackMat (tapis d'empilage) offre une surface portante et antidérapante pour empiler facilement.

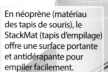

Le plastique à l'intérieur du gobelet est lisse pour réduire les frottements.

Le fond du gobelet est percé afin que l'air s'échappe et ne crée pas d'effet ventouse quand on désempile.

L'extérieur du gobelet présente une finition mate pour faciliter la prise.

Record de rassemblement

Organisé en 2014 par la WSSA, le 9ᵉ événement annuel STACK UP ! a rassemblé 592 292 personnes *(voir « Coupes du monde », ci-contre)*. Voici les 10 premières nations ayant contribué à ce record…

La minuterie du tapis peut être reliée à un chronomètre sur écran lors des tournois, pour une diffusion instantanée des résultats.

Les pavés tactiles sur le chrono sont ultrasensibles et enregistrent les mains de l'empileur avec une précision de 0,001 s.

USA
524 658
empileurs

Canada
38 030

Hongrie
5 554

Taipei chinois
4 697

Corée du Sud
3 174

Israël
2 707

Espagne
2 522

Mexique
1 493

RU
1 361

Singapour
1 263

0,045 m Longueur de la musaraigne étrusque *(Suncus etruscus)*, le **plus petit mammifère terrestre** – environ la taille du pouce

Les nations les plus rapides

3-3-3 **3-6-3** **CYCLE**

1. USA
2. Malaisie
3. Allemagne
4. Thaïlande
5. Corée du Sud
6. Danemark
7. Taipei chinois
8. RU
9. Philippines
10. Hong Kong

Temps (en seconde)

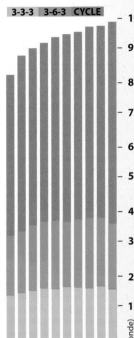

En tenant compte de la moyenne des temps des meilleures tentatives de séquences 3-3-3, 3-6-3 et Cycle de chaque pays membre de la WSSA, validés lors des compétitions officielles, voici les 10 pays les plus rapides en *sport stacking*, à mars 2015.

Coupes du monde

Depuis 2006, la WSSA organise l'événement STACK UP ! pour inciter les gens à pratiquer ce sport et à établir chaque année un nouveau record du **plus de personnes pratiquant le *sport stacking* dans plusieurs endroits**. Ce fut encore le cas lors du rassemblement de 2014, avec 592 292 participants – soit 36 360 de plus qu'en 2013 *(voir la participation des plus grandes nations, page ci-contre)*. 2015 marquant le 10e STACK UP !, la barre des 600 000 participants pourrait-elle être franchie ?

5. Empilez la dernière pile de 3 gobelets en pyramide et préparez-vous à revenir au point de départ.

Les gobelets présentent une certaine souplesse, mais ils reprennent toujours leur forme initiale.

Les gobelets ont un rebord renforcé pour gérer les mouvements brusques pendant le montage.

6. Il faut démonter la pyramide. Placez la main droite autour du gobelet du haut, et la gauche autour du gobelet en bas à gauche.

7. Faites glisser le gobelet du dessus en bas à droite, puis le gobelet que vous avez dans la main gauche, pour revenir aux 3 gobelets emboîtés. Faites de même pour les 2 autres pyramides.

8. Dès que la dernière pyramide est démontée, placez les mains sur le pavé tactile pour arrêter le chronomètre.

Le « renflement » du dessus présente une légère séparation pour que les gobelets ne collent pas entre eux.

+ Vous aussi !

Pour en savoir plus sur le *sport stacking*, notamment grâce à des guides étape par étape pour toutes les séquences, visitez **www.thewssa.com**. Vous trouverez également des informations sur les événements à venir et les records nationaux et mondiaux les plus récents.

2 William Orrell

William Orrell, 16 ans, originaire de Caroline du Nord (USA), est un phénomène du *sport stacking*. Il détient les records du **3-3-3 le plus rapide en individuel** (1,418 s), du **Cycle le plus rapide en individuel** (5 s) et du **relais 3-6-3 le plus rapide** aux côtés de Zhewei Wu, Chandler Miller et William Polly (tous USA) : 12,558 s.

Qu'est-ce qui t'a attiré dans le *sport stacking* ?
C'est la vitesse du sport qui m'a attiré. J'avais 7 ans. Il m'a fallu quelques jours pour apprendre les schémas.

Quelles sont les différences entre le *sport stacking* en individuel et en équipe ?
En équipe, il faut travailler ensemble et être constant. En individuel, on ne doit pas se soucier des cafouillages des autres. J'aime autant l'un que l'autre.

Peux-tu nous donner 3 conseils majeurs ?
Entraînez-vous, ne vous découragez pas et ne vous attendez pas à être très rapide quand vous débutez.

2 Chu-Chun Yang

Contrairement à Orrell, qui a récemment perdu son record 3-6-3, Chu-Chun Yang, 14 ans (Taipei chinois, *ci-dessous*), détient les 3 records de *sport stacking* féminin en individuel : 1,631 s pour le 3-3-3, 2,054 s pour le 3-6-3 et 5,564 s pour le Cycle.

Qu'est-ce qui t'a attiré dans le *sport stacking* ?
À 12 ans, j'ai suivi mon premier cours de *sport stacking* à l'école. Ce sport est vraiment rapide, c'était magique.

Est-il plus unisexe que les autres sports ?
Oui, les hommes comme les femmes le pratiquent et il convient aux jeunes et aux moins jeunes. Il améliore la concentration, la patience et la coordination main-œil.

Comment fêtes-tu tes exploits?
Lors des derniers championnats d'Asie, j'ai battu 3 records du monde. J'étais très heureuse. J'ai fêté cela avec ma famille et ma mère m'a offert un nouvel iPhone.

COURIR

Jim Fixx (USA), qui a rendu populaire la pratique du jogging, **est décédé d'une crise cardiaque… en courant.**

EN CHIFFRES

0
Nombre de record du monde IAAF pouvant être établi au marathon de Boston (le dénivelé étant de 140 m).

2 000
Nombre de calories requises pour courir 30 km.

9,14 m
Distance à laquelle le cœur d'un coureur, sous la pression, pourrait faire gicler du sang.

90 km
Distance du Comrades Marathon en Afrique du Sud, **l'ultramarathon** le **plus ancien** et le **plus long.**

1 h, 14 min et 10 s
Le plus de temps passé à courir dans un film par un personnage – Giulio Base (Italie) dans *Cartoline da Roma* (Italie, 2008).

Le 5 km le plus rapide dans un déguisement pour 2 personnes

Un chameau en chaussures de course s'est joint aux participants d'une course un samedi matin au Castle Park de Colchester (RU), le 5 avril 2014. Parfaitement en rythme, Robert Saunders et Lorraine Collins (tous deux RU) ont fini le 5 km en 25 min et 30 s – la vitesse d'un chameau courant dans le désert.

Le 100 m le plus rapide à 4 pattes

Se déplaçant sur les mains et les pieds, Katsumi Tamakoshi (Japon) a couru le 100 m en 15, 86 s, à Setagaya (Tokyo, Japon), le 13 novembre 2014, lors de la journée GWR. Katsumi faisait partie de l'équipe d'athlétisme de son lycée.

Le mile le plus rapide en tenue de déminage

Enveloppé dans un équipement de protection très avancé de 17 kg, Zoltán Mészáros (Hongrie) a amélioré d'une précieuse seconde le précédent record, établissant un temps de 8 min et 29 s, le 27 mars 2014, à Budapest (Hongrie). La tenue et le casque EOD 9 portés par Zoltán sont conçus pour protéger du souffle, de la chaleur et de la fragmentation liés à une explosion.

LE PLUS RAPIDE…

Mile avec des palmes

Encombré de palmes de style amphibien 2 fois plus longues que ses pieds, Zachary Miller (USA) a parcouru 1 600 m en 5 min et 48,86 s, au Brunswick High School de Brunswick (Maine, USA), le 1er juillet 2014.

Mile à califourchon

Les étudiants Scott Weiss (coureur) et Zack Navabi «piggy» (tous deux USA) se sont entraînés avec des poids avant de triompher dans la course à califourchon de 1 600 m, à la Karrer Middle School de Dublin (Ohio, USA), le 14 août 2013, en 11 min et 58 s.

100 m course en sac

Mo Farah (RU), champion longue et moyenne distances, s'est frotté à la course en sac le 14 juillet 2014, lors d'une manifestation organisée par Weetabix au parc olympique « Queen Elizabeth » de Londres. Il a parcouru 100 m dans un sac en 39, 91 s.

400 m sur échasses à ressorts

Miles McDonald (USA) a couru le 400 m sur des ressorts en 1 min et 7,49 s, à Stanhope (New Jersey, USA), le 14 août 2014, battant l'ancien record de 25,29 s.

Le 100 m le plus rapide sur des béquilles

En équilibre dans la position du poirier sur ses béquilles, Tameru Zegeye (Éthiopie) a couru le 100 m en 57 s, le 6 mars 2014, à Fürth (Allemagne). Cet artiste de cirque, né avec les pieds déformés, a appris à se déplacer sur les mains dès la petite enfance.

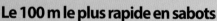

Le 100 m le plus rapide en sabots

Pourquoi porter du cuir quand on peut porter du bois ? Au mépris du confort, André Ortolf (Allemagne) a couru le 100 m au son de ses sabots sur la piste du Ernst Lehner Stadium de Augsburg (Allemagne), le 25 octobre 2013, en 26,48 s.

Le 30 mars 2014, au même endroit, l'imbattable André a couru le **100 m en chaussures de ski** en 17,65 s. Manifestement en veine, il a battu le record au **100 m de course de chaise avec un temps de** 31,92 s, aux commandes d'un siège de bureau à 6 roues, le 15 août 2014.

SAUTER

Le **saut à l'élastique** était à l'origine un **rite de passage** pour les garçons du Vanuatu.

Le plus de personnes réalisant des backflips sur un pogo stick en même temps

Le 2 juillet 2014, 15 membres des Pogopalooza Pittsburgh Athletes (USA) ont sauté à l'unisson. Le record a été établi lors des Pogopalooza 2014, les championnats du monde de pogo extrême (Xpogo), à Pittsburgh (Pennsylvanie, USA).

D'abord importé aux États-Unis en tant que jouet il y a près de 80 ans, le pogo stick a fait un bond en avant en matière de technologie pour devenir un sport de compétition moderne à part entière.

20
Nombre de fois la longueur de son corps qu'une sauterelle peut sauter.

150
Nombre de fois la longueur de son corps qu'une rainette peut sauter.

200
Nombre de fois la longueur de son corps qu'une mouche peut sauter.

300 m
Hauteur à laquelle un homme de 1,80 m pourrait sauter avec la capacité de saut d'une mouche.

233 m
Hauteur de la plateforme de saut à l'élastique de la tour Macao, à Macao (Chine).

200 km/h
Vitesse de chute libre ressentie par les sauteurs de la tour Macao pendant 5 s.

14,6 m
Distance que Mike Powell aurait pu parcourir s'il avait réalisé son saut en longueur sur la Lune.

LES PLUS HAUTS...

Saut sur un pogo stick

Biff Hutchison (USA) a réalisé un saut record de 2,98 m, le 30 août 2014, lors des finales de haut saut des Pogopalooza 2014 au Hx 14 Festival de Helsingborg (Suède).

Battant son propre record de 2,5 cm, Michael Mena (USA) a effectué le **flip avant le plus haut sur un pogo stick** avec un saut de 2,77 m, le 28 octobre 2014, sur le plateau de *The Queen Latifah Show*.

Plongeon dans une piscine enflammée

« Professor Splash » (alias Darren Taylor, USA) est devenu le maître du plat dans une faible quantité d'eau. Le 21 juin 2014, il a fait un saut de 8 m dans un bassin enflammé contenant 25,4 cm d'eau sur le plateau de *Show Stopping Sunday Special* de la NBC à Los Angeles (Californie, USA).

« Professor Splash » a signé un autre record impressionnant, celui du **plus haut plongeon dans une faible profondeur**, avec un saut de 11,56 m dans 30 cm d'eau. Il a réalisé ce plongeon sur le plateau de *CCTV-Guinness World Records Special*, à Xiamen (Fujian, Chine), le 9 septembre 2014.

Le plus de sauts à l'élastique en 24 h en extérieur (corde de 5 à 10 m)

Beau Retallick (Australie), en partenariat avec Bungy Japon, a sauté 158 fois du Sarugakyo Bridge de Minakami (Gunma, Japon), les 26 et 27 juin 2014.

Le **plus de sauts en 24 h (corde de 20 m)** est de 151. Le record a été établi par Colin Phillips (RU), en partenariat avec Gravity Zone, à Dubaï (EAU), le 21 mars 2014.

Le plus de sauts de main à la suite

Ozell Williams (USA) a réalisé 57 sauts de main au Folsom Field de Boulder (Colorado, USA), le 23 novembre 2013. Ozell faisant partie des cheerleaders de l'université du Colorado, sa tentative s'est déroulée pendant la pause du 1er quart-temps d'un match des Colorado Buffaloes. Le temps d'arrêt étant fixé à 3 min, Ozell a dû faire vite pour ne pas empiéter sur le match.

Le dunk le plus haut d'un trampoline

Air Jordan Ramos (RU) s'est envolé à 10 m pour son tir, sur le plateau de *Lo Show dei Record*, à Milan (Italie), le 25 juillet 2014, devenant pour la 4e fois le détenteur de ce record. Le jeune gymnaste avait battu son 1er record à 13 ans, bien qu'il se soit fêlé les côtes lors des échauffements !

POUSSER

Selon le poids du corps et la vitesse, une **simple pompe** peut brûler **0, 5 à 1 calorie**.

EN CHIFFRES

532
Le **plus de personnes faisant des pompes** en même temps, le 25 mai 2014.

26,66 km
La **plus longue distance parcourue en poussant un scooter en 1 h**, par Harald Hel (Autriche).

47,7 s
Meilleur temps réalisé en **poussant une voiture sur 50 m avec un doigt**, par Xie Guizhong (Chine).

12
Nombre de records de pompes détenus par Paddy Doyle (RU).

La plus longue distance en poussant une voiture en 1 jour
Les 10 et 11 mai 2013, Joey Motsay de Greensboro (Caroline du Nord, USA) a fêté ses 50 ans en poussant une Fiat 500 de 2014 pesant 1 043 kg sur 50 miles (80 km), un pour chaque année vécue.

Prouvant que 4 mains valent (bien) mieux que 2, Matt O'Brien et Dustin Wells (tous deux USA) ont poussé une Ford Windstar sur 82,4 km, les 14 et 15 juin 2008 – la **plus grande distance en poussant une voiture en 24 h en binôme**.

Le semi-marathon le plus rapide en poussant un landau (homme)
Le 28 avril 2013, Travis Boyd (USA, *à droite*) a terminé le semi-marathon Heroes d'Everett (Washington, USA) en 1 h, 13 min et 50 s. Le record du **marathon le plus rapide en poussant un landau** est de 2 h, 42 min et 21 s. Il a été établi le 6 mai 2007 par Michael Wardian (USA).

Le plus rapide pour pousser une voiture sur 1 mile
Konda Sahadev (Inde) a poussé un van Tata Winger de 2 700 kg sur 1 mile (1,61 km) en 11 min et 39 s, le 28 février 2011.

Le plus de pompes…
• **En 1 h :** Carlton Williams (RU) a effectué 1 874 pompes en 60 min, en Australie-Occidentale, le 11 janvier 2014.
• **En 12 h :** l'athlète Paddy Doyle (RU), vétéran de l'endurance et recordman le plus prolifique de Grande-Bretagne, a fait 19 325 pompes en une demi-journée, le 1er mai 1989.
• **Sur des medicine-balls en 1 min :** encouragé en direct par le public, Gregor Schregle (Allemagne) a réussi 47 pompes avec les mains et les pieds en équilibre sur 3 medicine-balls de 20 cm, sur le plateau de *Wir Holen Den Rekord Nach Deutschland*, le 25 juin 2013.
• **Sur le bout des doigts en 1 min :** au rythme d'une pompe par seconde ou presque, Bobby Natoli (USA) a effectué 58 pompes en 1 min, au Pacific Health Club de Liverpool, (New York, USA), le 22 mars 2014. Bobby vient d'une famille de recordmans : son père détient les records du **plus de step-ups en 1 min avec un poids de 18,1 kg (52), un poids de 27,2 kg (47) et un poids de 36,2 kg (41), ainsi que celui du poids le plus lourd soulevé en effectuant des tractions avec haltère en 1 min à l'aide d'un bras** (1 975,8 kg).

Le 10 km le plus rapide en poussant un landau
Femme : Allison Tai (Canada) a couru le 10 km lors des Squamish Days (Colombie-Britannique, Canada) en poussant sa fille Amelita (*ci-dessus*), en 43 min et 7 s, le 5 août 2012.
Homme : Dougal Thorburn (Nouvelle-Zélande) a couru avec sa fille Audrey le semi-marathon New Balance Hill Free de Dunedin (NZ), en 32 min et 26 s, le 14 octobre 2012.

Son beau-frère David Bourdon (USA) détient le record du **plus de tractions réalisées en 1 min** (42).

14 500 km
Le **plus long voyage en poussant une brouette**, par Bob Hanley (Australie), départ et arrivée à Sydney (Australie).

Le plus rapide avec un pneu sur 20 m
Le colosse serbe Ervin Katona a parcouru 20 m en poussant un pneu en 41,18 s, le 5 septembre 2014. Il détient également le record du **plus long temps passé à retenir un véhicule en pente**, en l'occurrence une voiture de 980 kg contenant des passagers sur une pente à 45°, pendant 1 min et 2 s, le 25 avril 2009.

! INFO
Selon l'American College of Sport Medicine, un homme d'une vingtaine d'années devrait pouvoir effectuer 35 à 44 pompes à la suite, une femme du même âge devrait en réussir 17 à 33.

Le plus de pompes à un bras en portant un poids de 18,1 kg en 1 min
Ayant pour la 1re fois tenté des pompes à un bras à 15 ans, Hiroyuki Gondou (Japon, *ci-dessous*) en a réussi 33 en 60 s malgré un poids de 18,1 kg, le 10 mai 2014. Dans le même laps de temps, Paddy Doyle (RU) a réussi 21 pompes en portant le double de ce poids : le **plus de pompes à un bras en portant 36,2 kg**.

TIRER

En septembre 2012, Elaine Davidson (RU) a tiré un poids de **113 kg** fixé à un **trou dans sa langue** **piercée** !

LE VÉHICULE LE PLUS LOURD…

Tiré par les cheveux (femme)

Le 7 juillet 2014, sur le plateau de *Lo Show dei Record*, Asha Rani (Inde) a attaché ses cheveux à un bus à impériale londonien de 12 216 kg et l'a tracté sur 5 m.

Tiré par une barbe

Muhammad Sadi (Pakistan) n'a utilisé que sa barbe pour tracter un véhicule de 1 740 kg, le 17 juillet 2014, battant le record existant de 40 kg.

La plus longue compétition de lutte des doigts

Remontant au XIVe siècle et perpétué par les championnats bavarois de lutte des doigts, le *fingerhakeln* consiste à amener son adversaire de l'autre côté de la table où les 2 participants se font face, leur majeur étant relié par une cordelette (*voir encart*).

LE PLUS DE TRACTIONS…

En 1 min, en tapant dans les mains

Effectuer une traction claquée est plus compliqué qu'une traction classique ; au milieu de l'exercice, la personne doit lâcher la barre, taper dans ses mains puis ressaisir la barre, sans que les pieds ne touchent le sol. Ron Cooper (USA) y est parvenu 21 fois en 60 s, le 16 juin 2014.

En 1 jour

Caine Eckstein (Australie) a effectué 4 210 tractions sur le plateau de *Today show*, à New York (USA), les 6 et 7 octobre 2014. Eckstein a réalisé 6 tractions par minute pendant 10 h puis est passé à 5 tractions par minute pendant 2 h. Il a battu le précédent record en 2 fois moins de temps, battant aussi au passage celui du **plus de tractions en 12 h**.

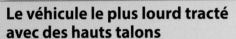

Le véhicule le plus lourd tracté avec des hauts talons

La fondatrice de l'association Up With Women, Lia Grimanis (Canada), a tiré un camion de 6 586 kg sur 5 m, au Track and Field Centre de Toronto (Canada), le 11 juin 2014, en portant des bottes munies de talons de 7 cm. Elle détient aussi le record féminin du **véhicule le plus lourd tracté sur 30,48 m** (8 083 kg). Et Lia de donner ses motivations : « Je voulais montrer aux femmes que nous sommes plus fortes que nous le pensons si nous nous battons. »

Le plus de tractions en drapeau humain

« The Flag Man » (« L'Homme Drapeau »), alias Dominic Lacasse (Canada), a réussi 14 tractions agrippé à une barre à un angle de 90° lors de *Lo Show dei Record*, le 10 juillet 2014. Lacasse détenait également le record du **plus long drapeau humain**, jusqu'à ce qu'il soit détrôné le 15 août 2011 ,par Wang Zhonghua (Chine), qui est resté suspendu à l'horizontale 1 min et 5,71 s !

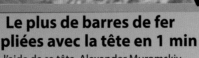

Le plus de barres de fer pliées avec la tête en 1 min

À l'aide de sa tête, Alexander Muromskiy (Russie) est venu à bout de 11 barres de fer en 60 s, à Khanty-Mansiysk (Russie), le 17 octobre 2014. Ce n'était pas la 1re fois que Muromskiy faisait preuve d'une volonté de fer : le 3 novembre 2012, il avait plié 26 barres avec les mains, – le **plus de barres de fer pliées en 1 min**.

! INFO

Selon une étude réalisée en 2010, *Onthophagus taurus* – espèce de scarabée bousier – peut tirer plus de 1 140 fois son poids. Cela équivaut à un homme tirant 6 bus à impériale bondés !

SOULEVER

Chaque fibre de muscle est **plus fine qu'un cheveu** et peut soulever jusqu'à **1 000 fois son poids**.

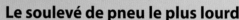

EN CHIFFRES

10
Le plus de personnes soulevées en réalisant des squats, exploit de Ryan Lapadat (Canada), le 19 juin 2014.

14
Le plus de développés au-dessus de la tête d'un quad de 140 kg en 1 min, par Žydrūnas Savickas (Lituanie).

24 kg
Le poids le plus lourd soulevé avec les orbites (homme), exploit de Manjit Singh (RU), à Leicester (Leicestershire, RU), le 15 novembre 2012.

2,16 millions kg
Le poids le plus lourd soulevé en réalisant des squats en 24 h par une équipe de 10 personnes du Weightlifting Club and Ware Boys Club de Hertfordshire (RU), les 20 et 21 juillet 1986.

92,5 t
Le poids du charbon qu'aurait extrait en août 1935 en 6 h de travail le mineur Alexei Stakhanov (URSS), l'homme qualifié de **plus grand ouvrier de tous les temps.**

LE POIDS LE PLUS LOURD SOULEVÉ...

En le faisant tourner avec les oreilles percées
Le 19 juin 2014, «Lizardman», alias Erik Sprague (USA), la star des sideshows, a fixé un poids de 16 kg a ses oreilles percées, avant de les faire tourner 3 fois en cercles de 360°, à Milan (Italie).

Avec les cheveux (femme)
Le 18 juillet 2014, Asha Rani (RU) a soulevé 55,6 kg avec ses tresses, à Rampur (Punjab, Inde). Elle avait déjà **soulevé le poids le plus lourd avec les orbites (femme)**, soit 15,15 kg, à Leicester (RU), le 12 février 2014.

Le poids le plus lourd soulevé avec les cheveux
Le 16 novembre 2013, Abdurakhman Abdulazizov (Russie), 83 ans, a attaché 81,5 kg de kettlebells à ses cheveux et les a soulevées du sol à Zubutli-Miatli (Rép. du Daguestan, Russie). Il a commencé à soulever des poids avec les cheveux à l'âge de 76 ans.

Porter 500 kg avec les épaules le plus longtemps
Derek Boyer (Australie) a soulevé du sol une barre en métal reliée à un poids de 500 kg pendant 1 min et 9,8 s d'effort musculaire intense à Melbourne (Victoria, Australie), le 26 mars 2014, battant le précédent record de 8,4 s.

Le poids le plus lourd soulevé de terre en 1 h
Le 14 juillet 2013, Eamonn Keane (Irlande) a réussi 824 répétitions avec un haltère long de 140 kg au Louisburgh Gym de Louisburgh (Irlande), soulevant un total de 115 360 kg.

Le soulevé de pneu le plus lourd
Le 1er mars 2014, lors des Arnold Strongman Classic de Columbus (Ohio, USA), Žydrūnas Savickas (Lituanie) a soulevé 8 pneus de Hummer de 524,22 kg, battant le précédent record de l'année de 12,2 kg. Gagnant du World's Strongest Man pour la 4e fois en 2014, Žydrūnas détient plusieurs records de soulevé de poids (voir ci-dessus, ci-dessous et p. 75).

Avec le cou
Le 19 octobre 2013, Eric Todd (USA) a soulevé 453,59 kg à l'aide d'un harnais pour cou et d'une chaîne, à Turney (Missouri, USA). Eric a été encouragé par le détenteur du précédent record, Frank Ciavattone, qu'il a distancé de 87 kg.

Avec un crochet inséré dans le front
Le 21 juillet 2014, l'artiste de cirque Burnaby Q Orbax (Canada) des Monsters of Schlock a soulevé un poids de 4,5 kg à l'aide d'un crochet inséré dans la peau de son front, sur le plateau de *Lo Show dei Record* à Milan (Italie). Le même jour, son comparse «Monster» Sweet Pepper Klopek (Canada) a soulevé le **poids le plus lourd avec des crochets plantés dans les joues** : 6 kg.

En 1 h par des développés au sol avec des kettlebells
Le 15 juin 2014, Anatoly Ezhov (Biélorussie) a soulevé 53,424 kg à Tashkent (Ouzbékistan), avec 2 226 développés au sol avec des kettlebells de 24 kg chacune – sa 6e tentative réussie pour ce record en 2014.

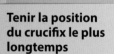

Tenir la position du crucifix le plus longtemps
Le 3 août 2004, Yannick Ollivier (France) a tenu un haltère de 10 kg dans chaque main, bras tendus à 90° par rapport au corps, pendant 1 min et 18 s, lors de l'émission *L'Été de tous les records* à Bénodet (Bretagne, France).

225 KG

Le plus rapide sur des power stairs
Le 26 juin 2014, Žydrūnas Savickas (Lituanie) a porté 3 poids de 225 kg chacun et gravi 5 marches d'escalier (power stairs) en 31,6 s, sur le plateau de *Lo Show dei Record*, à Milan (Italie). Žydrūnas affrontait le colosse/acteur «Thor» Björnsson (Islande), dont la tentative à 29,2 s n'a pas été validée en raison d'un mauvais départ.

! INFO
Angus MacAskill (Écosse, 1825-1863), étoile du cirque Barnum, est devenu célèbre après avoir porté une ancre de 1 270 kg avec la poitrine. Il s'est aussi produit devant la reine Victoria au château de Windsor (RU).

0,14 m Croissance de la barbe en 1 an

Le plus de bougies allumées dans la bouche

Déjà titulaire de records d'aliments *(voir p. 86)*, Dinesh Shivnath Upadhyaya (Inde) a ouvert grand la bouche pour y loger 12 bougies allumées, le 10 juin 2014.

Dinesh est aussi particulièrement habile : en témoigne son record de 30 s, le 16 février 2014, pour **le plus de dés attrapés avec les mains en coupe et les yeux bandés** – 43 –, aidé de son frère Manish, chargé de les lancer.

13 harpons le 17 juillet 2014, soit le **plus de harpons rattrapés provenant d'un fusil à harpon au-dessus de l'eau en 1 min**. Il a amélioré le record de 4 harpons.

Le plus de barres de fer pliées avec les dents

Les Davis (USA) a plié 10 barres de fer à 90° avec ses dents, le 25 mars 2014. Davis a aussi été le **plus rapide à plier une barre de fer pouvant entrer dans une valise**, avec un temps de 29 s. Il a été détrôné en 2008 par Alexander Muromskiy (Russie) qui l'a fait en 25 s.

Le plus de backflips en avalant une épée

« Aerial Manx », alias James Loughron (Australie), a réalisé 20 flips tout en avalant une épée de 41 cm de long, le 2 juillet 2014.

Le plus de coups de pied d'arts martiaux (homme)

Ahmad Amin Bodla (Pakistan) a réussi 355 coups de pied en 1 min, le 3 mars 2014. Six jours plus tard, il a établi le nouveau record du **plus de coups de pied d'arts martiaux portés en 1 h** : 6 970.

EN 1 HEURE

La plus longue distance en groupe sur un Slip 'N Slide

Le 5 juillet 2014, lors d'un événement organisé par le Shelby Farms Park Conservancy (USA), 4 072 personnes ont glissé sur 41,4 km.

La plus longue distance en faisant du wakeboard

L'aventurier Osamu Maebashi (Japon) a glissé sur 32,5 km dans les eaux du Chuuk State (États fédérés de Micronésie), le 7 octobre 2014.

La plus longue distance en faisant le moonwalk

Krunoslav Budiselić (Croatie) a effectué 12 tours du Stadium Mladost en faisant le moonwalk, à Zagreb (Croatie), le 12 octobre 2009, parcourant 5,7 km.

Le plus de pompes sur le bout des doigts

Eva Clarke (Australie), monitrice de fitness en milieu militaire, a effectué 1 206 pompes à Abu Dhabi (EAU), le 31 janvier 2014. Le même jour, Eva a réalisé le **plus de pompes sur le bout des doigts en 24 h**, soit 9 241.

Plus récemment, Eva a effectué le **plus de pompes sur le bout des doigts en 1 min (femme)**, soit 70, le 9 janvier 2015.

Le plus de balles de golf frappées sur 300 yards

Andrew Frakes (USA) a frappé 448 balles de golf sur 274 m, au TPC Craig Ranch de McKinney (Texas, USA), le 7 août 2013, récoltant 18 000 € pour une œuvre de bienfaisance.

Le plus de balles de tennis dans la main

Le 8 septembre 2013, Mahadeo Bhujbal (Inde) a tenu 23 balles de tennis en équilibre dans sa main pendant 23 s. Mahadeo doit son succès à un entraînement quotidien et au soutien de ses amis et de sa famille.

Le plus de coups de pied en full-contact

Solo : Paddy Doyle (RU) a réalisé 5 750 coups de pied, le 8 novembre 2007.
Équipe : des membres de la Jayanth Reddy International Taekwondo Academy (Inde) ont réalisé 54 127 coups de pied, le 31 mai 2014.

Le plus de bottins téléphoniques déchirés en 1 min (femme)

La culturiste Linsey Lindberg (USA, *à droite*) a déchiré 5 bottins en 1 min, au Central Market d'Austin (Texas, USA), le 16 novembre 2014.

Le record féminin du **plus de bottins déchirés en 3 min** est détenu par Tina Shelton (USA) : 21 bottins, le 9 février 2007. Pour les 2 records, l'épaisseur minimum du bottin devait correspondre à 1 000 pages.

✛ Linsey Lindberg

Cette colosse originaire du Kansas, dite « Mama Lou », est artiste depuis son adolescence, puisqu'elle était membre d'une troupe de clowns. À 25 ans, Linsey s'est tournée vers les exploits de force. Elle a établi le record du **plus grand nombre de pommes écrasées avec le biceps en 1 min** (10) et celui du **plus de poêles enroulées en 1 min** (6) (*voir photo ci-contre*).

EXPLOITS EXTRÊMES

0,387 m Longueur du **plus long mille-pattes**, un mille-pattes géant africain de couleur noire (*Archispirostreptus gigas*) appartenant à Jim Klinger de Coppell (Texas, USA)

Les 3 pastèques brisées le plus rapidement entre les cuisses

Olga Liashchuk (Ukraine), dont la plus grande ambition est de devenir la femme la plus forte du monde, a brisé 3 pastèques en 14,65 s, le 26 juin 2014. Interrogée sur le choix de ce record, elle a déclaré : « Je pensais que ce serait plus facile que d'autres records… mais en réalité c'était très dur ! »

Le plus long marathon de découpe de viande

Noé Bonillo Ramos (Espagne) a tranché du *jamón ibérico* pendant 72 h, 13 min et 8 s, aux Grands d'Espagne à Paris, du 3 au 6 février 2015. Il a découpé 154,33 kg de jambon, chaque tranche mesurant 0,5 à 1,5 mm d'épaisseur.

Le plongeon le plus haut dans des marshmallows

Plongeant de 8,80 m, Brent Steffensen (USA) a atterri dans une piscine contenant 100 000 marshmallows, sur le plateau du *Guinness World Records Gone Wild !*, le 3 juillet 2012.

Le plus de fontaines de soda aux Mentos

Cette expérience scientifique bien connue a atteint une nouvelle dimension lorsque 4 334 geysers ont jailli simultanément durant le festival de la montgolfière de León (Mexique). Lors de l'événement organisé par Chupa Chups Industrial Mexicana et Perfetti Van Melle (2 entreprises mexicaines), le record précédent a presque été doublé.

Le plus de chopes portées sur 40 m

Homme : le 21 septembre 2014, Oliver Strümpfel (Allemagne, *à droite*) a parcouru cette distance avec 25 chopes sans renverser une goutte.
Femme : sa compatriote Anita Schwarz a porté 19 chopes le 9 novembre 2008, dans le cadre de la journée GWR.

Maître de la purée

Avec 4 victoires à son actif, Steve « O'Gratin » (de son vrai nom Steve Barone, USA) détient le **record de victoires aux championnats de combat dans la purée (MPWC)**…

Comment sont nés ces championnats ?
Je ne sais pas exactement. Quand il y a de la purée, on a envie de patauger dedans, je suppose ! Barnesville [Minnesota] a créé cette épreuve durant son festival de la pomme de terre en 1999.

Parlez-nous un peu des règles…
Il s'agit d'un tournoi par élimination composé de 3 rounds de 2 min. Pour gagner, il faut clouer un adversaire au sol pendant 3 s, ou que celui-ci abandonne. Des alliances peuvent être conclues, mais vous devez finalement battre votre allié, car il n'y a qu'un vainqueur. Manger de la pomme de terre n'est pas autorisé !

Qu'advient-il d'un champion du monde ?
On a parlé de moi dans les journaux locaux. Je ne peux plus marcher dans les rues de Barnesville sans que l'on me demande un autographe. J'ai filmé chaque compétition, et j'espère réaliser un documentaire. J'aimerais avoir 15 ans de plus pour faire un come-back.

! INFO

Les pommes de terre utilisées lors du MPWC sont des déchets récupérés sur le sol d'une usine ou des flocons périmés qui ne peuvent être vendus. Il n'y a pas de pertes, les restes servant à nourrir le bétail.

PORTIONS GÉANTES

Le record du **plus gros sandwich** a échoué, car celui-ci a été **dégusté** avant d'être mesuré !

LES PLUS VOLUMINEUX...

Repas consommé

Selon un communiqué de la revue médicale *The Lancet* (vol. 325, n° 8432, 6 avril 1985), le plus gros repas consommé par une personne pesait 8,6 kg. Il se composait de 453 g de foie, 907 g de rognons, 226 g de steak, 2 œufs, 453 g de fromage, 2 grandes tranches de pain,

La plus grande mosaïque de toasts

Le 7 juillet 2013, le designer Ayako Maura (Japon) a confectionné une mosaïque sur Tokachi Plaza à Obhiro (Hokkaido, Japon) à l'aide de tranches de pain plus ou moins grillées. L'œuvre, de 14,8 m de long sur 11 m de large, a nécessité près de 6 500 toasts, réalisés avec du blé local. Il a fallu 3 h pour disposer le tout sur une surface plus vaste qu'un court de squash.

453 g de champignons, 907 g de carottes, 1 chou-fleur, 10 pêches, 4 poires, 2 pommes, 4 bananes, 907 g de prunes, 907 g de raisin et 2 verres de lait. Il est à noter que la patiente, âgée de 23 ans, est décédée à la suite d'une tentative d'extraction chirurgicale des aliments non digérés.

Sachet de thé

Contenant suffisamment de thé pour 100 000 infusions, le sachet, qui mesure 3 m de large sur 3,7 m de haut et pèse 250 kg, a été présenté le 20 septembre 2014 à Djedda (Arabie Saoudite) par ses fabricants Ahmed Mohamed Saleh Baeshen & Co. de Rabea Tea.

Bouteille de vin

Le 20 octobre 2014, André Vogel (Suisse) a versé 3 094 l de vin de table rouge dans une bouteille de 4,17 m de haut, à Lyssach (Suisse).

Portion de beignets

Le 7 septembre 2014, à Almaty (Kazakhstan), Channel 7, sur ERA TV, a sponsorisé la préparation de 856 kg de beignets carrés traditionnels appelés *baursaks*.

Tourte au potiron

Le 25 septembre 2010, les New Bremen Giant Pumpkin Growers (USA) ont préparé une tourte de 1 678 kg et 6 m de diamètre, à New Bremen (Ohio, USA).

! INFO

Le sandwich rend hommage à John Montagu (1718-1792), 4e comte de Sandwich, qui aimait la viande entre 2 tranches de pain. L'historien Edward Gibbon utilisa ce mot pour la 1re fois en 1762.

EN CHIFFRES

1 040

Année de création de la **plus ancienne brasserie** : la brasserie allemande Weihenstephan.

25 %

Taux d'air contenu dans une pomme, ce qui lui permet de flotter.

453 590 000 kg

Quantité de potirons cultivés chaque année aux États-Unis.

11 ans

Âge de Frank Epperson quand il inventa les glaces à l'eau en 1905.

4700 av. J.-C.

Date présumée de l'invention du pop-corn au Pérou.

La plus grande tasse de café

Pourquoi ne pas faire trempette dans votre café frappé américain ? Lors de l'inauguration d'une usine de torréfaction à Yangju (Corée du Sud) le 17 juillet 2014, la chaîne Caffé Bene a versé 14 228,1 l du très stimulant breuvage dans une tasse de 3,3 m de haut et 2,62 m de large.

Le plus de couches dans un sandwich

Un gratte-ciel de 40 couches de marshmallow fondu, de beurre de cacahuètes et de lanières de bacon a été confectionné par Sugardale Foods (USA) lors du Fabulous Food Show de Cleveland (Ohio, USA), le 15 novembre 2014. Les visiteurs ont pu goûter ce délicieux ouvrage.

Le plus gros plat de tacos

Le 7 septembre 2014, la municipalité de Metepec (Mexique) et une équipe de chefs de l'Escuela Culinaria Internacional (École de cuisine internationale) ont préparé 893 kg de tacos de Plaza, une spécialité régionale. Pour mélanger la trentaine d'ingrédients du plat, les chefs ont eu besoin du **plus grand plat en terre** du monde. Fabriqué pendant plusieurs mois par des artisans locaux, le plat de 2,5 m de large et 1,27 m de haut a valu à Metepec son second certificat GWR.

La plus grande fractale en 3D réalisée avec des ballons

Assistée de 11 sculpteurs de ballons, Caroline Ainslie (RU) de Bubbly Maths a créé une fractale (motif répété à l'infini) à l'aide de ballons à sculpter, dans les locaux du GWR à Londres, le 24 février 2015. Baptisée « pyramide de Sierpinski », la sculpture atteignait 219,1 cm de haut et ses arêtes extérieures mesuraient en moyenne 264,6 cm.

chrétiens de l'université du Kentucky (USA) se sont « amicalement battus » avec des bombes à eau. Selon le décompte final, ils ont lancé 175 141 ballons.

LE PLUS RAPIDE À FAIRE ÉCLATER...

20 ballons (individuel)
« USA Ray », alias Raymond Butler (USA), a fait éclater 20 ballons en 3,94 s, lors d'*Officially Amazing*, à Ipswich (Suffolk, RU), le 15 juillet 2014.

20 ballons sur un trial
Michele Pradelli (Italie) a mis 1 min et 45 s pour faire éclater 20 ballons disposés à intervalles de 15 m, sur le plateau de *Lo Show dei Record*, à Madrid (Espagne), le 23 février 2008. Michele a réalisé un « stoppie » avec sa moto, figure au cours de laquelle la roue arrière est en l'air et la moto avance sur la roue avant.

3 ballons sans les mains (yeux bandés)
Yeux bandés et coiffé d'un chapeau maintenu par une épingle, Johnathan Sargent (RU) a fait éclater 3 ballons en 2,97 s, sans se servir de ses mains, à l'hôtel Thomson Family Resorts d'Alykanas (Grèce), le 31 juillet 2014. Il a nettement battu son précédent record, réalisant un temps inférieur de 2,57 s.

La plus grande sculpture de ballons

Du 12 au 15 mars 2012, Lily Tan (Singapour) et son équipe d'artistes sculpteurs de ballons ont utilisé 79 854 ballons pour créer la forme d'un robot baptisé « Sentinel », au centre commercial Marina Square de Singapour. Les 50 personnes ont mis 42 h pour réaliser la sculpture de 19 m de large, 23,3 m de long et 11,5 m de haut.

Toujours plus haut

Jonathan Trappe (USA), amateur de « cluster ballooning », a survolé la Caroline du Nord (USA) grâce au *Spirit Cluster* (57 ballons), les 10 et 11 avril 2010. Son voyage de 13 h, 36 min et 57 s constitue le **plus long vol avec des ballons à l'hélium**. Jonathan a parcouru 175 km et atteint une altitude de 2 278 m.

À un moment ou un autre, avez-vous pensé que vous n'y arriveriez pas ?
J'ai décollé de jour, puis je suis resté en l'air toute la nuit, ce que je n'avais jamais fait auparavant. J'ai conçu et construit l'ensemble moi-même, et je savais donc qu'il fonctionnait et était sûr. En pleine nuit, j'ai eu le sentiment que j'allais tomber tout en ayant l'impression qu'une certaine magie me maintenait en l'air.

Qu'y a-t-il de différent à voler la nuit ?
La plus grande différence est que l'on ne peut pas atterrir de nuit, car l'on ne voit pas les obstacles, ce qui est dangereux. De plus, lorsque le soleil se couche, les ballons refroidissent et rétrécissent. Vous perdez donc de l'altitude et devez larguer du sable ou de l'eau pour compenser.

Qu'advient-il en cas de problème ?
Si un seul ballon, voire plusieurs manquent – ce qui s'est produit une fois lorsque je volais au Mexique et qu'un éleveur a tiré dessus avec une carabine –, ce n'est pas catastrophique. Je dois juste me délester rapidement d'une quantité adéquate de sable ou d'eau.

Prévoyez-vous d'autres tentatives de records ?
J'aimerais atteindre des altitudes extrêmes, plus élevées que celle de l'Everest. Je travaille souvent dans le cadre de programmes télévisés, et lorsque le tournage est terminé, je poursuis mon vol aussi longtemps et loin que possible, où le vent me mène…

RECORDS DE PARTICIPATION

Si 30 000 personnes couraient le **marathon de Boston** par temps chaud, elles perdraient environ **140 000 l de sueur**.

EN CHIFFRES

10 289
Nombre de personnes lavant simultanément leurs pieds.

1033
Participantes au **plus grand enfilage de soutiens-gorge** organisé par Triumph International Japan Ltd (Japon).

895
Le plus gros rassemblement de sosies d'Elvis organisé par Harrah's Cherokee Casino Resort (USA).

131
Le plus de baisers reçus en 1 min.

1093
Nombre de personnes déguisées en personnages du *Magicien d'Oz*, événement organisé par le musée Judy Garland et Reece Veatch (tous deux USA).

LE PLUS DE PARTICIPANTS...

Plantation de bulbes de fleurs
Durant l'opération Peacebulb, le Stockland Green Community Group (RU) et la police des Midlands ont organisé une séance de plantation dans le parc Brookvale de Birmingham (RU), lors du Remembrance Sunday (9 nov.)

La plus grande bataille d'oreillers
Quel meilleur moyen de sympathiser qu'une bataille d'oreillers ? L'exercice de rapprochement a attiré 4 200 participants, le 30 septembre 2014, à l'université de Californie (USA), juste avant le semestre d'automne.

2014 commémorant la Première Guerre. En 15 min, 850 personnes ont planté 4 250 bulbes de jonquilles dans le jardin du souvenir, soit 5 bulbes en moyenne par personne.

Match amical de football
Le 26 juillet 2014, Championat. com (Russie) a réuni 1 435 joueurs au complexe olympique Loujniki à Moscou (Russie). Le match, une équipe orange face à une équipe blanche, a duré 13 h et 58 min. L'équipe blanche a gagné 56-48.

Dégustation de champagne
Le 9 octobre 2014, Eurostar International (RU) a fêté ses 20 ans en réunissant 515 personnes pour une dégustation de champagne dans l'Eurostar Londres-Paris. Raymond Blanc (Ordre de l'Empire britannique) a fait part aux passagers de la tentative de record et Arnaud Goubert, chef sommelier, a dirigé la dégustation.

Sifflement
Spring Harvest (RU) a permis à 853 personnes de battre ce record à l'hôtel Butlins de Minehead (Somerset, RU), le 11 avril 2014.

La plus grande assemblée d'elfes
Un rassemblement massif d'elfes a eu lieu le 25 novembre 2014 pour fêter Noël et le 9e anniversaire du centre commercial Siam Paragon à Bangkok (Thaïlande). Après 14 disqualifications pour absence d'oreilles en pointe, 1 762 elfes ont formé le mot « SIAM » lors de l'événement organisé par la Siam Paragon Development Company.

Fabrication d'avions en papier (sites multiples)
Grâce à la société Deloitte Southeast Asia Ltd (Singapour), 803 personnes ont réalisé des avions en papier sur 10 sites dans 7 pays, le 31 octobre 2014, en commençant simultanément. 3 067 avions ont été fabriqués en 15 min.

Monopoly
Le 23 octobre 2014, les agents immobiliers Cushman & Wakefield (RU) ont organisé dans leurs bureaux de Londres (RU) une partie de Monopoly entre 277 personnes. Ce « Cushomoly » a permis de récolter 2 000 GB £ pour l'association LandAid, qui aide les jeunes défavorisés au RU.

Déballage de friandises
Le 30 août 2014, Kinder Surprise (Canada) a réuni 817 personnes qui ont déballé leurs œufs en chocolat au cours de la Canadian National Exhibition, à Toronto (Ontario).

...ni le Joker, aux intentions maléfiques

Malheureusement, le héros Robin n'a pas été intégré au record...

...ni l'ignoble Poison Ivy, experte en botanique...

Le plus de personnes déguisées en Batman
« Bien vu, les bat-personnes », aurait pu dire notre super-héros lorsque 542 employés de Nexen Energy ont revêtu des tenues intégrales de Batman, bottes, cape et masque inclus, le 18 septembre 2014, à Calgary (Alberta, Canada).

Le 2 octobre 2014, à Student Central (Londres, RU), Escapade Fancy Dress (RU) a réuni le **plus grand nombre de personnes déguisées en Spiderman** (détail), soit 398 personnes, lors de la semaine d'intégration des premières années.

LES PLUS GRANDES DANSES...

	Style	Participants	Lieu	Date
1	Danse en ligne (lieux multiples)	25 703	Chine (lieux multiples)	8 nov. 2014
	Hora	13 828	Slatina, Roumanie	24 janv. 2006
	Danse des bambous	10 736	Aizawl, Mizoram, Inde	12 mars 2010
	Time Warp	8 239	West Hollywood, CA, USA	31 oct. 2010
	Kuchipudi	5 794	Hyderabad, Inde	25 déc. 2012
2	Danse thaïlandaise	5 255	Udon Thani, Thaïlande	18 janv. 2014
	Dabké	5 050	Ras el Matn, Liban	7 août 2011
	Danse Bollywood	4 428	Mumbai, Inde	1er mars 2012
	Harlem Shake	3 344	Troy, État de NY, USA	11 fév. 2013
	Twist	3 040	Pearl, Miss., USA	23 août 2014
	Pentozali	2 705	Crète, Grèce	7 août 2010
	Kaikottikali	2 639	Dombivli, Thane, Inde	9 nov. 2012
3	Danse folklorique péruvienne	2 494	Arequipa, Pérou	24 août 2014
	Danse Bon	1 932	Tochigi, Japon	14 août 2001
4	Danse du parapluie	1 688	Tottori, Japon	14 août 2014
	Danse Highland	1 453	Nairn Links, RU	22 juin 2007
	Fandango	1 146	Córdoba, Colombie	30 nov. 2009

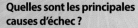

Efforts groupés

Les demandes de records de participation – telles que celui du plus de personnes portant des chapeaux en ballons (5 911 à Singapour le 31 déc. 2014, ci-dessus) – sont étudiées par le directeur des Records Christopher Lynch (ci-dessous). Comment les valide-t-il ?

Qu'est-ce qui fait le succès d'un record de participation ?
L'implication, l'organisation et la détermination. Les organisateurs ne doivent rien laisser au hasard : les événements doivent avoir lieu sur des sites aménagés pour l'occasion et être coordonnés par une foule de bénévoles. Nos directives doivent être suivies à la lettre – concernant la mesure du record, le lieu, les preuves apporter… Si la procédure est respectée, la validation du record est assez simple.

Quelles sont les principales causes d'échec ?
Les témoins et coordinateurs sont nos yeux et nos oreilles lorsqu'il n'y a pas de juge. S'ils sont trop peu nombreux ou qu'ils ne peuvent superviser correctement l'événement, il manque souvent des informations essentielles. Nombre de candidats font une demande *après* avoir battu un record, que nous pouvons rarement valider.

Quels événements vous ont marqué ?
J'adore les « images humaines ». Il s'agit de dessins simples et reconnaissables formés par une foule. La **plus grande image humaine représentant un logo** – logo de l'Euro 2004 de football formé au Portugal – réunissait 34 309 personnes !

Mise sur le gril de marshmallows
Le 24 mars 2012, au parc du comté de Marion (Kansas, USA), 1 282 personnes ont grillé des marshmallows. 10 participants ont été disqualifiés car leurs marshmallows n'étaient pas bien grillés ou leurs brochettes étaient tombées, ce qui porte le record à 1 272 personnes.

 BINGO ! Les fans de Batman peuvent consulter la page 174 pour d'autres records sur les comics (et la page 132 pour de véritables bat-records !)

La plus grande réunion de mascottes
Venus d'écoles, de sociétés et de villes de tout le Japon, 376 personnages ont organisé leur festival, le 23 novembre 2013, à Hanyū, Saitama. Celui-ci a eu lieu lors du 4e sommet annuel des Yuru chara (mascottes), auquel seule la vraie mascotte de chaque institution prend part, aucune réplique n'étant autorisée.

La **plus grande danse de mascottes** en comptait 134. Elle a été chorégraphiée par Huis Ten Bosch Co. Ltd (Japon), au parc Huis Ten Bosch de Sasebo, Nagasaki (Japon), le 27 janvier 2013.

! INFO
La ville de Metropolis (Illinois, USA) est considérée comme la ville de Superman. Même les insignes des policiers portent son image. Chaque année en juin, elle accueille 30 000 fans du super-héros.

CASCADES ET CASSE-COU

Tom Cruise était suspendu à l'**immeuble le plus haut** du monde dans *Mission Impossible : Protocole Fantôme* (2011).

EN CHIFFRES

87
Cascadeurs dans le film de Clint Eastwood *La Relève* (USA, 1990), qui ne comptait que 37 acteurs : la **plus forte proportion cascadeurs/ acteurs**.

32
Nombre de montées/ descentes d'un cheval en mouvement en 1 min.

19,8 m
Hauteur du saut en moto au-dessus de barbelés exécuté par Bud Ekins, doublure de Steve McQueen dans *La Grande Évasion* (USA, 1963).

134
Le plus de marches dévalées lors d'une cascade par Joaquín Ortega (Espagne), le 17 novembre 2006.

10 000
Nombre de balles à blanc utilisées dans la dernière fusillade de *La Horde sauvage* (USA, 1969).

La 1re chute libre sans parachute

Le 23 mai 2012, le cascadeur Gary Connery (RU), équipé d'ailes, a sauté d'un hélicoptère à 732 m d'altitude au-dessus d'Oxfordshire (RU), et atterri sans encombre sur une pile de 18 600 cartons. Durant les Jeux olympiques de 2012 à Londres, il s'est fait connaître en sautant d'un hélicoptère déguisé en Elizabeth II.

Le 1er cascadeur professionnel au cinéma

L'ancien soldat de la cavalerie Frank Hanaway (USA) a été le tout 1er cascadeur dans *Le Vol du grand rapide* (USA, 1903), car il pouvait sauter de cheval sans se blesser.

La cascadeuse équestre Helen Gibson (USA) est devenue la **1re cascadeuse professionnelle du cinéma** en doublant Helen Holmes dans la série de films *The Hazards of Helen* (USA, 1914-1917).

Le saut le plus haut sans parachute dans un film

Doublant Burt Reynolds dans *La Fureur du danger* (USA, 1978), A. J. Bakunas (USA) a sauté de 70,7 m sur un matelas pneumatique.

Dar Robinson (USA) a exécuté

Le plus petit cascadeur

Kiran Shah (RU) mesure 1 m et 26,3 cm et a exécuté des cascades dans 31 des 52 films dans lesquels il a joué depuis 1976. Le 30 avril 2010, il est devenu la **plus petite personne à marcher sur une aile** d'un biplan Boeing des années 1940, à 300 m d'altitude.

la **plus haute cascade en chute libre dans un film**, *Highpoint* (Canada, 1982). Il a sauté de 335 m de la tour CN à Toronto (Canada), la plus grande structure autoportante de l'époque. Son parachute s'est ouvert à 91 m du sol après 6 s de chute libre.

La cascade aérienne la plus chère du cinéma

Simon Crane (RU) est passé d'un avion à un autre à 4 572 m d'altitude, dans *Cliffhanger* (USA, 1993). Cette cascade périlleuse a coûté 1 million $.

Le plus gros édifice en verre brisé par une voiture

Le 13 septembre 2011, le cascadeur de 67 ans Rocky Taylor (RU ; *voir p. 97*) a traversé un édifice en verre de 23,91 m² pour l'association Remember A Charity (RU), à l'O2 Arena de Londres (RU).

Le plus de cascades pour un acteur vivant

L'acteur, réalisateur, écrivain et producteur Jackie Chan (Hong Kong) réalise ses propres cascades. Il a joué dans plus de 100 films depuis 1972, dont la série des *Rush Hour* (USA, 1998-2007). Durant sa carrière, il s'est fracturé 3 fois le nez, 1 fois chaque pommette, presque chaque doigt et le crâne.

Le plus long parcours à moto à travers un tunnel de feu

Enrico Schoeman et André de Kock (le passager, tous deux Afrique du Sud) ont bravé les flammes lors d'une traversée brûlante de 120,4 m à Parys (Afrique du Sud), le 5 septembre 2014. Utilisant un side-car, ils ont battu leur propre record de 17,31 m durant le plus grand rassemblement de motocyclistes d'Afrique du Sud, le Rhino Rally.

! INFO

Durant les 10 prises de la scène finale de *Titanic* (USA, 1997), 100 cascadeurs chutaient sur ou le long de la poupe très inclinée, et 1 000 figurants étaient attachés à la rambarde par des harnais.

☠ À ne pas faire !

Il est fascinant de découvrir des records dangereux, mais seuls des professionnels entraînés doivent les tenter. Ces records sont réservés aux personnes dotées de l'expérience et du talent nécessaires.

La plus longue distance sur 2 roues latérales en tricycle à moteur

Le 17 février 2011, Jagathish M. (Inde) a conduit son rickshaw motorisé sur 2,2 km à l'aérodrome Juhu à Mumbai (Inde), pour l'émission de TV *Guinness World Records – Ab India Todega*. Jagathish, âgé de 27 ans, est conducteur de rickshaw à Chennai (Tamil Nadu, Inde).

Le plus long saut en hors-bord dans un film

Dans *Vivre et laisser mourir* (RU, 1973), Jerry Comeaux (USA), doublant Bond, pilotait un hors-bord Glastron GT-150 de 1972 lors d'une poursuite dans le bayou de Louisiane. Le saut de 36,5 m a été répété plus de 100 fois avec 26 bateaux avant d'être filmé.

Le plus de voitures conduites sur 2 roues simultanément

Le 26 novembre 2000, une ligne de 16 voitures a été conduite sur 2 roues par une équipe de pilotes de Renault à Évreux. La cascade est apparue dans *L'Émission des records*, le 23 décembre 2000.

Le 14 novembre 2014, à Chongqing (Chine), Han Yue (Chine) et Zhang Shengjun (Taipei) ont réalisé avec une Mini 5 portes et une BMW M4 Coupé le **plus de donuts autour d'une voiture sur 2 roues en 1 min**, soit 10.

La 1re double boucle en voiture

Le 16 juin 2012, Gary Hoptrough (RU) a tourné à 360° sur 2 boucles de 8 m de diamètre durant l'émission *Top Gear Live* à Durban (Afrique du Sud).

Le plus long saut sur rampe par un camion avec remorque

Le 6 novembre 2014, le cascadeur Mike Ryan (USA), pour le compte de EMC Corp et de l'écurie Lotus F1 Team, a fait décoller son camion de 25,48 m – soit un peu plus que la largeur d'une piscine olympique –, au Bentwaters Park (Suffolk, RU). Le camion et la remorque ont été lancés d'une rampe de 1,5 m à 113 km/h. Pendant que le camion était en l'air, le cascadeur Martin Ivanov (Russie) est passé au-dessous avec une Lotus de F1.

Rocky Taylor

Ayant fêté ses 70 ans le 28 février 2015, Rocky Taylor (RU, *ci-dessus*) a eu la **plus longue carrière de cascadeur**. Il fut aussi le **1er cascadeur à doubler 2 James Bond en 1 an** : Roger Moore dans *Octopussy* et Sean Connery dans *Jamais plus jamais* (tous deux USA, 1983).

Comment êtes-vous devenu cascadeur ?
Mon père, Larry Taylor, était cascadeur et acteur : c'est l'une des raisons. À 17 ans, j'étais ceinture noire de judo et chargé d'enseigner quelques prises à Cliff Richard pour *The Young Ones* (RU, 1961). J'ai fait mes débuts en le doublant dans ce film.

Et il y a eu une suite ?
J'ai travaillé sur la série *Chapeau melon et bottes de cuir* pendant 5 ans, en doublant Patrick Macnee. J'ai doublé Peter Cook dans *Le Rallye de Monte Carlo* (1969), en descendant la Cresta Run – un de mes meilleurs moments. J'ai travaillé sur 14 James Bond, dont 12 pour Sean Connery. J'ai aussi doublé Sean dans *Indiana Jones et la dernière croisade* (USA, 1989, *à droite*).

Avez-vous déjà été gravement blessé ?
Je me suis cassé 14 os. Dans *Le Justicier de New York* (1985), j'ai eu un grave accident. J'avais 40 ans et j'ai dû m'arrêter 5 ans. Après, les cascades ne m'effrayaient pas plus.

Qu'y a-t-il de plus important dans votre travail ?
La sécurité est primordiale et je suis connu pour me préparer avec soin. Je préfère être appelé technicien de l'action que cascadeur. Cela dit, si vous ne tremblez pas avant de commencer un travail, ne le faites pas !

Quand vous arrêterez-vous ?
Quand le téléphone ne sonnera plus... J'ai donné le meilleur de moi-même mais j'ai envie de continuer. J'écris aussi mon autobiographie avec Jon Auty, *I Just Fell into It*.

Le plus rapide à conduire une voiture les yeux bandés

Le 13 août 2014, sur l'aérodrome d'Elvington (North Yorkshire, RU), Mike Newman (RU) a conduit les yeux bandés à 322,69 km/h – vitesse moyenne de 2 courses en sens inverse. Sa voiture était une Nissan GT-R 1200 chevaux, modifiée par Litchfield Motors (RU). Newman a strictement suivi les règles du record, bien qu'il soit aveugle depuis l'âge de 8 ans.

COLLECTIONS

Tom Hanks collectionne les **vieilles machines à écrire** et Demi Moore les **poupées anciennes**.

EN CHIFFRES

1 500
La **plus grande collection de PlayStation**, Jason Dvorak (USA).

2 383
La **plus grande collection d'objets liés à *Tomb Raider***, Rodrigo Martín Santos (Espagne).

2 723
La **plus grande collection d'objets liés à *Street Fighter***, Clarence Lim (Canada).

5 441
La **plus grande collection d'objets liés à *Super Mario***, Mitsugu Kikai (Japon).

10 607
La **plus grande collection de jeux vidéo**, Michael Thomasson (USA).

14 410
La **plus grande collection d'objets liés à *Pokémon***, Lisa Courtney (RU).

17 000
La **plus grande collection de captures d'écran de jeux vidéo**, Rikardo Granda (Colombie).

Cartes d'embarquement

La collection de cartes d'embarquement de K. Ullas Kamath (Inde) en comptait 3 030 au 15 août 2014.

Jeux de société

Jeff Bauspies (USA) possédait 1 531 jeux de société différents au 19 août 2011. Il a commencé en 2000.

Panneaux « Ne pas déranger »

Au 7 mars 2014, Rainer Weichert (Allemagne) possédait 11 570 panneaux « Ne pas déranger ».

Chatterton

Au 1er février 2014, Selea Nielsen (USA) possédait 189 rouleaux de chatterton. Avec, elle a même confectionné des tenues de bal de promo.

Objets liés au hamburger

Au 20 septembre 2014, « Hamburger Harry » (Harry Sperl, Allemagne) avait réuni 3 724 objets sur le thème du hamburger, dont 2 lits et 1 lit à eau.

Moshi Monsters

Au 20 mai 2014, Lucy Neath (RU) détenait 1 914 objets Moshi Monsters. Elle a commencé à jouer à ce jeu en 2011. En 2014, ses rêves sont devenus réalité lorsque Mind Candy, la société qui produit le jeu, l'a invitée dans ses locaux à Londres (RU).

Objets liés à Batman

Au 25 octobre 2013, Kevin Silva d'Indianapolis (Indiana, USA) détenait 2 501 objets liés à Batman. Il a débuté sa collection il y a plus de 45 ans. Sa 1re pièce était une lunch box Batman, datant de son enfance. Son objet favori – et sans doute la pièce la plus chère – est un costume semblable à celui que portait Adam West dans la série TV *Batman* des années 1960 *(voir photo)*.

COFFRES À JOUETS GÉANTS – LA PLUS GRANDE COLLECTION DE...

Petites voitures	27 777	Nabil Karam (Liban)	17 nov. 2011
1 Poupées Barbie	15 000	Bettina Dorfmann (Allemagne)	10 oct. 2011
2 Jouets de fast-foods	10 000	Percival R. Lugue (Philippines)	4 nov. 2014
3 Objets liés aux Schtroumpfs	6 320	Gerda P. Scheuers (USA)	4 juin 2014
Canards en caoutchouc	5 631	Charlotte Lee (USA)	10 avr. 2011
Bonhommes de neige	5 127	Karen Schmidt (USA)	19 mars 2013
Yoyos	4 586	John « Lucky » Meisenheimer (USA)	22 févr. 2010
Trolls	2 990	Sherry Groom (USA)	26 oct. 2012
Objets liés à Monsieur Madame	2 225	Joanne Black (RU)	23 mai 2006
Gnomes et lutins	2 042	Ann Atkin (RU)	25 mars 2011
Petites motos	1 258	David Correia (USA)	24 mai 2012
Jouets à remonter	1 042	William Keuntje (USA)	26 nov. 2011
Petits soldats	661	Sergey Valentinovich Spasov (Russie)	3 août 2010

Objets liés à Scooby Doo
Au 31 août 2014, Rebecca Findlay (Canada) possédait 1 116 objets liés à Scooby Doo, dont des films, des figurines, des bandes dessinées, des puzzles, des posters, des jeux, des jouets de fast-foods et un véritable flipper. Sa collection a été recensée à West Vancouver (Colombie-Britannique, Canada).

Collection Harry Potter
Au 5 novembre 2013, Menahem Asher Silva Vargas (Mexique) possédait une collection de 3 097 objets sur le thème d'Harry Potter.

Fers à cheval
La collection de fers à cheval – des porte-bonheur selon la tradition – de Moldovan Petru Costin comptait 3 200 pièces au 21 mai 2011.

Porte-clés
Josep Andreu Amorós Pérez (Espagne) possédait 47 200 porte-clés différents au 1er avril 2012.

Masques
Depuis 1957, Gerold Weschenmoser (Allemagne) a rassemblé 5 600 exemplaires uniques de masques. Le 3 mars 2013, il les a réunis au sein de son musée à Starzach (Allemagne).

Mugs
Bob Thomson (USA) a amassé 6 352 mugs depuis 1995.

Coquilles d'escargot (une seule espèce)
Au 13 septembre 2014, Patrick Huyskens (Belgique) avait une collection de 10 368 coquilles – classées par couleur, hauteur, marques et taille – de l'espèce *Cepaea nemoralis*.

Autocollants
Nidhi Bansal (Inde), qui a commencé sa collection en 2007, possédait 102 317 autocollants au 16 septembre 2013.

Objets liés aux zèbres
Wendy Jarnet (NZ) possédait 508 objets liés aux zèbres au 28 mars 2014. Son préféré ? Un jouet à remonter qui hoche la tête, tourne la queue et fait des bonds.

Jeux de Xbox (région PAL)
Neil Fenton (RU) avait acquis 814 jeux de Xbox de la zone PAL au 16 juin 2014.

INFO
« C'est un loisir coûteux, a admis Ahmed, mais je voulais montrer au monde que les Arabes ne s'intéressent pas qu'aux voitures sportives et au tape-à-l'œil. »

Objets liés à Nintendo
L'officier de police Ahmed Bin Fahad de Dubaï (EAU) possédait 2 020 objets Nintendo Entertainment System (NES) au 12 novembre 2014. Sa collection réunissait 170 consoles ou appareils portables, 23 accessoires de jeux, 591 jeux NES, 681 jeux Famicom, 145 jeux GameCube, 207 jeux DS, 155 jeux Wii et 48 jeux Wii U. Bin Fahad estime ses dépenses à environ 1,5 million de dirhams (408 000 $).

Collectionner le GWR

Un moyen de figurer dans le GWR consiste à le collectionner ! Martyn Tovey (RU) détient la **plus grande collection d'éditions millésimées du GWR** (353) et la **plus grande collection d'objets liés au GWR** (2 164). Nous l'avons invité à notre siège londonien…

Quand avez-vous démarré votre collection ?
Mon 1er *Guinness Book of Records* était un prix reçu à l'école en 1968, puis on m'a offert la dernière édition chaque année à Noël depuis 1971. J'ai commencé à collectionner des souvenirs du GWR il y a environ 10 ans. Des jouets, jeux, publications secondaires, gadgets et objets promotionnels ont été produits dès le début des années 1960.

Pourquoi cette collection ?
Enfant, j'étais obsédé par les faits et les chiffres. Les livres m'ont servi de référence.

Quel est votre objet favori ?
Il s'agit d'une édition de 1960 avec les corrections manuscrites de Norris McWhirter [alors éditeur].

Où conservez-vous votre collection ?
Elle occupait des étagères, des placards et des boîtes dans toute la maison, mais est désormais stockée ailleurs.

Avez-vous un record du GWR favori ?
Il s'agit du record mondial de saut en longueur de Bob Beamon lors des jeux Olympiques de Mexico en 1968 [8,90 m ; encore aujourd'hui un record olympique]. Je me souviens de ma stupéfaction devant cet exploit.

LES PLUS CHERS...

Valant plus que son pesant d'or, le **safran** fut utilisé comme colorant, parfum et **remède contre la mélancolie** !

EN CHIFFRES

600
Nombre de pierres précieuses incrustées dans le **stylo le plus cher vendu aux enchères**.

1781 $
Coût d'une part de la **tourte à la viande la plus chère**.

666-6666
Numéro de téléphone mobile le plus cher ; vendu au Qatar en 2006 pour 2,75 millions $ à l'époque.

12 km²
Surface de l'atoll Palmyra, l'**île la plus chère**, au sud d'Hawaï.

467
Nombre de pièces du **puzzle le plus cher vendu aux enchères** : 27 000 $ en 2005.

60 ans
Âge de l'**alcool le plus cher** : un whisky de malt vendu par le grand magasin Fortnum & Mason à Londres (RU), pour 15 662 $.

Sandwich

Le 29 octobre 2014, le sandwich *Quintessential Grilled Cheese* a été vendu 214 $ au Serendipity 3 à New York (USA). Composé de 2 tranches de pain de mie français trempé dans du champagne Dom Pérignon et dans des copeaux d'or comestibles.

Objet signé

L'objet signé le plus cher est une édition en cuir de 1789 reliée sur mesure et signée par George Washington de *Acts of Congress of the United States of America*. Annoté par le premier président américain, elle regroupe la Constitution et la Déclaration des droits des États-Unis. Elle a été vendue par Christie's le 22 juin 2012 à New York (USA), à Ann Bookout (association Mount Vernon Ladies), pour 9 826 500 $.

Les autographes ayant la plus grande valeur marchande sont répertoriés par le PFC40 de 2014 – un index présentant les 40 autographes les plus recherchés actuellement en vente. Atteignant en moyenne 5 874 $, la **photo signée la plus chère d'une personne encore vivante** est celle de Fidel Castro (Cuba), tandis que la **photo signée la plus chère de toutes** est celle de James Dean (USA, 1931-1955). Les exemplaires « d'excellente qualité » de son autographe atteignent en moyenne 28 200 $.

Livre

Le 26 novembre 2013, un exemplaire du *Bay Psalm Book* a été vendu par Sotheby's à New York (USA), pour 14,2 millions $. Datant de 1640, ce recueil de psaumes est le 1er livre imprimé en Amérique du Nord britannique. Les résidents de la colonie de la baie du Massachusetts n'en imprimèrent que 1 700 exemplaires. L'exemplaire de Sotheby's était l'un des 11 conservés à ce jour et a été acquis par David Rubenstein (USA).

Lettre

Le 10 avril 2013, Christie's a vendu à New York (USA), pour 6 098 500 $, une lettre écrite en 1953 par Francis Crick à son fils Michael, évoquant la découverte révolutionnaire de la structure et du fonctionnement de l'ADN.

> **! INFO**
>
> 2016 marque les 250 ans de la maison de vente aux enchères Christie's. Celle-ci fut fondée par James Christie (RU) à Londres. Elle organise 450 ventes par an dans 12 salles dans le monde.

Hot-dog

Le *Juuni Ban* doit être commandé 2 semaines à l'avance. Il contient une saucisse fumée au fromage de 30 cm, du bœuf Wagyu, des champignons maitake, des oignons grillés sauce teriyaki, du foie gras, des copeaux de truffe noire, du caviar et de la mayonnaise japonaise, le tout servi dans un pain brioché. Ce hot-dog est vendu 169 $ par Tokyo Dog (USA), un vendeur ambulant de Seattle (État de Washington, USA).

Tableau

• **De tous temps :** en février 2015, *Nafea Faa Ipoipo (Quand te maries-tu ?*, 1892) de Paul Gauguin (France) aurait atteint 299,8 millions $ lors d'une vente privée, battant *Les Joueurs de carte* (1890) de Paul Cézanne (Fance), vendu en 2011 au roi du Qatar pour 250 millions $.

• **Aux enchères :** *Les Femmes d'Alger* (version 0) de Pablo Picasso (Espagne), daté du 14

Voiture vendue aux enchères

Un coupé Ferrari 250 GTO Berlinetta 2 places de 1962 a été adjugé à 38 115 000 $, commission d'achat incluse, à la vente aux enchères organisée par Bonhams au Quail Lodge de Carmel (Californie, USA), le 14 août 2014. Le précédent record avait également été établi par Bonhams : une Mercedes-Benz W196R de F1 datant de 1954 avait été vendue 29,6 millions $ le 12 juillet 2013. Sur les 10 voitures les plus chères vendues aux enchères, 8 sont des Ferrari.

Les budgets plus modestes se contenteront de la Jaguar XJ13 du jeu *Gran Turismo 6* (Polyphony Digital, 2013, *à gauche*) sur PlayStation 3, la **voiture virtuelle la plus chère** : il faut débourser 196 $ pour jouer avec.

Pigeon

Le 18 mai 2013, le colombophile Leo Heremans (Belgique) a vendu aux enchères 310 000 € son pigeon voyageur et champion de vitesse Bolt (*ci-dessus*), dont le nom s'inspire d'Usain Bolt.

Le **canard le plus cher** (*à droite*), un canard musqué baptisé « Big Dave », a été vendu aux enchères 2 400 $ à Oswestry (Shropshire, RU), le 21 octobre 2012. On le voit ici avec son ancien propriétaire, Graham R. Hicks.

février 1955, vendu 179,3 millions $, dont une commission d'un peu plus de 12 %, par Christie's à New York (USA), le 11 mai 2015.

- **D'un artiste vivant (vente privée) :** *Flag* (1958) de Jasper Johns (USA) a été vendu à Steven A. Cohen, milliardaire gérant d'un hedge fund, en 2010 pour la somme indiquée de 110 millions $.
- **D'un artiste vivant (enchères) :** *Abstraktes Bild* (1986) de Gerhard Richter (Allemagne) vendu 30 389 000 £ (46,3 millions $) à Sotheby's, Londres (RU), le 10 février 2015.
- **De Claude Monet :** *Le Grand Canal* (1908) a été vendu 23 669 000 £ par Sotheby's à Londres (RU), le 3 février 2015, commission d'achat incluse.
- **De Georgia O'Keeffe :** *Jimson Weed, White Flower, n° 1* (1932) a été vendu 44,4 millions $ à Sotheby's, à New York (USA), le 20 novembre 2014 – **La peinture la plus chère d'une artiste femme.**
- **De Rembrandt :** *Portrait de femme âgée de 62 ans* (1632) a été adjugé à 19 803 750 £ chez Christie's à Londres (RU), le 13 décembre 2000.

- **De Turner :** *Rome, vue du mont Aventin* (1835) a été vendu 20,3 millions £ par Sotheby's à Londres (RU), le 3 décembre 2014.
- **De Vincent van Gogh :** *Le Portrait du docteur Gachet* (1890) a atteint 82,5 millions $ chez Christie's à New York (USA), le 15 mai 1990.

Instrument de musique

Le violon Stradivarius *Lady Blunt* (1721) a été vendu par Tarisio Auctions 15 875 800 $, à Londres (RU), le 20 juin 2011.

Dalek

L'agence de publicité britannique Indeprod, aujourd'hui disparue, a versé 61 934 $ en 2005 pour ce *Dalek Supreme*. Celui-ci est apparu pour la première fois à la télévision dans *Doctor Who* (BBC) dans les années 1970 et pour la dernière fois dans *Revelation of the Daleks*, un épisode de 1985.

Le temps c'est de l'argent

La *Henry Graves Jr. Supercomplication* a été vendue aux enchères par Sotheby's en 2014 et a atteint 23,22 millions de francs suisses. C'est la **montre la plus chère jamais vendue aux enchères**.

Commandée par Henry Graves Jr., banquier et amateur d'art américain, elle a nécessité 7 ans de travail (1925-1932) – sans surprise, car il s'agit de la montre la plus complexe entièrement réalisée à la main.

Maîtres horlogers, mathématiciens et astronomes collaborèrent pour créer 24 « complications » horlogères (autres caractéristiques que le simple affichage des heures et des minutes). Ils ont intégré à la montre plusieurs fonctions de garde-temps, calendrier et chronographe, 4 carillons et une carte céleste du ciel nocturne de New York, à 40°41' N de latitude – la position exacte de l'appartement de Graves, dominant Central Park.

Incluse dans un boîtier en or qui nécessita 5 ans de fabrication, la montre pesait 535 g. Elle comptait 920 composants, dont 430 vis, 120 leviers mécaniques, 110 roues et 70 bijoux.

Graves dépensa 15 000 $ pour cet objet complexe et unique. À sa mort, sa fille Gwendolen en hérita, puis en fit don à son fils, Reginald Fullerton. En 1969, ce dernier vendit la *Supercomplication* à Seth Atwood, collectionneur de montres et fondateur du musée du Temps de Rockford (Illinois, USA).

TAILLE RÉELLE

MONDE MODERNE

La plus grande épidémie d'Ebola

Le 23 mars 2014, l'Organisation mondiale de la santé (OMS) a annoncé une épidémie du virus Ebola en Guinée, au Libéria et en Sierra Leone, en Afrique de l'Ouest. Au 15 avril 2015, l'OMS rapportait que le virus avait fait 10 689 victimes et que l'on dénombrait 25 791 cas confirmés ou suspects. Des mesures ont été prises pour contrôler le virus (à gauche) : des protocoles d'hygiène et d'enterrement des corps plus stricts, l'usage de matériel de protection. Ici, un agent de santé pulvérise un désinfectant à l'extérieur d'une mosquée à Bamako (Mali), le 14 novembre 2014, après le lavage du corps d'un imam guinéen qui serait mort du virus Ebola.

! INFO

Ebola est apparu en 1976 au Soudan et en Rép. dém. du Congo. C'est une flambée de l'épidémie près du fleuve Ebola qui donna son nom au virus. Il se transmet par les fluides corporels ou du matériel infecté.

SOMMAIRE

En 2014, le magnat de l'e-commerce Jack Ma a gagné plus d'argent que les PIB de l'Islande et des Bahamas réunis !

Comme dit le dicton, **l'argent appelle l'argent**. Et c'est surtout vrai des plus grandes fortunes du monde : seuls 3 hommes de notre planète qui compte 7 milliards d'habitants se sont partagé le titre de la **personne la plus riche** au cours des 20 dernières années – Bill Gates (USA, voir p. 106), Carlos Slim Helú (Mexique) et Warren Buffett (USA).

Tandis que l'actif net est l'un des étalons de la richesse, on peut aussi la mesurer aux revenus annuels. Ces données sont bien plus changeantes que l'actif d'une personne, car l'héritage est transmis d'une génération à l'autre et l'argent est généralement investi dans un certain nombre de secteurs d'activité pour équilibrer l'investissement.

Les plus gros revenus, quant à eux, sont davantage soumis au travail ou à la performance d'une année donnée – qu'il s'agisse du nombre de films réalisés, des contrats commerciaux signés ou des tournois remportés. Les gros revenus les plus éclairés s'inspirent des lois du commerce et de l'investissement pour jouer la carte de la diversification.

Par exemple, alors que le **musicien aux revenus les plus élevés**, Dr Dre (USA, né André Young), s'est fait un nom dans le hip-hop, il n'a pas sorti un seul album depuis 1999. En revanche, il a élargi ses sources de revenus en investissant non seulement dans la production musicale, mais aussi dans les boissons alcoolisées ou encore dans la société de casques audio Beats Electronics. Une grosse partie des 620 millions $ engrangés par Dr Dre en 2014 provient de la vente de Beats à Apple pour 3 milliards $ – l'acquisition la plus coûteuse jamais effectuée par le géant de la technologie.

Découvrez les meilleurs revenus de 2014 ! À titre de comparaison, le salaire moyen au Royaume-Uni est de 26 500 £ (37 000,00 €) et de 53 900 $ aux États-Unis.

La liste de courses de Jack Ma

Roi de l'Internet en Chine, Jack Ma (voir p. 105) était le plus gros revenu 2014, sa fortune ayant augmenté de plus de 25 milliards $. Voilà ce que vous pourriez acheter avec cette somme…

17 x Buckingham Palace

62 x diamant Cullinan

190 x Gareth Bale

11 333 x Bugatti Veyron

31,5 millions x iPhone 6

147,9 millions x **hot-dog le plus cher** (voir p. 100)

850 millions x livre **GWR**

26,7 milliards x timbre-poste (RU)

Doublez la mise !

Lorsque deux têtes de liste sont en couple, on voit double ! Voici les couples d'Hollywood gagnant le plus d'argent, selon des données de 2014, avec la part de chacun de leur fortune.

34 % 66 %
1 — 175 m $

59 % 41 %
2 — 79,8 m $

52 % 48 %
3 — 58 m $

62 % 38 %
4 — 47 m $

1. Beyoncé et Jay Z
2. Gisele Bündchen et Tom Brady
3. Kim Kardashian et Kanye West
4. Angelina Jolie et Brad Pitt

CHERS DISPARUS – LES PLUS GROS REVENUS ANNUELS *POST MORTEM* 2014			
Nom	**Profession**	**Mort**	**Revenu**
Michael Jackson (USA)	Musicien	2009	140 millions $
Elvis Presley (USA)	Musicien	1977	55 millions $
Charles M. Schulz (USA)	Dessinateur BD	2000	40 millions $
Elizabeth Taylor (RU/USA)	Actrice	2011	25 millions $
Bob Marley (Jamaïque)	Musicien	1981	20 millions $
Marilyn Monroe (USA)	Actrice	1962	17 millions $
John Lennon (RU)	Musicien	1980	12 millions $
Albert Einstein (All./USA)	Scientifique	1955	11 millions $
Theodor Geisel (USA)	Acteur	1991	9 millions $
Bruce Lee (Chine/USA)	Acteur	1973	9 millions $
Steve McQueen (USA)	Acteur	1980	9 millions $
Bettie Page (USA)	Mannequin	2008	9 millions $
James Dean (USA)	Acteur	1955	7 millions $

Source : Forbes, juin 2014

Les plus gros salaires 2014

Quelques détenteurs des plus gros revenus de l'année et la source de leurs revenus…

Acteur de télévision
Ashton Kutcher (USA)
Mon Oncle Charlie, production
26 millions $

Actrice de télévision
Sofia Vergara (Colombie)
Modern Family, contrats
37 millions $

Mannequin
Sean O'Pry (USA)
H & M, Hermès, Viktor & Rolf
1,5 million $

Mannequin
Gisele Bündchen (Brésil)
Under Armour, Chanel
47 millions $

Acteur de cinéma
Robert Downey Jr (USA)
Iron Man 3 (2013), *Le Juge* (2014), *The Avengers : L'Ère d'Ultron* (2015)
75 millions $

Actrice de cinéma
Sandra Bullock (USA)
Gravity (2013), *Les Minions* (2015)
51 millions $

Footballeur
Cristiano Ronaldo (Portugal)
Real Madrid, contrats
80 millions $

Footballeur
Marta Vieira da Silva (Brésil)
FC Rosengård, contrats
1 million $

INFO
Un album posthume (*Xscape*) et les royalties de ses albums et de ses spectacles du Cirque du Soleil *Immortal* et *One* font de Michael Jackson le plus riche des disparus.

L'entrepreneur au revenu le plus élevé

Jack Ma (Chine) a gagné 25,1 milliards $ en 2014. Il est le fondateur et le président exécutif d'Alibaba Group, qui domine l'e-commerce en Chine. Il possède 2 des sites web les plus visités : Taobao et Tmall (voir p. 164-165). En date du 8 avril 2015, il était l'homme le plus riche d'Asie, valant 35,4 milliards $, selon Bloomberg.

+ Répartition des revenus disponibles

Les revenus des célébrités sont hors norme par rapport aux salaires normaux. L'Organisation de coopération et de développement économiques (OCDE) étudie les économies développées et émergentes (34 pays membres à ce jour) notamment à l'aide de l'indicateur du vivre mieux. Le graphique ci-dessous représente les 5 nations disposant du revenu moyen disponible net ajusté par tête le plus élevé. À titre de comparaison, le revenu disponible annuel moyen des membres de l'OCDE est de 23 938 $.

- OCDE moyenne 23 938 $
- Belgique 27 811 $
- Canada 30 212 $
- Suisse 30 745 $
- Luxembourg 35 636 $
- USA 39 531 $

Entrepreneur
Jack Ma (Chine)
e-commerce
25,1 milliards $

Musicien
Dr Dre (USA)
Production de musique, technologie, contrats
620 millions $

Athlète
Floyd Mayweather Jr (USA) Contrats, boxe
105 millions $

Personnalité télé
Simon Cowell (RU)
Spectacles d'amateurs
95 millions $

Auteur
James Patterson (USA)
Livres (policiers, thrillers, etc.)
90 millions $

Chanteuse
Beyoncé (USA)
Chansons, cinéma, mode, contrats
115 millions $

Entrepreneur
Beate Heister (Allemagne)
Distribution (Aldi, etc.)
9,6 milliards $

Auteur
Nora Roberts (USA)
Livres (romans d'amour, policiers, etc.)
23 millions $

Personnalité télé
Oprah Winfrey (USA)
Médias, édition
82 millions $

Athlète
Maria Sharapova (Russie)
Tennis, contrats
24 millions $

Athlète
Li Na (Chine)
Tennis, contrats
24 millions $

! INFO

Selon Bloomberg, les 400 personnes les plus riches du monde se sont enrichies au total de 92 milliards $ en 2014. Fin décembre, leur fortune nette s'élevait à 41 000 milliards $.

Sources : Bloomberg, BusinessInsider.com, Doximity, Finance.yahoo.com, Forbes, IBTimes.com, OECD, Office for National Statistics, Paywizard.org, Spotrac.com, Statista, Unicef

Animaux gâtés

Les êtres humains ne sont pas les seuls à gagner des sommes faramineuses : certains animaux tirent leur épingle du jeu !

Le **chien le plus riche** était un caniche appelé Toby, qui a reçu 15 millions $ en héritage de sa maîtresse Ella Wendel (New York, USA), en 1931. Ajusté par rapport à l'inflation, cela correspond à 233 millions $ d'aujourd'hui. Après la mort de sa maîtresse, Toby a continué à vivre dans la demeure de Mme Wendel sur la 5e Avenue. Trois personnes s'occupèrent de lui jusqu'à sa mort, 18 mois plus tard.

En 1988, le **chat le plus riche**, Blackie, a reçu un legs de 12,5 millions $ de son maître Ben Rea (RU). Antiquaire, Rea a partagé sa fortune entre Blackie – le dernier survivant de ses 15 chats – et 3 associations caritatives pour chats, ne laissant rien à ses proches.

Fortunes fictives

Voici les 5 personnages de fiction les plus riches en 2013 selon Forbes...

Balthazar Picsou	**Smaug**	**Carlisle Cullen**	**Tony Stark**	**Charles Foster Kane**
La Bande à Picsou de Disney	*Le Hobbit*	*Twilight*	*Iron Man/The Avengers*	*Citizen Kane*
Chasse aux trésors	Pillage	Investissement	Défense/énergie	Médias
65,4 milliards $	**54,1 milliards $**	**46 milliards $**	**12,4 milliards $**	**11,2 milliards $**

ARGENT ET ÉCONOMIE

Selon les chiffres 2014 de la Banque mondiale, le **PIB le plus élevé** (USA) est **441 265 fois supérieur** au **PIB le plus faible** (Tuvalu).

EN CHIFFRES

107 M $
Valeur de la marque Google, selon le classement Best Brands 2014 d'Interbrand.

82 M $
Valeur de la marque Coca-Cola, selon le classement Best Brands 2014 d'Interbrand.

164 755 150
Valeur en réals brésiliens volés par des braqueurs en 2005, le **plus grand cambriolage de banque** (69,8 millions $).

142 ans
Période pendant laquelle les États-Unis étaient n° 1 au classement PIB du FMI (date arrêtée en 2014).

6 M $
Coût de l'**élection la plus chère**, lors des présidentielles américaines de 2012.

24,8 millions
Quantité de billets de banque américains produits chaque jour par le Bureau of Engraving and Printing – soit 560 millions $.

La femme la plus riche
Christy Walton (USA), membre de la famille propriétaire de Walmart, valait 41,7 milliards $ en mars 2015, selon le magazine économique américain *Forbes*. Elle se place devant Liliane Bettencourt (France), propriétaire de L'Oréal, qui pèse 40,1 milliards $.

Le plus de followers sur LinkedIn
Ayant compris l'importance d'un profil en vue sur un média social, sir Richard Branson (RU) comptait 7 481 536 followers au 16 février 2015. Découvrez plus d'infos sur cette nouvelle stratégie de relations publiques p. 203.

Bill Gates de Microsoft était l'**entrepreneur le plus populaire sur Twitter**, avec 20 027 447 followers au 11 février 2015.

Le pays le plus corrompu
Selon l'organisation anticorruption indépendante Transparency International, la Somalie et la Corée du Nord étaient les détenteurs de ce triste record en 2014.

En raison de ses pratiques commerciales et politiques, le Danemark a été déclaré le **pays le moins corrompu**, suivi de près par la Nouvelle-Zélande et la Finlande.

L'investisseur le plus riche
Le deuxième Américain le plus riche selon la Rich List de Forbes était Warren Buffett (le « Sage

L'homme le plus riche
Le magnat de la technologie Bill Gates (USA) est encore en tête de la Rich List de *Forbes* avec une fortune estimée à 79,2 milliards $ en mars 2015.

En 2014, selon *The Chronicle of Philanthropy*, il a également été le donateur le plus généreux avec 9,8 milliards $ de dons.

d'Omaha »), homme d'affaires et directeur général du conglomérat Berkshire Hathaway, âgé de 84 ans en mars 2015. Sa fortune était estimée à 72,7 milliards $.

Le magnat des médias le plus riche
Ancien maire de New York, aujourd'hui propriétaire du groupe financier et d'information économique américain du même nom, Michael Bloomberg (USA) pesait 35,5 milliards $ en mars 2015.

LES PLUS IMPORTANTES…

Amende pour une société
Deux ans après la marée noire due au *Deepwater Horizon*, qui a déversé des millions de barils de pétrole dans le golfe du Mexique en 2010, le ministère de la Justice américain a condamné BP à verser 2,4 milliards $ au National Fish and Wildlife Foundation, en plus de l'amende pénale de 1,26 milliard $.

L'enquête suit son cours, mais en décembre 2014, l'amende de BP continuait à augmenter pour atteindre 61 milliards $, BP ayant été jugé coupable de grave négligence.

Agence de publicité
Selon le *Financial Times*, la société WPP (RU) est la plus grande agence de publicité du monde, avec 179 000 personnes réparties dans 3 000 bureaux dans 111 pays pour

La plus grande société par ventes
En 2014, l'entreprise de grande distribution Walmart – en partie détenue par la **femme la plus riche** (voir ci-contre) – a gagné 476,5 milliards $, devant Royal Dutch Shell, qui n'a gagné « que » 451,4 milliards $ cette même année.

un chiffre d'affaires de 11 milliards $ en 2013. Au 3e trimestre 2014, WPP avait gagné 4,48 milliards $.

Société par actions
En 2014, la société de refinancement hypothécaire Fannie Mae possédait 3 270,1 milliards $ en actions. La Banque industrielle et commerciale de Chine – la **plus grosse banque du monde** – la talonne avec 3 124,9 milliards $ en actions.

Le m² de bureau le plus cher
Selon un rapport 2014 de la société immobilière Cushman & Wakefield, le m² de bureau à Londres (RU) coûte 2 923,61 $ par an. Hong Kong arrive en 2e position avec 1 973,27 $ et Moscou en 3e position avec 1 504,81 $.

INFO
Avec 17,6 trillions $, la Chine est la **plus grosse économie** en 2014, selon le FMI. Ces chiffres sont basés sur la parité de pouvoir d'achat (PPA), qui tient compte du coût de la vie locale.

4,2 m Longueur de la petite aiguille de l'horloge Great Westminster Clock (connue par erreur sous le nom de Big Ben) à Londres (RU)

Le 1er distributeur d'or

Ex Oriente Lux AG (Allemagne) a lancé ses machines « GOLD to go » en mai 2010. Initialement testé en Allemagne, le 1er distributeur d'or accessible au public a été installé à l'hôtel Emirates Palace, à Abu Dhabi (EAU). Il propose des lingots d'or 24 carats de 1,5 ou 10 g, ainsi que des pièces d'or.

LES PLUS ÉLEVÉS...

Croissance économique
Selon les chiffres de la Banque mondiale, le Paraguay était le pays à la croissance la plus rapide en 2012-2013. Son économie a fait un bond de 14,2 %, devançant de peu le Soudan du Sud, qui connaissait une augmentation de 13,1 %. Il s'agit d'une formidable performance pour le Soudan du Sud, **pays indépendant le plus récent**, sachant qu'il figurait dernier sur la liste en 2011-2012.

À l'inverse, la **croissance économique la plus faible** pour 2012-2013, en raison de la guerre civile, revient à la République centrafricaine avec une réduction du PIB de 36 %.

Salaire de directeur général
En avril 2014, selon CNN, le directeur de la société de logiciels Oracle, Larry Ellison (USA), recevait un salaire annuel de 78,4 millions $, 1,5 million $ en liquidités et 76,9 millions $ en actions.

Salaires des fonctionnaires
Selon un rapport mondial sur la rémunération des fonctionnaires réalisé en 2012 par l'OCDE, l'Italie est l'État le plus généreux, certains fonctionnaires gagnant 650 000 $ par an, selon la parité du dollar US.

Discours rémunéré
L'homme d'affaires Donald Trump (USA) a gagné 1,5 million $ pour chaque discours fait dans le cadre du Real Estate Wealth Expos, en 2006 et 2007. Chaque intervention n'a duré qu'une heure. Il se place loin devant son concurrent, l'ancien Premier ministre Tony Blair (RU), qui gagnait environ 600 000 $ par discours, en 2007-2009.

RNB par tête
Selon les chiffres 2013 de la Banque mondiale, publiés en 2014, la Norvège disposait d'un revenu national brut (RNB) par personne de 102 610 $, devançant la Suisse avec ses 90 760 $.

La marque à la croissance la plus rapide
D'après les chiffres 2014 d'Interbrand, 10 ans après son lancement, Facebook affiche une augmentation de 86 % dans le classement des marques. Sa valeur est estimée à 14 milliards $.

L'histoire d'Apple

Apple est n° 1 du classement Interbrand en 2014, ce qui en fait la **marque la plus valorisée**. Comment l'histoire de ce géant de la technologie a-t-elle commencé ?

Il est difficile d'imaginer que cette société internationale, qui affiche un chiffre d'affaires de 183 milliards $ en 2014, est née dans le garage de Steve Jobs, assisté de Steve Wozniak et Ronald Wayne (tous USA) en 1976.

Ils ont percé 8 ans plus tard avec le lancement du Mac (ci-dessous). Celui-ci affichait une interface utilisateur permettant de cliquer sur une icône pour ouvrir un programme plutôt que de saisir des instructions. Malgré un prix assez élevé, c'est le **1er ordinateur personnel à interface graphique à connaître un succès commercial**.

Apple a ensuite connu des fluctuations et des changements – Jobs a démissionné en 1985 en raison de divergences avec le directeur général. L'innovation et les produits haut de gamme sont néanmoins devenus indissociables de la marque.

Une nouvelle ère a commencé en 1997 quand Jobs – revenu en 1996 – a été nommé directeur général par intérim. Il a supervisé avec le designer Jonathan Ive (RU) la sortie du 1er iMac. Sa nouvelle ligne épurée a inspiré tous les dispositifs électroniques personnels de la marque, comme l'iPod, l'iPad et l'iPhone qui, en 2007, est devenu le smartphone le plus vendu.

Malgré le décès de Jobs en 2011, son héritage ne montre aucun signe de faiblesse – Tim Cook (USA, ci-dessus) est aujourd'hui à la tête de la société. L'iPhone 6 est sorti en septembre 2014 (ci-contre) ; au 4e trimestre 2014, Apple a fait 39,2 millions $ de chiffre d'affaires.

DRÔLES DE JOBS

Les marques de cosmétiques emploient des **toucheurs de peau** pour prouver que leur produit rend la peau **plus douce**.

EN CHIFFRES

5 000
Nombre de balles de golf récupérées par jour dans les points d'eau des terrains de golf par Jeffrey Bleim.

35 000 $
Salaire moyen d'un nettoyeur de scène de crime débutant.

111 800 $
Salaire de Ben Southall (RU) en tant que gardien d'une île de la Grande Barrière de corail pendant 6 mois.

12 000-15 000
Nombre de vélos repêchés dans les canaux d'Amsterdam chaque année.

0 $
Salaire des « occupants de sièges vides » – personnes au physique avantageux recrutées lors des premières de cinéma ou aux oscars.

39 ans
Durée pendant laquelle George Aldrich (USA) a travaillé pour la NASA en tant que nez : il sent tout ce qui va être envoyé dans l'espace car, malgré le filtrage, les mauvaises odeurs sont difficiles à évacuer d'un engin spatial.

Le plus rapide à plumer une dinde
Vincent Pilkington (Irlande) a plumé une dinde en 1 min et 30 s sur RTE TV, à Dublin (Irlande), le 17 novembre 1980.

La plus grande observatrice d'oiseaux
Phoebe Snetsinger (USA, 1931-1999) a observé 8 040 des 9 700 espèces d'oiseaux connues entre 1965 et 1999. Elle a admiré plus de 82 % des espèces connues, toutes les familles de la liste officielle et plus de 90 % des *Aves*.

Le plus de personnages de dessins animés doublés
Kara Tritton (RU) a donné sa voix à 198 personnages dans 75 épisodes de *Blue's Clues* (Nick Jr, RU, 1996-2006), dont des meubles, de la nourriture, des animaux, des fantômes, des planètes et... des gens !

Le plus grand nombre de cercueils assemblés
Herbert Weber (Autriche) a assemblé 707 335 cercueils à la main chez Moser Holzindustrie GmbH à Salzburg (Autriche). Il a réalisé ce record au cours de ses 30 ans de carrière, du 5 sept. 1978 au 5 sept. 2008, soit 5 185,5 jours de travail.

Record de temps de port de casque de plongée
Entre 1976 et 2013, Noel McCully (USA) a porté un casque de plongée durant 25 000 h. Pendant 30 ans, il a travaillé dans un sous-marin de maintenance, passant de 4 à 6 h d'affilée sous l'eau.

La distance la plus longue parcourue par un bruiteur
Un bruiteur produit des bruits après le tournage et le montage d'un film. *Foley artist* en anglais, ce métier tient son nom de Jack Foley (USA), qui a exercé ce métier chez Universal depuis l'avènement des films parlants. Sa carrière a commencé avec *Show Boat* (USA, 1929). Au cours de ses 40 ans de carrière, il aurait marché 8 000 km sur place, enregistrant les pas d'acteurs tels James Cagney et Marlon Brando.

L'imitateur d'Elvis à la plus grande longévité
Victor Beasley (Belgique) a incarné le King pendant 48 ans, de 1955 à 2003, l'année de son décès.

Le plus de tornades observées

Au 15 août 2014, le chasseur d'orages professionnel Roger Hill (USA) avait observé au moins 582 tornades depuis le 7 juillet 1987, dont 40 en 2 jours, les 16 et 17 juin 2010. Roger vit de son savoir sur les tornades en proposant des séjours d'observation d'orages dans tout le pays.

Le laveur de vitres le plus rapide
Terry Burrows (RU) a lavé 3 fenêtres de bureau de 114,3 cm x 114,3 cm avec une raclette de 30 cm et 9 l d'eau en 9,14 s, lors de la National Window Cleaning Competition à Blackpool (RU), le 9 octobre 2009.

Le plus de pieds et d'aisselles senties
Madeline Albrecht (USA) a travaillé pour les laboratoires Hill Top Research à Cincinnati (Ohio, USA), un labo testant les produits de Dr Scholl, pendant 15 ans. Elle y a senti environ 5 600 pieds et un nombre indéterminé d'aisselles.

Le forgeron d'art le plus prolifique
Lors de son jugement en 1979, Thomas Keating (RU, 1917-1984) a estimé sa production artistique à plus de 2 000 pièces forgées, représentant 121 artistes sur 25 ans.

Le nez le plus précieux
Le 19 mars 2008, Lloyd dévoilait qu'Ilja Gort (Pays-Bas) avait assuré son nez pour 5 millions €. Propriétaire du vignoble Château

Le plus de crash tests
En février 2015, W. R. « Rusty » Haight (USA) avait enregistré 998 collisions en voiture en tant que « volontaire d'essai de choc », dans le cadre de son activité de reconstitution de collisions automobiles. Rusty et son véhicule étaient systématiquement équipés de capteurs destinés à récupérer les données de collision.

La langue la plus précieuse

Gennaro Pelliccia (RU) teste chaque lot de grains de café torréfié pour les magasins Costa Coffee (RU). Le 9 mars 2009, l'assureur Lloyd déclarait que sa langue avait été assurée pour 14 millions $. « Dans mon métier, mes papilles sont cruciales », explique-t-il. « Mes 18 ans d'expérience me permettent de distinguer des milliers de parfums. »

La Tulipe de la Garde à Bordeaux (France) et producteur du Tulipe de la Garde, Gort a assuré son nez pour protéger son gagne-pain.

Le strip-teaseur le plus âgé

Ancien agent immobilier, Bernie Barker (USA, 1940-2007) a commencé sa carrière en 2000, à l'âge de 60 ans, pour se remettre en forme après un cancer de la prostate. Il a remporté plus de 40 concours de strip-tease.

La plus longue carrière de doubleur de jeu vidéo

Ed Boon (USA, à droite) a cofondé la franchise *Mortal Kombat* (Midway Games, 1992) avec John Tobias. Techniquement, Ed n'est pas un acteur voix de métier, c'est un développeur de jeux, mais il a donné sa voix à Scorpion (à droite) dans toutes les versions du jeu de 1992 à 2011, c'est-à-dire pendant 18 ans et 193 jours.
L'**acteur voix de jeux vidéo le plus prolifique** est Steve Blum (USA), avec 354 interventions au 10 mars 2015, dans des titres comme *Call of Duty*, *Final Fantasy* et *Star Wars*.
  L'**actrice voix de jeux vidéo la plus prolifique** est Jennifer Hale (Canada), avec 168 jeux au 22 janvier 2015.

LA CARRIÈRE LA PLUS LONGUE DE...

Clown
Charlie Rivel (Espagne, né Josep Andreu Lasserre, 1896-1983) a fait ses débuts en tant que clown à 3 ans. Il a exercé 82 ans, de 1899 à 1981, et a pris sa retraite à 85 ans.

Fossoyeur
Au cours de ses 50 ans de carrière, Johann Heinrich Karl Thieme, sacristain d'Aldenburg (Allemagne), a creusé 23 311 tombes. En 1826, c'est *sa* tombe qui fut creusée.

Vendeur de glaces
En 2014, Allan Ganz (USA, né le 13 juillet 1937) avait vendu des glaces pendant 67 ans. Il a commencé avec son père, Louis Ganz, à 10 ans. Depuis 1977, il vend des glaces à Peabody (Massachusetts, USA).

Père Noël
Dayton C. Fouts (USA) a incarné le Père Noël de 1937 à 1997, soit 55 ans, à Harvey (Illinois, USA), puis à Tucson (Arizona, USA).

Le plus d'applaudissements

Au 9 février 2015, Vanna White (USA), l'animatrice de *Wheel of Fortune* (la Roue de la fortune), aurait frappé des mains 3 721 446 fois au cours des 32 saisons de la très populaire émission de jeu télévisée. Depuis le 19 septembre 1983, elle a participé à tous les épisode (soit 6 151) sauf 10 de la version multidiffuseur actuelle du jeu. En moyenne, elle frappe des mains 606 fois par épisode.
  Depuis ses débuts à *Wheel of Fortune*, Vanna a porté plus de 6 000 robes. Le terme « vannamania » décrit la fascination des fans pour sa garde-robe.

! INFO
Ed Boon et John Tobias ont glissé de nombreuses références à eux-mêmes dans la série *Mortal Kombat*. Leur patronyme inversé a donné son nom au personnage secret Noob Saibot.

🧑 Testeur de toboggans à eau

Sebastian Smith (RU) a utilisé 186 toboggans à eau entre le 1er mai et le 31 octobre 2013.

Il est génial ce boulot ? Comment l'as-tu trouvé ?
J'en ai entendu parler à la radio un jour où j'écrivais une dissertation pour la fac. C'était trop beau pour être vrai, mais j'ai vérifié sur Internet, et j'ai vu que ce n'était pas une blague.

Comment testes-tu un toboggan à eau ?
Heureusement, je teste le fun, pas la sécurité. Je rédige une note sur mon toboggan préféré dans chaque parc en évaluant la vitesse, la hauteur et les virages. Je ne suis pas certain que j'aurais accepté ce travail si l'on m'avait dit qu'il fallait être volontaire d'essai de choc, surtout quand on voit la hauteur de certains toboggans.

Quel toboggan as-tu préféré ?
L'un de mes préférés, c'est *Speed Furious* sur la Costa Brava, avec ses 21 m de haut ! J'étais enfermé dans une boîte genre cercueil. Quand je regardais à mes pieds, je ne voyais rien. Jusqu'à ce que la trappe s'ouvre. Et là, chute libre pendant 1 ou 2 s, jusqu'à ce que l'inclinaison quasiment verticale prenne de la pente pour terminer dans la piscine. Je n'avais jamais eu une telle décharge d'adrénaline.

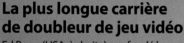

PIRATES

Les pavillons de pirates ne représentent pas tous une tête de mort et des tibias croisés : celui de Barbe noire arborait un **squelette, un cœur et des gouttes de sang**.

Le plus grand rassemblement de pirates

Organisé par Roger Crouch (RU), cet événement a rassemblé 14 231 pirates à Pelham Beach (Sussex de l'Est, RU), à l'occasion du Hastings Pirate Day, le 22 juillet 2012. La ville de Penzance (Cornouailles, RU) s'est ainsi vue distancée de 5 497 participants.

Les 1ers pirates

La piraterie est définie comme une tentative d'abordage d'un bateau dans l'intention de le piller ou d'y commettre tout autre crime. La piraterie existe sans doute depuis que les premiers hommes ont sillonné les mers. C'est toutefois dans l'Antiquité égyptienne, au XIVe siècle av. J.-C. que l'on découvre les 1ers rapports de piraterie : des pirates du pays de Lukka (Anatolie) semaient la terreur en Méditerranée et assaillirent Chypre.

La 1re reine pirate

La reine Teuta régna sur la tribu des Ardiaei en Illyrie (rive orientale de l'Adriatique) de 231 à 227 av. J.-C. Au début de son règne, elle accorda des lettres de marque autorisant des capitaines à lancer des raids et à piller pour le compte de l'État. Elle attaqua la Sicile et les colonies grecques ainsi que des navires marchands romains. Elle exerça ensuite ses activités pirates en mer Ionienne, menaçant les routes commerciales entre la Grèce et l'Italie. L'armée romaine fut envoyée contre ses troupes. Après un certain nombre de défaites, la reine Teuta se rendit. Elle continua à régner, mais seulement sur un petit territoire autour de sa capitale, Scodra (actuelle Shkodër, Albanie), et dut payer des impôts à Rome.

La 1re chasse à l'homme pirate

Né vers 1653 à Devon (RU), Henry Avery, surnommé « Long Ben », a déserté la Royal Navy pour devenir pirate. En 1695, il attaqua 25 navires du Grand Moghol, faisant main basse sur des métaux précieux et des bijoux estimés à 600 000 £ de l'époque (plus de 70 millions € actuels), ce qui en fit le pirate le plus riche de l'époque et déclencha la 1re chasse à l'homme attestée.

Le plus de recettes pour un film de pirates

Sur les 3,7 milliards $ de recettes engrangées par la saga *Pirates des Caraïbes* en mars 2015, le 2e volet – *Le Secret du coffre maudit* (2006) – s'est taillé la part du lion : 1,06 milliard $.

Le 5e volet des aventures de Jack Sparrow, incarné par Johnny Depp (USA, ci-dessus), – *Dead Men Tell No Tales* – est prévu pour juillet 2017.

La plus grande force antipirate internationale

Opérationnelle depuis 2002, la Combined Maritime Forces est basée sur une coalition multinationale comptant 30 pays membres. Dirigée par un vice-amiral de l'US Navy, elle a ses quartiers généraux à Bahreïn, dans le golfe Persique. Son objectif consiste à assurer la sécurité et la stabilité dans les eaux internationales, en se concentrant sur les grandes routes marchandes entre la corne de l'Afrique et l'ouest du Pakistan.

! INFO

Une équipe de VBSS (visite, abordage, fouille et saisie) du croiseur américain USS *Gettysburg* (CG 64) et du détachement 409 de l'US Coast Guard Tactical Law Enforcement Team South, capture des présumés pirates dans le golfe d'Aden.

Le piratage du plus grand pétrolier

Le 15 novembre 2008, au large des côtes somaliennes, des pirates ont capturé le *Sirius Star* (ÉAU), pétrolier colossal de 330 m de long pesant 162 252 t. Il transportait alors du pétrole brut à destination des États-Unis d'une valeur de 110 millions $. Il a été relâché le 9 janvier 2009 contre une rançon de 3 millions $.

Sa capture devait rapporter 1 000 £ de l'époque (100 000 € actuels). Il resta insaisissable. On perdit sa trace en 1696.

Le pirate le plus jeune

Le 9 novembre 1716, John King, âgé de 8 à 11 ans, et sa mère étaient passagers à bord du *Bonetta* lors de sa prise par le pirate Samuel Bellamy (RU), surnommé « Black Sam » (voir le **pirate des mers le plus riche**, ci-dessous). Selon la déclaration du capitaine du *Bonetta*, Abijah Savage, King insista pour rejoindre l'équipage pirate, menaçant de se suicider ou de blesser sa mère si l'on n'accédait pas à sa demande. Black Sam finit par accepter.

En 1984, on retrouva l'épave du navire de Black Sam, le *Whydah*. On y découvrit notamment une petite chaussure, un bas et une jambe de bois, qui furent attestés plus tard comme celles d'un enfant de 8 à 11 ans.

Le plus d'incidents de piraterie en 1 an

Selon l'International Maritime Bureau (IMB), qui répertorie les actes de piraterie déclarés depuis 1991, il y eut 469 attaques pirates dans le monde en 2000 – soit 36 % de plus qu'en 1999. Plus de la moitié de ces incidents – 242 – sont survenus en Asie du Sud-Est.

L'Indonésie connaît le **niveau le plus élevé d'actes de piraterie pour un pays**. En 2003, sur 445 attaques et tentatives d'attaques dans le monde, 121 se produisirent dans les eaux indonésiennes, soit plus d'un quart des incidents.

La rançon de piraterie la plus élevée

En avril 2011, 13,5 millions $ ont été versés à des pirates somaliens pour assurer la libération du pétrolier *Irene SL* (Grèce). Le supertanker et son équipage de 25 membres avait été attaqués le 9 février 2011, au large de la côte d'Oman.

Le film le plus piraté (à ce jour)

Le Loup de Wall Street (2013), de Martin Scorsese, a été téléchargé illégalement 30,035 millions de fois en 2014, selon la société antipiratage Excipio (Allemagne).

La Reine des neiges (2013) arrivait en 2ᵉ position avec 29,919 millions de téléchargements illégaux – le **film d'animation le plus piraté** en 2014.

Le destin de Barbe noire

De tous les pirates ayant sillonné les mers, le plus célèbre est sans conteste Barbe noire. Le marin britannique, qui aurait porté le nom d'Edward Thatch ou Teach, incarne l'âge d'or de la piraterie.

Barbe noire a commencé au service de Benjamin Hornigold (RU), ancien corsaire (pirate légal). Après avoir gravi les échelons, Thatch est devenu capitaine en 1717 en capturant *La Concorde*. Il le fit rénover pour en faire son vaisseau amiral, le *Queen Anne's Revenge (QAR)*.

Il faisait régner la terreur, et rares furent les navires et les ports des Amériques et des Caraïbes à résister à ses tactiques astucieuses et à son équipage. En dépit de cette réputation et de son goût du spectacle (il attachait, dit-on, des mèches à canon à son chapeau pour créer de la fumée), il n'aurait jamais tué personne – ou très peu.

En 1718, le *QAR* sombra. Thatch et quelques membres d'équipage en réchappèrent et se réfugièrent en Caroline du Nord (USA). Ils s'assurèrent le pardon du gouverneur local et s'installèrent dans la région. Incapables de résister à l'appel de la mer, ils créèrent une base sur l'île d'Ocracoke, dans le comté de Hyde, (Caroline du Nord, USA) pour lancer de nouveaux assauts.

S'étant rapproché de l'establishment, Barbe noire n'imaginait pas que son sort avait été scellé par un officiel de Virginie. En août 1718, une embuscade lui fut tendue à Ocracoke. Les pirates résistèrent vaillamment, mais un excès de confiance causa la chute de Barbe noire. Pensant que ses ennemis s'étaient enfuis, Thatch lança l'abordage du navire ennemi jonché de corps. C'est alors qu'il réalisa qu'il avait été dupé par le capitaine, le lieutenant Maynard, dont les hommes s'étaient cachés dans les cales. Barbe noire mourut, mais sa légende lui survit depuis lors.

Le pirate des mers le plus riche

Le pirate des mers le plus riche pendant l'âge d'or de la piraterie (1650-1720) s'appelait Samuel Bellamy, surnommé « Black Sam », né en Angleterre en 1689. Au cours de sa brève carrière (de 1715 à 1717), il a piraté une cinquantaine de navires et amassé une fortune équivalant à 135 millions € d'aujourd'hui. Sa plus grande prise fut le *Whydah*, navire négrier transportant des quantités faramineuses d'or et d'argent. Le navire a coulé le 26 avril 1717, avec Black Sam et son équipage. Il n'y eut que 2 rescapés.

MONDE EN GUERRE

En temps de guerre, **1 blessé sur 2** serait un **civil** pris dans des tirs croisés.

EN CHIFFRES

254 ans
La **guerre civile continue la plus longue**, entre 7 grands royaumes de Chine, 475-221 av. J.-C.

1,5 trillion $
Estimation moderne du coût matériel de la Seconde Guerre mondiale, la **guerre la plus chère**, dépassant toutes les guerres de l'histoire réunies.

56 400 000
Nombre de morts estimés au cours de la Seconde Guerre mondiale, militaires et civils – le **plus de morts** en une guerre.

23 000 000
Le **plus de mines terrestres dans un pays** : Égypte, posées au cours de la Seconde Guerre mondiale et des guerres israélo-égyptiennes (1956, 1967 et 1973). Les Égyptiens ont baptisé ces champs de mines « les jardins du diable ».

640 milliards $
Le **budget de la Défense le plus élevé**, celui des États-Unis en 2013, selon le SIPRI. Oman engage le plus de dépenses par rapport à son PIB (11,3 %).

La plus grande explosion due à l'homme avant les armes nucléaires

Pendant la Première Guerre mondiale, le 6 décembre 1917, le navire norvégien SS *Imo* est entré en collision avec le SS *Mont-Blanc* français qui transportait un chargement de 2 653 t d'explosifs et de produits inflammables – acide picrique, TNT, nitrocellulose et benzène –, devant le port de Halifax (Nouvelle-Écosse, Canada). Baptisée « explosion de Halifax », la déflagration a fait 1 951 victimes et 9 000 blessés. Elle a en outre rasé tout un quartier de la ville.

La plus grande invasion

Le débarquement de Normandie représente la plus grande force d'invasion. Dès le 6 juin 1944, et pendant 3 jours, 745 bateaux organisés en 38 convois se sont approchés des côtes. Ils étaient soutenus par 4 066 embarcations transportant 185 000 hommes et 20 000 véhicules, et 347 dragueurs de mines. L'assaut aérien était assuré par 18 000 parachutistes. Les 42 divisions étaient appuyées par 13 175 avions.

Le plus grand conflit territorial militarisé

Le conflit entre la Chine, l'Inde et le Pakistan pour le Cachemire

Le plus de journalistes tués en guerre (actuel, par pays)

En 2014, 17 journalistes ont trouvé la mort en Syrie ; on comptait 80 morts le 8 avril 2015, depuis le début du conflit en 2011, selon le Committee to Protect Journalists (CPJ). En 2014, 61 journalistes ont été tués au cours de conflits dans le monde. Ci-dessus, deux reporters, un Canadien et un Japonais, couvrent les combats à Alep, le 29 décembre 2012.

gronde depuis la fin de la période coloniale britannique et la partition de l'Inde en 1947. L'Inde a refusé de reconnaître la cession de territoires du Cachemire à la Chine en 1964. Un million de soldats se font face sur la ligne de contrôle séparant le Cachemire contrôlé par l'Inde du Cachemire contrôlé par le Pakistan.

La plus grande évacuation terrestre par un seul bateau

Durant une avancée des forces communistes nord-coréennes lors de la guerre de Corée (1950-1953), le cargo américain SS *Meredith Victory* a évacué 14 000 civils de Hungnam (Corée du Nord) vers Pusan (actuellement Busan, Corée du Sud), du 22 au 25 décembre 1950. Il a été l'un des derniers navires à quitter Hungnam. Le Congrès américain a décerné à l'équipage la citation Gallant Ship Unit Citation.

Le plus grand importateur d'armes

Pour la 3e année consécutive, en 2013, l'Inde est le plus grand importateur d'armes, avec 5,58 milliards $. Le Stockholm International Peace Research Institute (SIPRI) rapportait en 2014 que l'importation d'armes indiennes avait augmenté de 111 % entre les périodes 2004-2008 et 2009-2013. Cela représente 14 % de l'importation d'armes dans le monde. Ci-dessus, l'armée indienne expose ses armes au cours d'une parade à New Delhi, le 26 janvier 2015.

Le plus grand appel à l'aide d'urgence (conflit)

Le 8 décembre 2014, le Bureau de la coordination des affaires humanitaires (OCHA) a lancé un appel de fonds de 16,4 milliards $ pour des organismes d'aide afin de secourir 57,5 millions de personnes en 2015. Plus de 80 % des personnes dans le besoin vivent dans des pays en conflit, comme la République centrafricaine (ci-dessus).

Le plus de déplacés (par année)

Lors de la journée des réfugiés, le 20 juin 2014, l'Agence des Nations unies pour les réfugiés (UNHCR) rapportait que le nombre de déplacés (réfugiés, demandeurs d'asile et déplacés internes) dépassait 50 millions pour la 1re fois depuis la fin de la Seconde Guerre mondiale. Fin 2013, il y avait 51,2 millions de déplacés, une augmentation de 6 millions par rapport à 2012, en raison de la guerre en Syrie. Le 23 novembre 2014, la Turquie a ouvert un camp pour 35 000 personnes (ci-contre) près de Suruç. Les réfugiés traversent la frontière entre la Syrie et la Turquie à cet endroit.

9 m Longueur de *Titanoceratops ouranos*, le **plus grand dinosaure cératopsien**. Comme *Triceratops* (plus petit), il était doté de 3 cornes sur la tête et d'une grande collerette osseuse.

1res sanctions d'un État suite à une cyberattaque

Le 24 novembre 2014, Sony Pictures Entertainment a subi une cyberattaque que les services secrets américains ont mise sur le compte de la Corée du Nord – il s'agirait d'une réaction contre le film *L'Interview qui tue !* de Sony (ci-dessus), mettant en scène un complot pour assassiner le chef de l'État, Kim Jong-un (ci-contre, à droite). Le président américain Barack Obama (ci-contre, à gauche) a sanctionné 10 responsables du gouvernement nord-coréen et 3 sociétés, leur interdisant tout commerce avec les entreprises américaines.

Le plus d'essais nucléaire (pays)

Selon le rapport DoE-209 du ministère de l'Énergie américain, les États-Unis ont effectué 1 054 essais nucléaires entre 1945 et 1992, dont 24 conjointement avec le Royaume-Uni.

À titre de comparaison, l'Union soviétique a effectué 715 tests nucléaires entre 1949 et 1990, selon le *Catalog of Worldwide Nuclear Testing*, édité par Victor Mikhailov. Cette étude de grande envergure couvre 2 049 essais nucléaires effectués par les États-Unis, l'URSS, le Royaume-Uni, la France et la Chine. Les différentes dates révèlent la période à laquelle les deux pays principaux ont mis un terme à leur essais.

Le plus de chefs d'État assassinés (pays)

Dans une étude publiée en 2009 dans *Macroeconomics*, les auteurs Benjamin F. Jones et Benjamin A. Olken (tous 2 USA) ont étudié les données d'assassinats de chefs d'État entre 1875 et 2004. Sur cette période, la République dominicaine, l'Espagne et les États-Unis sont à égalité avec 3 assassinats chacun. On compte un assassinat de chef d'État 2 années sur 3 depuis 1950.

Le plan de réponse de l'ONU le mieux doté (actuel)

Selon le Financial Tracking Service (FTS) de l'ONU, le plan de réponse régionale aux réfugiés syriens a rassemblé les plus grands financements humanitaires en 2014. Le 23 janvier 2015, il avait reçu 2,32 milliards $ sur les 3,74 milliards $ promis – soit 62 %.

Le FTS a également indiqué que le **plan de réponse de l'ONU le moins bien doté** au 23 janvier 2015 était l'Appel humanitaire pour la Libye, qui demandait 35 millions $: 16 % de cette somme – soit 5,5 millions $ – ont été perçus.

> **! INFO**
> Le camp pour déplacés de Kalma, à l'est de Nyala (Sud Darfour, Soudan), abrite 163 000 personnes fuyant les conflits au Darfour, qui ont fait 300 000 victimes et déplacé 2 millions de personnes.

WFP

👤 Programme alimentaire

Le Programme alimentaire mondial (PAM) est le plus grand projet humanitaire. Il a fourni 68,7 millions t de nourriture à 1,2 milliard de personnes dans 100 pays pour une valeur de 32 milliards $. GWR a interrogé Alexandra Murdoch, coordinatrice britannique du PAM.

Quand le PAM a-t-il été institué ?
Ce programme expérimental conçu en 1961 ne devait entrer en activité qu'en janvier 1963, mais il a été lancé avec plusieurs mois d'avance à la suite d'un séisme en Iran, d'un ouragan en Thaïlande et de l'indépendance algérienne qui endendra 5 millions de réfugiés. Une aide alimentaire d'urgence était nécessaire : le PAM a été chargé de cette mission. Il emploie maintenant 14 000 personnes, dont 90 % distribuent la nourriture et supervisent son emploi.

Quelles sont les principales causes de la faim dans le monde ?
La pauvreté, la guerre, les déplacements, le changement climatique, l'instabilité des marchés, le gaspillage et le manque d'investissement dans l'agriculture.

Quelles sont les régions les plus nécessiteuses ?
Des 870 millions de personnes souffrant de la faim, plus de 50 % se trouvent en Asie et 25 % en Afrique subsaharienne (ci-dessous, le camp de Kalma au Soudan, le 6 novembre 2014). Le PAM vise à aider 80 millions de personnes dans 75 pays chaque année. En 2013, le PAM a fourni 3,1 millions t d'aide alimentaire.

Aidez le PAM à créer un monde sans faim :
www.wfp.org/donate

SURVEILLANCE

Au cours du IIe siècle, des « **services secrets** » ont vu le jour à Rome, les **frumentarii**.

EN CHIFFRES

8 000
Nombre de caméras dans les moyens de transport à Madrid (Espagne).

38 m $
Valeur estimée du marché de la vidéosurveillance en 2015, selon Electronics.ca.

6 000
Nombre d'années estimées depuis la **1re censure** à Babylone, ce qui prouve que la surveillance du peuple existe depuis des millénaires.

30 cm
Taille des objets que le satellite *WorldView-3*, lancé en 2014, peut repérer depuis son orbite, à 612 km.

400 000
Nombre de données secrètes divulguées par WikiLeaks en 2010 – la plus grande divulgation illégale de documents secrets.

48 %
Pourcentage de patrons concernés par la cybercriminalité, selon le Global Economic Crime Survey en 2014.

La concentration de caméras de vidéosurveillance la plus élevée (pays)

Les chiffres sur la vidéosurveillance sont insuffisants, mais après 2 ans de recherches sur leur utilisation dans le Cheshire (RU), ils suggèrent qu'en 2011, le pays était équipé de 1 853 681 caméras de vidéosurveillance. Cela revient à 1 caméra pour 32 habitants au Royaume-Uni.

Le 1er « hacktivisme » politique

Contraction de « hacker » et « activisme », le « hacktivisme » vise à exprimer ses convictions politiques en infiltrant des réseaux. La 1re manifestation hacktiviste s'est produite en octobre 1989, lorsque des ordinateurs détenus par la NASA et le Département de l'énergie américain ont été pénétrés par le ver Worms Against Nuclear Killers. Probablement originaire d'Australie, cette attaque a eu lieu quelques jours avant le lancement par *Atlantis*, la navette spatiale américaine, de la sonde *Galileo*, qui transportait des générateurs thermoélectriques à radio-isotope.

Le 1er satellite furtif

La navette spatiale *Atlantis* lancée le 28 février 1990 avait une mission secrète pour le Département de la Défense américain. Deux jours plus tard, *Atlantis* a déployé les 1ers satellites « Misty » des États-Unis. Ces satellites espions disposeraient d'une coque gonflable pointant vers la Terre, permettant de réduire leur détection par les radars.

Le plus gros satellite espion

En décembre 2013, le Defense Advanced Research Projects Agency (DARPA) américain a divulgué des informations sur un programme, aujourd'hui dans sa 2e et dernière phase, visant à créer le plus gros satellite de surveillance. Appelé Membrane Optical Imager for Real-Time Exploitation (MOIRE), il serait équipé d'une lentille de 20 m pouvant couvrir 40 % de la surface de la Terre depuis une orbite de 35 400 km et renvoyer des images et vidéos haute résolution de partout dans le monde, à tout moment.

Cette technologie de pointe utilise une lentille en polymère de l'épaisseur d'une feuille de plastique plutôt qu'une lentille en verre, plus épaisse et plus lourde. Ce gain de poids est crucial au moment du décollage de ces satellites de surveillance plus efficaces et donc plus volumineux.

La plus grande agence de renseignement

La National Security Agency (NSA) américaine est la plus grande et la plus secrète des institutions en son genre. Elle a pour mission de rassembler des informations dans les domaines économiques, diplomatiques et militaires sur le plan international. Bien qu'il soit impossible de fournir des chiffres précis, 38 000 personnes travailleraient au QG à Fort Meade (Maryland, USA).

Le pirate le plus recherché

En 2015, Nicolae Popescu (Roumanie) est n° 1 de la liste des criminels les « plus recherchés » du FBI. Il est accusé de crimes tels que l'organisation de fraude électronique, le blanchiment d'argent et la falsification de papiers d'identité. Sa tête est mise à prix 1 million $.

La plus petite navette spatiale automatisée

Construite par la division Phantom Works de Boeing, la navette spatiale américaine réutilisable et sans équipage X-37B mesure 8,9 m pour une envergure de 4,5 m. Lancée depuis Cape Canaveral (USA), en 2010, elle a atterri à la Vandenberg Air Force Base (Californie) 7 mois plus tard. Les détails de la mission sont secrets, mais selon les experts il s'agirait de développer des systèmes de soutien de combat dans l'espace.

Le réseau de surveillance des communications le plus grand

Echelon, le réseau d'écoute électronique dirigé par les États-Unis, le Royaume-Uni, l'Australie, la Nouvelle-Zélande et le Canada, entre autres, a été fondé en 1947 (en photo, Bad Aibling Station en Allemagne). Certains analystes estiment qu'Echelon est aujourd'hui capable d'intercepter 90 % du trafic sur Internet ainsi que les communications téléphoniques et Internet du monde entier.

La plus grosse caméra de vidéosurveillance

Le 10 juillet 2011, Darwin Lestari Tan et TelView Technology (tous 2 Indonésie) ont dévoilé une énorme caméra de vidéosurveillance ST 205, à Bandung (Indonésie). Elle mesure 4,56 m de long, 1,7 m de large et 1,6 m de haut. Elle a une sensibilité de 0,01 lux.

Le plus grand réseau de surveillance de l'espace

Par l'intermédiaire de son Joint Functional Component Command for Space sur la Vandenberg Air Force Base de Lompoc (Californie, USA), l'US Strategic Command est

Le plus grand système de surveillance urbain pilote

Le 8 mai 2014, le Metropolitan Police Service de Londres (RU) a lancé pour 18 mois un projet pilote de caméras de surveillance portatives. Les 1 000 caméras fonctionnant sur batterie peuvent être fixées à l'uniforme ou au casque pour enregistrer en grand-angle et en couleur le champ visuel de l'officier.

La convention de hackers la plus ancienne

Créée en 1993, DEF CON est la plus ancienne convention annuelle de hackers : DEF CON 23 aura lieu du 6 au 9 août 2015, à Las Vegas (Nevada, USA). L'événement devrait attirer 5 000 à 7 000 personnes, les tickets n'étant disponibles à la vente qu'au moment de la convention et en espèces, pour éviter les tentatives de la police de pister les participants via les informations de leur carte de crédit.

responsable du Space Surveillance Network (SSN) pour l'armée, la Navy et l'Air Force. Le SSN gère des capteurs optiques et des radars au sol sur 30 sites dans le monde, qui se consacrent à l'observation d'objets artificiels en orbite autour de la Terre, comme des satellites, et aussi d'éventuelles menaces naturelles, comme les astéroïdes.

La plus grande fraude au DAB

En mai 2013, la plus grande fraude au distributeur automatique de billets a été divulguée. Des cybercriminels auraient volé 45 millions $ en quelques heures en piratant une base de données de cartes de crédit prépayées au cours d'une opération appelée « cashout » ou « PIN cashing ».

Ils sont accusés d'avoir levé les limites de retrait, de créer des codes secrets et d'utiliser des associés pour divulguer ces informations dans le monde (via Internet) aux chefs des bandes de cashing, qui ont pu vider de nombreux DAB dans le monde entier.

La peine de prison la plus longue pour piratage informatique

Le 25 mars 2010, Albert Gonzalez (USA) a écopé de 20 ans de prison pour piratage informatique. Il a été accusé d'avoir dirigé un gang de cybercriminels qui ont volé plus de 170 millions de numéros de cartes de crédit en s'introduisant dans les systèmes informatiques de plusieurs magasins. Gonzalez a également été condamné à une amende de 25 000 $.

👤 Histoire d'espions

Depuis des millénaires, les États utilisent des moyens de surveillance discrets pour enquêter sur leurs ennemis et pour vérifier la loyauté de leurs alliés et de leurs citoyens. GWR vous propose un aperçu de l'histoire secrète de l'espionnage.

500 av. J.-C. : *L'Art de la guerre*, du général Sun Tzu (Chine, ci-dessus), consacre un chapitre complet à l'importance de l'espionnage dans le contexte militaire et civil.

70–44 av. J.-C. : Jules César recrute des espions pour découvrir les intrigues menées contre lui. Il développe également un code secret, appelé « chiffre de César » pour les communications militaires secrètes.

1478-1834 : l'Inquisition espagnole établit un réseau d'espions pour identifier et interroger les personnes suspectées d'hérésie au nom de l'Église catholique romaine.

1793 : les Comités de surveillance (composés de 12 membres) sont instaurés dans toute la France pour découvrir les ennemis présumés de la Révolution.

Années 1940 et 1950 : un groupe d'anciens universitaires de Cambridge fournit des secrets britanniques à l'Union soviétique alors qu'ils sont au service du MI5, MI6, du Foreign Office et du ministère de la Guerre. L'un d'eux, Anthony Blunt, est conseiller artistique de la Couronne.

1950-1985 : l'agence de renseignement de l'Allemagne de l'Est, la Stasi, pratique une surveillance secrète de masse sur les citoyens ordinaires afin d'éradiquer la subversion.

2013 : Edward Snowden (USA, ci-dessous), informaticien et ancien employé de la National Security Agency, révèle des informations sur les programmes de surveillance téléphonique et Internet.

DÉCHETS ET RECYCLAGE

Le **plastique** jeté chaque année représente **4 fois le tour de la Terre.**

EN CHIFFRES

7 jours
Temps nécessaire pour recycler un vieux journal en journal neuf.

60 jours
Temps nécessaire pour recycler une canette d'aluminium usagée en nouvelle canette.

80 milliards
Nombre de canettes en aluminium utilisées chaque année dans le monde.

100 %
Capacité de recyclage du verre et de l'aluminium : ils sont recyclables à l'infini.

2 milliards
Nombre de gobelets jetables utilisés en France chaque année, soit 63 par secondes.

50 millions t
Poids des composants électroniques jetés chaque année.

80 millions t
Poids du plastique produit chaque année, contre moins de 5 millions t en 1950.

Le plus de chaussures récupérées pour recyclage

Il a fallu presque 1 an au Students Run LA (USA) pour rassembler 18 302 chaussures, données à SA Recycling (Los Angeles, USA). Les chaussures ont été comptées le 9 août 2014, à l'école Belvedere Middle School, à East Los Angeles. Students Run LA entraîne des étudiants au marathon ASICS LA pour stimuler leur motivation à mener à bien des projets, les encourager à mener une vie saine et renforcer leur caractère.

Le plus grand nettoyage sur l'Everest

Tous les ans depuis 2008, encouragée par le Népal, l'Eco Everest Expedition ramasse les déchets laissés par les expéditions dans la **montagne la plus haute** du monde. Le poids record de 6 000 kg de détritus a été récupéré en 2009. Plus de 14 250 kg de cordes, tentes, emballages, bouteilles d'oxygène, bouteilles de gaz et divers équipements de montagne y ont été récupérés depuis lors.

Le 1er livre imprimé sur papier recyclé

La 2e édition de *Historical Account of the Substances Which Have Been Used to Describe Events, and to Convey Ideas from the Earliest Date to the Invention of Paper*, de Matthias Koops (Londres, RU) a été publiée en 1801. La 1re édition, en 1800, avait été imprimée sur du papier confectionné à base de paille. La 2e a été partiellement « imprimée sur du vieux papier imprimé et écrit », comme l'a mentionné Koops.

La plus grande quantité de papier récupérée en 24 h

194 590 kg de papier ont été récupérés par le San Diego County Credit Union, Shred-it et Clear Channel Media + Entertainment (tous USA), à San Diego (Californie, USA), le 26 juillet 2014.

Le taux le plus élevé de recyclage du verre (pays)

En 2011, la Belgique a recyclé 98,65 % des récipients en verre (bouteille et bocaux). La même année, la moyenne européenne de recyclage de récipients en verre était de 70,28 %.

Le nettoyage subaquatique le plus long

Astro (Malaisie) a organisé une opération de nettoyage sous-marin de 168 h et 39 min, au Tunku Abdul Rahman Marine Park, près de Kota Kinabalu, à Sabah (Malaisie), le 13 avril 2013.

139 volontaires de divers pays ont effectué 1 120 plongées dans le parc pour récupérer les déchets pesant 3 098,76 kg (poids égoutté).

La plus grande décharge

Reque (Pérou) occupe 2,35 km², soit 324 fois le terrain de foot de Wembley (Londres, RU).

La population la plus nombreuse vivant dans un rayon de 10 km d'une décharge

Selon D-Waste (voir ci-dessous), la décharge ayant le plus de personnes vivant dans ses environs est celle d'Olususun à Lagos (Nigeria). 5 620 000 personnes vivent dans un rayon de 10 km du site, soit à peu près la population du Danemark, ou 2 fois celle de Chicago (USA).

! INFO

Le site d'Olususun occupe 0,427 km², soit à peu près la taille de l'État du Vatican. Il contient de 17,15 à 24,5 millions t d'ordures, soit 10 fois le poids du *Titanic*.

+ D-Waste

À l'origine de nombreuses informations de cette double page : D-Waste, organisation mondiale regroupant des consultants en gestion des déchets. Fondée il y a 20 ans, D-Waste travaille avec des clients variés auxquels elle fournit conseils et produits afin qu'ils puissent gérer au mieux leurs déchets.

18 m Taille de *Sauroposeidon*, du crétacé moyen, le **dinosaure le plus grand**, selon les restes découverts en 1994 dans l'Oklahoma (USA)

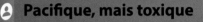

Le plus de participants à une opération de nettoyage subaquatique (en 1 fois)

Une opération de nettoyage sous-marin à Abou Dhabi (ÉAU), le 23 avril 2014, a impliqué 300 plongeurs certifiés. L'événement a été organisé par l'Abu Dhabi Marine Operating Company et l'Abu Dhabi Ports Company (tous 2 ÉAU). Elle a débuté à 10 h 20 pour se terminer à 19 h. 5 t de déchets ont été récupérés.

La plus grande quantité de déchets dans une décharge

La décharge comptant la masse de déchets la plus importante est celle de Bantar Gebang, à Bekasi (Indonésie). Elle contient de 28,28 millions à 40,4 millions t de déchets, soit 6 fois le poids de la pyramide de Gizeh (Égypte). En fonctionnement depuis 1989, Bantar Gebang couvre 1,12 km².

La 1re centrale de valorisation énergétique

Une centrale de valorisation énergétique – sous forme d'incinérateurs – a été conçue par Stephen Fryer et construite à Nottingham (RU), en 1874. Certains de ces incinérateurs, qualifiés de « destructeurs », généraient de l'électricité comme produit de la combustion. Le processus n'était toutefois pas efficace au vu de la pollution générée.

La production énergétique par valorisation la plus élevée (pays)

L'Allemagne affiche la production énergétique issue de centrales de valorisation énergétique la plus importante. En 2013, elle a produit 18 000 GWh d'électricité et 10 000 GWh de chaleur. Cela suffirait à alimenter 32 millions d'ampoules de 100 watts pendant 1 an.

Le **pays possédant le plus de centrales de valorisation énergétique** est la France, avec 126 centrales en 2013.

Le taux de recyclage le plus élevé (pays)

Selon D-Waste (voir page ci-contre, en bas), Singapour recycle 59 % de ses déchets.

Le taux de déchets par tête le plus bas (pays)

Le Kenya est le pays générant le moins de déchets avec 109,5 kg de déchets par personne et par an.

Mullaitivu au Sri Lanka est la **ville générant le moins de déchets par tête**. Elle ne produit que 7,3 kg de déchets par personne et par an.

Bahreïn est le **pays générant le plus de déchets par tête**, avec 906,7 kg de déchets par personne et par an.

Al Ain (ÉAU) est la **ville générant le plus de déchets par tête**, avec 2 305,7 kg de déchets par personne et par an.

Pacifique, mais toxique

Une vaste étendue de déchets, de la taille de la Turquie, selon l'agence pour l'environnement Greenpeace, dérive dans le Pacifique Nord.

Formant des masses (l'une à l'est du Japon, l'autre à l'ouest de l'Amérique du Nord), cette zone d'ordures du Pacifique, appelée « vortex de déchets du Pacifique Nord » est largement composée de détritus non biodégradables, du plastique pour la plupart.

Les courants océaniques charrient des ordures dans le Pacifique dans le sens des aiguilles d'une montre. Le cœur de ce vortex est assez calme, ce qui en fait un lieu idéal pour l'accumulation des détritus (voir ci-dessous). Les tortues prennent les sacs en plastique pour des méduses et les mangent, tandis que les oiseaux consomment les morceaux les plus petits, ce qui détériore leur système digestif. Les débris les plus gros nuisent à la vie marine (la photo ci-dessus montre un amas de cordes et de filets emprisonnant des animaux). Le plastique se trouve principalement fractionné en morceaux microscopiques obstruant la lumière avec des conséquences désastreuses sur le plancton et les algues, qui constituent une part vitale de la chaîne alimentaire marine. Par ailleurs, le plastique émet des polluants dangereux en se décomposant.

Sur les 100 millions t de plastique produites chaque année (estimation), 10 millions finissent dans la mer. Nettoyer ce continent d'ordures est au-delà des capacités de tout pays. La solution serait un changement de nos habitudes. En abandonnant le réflexe du tout plastique et en passant aux matériaux biodégradables (ou réutilisables), qui se décomposent sainement, nous pourrions aider à réduire ce vortex de déchets.

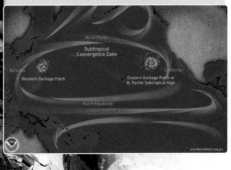

À LA FERME

Le cochon est 5e sur la liste des animaux les plus intelligents, après l'homme, le chimpanzé, le dauphin et l'éléphant.

3 812
La plus grande exposition d'épouvantails, organisée par la National Forest Adventure Farm à Burton-upon-Trent (Staffordshire, RU), le 7 août 2014.

115 dB
Niveau sonore du cri du cochon, l'équivalent d'une tronçonneuse à 91 cm de distance.

200
Nombre approximatif de sons qu'utilise la poule pour communiquer.

8 km
Distance sur laquelle une vache peut détecter les odeurs.

136 l
Quantité d'eau quotidienne absorbée par une vache – de quoi remplir une baignoire !

4,6 t
Quantité moyenne annuelle de déjections produites par une vache de 454 kg.

La plus grande quantité de laine de mouton tondue en une fois

Le 25 janvier 2014, 28,9 kg de laine ont été récupérés sur Big Ben (photo), un des moutons de Michael Lindsay (Nouvelle-Zélande), à Twizel (Nouvelle-Zélande).

La **tonte la plus rapide d'un mouton** a duré 39,31 s, travail d'Hilton Barrett (Australie) de Wellington (Australie), le 1er mai 2010.

La poule la plus prolifique

Une leghorn blanche (n° 2988) a pondu le plus d'œufs attestés en 364 jours, soit 371. Ce record a été enregistré dans le cadre d'un test officiel mené en 1979 par le professeur Harold V. Biellier, au College of Agriculture de l'université du Missouri (USA).

La plus grande espèce de vaches laitières

Connue pour sa robe noir et blanc, la holstein est originaire des Pays-Bas. Un animal adulte mesure en moyenne 1,47 m au garrot pour 580 kg. Il existe aussi des variétés toutes noires, toutes blanches, ou roux et noir. Les holsteins représentent 90 % des vaches laitières destinées au commerce.

Le bouc le plus grand

Lorsqu'il est mort en 1977, à l'âge de 4 ans, le saanen répondant au nom de Mostyn Moorcock, appartenant à Pat Robinson (RU), avait atteint 1,11 m au garrot pour une longueur de 1,67 m. Il pesait 181,4 kg.

Le mouton le plus grand

En mars 1991, la taille du suffolk appelé Stratford Whisper 23H a été attestée : 1,09 m ! Il appartenait à Joseph et Susan Schallberger de Boring (Oregon, USA).

L'âne le plus grand

Romulus, American Mammoth Jackstock, appartenant à Cara et Phil Yellott de Red Oak (Texas, USA), mesurait 1,72 m, le 8 février 2013. La hauteur minimale pour cette très grande race est de 1,47 m.

L'âne le plus petit

Keneh, petit âne méditerranéen de race brown jack, mesurait 64,2 cm au garrot, lors de la prise de ses mensurations à la Best Friends FAR, à Gainesville (Floride, USA), le 26 juillet 2011. James, Frankie (ci-contre) et Ryan Lee (tous USA) en sont les heureux propriétaires.

La plus grande quantité de lait fourni par une vache

La plus forte production laitière d'une vache tout au long de sa vie est de 216 891 kg – presque 1 million de verres de 230 ml. Ce record est détenu par Smurf, holstein de La Ferme Gillette Inc., à Embrun (Ontario, Canada). Il a été vérifié sur le certificat de production du 27 février 2012.

La **plus grosse production laitière quotidienne d'une vache** est de 109,5 kg, soit 4 fois la production moyenne quotidienne ! Ce record a été atteint par une vache appelée Ubre Blanca, à Cuba, le 23 juin 1982. Cette holstein est devenue un véritable symbole de l'élevage dans ce pays communiste. Après sa mort en 1985, elle a été empaillée pour être exposée au National Cattle Health Center de Cuba.

Le taux de matières grasses le plus élevé dans du lait de vache

La jersey produit un lait affichant un taux de 4,84 % de matières grasses – et 3,95 % de protéines. La jersey est petite, mais elle serait la plus intelligente de toutes les races de vaches. Après la holstein, c'est la vache la plus populaire.

Les cornes de bovidés les plus grandes du monde

En octobre 2013, le texas longhorn Big Red 907 d'El Coyote Ranch de Kingsville (Texas, USA) a fait mesurer ses cornes : 2,92 m d'une pointe à l'autre, en ligne droite. Il bat le record précédent de 2,77 m, datant de 2011.

Peu avant la mise sous presse de cet ouvrage, un nouveau concurrent s'est fait connaître : LazyJ's Bluegrass (pastille) de Greenleaf (Kansas, USA) affiche une longueur de 2,97 m, battant Big Red de 5 cm.

! INFO
Les **cornes les plus longues** d'un texas longhorn étaient celle de Gibraltar : elles mesuraient 3,16 m. Né en mars 1992, Gibraltar avait été élevé par Dickinson Cattle d'Ohio (Texas, USA).

INFO

Les 4 estomacs de la vache lui permettent de digérer l'herbe. Les vaches passent 8 h par jour à ruminer de la nourriture régurgitée.

La vache la plus grande du monde

Blosom, vache holstein, a été mesurée le 24 mai 2014, à la Memory Lane Farm, à Orangeville (Illinois, USA) : 1,9 m au garrot ! Elle pose ici avec sa propriétaire, Patricia Meads-Hanson (USA). Blosom est l'ambassadrice officielle de la ferme, qui fait aussi office de centre artisanal. Blosom possède sa propre page Facebook.

Une drôle d'histoire

GWR s'est rendu dans le Kerala (Inde) pour découvrir Manikyam, la **plus petite vache du monde**, qui appartient à Akshay N V (Inde, ci-dessus, en bleu). Manikyam mesurait 61,1 cm au garrot au 21 juin 2014. Pour en savoir plus à son sujet, nous avons interrogé un vétérinaire local, le docteur E. M. Muhammed.

Quand vous êtes-vous intéressé à Manikyam ?
Il y a 2 ans, nous avons réalisé que cette vache était beaucoup plus petite que ses congénères. Manikyam avait environ 4 ans à l'époque. Mais à 9 ou 10 mois déjà, elle semblait différente des autres. Nous l'avons suivie de près dès ses 2 ans. À 4 ans, elle mesurait environ 64 cm de haut.

Comment Manikyam se situe-t-elle par rapport à une vache de taille normale ?
Habituellement, les vaches de la région mesurent environ 150 cm. Manikyam est une vechur, race connue pour être de petite taille. Les vechurs ne dépassent généralement pas 90 cm.

Pourquoi les vaches sont-elles si petites dans la région ?
C'est peut-être dû aux conditions climatiques particulières de la région. Il y fait chaud et très humide, ce qui peut affecter la taille de nos bovins. Élevées dans d'autres régions, les vechurs sont un peu plus grandes. Il n'y a que dans le Kerala qu'elles restent si petites. C'est intrigant !
   Nous travaillons sur le sujet depuis 10 ans. Il semblerait que les vechurs possèdent des « gènes thermomètres », selon le jargon scientifique, qui leur permettent de survivre dans des conditions chaudes et humides. Elles sont très résistantes aux maladies, même à la fièvre aphteuse.

Le cheval le plus petit du monde (mâle)

En avril 2012, Charly, petit cheval arabe appartenant à Bartolomeo Messina (Italie), a été mesuré sur le plateau de *Lo Show dei Record*, à Rome (Italie) : 63,5 cm au garrot.
   Thumbelina, petite jument alezane, est la **jument la plus petite du monde** : elle mesure 44,5 cm au garrot. Elle vit à la Goose Creek Farms, à St Louis (Missouri, USA), avec Kay et Paul Goessling.

Le taureau le plus petit

Chegs HHAR Golden Boy mesurait 71,6 cm au garrot le 1er mars 2014. Il appartenait alors à Hearts & Hands Animal Rescue (USA), de Ramona (Californie, USA).

Les plus vieux…

• **Ânesse :** Suzy avait 54 ans lorsqu'elle est morte en 2002. Sa propriétaire était Beth Augusta Menczer, de Glenwood (Nouveau Mexique, USA).
• **Chèvre :** McGinty était âgée de 22 ans et 5 mois lorsqu'elle est morte en novembre 2003. Elle appartenait à Doris C. Long (RU).
• **Jar :** George, qui appartenait à Florence Hull (RU), est mort le 16 décembre 1976, à 49 ans et 8 mois. George était né en avril 1927.

Les plus petits…

• **Vache laitière :** les jerseys adultes mesurent en moyenne 1,2 m de haut, pour un poids moyen de 400 à 500 kg. Excellentes brouteuses, elles tolèrent remarquablement bien la chaleur, au point qu'on peut même les élever dans les régions les plus chaudes du Brésil.
• **Chèvre domestique :** selon l'American Goat Society et l'American Dairy Goat Association, les mâles adultes de la race naine du Nigeria doivent mesurer moins de 60 cm au garrot, et les femelles moins de 57 cm.
• **Mouton :** l'ouessant est originaire de l'île du même nom, au large de la Bretagne. Il pèse entre 13 et 16 kg pour une taille de 45 à 50 cm au garrot. Descendante supposée d'une race de mouton viking, cette espèce a été sauvée de l'extinction par des programmes d'élevage au xxe siècle.

• **Dinde domestique :** la plus petite espèce de dinde domestique est la midget white. Les mâles adultes pèsent environ 6 kg contre 3,5 à 4,5 kg pour les femelles. Elles sont à peine plus grosses que les poules domestiques.

ANIMAUX DE COMPAGNIE

Les 1ers animaux à avoir fait le tour de la Lune sont un couple de tortues, dans un engin spatial soviétique en 1968.

Le chien le plus rapide sur les pattes avant sur 5 m
Un croisé chihuahua papillon appelé Konjo a parcouru 5 m sur les pattes avant en 2,39 s, au Tustin Sports Park (Californie, USA), le 22 décembre 2014. Konjo a atteint la vitesse moyenne de 8 km/h et a battu le précédent détenteur du record, Jiff (USA), de plus de 5 s.

Le plus ancien poisson rouge domestiqué
À l'état sauvage, la carpe prussienne (*Carassius gibelio*) d'Asie porte des écailles argentées. Sa variante rouge (*C. auratus*) est née en Chine au cours de la dynastie Jin (265-419 av. J.-C.). Elle a donné naissance au poisson rouge domestique, initialement élevé en Chine.

La **mention la plus ancienne du poisson rouge à queue double** vient aussi de Chine et remonte au XVIIe siècle. Cette espèce a une queue double en raison d'un gène mutant. Elle a été sélectivement et élevée pendant des siècles en vue de créer des variétés d'élevage présentant cette caractéristique.

Le 1er chien star
Blair, colley du producteur et metteur en scène Cecil M. Hepworth (RU), fut une star des débuts du cinéma. Il a joué son rôle le plus célèbre dans *Rescued by Rover* (1905), le 1er film dont la star est un chien.

Jean, « the Vitagraph Dog », border collie femelle de Larry Trimble de New York (USA), fut le **1er chien à jouer un rôle-titre au cinéma**. De 1906 à 1910, Trimble l'a dirigée dans des films comme *Jean Goes Fishing*.

Le chien le plus rapide à skateboard sur 100 m
Le 16 septembre 2013, Jumpy (USA) a parcouru 100 m sur un skateboard en 19,65 s, sur le plateau de *Officially Amazing* (CBBC), à Los Angeles (Californie, USA).

Au cours de la même manifestation, le 5 juillet 2014, Norman « the Scooter Dog » est devenu le **chien le plus rapide à vélo sur 30 m**, avec un temps de 55,41 s.

La fourrure de lapin la plus longue
Le 17 août 2014, à San Martin (Californie, USA), 10 poils du lapin angora anglais Franchesca, âgé de 1 an, ont été mesurés : 36,5 cm de long en moyenne. Le docteur Betty Chu (USA), heureuse propriétaire de Franchesca, est spécialiste de l'angora anglais, que l'on prend souvent pour un pékinois. Il a d'ailleurs besoin d'autant d'attention que son comparse, et surtout d'un brossage intense de sa dense et soyeuse fourrure.

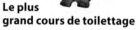

Le cochon le plus vieux
Ernestine était âgée de 23 ans et 76 jours lorsqu'elle s'est éteinte le 1er octobre 2014. Ce cochon vietnamien a vécu heureux avec ses maîtres Jude et Dan King à Calgary (Alberta, Canada), et fut un membre très aimé de la famille depuis ses 3 mois.

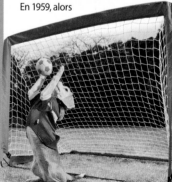

Le plus de chiens assistant à un concert
Le 5 juin 2010, la musicienne Laurie Anderson (USA) a commencé son spectacle « Music for Dogs » au Sydney Opera House (Australie), devant environ 1 000 chiens et leurs maîtres.

Le plus grand cours de toilettage
Le 21 septembre 2014, à Alliston (Ontario, Canada), Golden Rescue a animé une leçon de toilettage avec 364 modèles canins, battant également le record du **plus de chiens portant un bandana**.

Le chat ayant le plus voyagé
Le siamois Princess Truman Tao-Tai a parcouru 2,4 millions de km au cours de ses 16 ans de vie. En 1959, alors

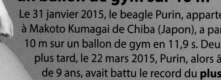

Le chien le plus rapide sur un ballon de gym sur 10 m
Le 31 janvier 2015, le beagle Purin, appartenant à Makoto Kumagai de Chiba (Japon), a parcouru 10 m sur un ballon de gym en 11,9 s. Deux mois plus tard, le 22 mars 2015, Purin, alors âgée de 9 ans, avait battu le record du **plus de ballons attrapés par un chien avec les pattes en 1 min** (*à droite*) – elle a arrêté 14 mini-ballons de foot lancés les uns après les autres par son maître.

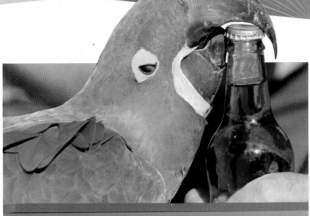

Le plus de bouteilles décapsulées par un perroquet en 1 min

Le 1er novembre 2014, Gordon, encouragé par Julie Cardoza (USA), a décapsulé 12 bouteilles de soda à Los Altos (Californie, USA). Julie a passé 1 an à entraîner son ara hyacinthe *(Anodorhynchus hyacinthinus)* de 13 ans.

Cette espèce intelligente est aussi le **plus grand perroquet** et le **plus gros perroquet volant,** avec 1 m de long.

que c'était un chaton, elle a rejoint l'équipage du *Sagamire*, avion transporteur de minerai de fer. Elle ne fut ensuite plus autorisée au sol pour des raisons sanitaires.

Le chat le plus âgé encore en vie
Née le 13 mars 1988, Tiffany Two de San Diego (Californie, USA) a fêté ses 27 ans le 13 mars 2015.

Le perroquet le plus âgé encore en vie
Cookie, cacatoès de Leadbeater *(Cacatua leadbeateri)* du zoo de Brookfield (Illinois, USA), avait vécu 80 ans et 107 jours au 15 septembre 2014. À son arrivée au zoo en mai 1924, son âge était estimé à un peu plus de 1 an.

Le plus de...
• **Clés retirées d'un porte-clés par un perroquet en 1 min :** le 9 janvier 2009, Smudge, le cacatoès de Mark Steiger (Suisse), a retiré 22 clés d'un anneau sur le plateau du *Guinness World Records*, à Madrid (Espagne).
• **Chaussettes retirées par un chien en 1 min :** Lilu, le chien de Briana Messerschmidt (USA), a retiré 20 chaussettes à 10 volontaires sur le plateau du *Guinness World Records Unleashed*, à Los Angeles (Californie, USA), le 28 juin 2013.
• **Nœuds défaits par un chien en 1 min :** Gustl, le terrier croisé de Heidi Deml (Allemagne), a dénoué 10 nœuds sur le plateau du *Officially Amazing*, à Attenkirchen (Allemagne), le 19 décembre 2012.

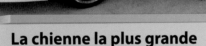

La chienne la plus grande
Le 14 novembre 2014, Lizzy (USA), dogue allemand de 7 ans, faisait 99,41 cm au garrot quand elle a été mesurée au Verandah Pet Hospital à Fort Myers (Floride, USA). Pour ce faire, les vétérinaires ont utilisé un outil homologué. Lizzy vit avec son maître Greg Sample à Alva (Floride, USA). Elle a battu le record précédent de 1,26 cm.

🧑 Roi de la piste

GWR a rencontré Marco Calzini, heureux propriétaire avec son épouse Janine (tous deux RU, *ci-dessus*) de l'Adventure Valley, parc d'aventures familial à Brasside (Durham, RU). Le parc abrite Bertie, la **tortue la plus rapide,** qui a atteint 0,28 m/s le 9 juillet 2014.

Pourquoi avoir tenté ce record si spécial ?
Bertie a toujours été très actif. Les visiteurs de l'Adventure Valley sont tous surpris de sa rapidité. Détenant déjà un record avec une tortue appelée Charlie, je les ai fait courir toutes les deux et Bertie gagnait à chaque fois. On s'est donc inscrits pour ce record.

Qu'est-ce qui a été le plus compliqué ?
Réaliser la piste conformément aux spécifications et rechercher un professionnel pour la phase de vérification. Un jour, j'ai invité la presse locale. Je craignais que cela perturbe Bertie, mais dès que le chrono a été lancé, j'ai su qu'il allait battre le record.

Quel conseil donneriez-vous à une personne souhaitant battre un record ?
Ne lâchez pas. Ayez confiance en vous. Si vous n'y arrivez pas aujourd'hui, vous y arriverez demain. Faites de votre mieux.

Que représente le Guinness World Records pour vous et Bertie ?
Depuis qu'il a obtenu son dernier titre GWR, Bertie est devenu célèbre. Les visiteurs l'adorent. Il vit dans un enclos luxueux avec Shelly, sa partenaire, et son certificat Guinness World Records est fièrement affiché au mur.
Je collectionne les livres *Guinness World Records* – mon 1er, c'est l'édition 1980 – et j'adorais les voir dans les vitrines. Y figurer est un rêve devenu réalité !

! INFO
La carapace de la tortue est sensible au toucher. Les écailles sont constituées de kératine, comme les ongles. On peut déterminer l'âge d'une tortue aux anneaux de croissance des écailles.

CONSTRUCTION

Le plus grand réseau ferré miniature

Assemblé à Hambourg (Allemagne), le plus grand chemin de fer miniature s'étend sur 1 300 m². Plus de 900 trains tirent 12 000 wagons sur 13 km de rails. Créé par les frères jumeaux Frederik et Gerrit Braun, ce « monde merveilleux » reproduit des régions d'Europe et des États-Unis, peuplées par 200 000 figurines. On distingue (dans le sens des aiguilles d'une montre ci-dessus) un festival de rock avec DJ BoBo, l'Imtech Arena de Hambourg, un mini Las Vegas, St Wendelberg (Alpes) et une vue de nuit. Et cette construction

36,5 m Distance parcourue lors du **1ᵉʳ vol motorisé** en 1903 par Orville Wright (USA) dans le *Wright Flyer*

! INFO

Tout le réseau de chemin de fer est géré depuis une salle de contrôle comptant au moins 40 ordinateurs. Chaque jour, entre 50 et 60 «accidents de chemin de fer» doivent être localisés au plus vite !

Depuis le sommet de la Willis Tower, on peut apercevoir 4 États américains : l'Illinois, l'Indiana, le Wisconsin et le Michigan.

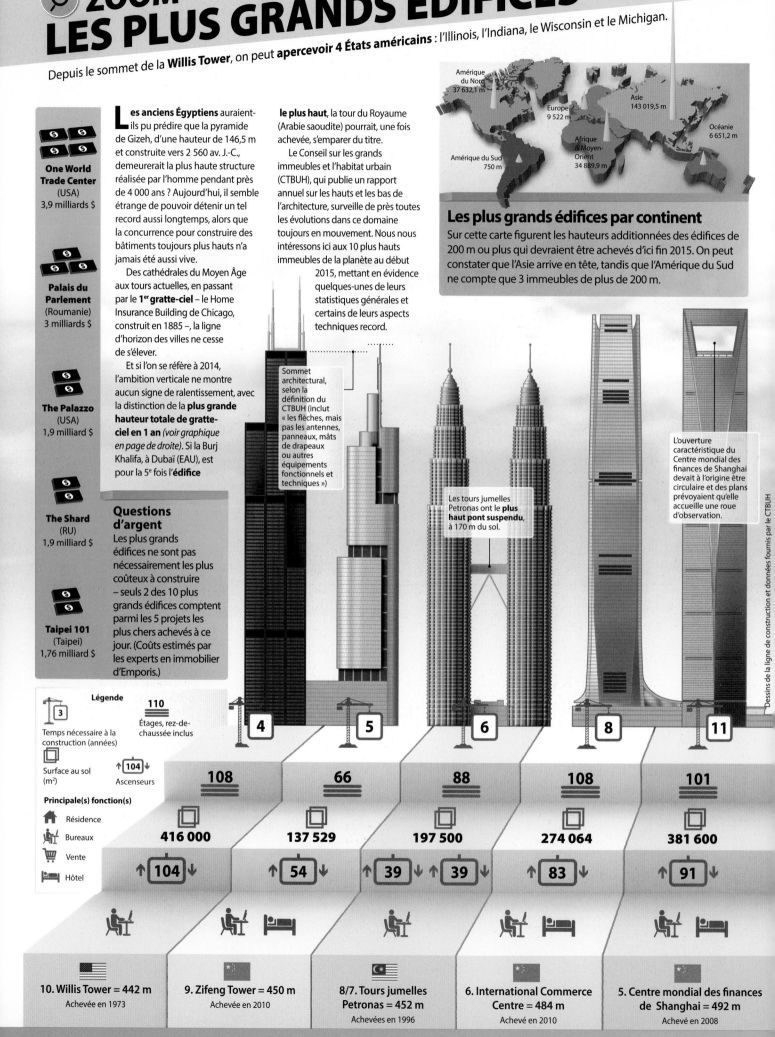

Les anciens Égyptiens auraient-ils pu prédire que la pyramide de Gizeh, d'une hauteur de 146,5 m et construite vers 2 560 av. J.-C., demeurerait la plus haute structure réalisée par l'homme pendant près de 4 000 ans ? Aujourd'hui, il semble étrange de pouvoir détenir un tel record aussi longtemps, alors que la concurrence pour construire des bâtiments toujours plus hauts n'a jamais été aussi vive.

Des cathédrales du Moyen Âge aux tours actuelles, en passant par le **1er gratte-ciel** – le Home Insurance Building de Chicago, construit en 1885 –, la ligne d'horizon des villes ne cesse de s'élever.

Et si l'on se réfère à 2014, l'ambition verticale ne montre aucun signe de ralentissement, avec la distinction de la **plus grande hauteur totale de gratte-ciel en 1 an** (voir graphique en page de droite). Si la Burj Khalifa, à Dubaï (EAU), est pour la 5e fois l'**édifice**

le **plus haut**, la tour du Royaume (Arabie saoudite) pourrait, une fois achevée, s'emparer du titre.

Le Conseil sur les grands immeubles et l'habitat urbain (CTBUH), qui publie un rapport annuel sur les hauts et les bas de l'architecture, surveille de près toutes les évolutions dans ce domaine toujours en mouvement. Nous nous intéressons ici aux 10 plus hauts immeubles de la planète au début 2015, mettant en évidence quelques-unes de leurs statistiques générales et certains de leurs aspects techniques record.

Questions d'argent

Les plus grands édifices ne sont pas nécessairement les plus coûteux à construire – seuls 2 des 10 plus grands édifices comptent parmi les 5 projets les plus chers achevés à ce jour. (Coûts estimés par les experts en immobilier d'Emporis.)

One World Trade Center (USA) 3,9 milliards $

Palais du Parlement (Roumanie) 3 milliards $

The Palazzo (USA) 1,9 milliard $

The Shard (RU) 1,9 milliard $

Taipei 101 (Taipei) 1,76 milliard $

Légende

3 — Temps nécessaire à la construction (années)

110 — Étages, rez-de-chaussée inclus

Surface au sol (m²)

↑ 104 ↓ Ascenseurs

Principale(s) fonction(s)
- Résidence
- Bureaux
- Vente
- Hôtel

Les plus grands édifices par continent

Sur cette carte figurent les hauteurs additionnées des édifices de 200 m ou plus qui devraient être achevés d'ici fin 2015. On peut constater que l'Asie arrive en tête, tandis que l'Amérique du Sud ne compte que 3 immeubles de plus de 200 m.

Amérique du Nord 37 632,1 m
Europe 9 522 m
Asie 143 019,5 m
Océanie 6 651,2 m
Amérique du Sud 750 m
Afrique & Moyen-Orient 34 889,9 m

Sommet architectural, selon la définition du CTBUH (inclut « les flèches, mais pas les antennes, panneaux, mâts de drapeaux ou autres équipements fonctionnels et techniques »)

Les tours jumelles Petronas ont le **plus haut pont suspendu**, à 170 m du sol.

L'ouverture caractéristique du Centre mondial des finances de Shanghai devait à l'origine être circulaire et des plans prévoyaient qu'elle accueille une roue d'observation.

Dessins de la ligne de construction et données fournis par le CTBUH

4	5	6	8	11
108	66	88	108	101
416 000	137 529	197 500	274 064	381 600
↑ 104 ↓	↑ 54 ↓	↑ 39 ↓ ↑ 39 ↓	↑ 83 ↓	↑ 91 ↓

10. Willis Tower = 442 m
Achevée en 1973

9. Zifeng Tower = 450 m
Achevée en 2010

8/7. Tours jumelles Petronas = 452 m
Achevées en 1996

6. International Commerce Centre = 484 m
Achevé en 2010

5. Centre mondial des finances de Shanghai = 492 m
Achevé en 2008

51 m Hauteur des chutes du Niagara, à la frontière entre les États-Unis et le Canada. Avec 22,5 millions de touristes par an, ce sont les **chutes d'eau les plus visitées** au monde.

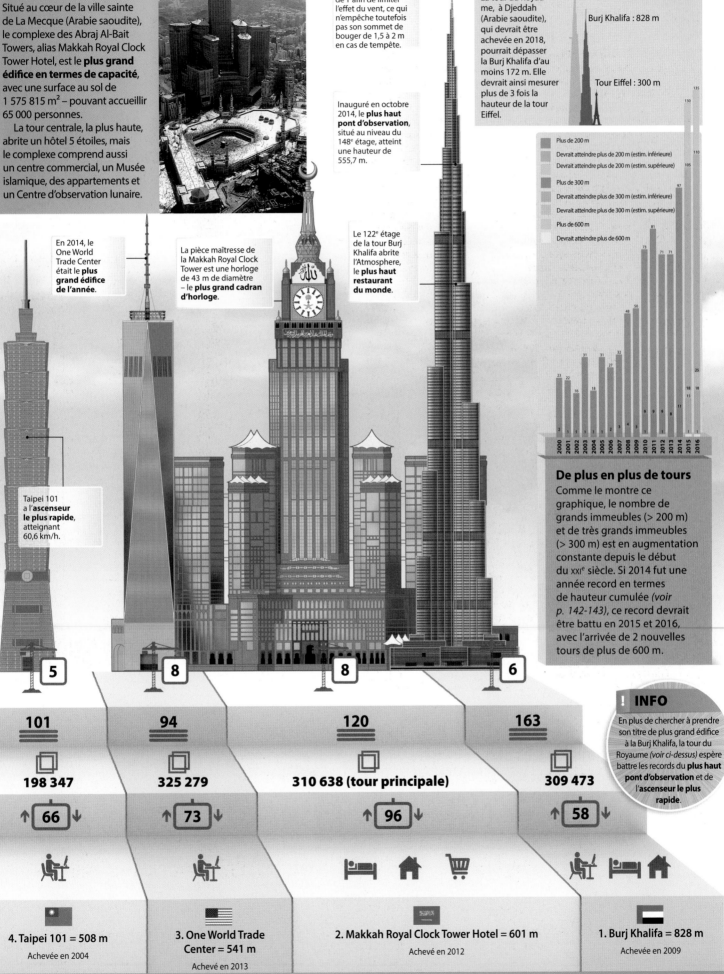

Pas seulement une question de hauteur...

Situé au cœur de la ville sainte de La Mecque (Arabie saoudite), le complexe des Abraj Al-Bait Towers, alias Makkah Royal Clock Tower Hotel, est le **plus grand édifice en termes de capacité**, avec une surface au sol de 1 575 815 m² – pouvant accueillir 65 000 personnes.

La tour centrale, la plus haute, abrite un hôtel 5 étoiles, mais le complexe comprend aussi un centre commercial, un Musée islamique, des appartements et un Centre d'observation lunaire.

La tour Burj Khalifa présente une section transversale en forme de Y afin de limiter l'effet du vent, ce qui n'empêche toutefois pas son sommet de bouger de 1,5 à 2 m en cas de tempête.

Inauguré en octobre 2014, le **plus haut pont d'observation**, situé au niveau du 148e étage, atteint une hauteur de 555,7 m.

La tour du Royaume, à Djeddah (Arabie saoudite), qui devrait être achevée en 2018, pourrait dépasser la Burj Khalifa d'au moins 172 m. Elle devrait ainsi mesurer plus de 3 fois la hauteur de la tour Eiffel.

Tour du Royaume : ~1 000 m

Burj Khalifa : 828 m

Tour Eiffel : 300 m

Plus de 200 m
Devrait atteindre plus de 200 m (estim. inférieure)
Devrait atteindre plus de 200 m (estim. supérieure)
Plus de 300 m
Devrait atteindre plus de 300 m (estim. inférieure)
Devrait atteindre plus de 300 m (estim. supérieure)
Plus de 600 m
Devrait atteindre plus de 600 m

En 2014, le One World Trade Center était le **plus grand édifice de l'année**.

La pièce maîtresse de la Makkah Royal Clock Tower est une horloge de 43 m de diamètre – le **plus grand cadran d'horloge**.

Le 122e étage de la tour Burj Khalifa abrite l'Atmosphere, le **plus haut restaurant du monde**.

Taipei 101 a l'**ascenseur le plus rapide**, atteignant 60,6 km/h.

De plus en plus de tours

Comme le montre ce graphique, le nombre de grands immeubles (> 200 m) et de très grands immeubles (> 300 m) est en augmentation constante depuis le début du XXIe siècle. Si 2014 fut une année record en termes de hauteur cumulée (voir p. 142-143), ce record devrait être battu en 2015 et 2016, avec l'arrivée de 2 nouvelles tours de plus de 600 m.

! INFO

En plus de chercher à prendre son titre de plus grand édifice à la Burj Khalifa, la tour du Royaume (voir ci-dessus) espère battre les records du **plus haut pont d'observation** et de l'**ascenseur le plus rapide**.

5

8

8

6

101

94

120

163

198 347

325 279

310 638 (tour principale)

309 473

↑ 66 ↓

↑ 73 ↓

↑ 96 ↓

↑ 58 ↓

4. Taipei 101 = 508 m
Achevée en 2004

3. One World Trade Center = 541 m
Achevé en 2013

2. Makkah Royal Clock Tower Hotel = 601 m
Achevé en 2012

1. Burj Khalifa = 828 m
Achevée en 2009

MAISONS INSOLITES

Les plus vieilles maisons, bâties vers 7500-5700 av. J.-C., se trouvent à Çatalhöyük (Turquie moderne).

EN CHIFFRES

1,2 m
Différence de hauteur entre les deux extrémités du pub Crooked House près de Dudley (RU).

9,7 m
Diamètre de la **plus grande maison sphérique**, Casa Bola, à São Paulo (Brésil).

90°
Angle de rotation du **1er gratte-ciel torsadé** – le HSB Turning Torso, à Malmö (Suède).

360°
Angle de rotation de la maison de Bohumil Lhota, près de Prague (Rép. tchèque). Elle peut aussi se déplacer vers le haut et le bas.

65 000
Nombre d'habitants potentiels des Abraj Al Bait Towers, à La Mecque (Arabie saoudite), le **plus grand immeuble résidentiel** en capacité.

La 1re maison en forme de crocodile
L'artiste Moussa Kalo et son apprenti Thierry Atta ont construit une maison en béton en forme de crocodile dans le quartier de Cocody, à Abidjan (Côte d'Ivoire), en 2008. La façade ressemble à une gueule de crocodile, tandis que le corps sert de chambre et de pièce de vie. La maison est surélevée sur 4 pattes, le ventre reposant sur un immense nénuphar en béton.

Le 1er hôtel sous-marin
Situé à Key Largo (Floride, USA), le Jules Undersea Lodge a ouvert en 1986. Les hôtes doivent plonger à 9 m de profondeur pour atteindre l'hôtel, installé sur des pieds de 1,5 m dans le lagon Emerald. À l'origine construit en tant que laboratoire de recherche sous-marin, il fut transformé en hôtel par Ian Koblick et Neil Monney (tous les deux USA).

La plus haute maison sur un mur d'escalade
Entre mai et août 2009, les frères Tiago et Gabriel Primo (Brésil) ont vécu sur un mur d'escalade, avec des meubles suspendus à 10 m du sol, à Rio (Brésil). Les 2 artistes utilisaient un équipement d'escalade et leurs propres techniques pour se déplacer entre un lit, un bureau, un canapé, un fauteuil, un hamac et un vieux gramophone, fixés au mur. Ils dormaient, mangeaient et travaillaient 12 h par jour dans leur « maison » aménagée sur le côté d'une galerie d'art, se rendant uniquement à l'intérieur pour aller aux toilettes.

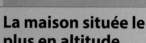

La maison située le plus en altitude
Gravitant à une altitude comprise entre 330 et 410 km au-dessus de la Terre, la *Station spatiale internationale (ISS)* offre un lieu de résidence pour des périodes de quelques mois ou plus. Mise en place en 1998, l'*ISS* accueille généralement 6 scientifiques et astronautes à la fois. Au 21 janvier 2015, elle avait été habitée en permanence pendant 14 ans et 82 jours.

La maison la plus transparente
59 % du toit et des murs de la maison *House NA* (2011), à Tokyo (Japon), sont composés de verre ou d'autres matériaux transparents. Seules la cuisine et la salle de bains possèdent des équipements intégrés. Ailleurs, les meubles individuels renforcent l'impression de transparence. Les propriétaires, un jeune couple, n'ont manifestement aucune inquiétude quant à ce que pourraient dire – ou voir – leurs voisins. Cette résidence à structure métallique est l'œuvre de l'architecte japonais Sou Fujimoto.

La plus petite maison temporaire
Une maison de 1 m² a été conçue par l'architecte Van Bo Le-Mentzel (Allemagne) en 2012. En inclinant sur le côté la structure en bois de la maison, son unique résident peut s'allonger pour dormir, tandis que 4 roues permettent de déplacer cette micromaison de 40 kg.

La plus grande maison-WC
Sim Jae-Duck (ex-maire de Suwon en Corée du Sud, surnommé « Monsieur Toilettes ») est propriétaire d'une maison de 7,5 m de haut en forme de cuvette de WC. Son nom, Haewoojae, signifie « sanctuaire où l'ont peut résoudre ses problèmes ».

Le plus grand skatepark à la maison
Philipp Schuster (Autriche), skater professionnel de 28 ans, rêvait de faire du skate chez lui. En 2012, avec l'aide de quelques amis et 8 t de béton, il transforma le rez-de-chaussée d'un ancien pavillon de chasse autrichien de Salzbourg en skatepark. Après avoir créé des bancs, des pistes de quart de lune et des bosses, Philipp peut maintenant faire du skate sur les murs, sous les fenêtres et au-dessus de la cheminée.

! INFO
La résidence de Philipp Schuster est joliment décorée de meubles d'époque, d'objets anciens et de trophées de chasse, recréant l'apparence et l'atmosphère du pavillon de chasse d'origine.

La plus grande maison dans un avion de ligne

S'il n'a pas de moteurs, ce Boeing 727 a conservé ses ailes, son train d'atterrissage et des sièges. Son propriétaire, Bruce Campbell (USA), utilise ses 99,04 m² d'espace avec parcimonie, dormant sur un futon et cuisinant avec un micro-ondes et un grille-pain.

La plus grande maison en forme de chaussure

Cette maison de 5 étages, 7,6 m de haut et 15 m de long, située en Pennsylvanie (USA), fut construite en 1948 par un fabricant de chaussures pour faire la publicité de ses articles. Elle est actuellement habitée par Carleen et Ronald Farabaugh.

La surface au sol, 500 m², contient 4 WC high-tech. Les résidents atteignent le balcon qui entoure le rebord de la cuvette via des escaliers dans ce qui serait l'écoulement des toilettes.

La plus grande maison

La **plus grande** et **plus chère** maison est *Antilia*, maison de 27 étages de Mukesh Ambani (Inde), à Bombay (Inde). Achevée en 2010 pour 2 milliards $, sa surface habitable est de 37 000 m². Elle occupe un terrain de 4 532 m² sur la prestigieuse route de Bombay, Altamount Road. *Antilia* mesure 173 m de haut, mais la triple hauteur des 27 étages la rend aussi grande qu'une tour de bureaux de 60 étages.

La plus grande ville minière souterraine

Coober Pedy (Australie - Méridionale) est une ville minière d'opale qui accueille quelque 2 000 résidents dans 1 500 maisons troglodytes. Celles-ci se situent entre 2,4 et 6,7 m en dessous du niveau du sol et sont équipées de salons et chambres ainsi que de conduites d'aération pour la ventilation. Tout est prévu pour éviter des températures qui peuvent atteindre 51° C à l'ombre durant la journée.

Rectiligne et étroite

Si vous clignez des yeux en marchant, vous pourriez la manquer. Conçue par Jakub Szczęsny, du cabinet d'architectes Centrala (Pologne), cette résidence très élancée de Varsovie (Pologne) a vraiment tiré le meilleur parti d'une (toute petite) brèche dans le marché du logement.

Achevée en 2012, Keret House est de loin la **maison la plus étroite**. Cette minuscule résidence surélevée mesure 92 cm à son point le plus étroit et 152 cm à son point le plus large, avec une surface au sol de 14 m². À l'intérieur, aménagée sur 2 étages, elle accueille une chambre avec une cuisine et une salle de bains, reliées par une échelle et non un escalier.

Cette propriété porte le nom de l'écrivain et réalisateur Etgar Keret (Israël), qui commanda cette maison et en fut le 1er résident. La structure métallique est comprimée entre 2 bâtiments, aux 22 Chłodna Street et 74 Żelazna Street, et est officiellement considérée comme une installation artistique, ne respectant pas la règlementation locale de Varsovie en matière de construction.

« Bien qu'elle soit minuscule, on peut facilement y vivre et y travailler », insiste Szczęsny.

Les résidents doivent faire beaucoup de compromis. La table de la salle à manger ne peut accueillir que 2 hôtes, le réfrigérateur ne peut contenir que 2 canettes et les fenêtres ne s'ouvrent pas. C'est un espace de vie fonctionnel qui comprend, outre un mini-lit et une mini-salle de bains, une mini-fosse septique.

Etgar Keret fut le 1er habitant de cette maison qui servit de refuge à des artistes, écrivains et intellectuels. On peut supposer qu'ils n'étaient pas claustrophobes…

La plus grande maison en forme de coccinelle Volkswagen

Lorsque l'architecte/designer Markus Voglreiter et sa femme Ursula (tous deux Autriche) achetèrent une maison près de Salzbourg (Autriche), Markus choisit de l'agrandir avec une aile de 14 m de long sur 10 m de haut en forme de coccinelle Volkswagen. La construction de cette *maison-voiture* de 3 étages et 83,61 m² coûta plus de 1,3 million $.

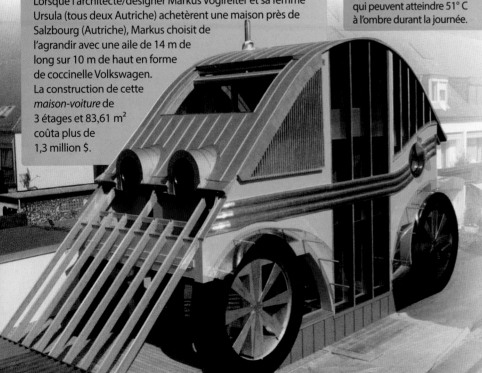

ÉCO-VILLES

En 1980, moins de **20 % de la population chinoise** vivaient en ville ; en 2030, la Chine devrait compter environ **75 % de citadins**.

STATISTIQUES DES NATIONS UNIES

2 personnes par seconde
Taux d'augmentation de la population urbaine du monde.

12 %
Proportion de la population mondiale vivant dans des mégapoles d'au moins 10 millions d'habitants.

28
Nombre de mégapoles dans le monde.

54 %
Proportion de la population mondiale vivant dans les zones urbaines ; ce chiffre devrait atteindre 66 % en 2050.

5 millions
Augmentation mensuelle moyenne du nombre de résidents dans les villes des pays en développement.

Le plus grand mur végétal

Créé par City Developments Limited (Singapour), dans le cadre du développement du Tree House, à Singapour, le plus grand jardin vertical, ou mur végétal, mesurait 2 289 m² en avril 2014.

Outre leur attrait esthétique, les murs végétaux contribuent à améliorer la qualité de l'air, protègent les bâtiments des fluctuations de température (lesquelles influent sur les coûts énergétiques) et atténuent les nuisances sonores.

La ville la plus écologique (en construction)

Masdar (Abu Dabi, ÉAU), qui représente le **plus vaste projet d'arcologie** (voir ci-dessous, à droite), est la 1re ville au monde conçue pour être zéro carbone et zéro déchet. Toute son électricité provient de ressources renouvelables et tous ses déchets sont recyclés. Des véhicules sans conducteur remplacent les voitures, les 50 000 citoyens de la future ville ne devraient donc laisser aucune empreinte carbone. Une expérience fascinante ou un idéal inaccessible ? Quoi qu'il en soit, le projet a suscité un important débat sur la vie urbaine durable.

La 1re ferme verticale commerciale

La population de la Terre ne cesse d'augmenter et des experts se demandent s'il n'y aura pas un jour plus suffisamment de terre à cultiver pour nourrir tout le monde. L'agriculture verticale offre une solution novatrice, réduisant la quantité de terre occupée par une ferme en l'installant à l'intérieur d'une tour. En octobre 2012, la 1re ferme verticale commerciale a ouvert à Singapour. Développé par Sky Greens, le site comprend 120 tours en aluminium de 9 m de haut, capables de produire 500 kg de légumes par jour.

Le réseau de pistes cyclables le plus dense

Helsinki (Finlande) possède le réseau de pistes cyclables le plus dense au monde. Un rapport de l'Union internationale des Transports publics (UITP) publié en janvier 2014 a comptabilisé 4 678 km de voies cyclables pour 1 000 km² de superficie urbaine. À Helsinki, l'hiver ne dure que 3 mois environ, ce qui peut expliquer que la ville se consacre à ses infrastructures cyclables. Sur une période de 6 mois en 2012, la voie Baana, de 1,3 km de long, a été empruntée par 320 000 cyclistes.

La ville la moins polluée

La pollution s'évalue par rapport à la quantité de particules fines de moins de 2,5 micromètres de diamètre (PM2,5) présentes dans l'atmosphère. La base de données 2014 de l'Organisation mondiale de la santé sur la pollution de l'air extérieur a montré que Powell River (Colombie-Britannique, Canada, ci-dessus) affiche une moyenne annuelle de 3 microgrammes de PM2,5 par m³.

Avec sa moyenne annuelle de 153 microgrammes de PM2,5 par m³, Delhi (Inde) est la **ville la plus polluée**.

La ville avec le plus fort taux de déplacements à vélo

À Groningue (Pays-Bas), près de 50 % des déplacements se font à vélo, chiffre qui atteint 60 % dans le centre-ville. Groningue fut un temps célèbre en tant que « meilleure ville cyclable au monde ». Dans les années 1970, des urbanistes profitèrent du faible étalement de la ville pour encourager les déplacements non automobiles, limitant les mouvements de véhicules à l'intérieur de la ville, ce qui amena les résidents à préférer le vélo ou la marche à la voiture.

La meilleure ville cyclable

L'Index Copenhagenize classe les villes en 13 catégories liées au

Le plus vaste projet d'arcologie

L'arcologie est conçue comme une alternative à l'expansion urbaine moderne. Proposée pour la 1re fois par l'architecte Paolo Soleri (Italie/USA) dans les années 1960, elle se veut autonome avec un impact environnemental minimum. Le plus vaste projet de ce type actuellement en cours de réalisation est Masdar (Abu Dabi). Commencée en 2006, cette ville de 6 km² devrait accueillir environ 50 000 personnes et 1 500 entreprises et afficher un bilan neutre en carbone.

65 m Hauteur du Tower Bridge, à Londres (RU). En février 2007, il fut transformé en **plus grand périphérique Bluetooth**, capable de détecter les périphériques bluetooth des piétons traversant le pont.

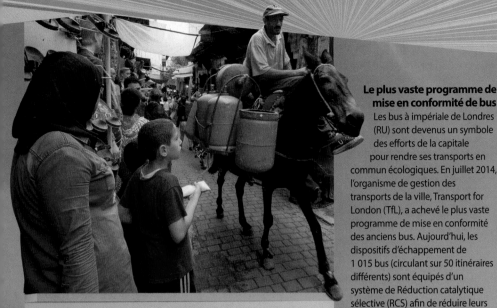

La plus vaste zone urbaine sans voiture

Les voitures brillent par leur absence dans la médina (partie ancienne, fortifiée) de Fès el-Bali, à Fès (Maroc). Aucun des 156 000 résidents n'est, en effet, autorisé à pénétrer en voiture dans l'enceinte de la ville. Il faut préciser que les voitures ne pourraient de toute façon pas circuler dans les anciennes rues étroites, qui ne mesurent pour certaines pas plus de 60 cm de large.

vélo, telles que les équipements et infrastructures dédiés aux cyclistes. Dans l'Index 2013, Amsterdam (Pays-Bas) était en tête du classement. Elle compte 881 000 vélos pour 263 000 voitures – soit un ratio de plus de 3 pour 1.

Le plus grand stade à l'énergie solaire

Le stade national de Kaohsiung (Taïwan) compte 8 844 panneaux solaires qui recouvrent 14 155 m² de la structure extérieure. Il est ainsi capable de produire 1,14 gigawatt-heure d'électricité par an – soit suffisamment pour satisfaire 80 % de ses besoins d'exploitation (dont 3 300 lumières et deux écrans vidéo géants). Cela éviterait le pompage annuel de 660 t de dioxyde de carbone dans l'atmosphère par des centrales électriques classiques.

Conçu par l'architecte Toyo Ito pour les Jeux mondiaux de 2009, ce stade en forme de fer à cheval – dont le design évoque une queue de dragon enroulée sur elle-même – peut accueillir

Le plus vaste programme de mise en conformité de bus

Les bus à impériale de Londres (RU) sont devenus un symbole des efforts de la capitale pour rendre ses transports en commun écologiques. En juillet 2014, l'organisme de gestion des transports de la ville, Transport for London (TfL), a achevé le plus vaste programme de mise en conformité des anciens bus. Aujourd'hui, les dispositifs d'échappement de 1 015 bus (circulant sur 50 itinéraires différents) sont équipés d'un système de Réduction catalytique sélective (RCS) afin de réduire leurs émissions d'oxyde d'azote. D'après Tfl, 1 800 bus devraient être mis en conformité.

Le plus de plages Pavillon bleu dans une commune

Bodrum (Turquie) possède le plus de plages saines. D'après le programme international Pavillon bleu – qui requiert le respect de critères stricts concernant la qualité de l'eau, la gestion de l'environnement et l'éducation –, 530 plages de Bodrum avaient reçu le label Pavillon bleu en 2014.

Le plus fort pourcentage de trajets faits en transports en commun

80 % de l'ensemble des voyages effectués à Hong Kong (Chine) le sont via les transports en commun, avec 11,3 millions de passagers transportés tous les jours. Hong Kong est l'une des villes les plus densément peuplées au monde, avec 57 120 habitants au km². À titre de comparaison, Manhattan (New York, USA) compte 26 000 habitants au km².

👤 Éco-cité de Tianjin

L'augmentation continue des populations urbaines et l'expansion des villes et des cités ont inévitablement engendré des niveaux de pollution plus élevés et d'autres dommages environnementaux. Les urbanistes s'efforcent toutefois de créer des métropoles plus durables d'un point de vue écologique.

À 150 km environ du sud-est de Pékin (Chine), l'éco-cité de Tianjin s'étendra sur 30 km² et reposera sur un mode de vie écologique. Ce projet résulte d'une collaboration entre les gouvernements singapourien et chinois et des investisseurs privés. Une fois achevée, dans 10 à 15 ans, l'éco-cité de Tianjin devrait compter 350 000 habitants, devenant ainsi la plus importante éco-cité (en termes de population). Le site choisi pour cet ambitieux projet – actuellement évalué à 24 milliards $ – était un terrain vague pollué mesurant environ la moitié de la taille de Manhattan (New York, USA).

Quelque 20 % de la consommation énergétique de la ville proviendront de sources d'énergie renouvelables – par exemple, via des panneaux solaires ou des éoliennes. Des caractéristiques de conception « passives », telles que l'orientation des bâtiments afin qu'ils reçoivent un maximum de lumière ou de ventilation naturelle, permettront de réduire encore les besoins en énergie.

L'utilisation de véhicules privés sera découragée et 90 % de la population devraient se déplacer en utilisant des moyens de transport respectueux de l'environnement, tels que des bus électriques ou hybrides. De plus, de nombreux lieux de travail se situeront à proximité des habitations et seront donc accessibles à pied ou à vélo.

STATUES ET SCULPTURES

Cadeau de la France aux États-Unis, la **statue de la Liberté** fut expédiée en 1885 en **350 morceaux.**

EN CHIFFRES

14

Pays impliqués dans la **plus grande sculpture de land art**, *Rhythms of Life*, d'Andrew Rogers (Australie).

1 163 342

Boutons dans la **plus grande sculpture 3D de boutons**, reproduisant le système solaire.

36 h

Temps nécessaire à Sarah Kaufmann (USA) pour réaliser la **plus grande sculpture en fromage**, le 14 août 2011.

13 m

Longueur de chaque pétale métallique de *Floralis Generica*, la **plus grande sculpture en forme de fleur.**

50 000

Allumettes pour l'*Elvis Bust*, de David Mach, un portrait d'Elvis Presley.

La plus grande sculpture de feu tricolore

Pierre Vivant (France) a utilisé 75 feux tricolores contrôlés par ordinateur pour créer en 1998 son *Arbre des feux tricolores*, de 8 m de haut. Cette œuvre d'art publique primée occupe depuis 2014 le site de Canary Wharf, à Londres (RU).

La plus grande sculpture K'NEX

Une reproduction grandeur nature de la voiture supersonique *Bloodhound SSC* a été construite avec 350 000 pièces K'NEX aux Royal British Legion Industries d'Aylesford (Kent, RU). La sculpture, œuvre de l'équipe de construction BLOODHOUND SSC RBLI K'NEX (RU), mesurait 3,87 m de haut, 2,44 m de large et 13,38 m de long, d'après les vérifications du 26 août 2014.

Une autre œuvre publique, *Cadillac Ranch*, à Amarillo (Texas, USA), compte le **plus de Cadillac dans une sculpture.** En juin 1974, le groupe d'architectes Ant Farm (San Francisco, USA), enterra 10 Cadillac dans le sol, capot en avant, orientées de manière à imiter l'angle des faces de la grande pyramide de Gizeh. Cette sculpture fut commandée par Stanley Marsh III (USA).

La plus grande sculpture monolithique

Le grand sphinx de Gizeh, sur la rive occidentale du Nil (Égypte), est la plus grande sculpture taillée dans un seul bloc de pierre. Elle mesure 20,22 m de haut, 73,5 m de long et 19,3 m de large. Réalisée vers 2500 av. J.-C., elle possède le corps d'un lion et le visage d'un homme, avec un petit autel installé entre ses pattes avant.

La plus petite sculpture en cure-dents

Steven J. Backman (USA) a taillé une sculpture de l'Empire State Building de 19,86 mm de haut dans un seul bâtonnet cure-dents (ci-dessus), taille réelle). Taille vérifiée par la *New York State Society of Professional Engineers* à New York (USA), le 18 décembre 2014.

Sculpture de jouets

Pour marquer l'ouverture du PopCorn Mall, à Hong Kong (Chine), le 29 juillet 2012, 5 étudiants ajoutèrent 9 800 petits jouets à une forme d'arbre originale en briques pour enfants. Les acheteurs ajoutèrent d'autres jouets. Résultat : un arbre de 2,34 m de haut, 2,07 m de large et 1,2 m de long.

Le plus grand ensemble de statues sous-marines grandeur nature

En 2012, Jason deCaires Taylor (RU) acheva *The Silent Evolution*, un ensemble de 450 statues disposées à 8 m sous la surface du Parc national marin de la péninsule mexicaine du Yucatán. Représentant la population locale dans ses activités et composées de sable, ciment, silicone et fibre de verre, ces sculptures contribuent à promouvoir la protection des récifs naturels voisins.

Matériaux employés : or, alliage de cuivre et acier.

Le poids de 4 000 t repose sur des soutiens internes.

Revêtement de 6 000 plaques de bronze.

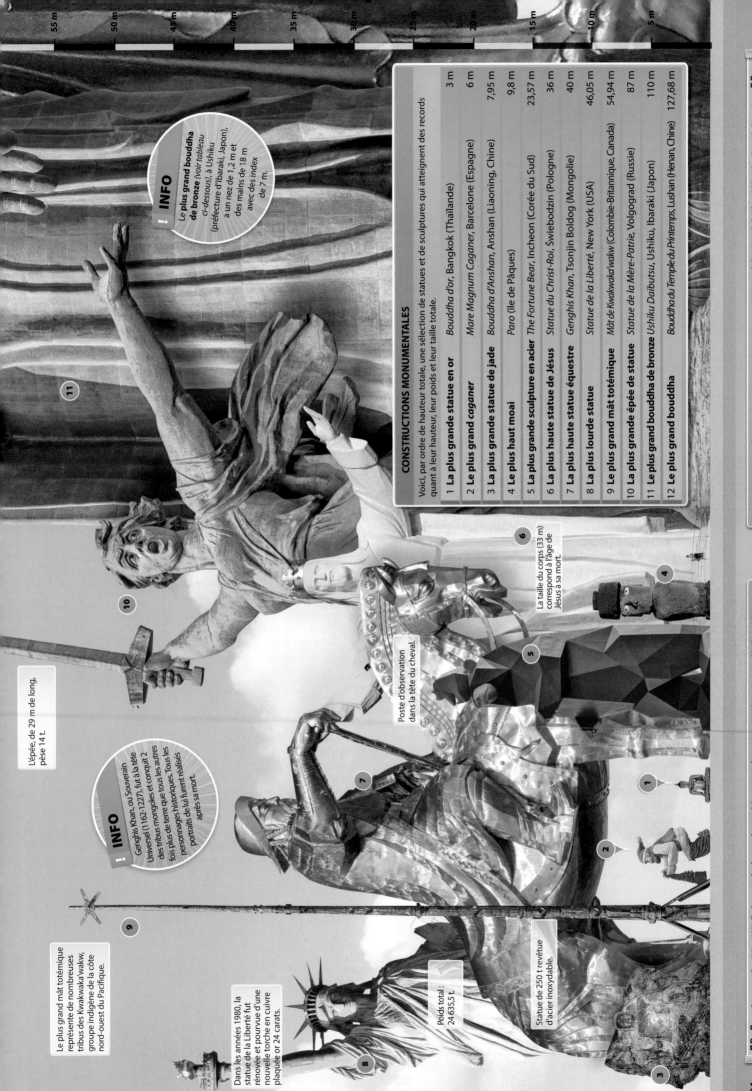

CONSTRUCTIONS MONUMENTALES

Voici, par ordre de hauteur totale, une sélection de statues et de sculptures qui atteignent des records quant à leur hauteur, leur poids et leur taille totale.

1	**La plus grande statue en or**	Bouddha d'or, Bangkok (Thaïlande)	3 m
2	**Le plus grand *caganer***	Mare Magnum Caganer, Barcelone (Espagne)	6 m
3	**La plus grande statue de jade**	Bouddha d'Anshan, Anshan (Liaoning, Chine)	7,95 m
4	**Le plus haut moai**	Paro (île de Pâques)	9,8 m
5	**La plus grande sculpture en acier**	The Fortune Bear, Incheon (Corée du Sud)	23,57 m
6	**La plus haute statue de Jésus**	Statue du Christ-Roi, Świebodzin (Pologne)	36 m
7	**La plus haute statue équestre**	Genghis Khan, Tsonjin Boldog (Mongolie)	40 m
8	**La plus lourde statue**	Statue de la Liberté, New York (USA)	46,05 m
9	**Le plus grand mât totémique**	Mât de Kwakwaka'wakw (Colombie-Britannique, Canada)	54,94 m
10	**La plus grande épée de statue**	Statue de la Mère-Patrie, Volgograd (Russie)	87 m
11	**Le plus grand bouddha de bronze**	Ushiku Daibutsu, Ushiku, Ibaraki (Japon)	110 m
12	**Le plus grand bouddha**	Bouddha du Temple du Printemps, Lushan (Henan, Chine)	127,68 m

INFO
Le *plus grand bouddha de bronze* (*voir tableau ci-dessous*), à Ushiku (préfecture d'Ibaraki, Japon), a un nez de 1,2 m et des mains de 18 m avec des index de 7 m.

L'épée, de 29 m de long, pèse 14 t.

INFO
Genghis Khan, ou Souverain Universel (1162-1227), fut à la tête des tribus mongoles et conquit 2 fois plus de terre que tous les autres personnages historiques. Tous les portraits de lui furent réalisés après sa mort.

Le plus grand mât totémique représente de nombreuses tribus des Kwakwaka'wakw, groupe indigène de la côte nord-ouest du Pacifique.

Dans les années 1980, la statue de la Liberté fut rénovée et pourvue d'une nouvelle torche en cuivre plaquée or 24 carats.

Poste d'observation dans la tête du cheval.

La taille du corps (33 m) correspond à l'âge de Jésus à sa mort.

Poids total : 24 635,5 t.

Statue de 250 t revêtue d'acier inoxydable.

Hauteur de la statue de la Liberté (du sol au bout de la torche) : 93 m

79,8 m Envergure d'un Airbus A380, l'avion ayant la plus grande capacité en termes de passagers (poids maximum au décollage : 560 t).

CENTRALES ÉLECTRIQUES

Léonard de Vinci proposa d'utiliser l'**énergie solaire** pour faire chauffer de l'eau à la fin du XVe siècle.

EN CHIFFRES

73,3 %
Taux d'énergie nucléaire produite en France en 2013, ce qui en fait le **pays présentant le taux d'utilisation d'énergie nucléaire le plus élevé.**

1,7 million
Nombre de personnes qui auraient été exposées à la radioactivité après l'accident de Tchernobyl (URSS) en 1986, la **pire catastrophe nucléaire.**

202 m
Hauteur des **plus grandes tours de refroidissement de centrale électrique**, celles de la centrale thermique de Kalisindh (Rajasthan, Inde).

370 m
Hauteur du pylône de Damaoshan (province de Zhejiang, Chine), le **plus haut pylône électrique.**

100 %
Part de l'électricité de l'Islande produite par des ressources renouvelables (75 % énergie hydraulique et 25 % géothermie).

4 millions t
Charbon nécessaire pour alimenter une centrale électrique au charbon de 1 GW pendant 1 an.

La plus grande capacité de production géothermique
L'industrie géothermique américaine a atteint 3 442 MW fin 2013.

Le plus puissant site de production géothermique
Le champ géothermique des Geysers (Californie, USA) est la principale ressource géothermique mondiale développée pour la production électrique. Avec 18 usines et plus de 400 puits de production de vapeur, les Geysers ont une capacité installée d'environ 1 500 MW – presque assez pour alimenter en électricité une ville comme San Francisco. Aujourd'hui, 15 des 18 centrales géothermiques appartiennent à la Calpine Corporation qui les exploite aussi, d'autres étant exploitées par la Northern California Power Agency (NCPA) et le US Renewables Group.

LES PREMIÈRES…

Centrale électrique au charbon « propre »
Ouverte en septembre 2008, la centrale électrique Schwarze Pumpe, à Spremberg (Allemagne) utilise du charbon écologique. En brûlant le combustible fossile avec de l'oxygène, la technique CCS (captage et stockage du charbon) « verrouille » les émissions de CO_2. Bien que cela n'ait pas d'incidence sur le réchauffement global, une quantité plus importante de CO_2 est toutefois produite.

La plus grande station thermique solaire
Pleinement opérationnelle début 2014, la centrale solaire d'Ivanpah, dans le désert de Mojave (USA), atteint une capacité maximale de 392 MW. Elle utilise 173 500 héliostats (miroirs mobiles) pour réfléchir la lumière du soleil sur 3 tours et peut alimenter 140 000 maisons en électricité.

Centrale nucléaire flottante
Installée dans un cargo débarrassé de ses moteurs, la MH-1A fut créée en 1967, amarrée sur le lac Gatun dans la zone du canal de Panamá (territoire américain à l'époque). Sa production maximale s'élevait à 10 MW et elle alimenta la région en électricité pendant 8 ans.

La plus ancienne centrale nucléaire
Pour la 1re fois raccordée au réseau national le 26 juin 1954, la centrale nucléaire APS-1 à Obninsk (URSS, actuelle Russie) est restée ouverte jusqu'au 29 avril 2002 – soit pendant 47 ans. Connu sous le nom d'*Atom Mirny* (« atome pacifique »), son réacteur était un modèle novateur à graphite modéré, refroidi à l'eau, avec une capacité électrique maximale de 6 MW.

Centrale osmotique
En novembre 2009, une centrale électrique prototype utilisant l'énergie osmotique fut inaugurée à Tofte, près d'Oslo (Norvège). Elle fonctionne en remplissant 2 réservoirs – le 1er avec de l'eau salée et le 2nd avec de l'eau fraîche – séparés par une membrane poreuse. Lorsque les molécules d'eau se précipitent entre les réservoirs pour équilibrer le taux de salinité, leur mouvement est utilisé pour actionner une turbine produisant de l'électricité.

LES PLUS PUISSANTES…

Centrale biomasse
Deux unités de l'ancienne centrale au charbon d'Ironbridge, située à Severn Gorge (RU) fonctionnent aux pellets de bois depuis 2013, avec une production totale de 740 MW. Bien qu'elle fonctionne à 50 % de sa capacité depuis un incendie de 2014, la centrale conserve ce record.

Usine marémotrice
Sa construction a coûté 355 millions $. Ouverte en 2011, l'usine marémotrice du lac Sihwa (Corée du Sud) possède 10 turbines sous-marines de 25,4 MW, équivalant à une puissance de 254 MW. Elle bat ainsi la 2e usine marémotrice la plus puissante – celle du barrage de la Rance (France, Bretagne) – de 14 MW. L'usine de la Rance est la **1re usine marémotrice.**

Centrale hydrolienne
Exploitant aussi la mer, le Land Installed Marine Powered Energy Transformer (LIMPET), sur l'île d'Islay (RU), utilise les vagues pour compresser et

La plus grande panne d'électricité
Le 31 juillet 2012, entre 620 et 710 millions d'usagers dans 20 des 28 États de l'Inde – soit la moitié de la population du pays et 9 % de la population mondiale – furent laissés sans électricité après la panne de 3 des 5 réseaux électriques du pays. On évoqua d'abord la montée en flèche de la demande et une surconsommation d'électricité, mais des partis d'opposition accusèrent aussi le gouvernement de ne pas investir dans les infrastructures électriques du pays. Sur la photo, on aperçoit un coiffeur de Calcutta travaillant à la bougie pendant la panne d'électricité.

? GLOSSAIRE

Watt (W) : unité de puissance ; mesure le taux de circulation de l'énergie. Si vous assimilez l'énergie électrique à l'eau qui s'écoule dans un tuyau, la puissance en watts correspondrait alors à la vitesse de circulation de l'eau dans le tuyau.

Megawatt (MW) : un million de watts ; utilisé pour mesurer la production des centrales électriques ou la quantité d'électricité utilisée par une ville.

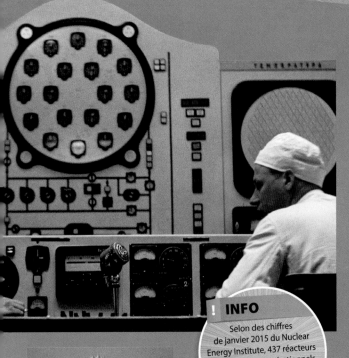

décompresser une chambre remplie d'air qui actionne une turbine. Sa capacité initiale de 500 kW a été réduite à 250 kW, mais elle continue à alimenter le réseau local.

Centrale électrique au fumier de volaille

Ouverte en 2008, BMC Moerdijk (Pays-Bas) est l'installation la plus puissante qui transforme les déchets de volailles en énergie, brûlant 440 000 t par an, avec une production de 36,5 MW.

Centrale photovoltaïque

Avec une capacité de 550 MW, la Topaz Solar Farm, à San Luis Obispo (Californie, USA), peut alimenter 160 000 maisons en électricité. La ferme solaire, avec ses 9 millions de modules photovoltaïques, économiserait 377 000 t de CO_2 par an – soit l'enlèvement de 73 000 voitures de la route.

> **! INFO**
> Selon des chiffres de janvier 2015 du Nuclear Energy Institute, 437 réacteurs nucléaires sont opérationnels dans le monde et 71 nouvelles centrales nucléaires sont en construction.

La plus puissante centrale au gaz naturel

Située sur la côte de Dubaï, l'usine de dessalement de Jebel Ali (Émirats arabes unis) comprend 6 centrales totalisant une capacité de 7 801 MW. Le complexe génère tous les ans 80 % de la production électrique du Dubai Electricity and Water Authority.

La plus ancienne centrale nucléaire encore en activité

La Russie possède la **plus ancienne centrale nucléaire encore en activité** (voir ci-contre), mais un concurrent lui dispute ce titre : la centrale de Beznau, à Döttingen (Suisse), mise en service le 24 décembre 1969. Même si elle ne devait à l'origine durer que 25 ans, un contrôle l'a confirmée en parfait état en 2010. Si elle continue à fonctionner jusqu'en 2016, la centrale détiendra alors le record, avec 47 ans d'activité.

Le plus grand champ éolien offshore

S'étendant sur 100 km² dans la Manche, le champ éolien de London Array se compose de 175 turbines Siemens, mesurant chacune 147 m de haut et produisant 3,6 MW d'électricité, atteignant ainsi une capacité totale de 630 MW. Opérationnel depuis le 8 avril 2013, il alimente 500 000 maisons en électricité et économise 925 000 t de CO_2 par an.

👤 Maison hydroélectrique

L'hydroélectricité peut sembler une énergie d'avant-garde, mais Cragside (Northumberland, RU, ci-dessus) l'utilisait déjà en 1880 dans la 1re maison hydroélectrique.

Le propriétaire de Cragside était un inventeur et ingénieur victorien : William George Armstrong (RU). L'idée de l'énergie hydraulique lui vint, à 24 ans, en pêchant à la truite. Comme il l'expliqua plus tard : «Je flânais en observant un vieux moulin à eau lorsque je réalisai qu'une petite partie de la force motrice de l'eau actionnait la roue et je me dis alors que la puissance générée par une petite quantité d'eau pourrait être considérable si son énergie était concentrée dans une colonne.»

Armstrong s'enrichit en vendant des grues, des armes et d'autres mécanismes hydrauliques, qui constituèrent la base de ses projets pour sa maison. L'eau était déviée depuis deux lacs voisins via des cascades artificielles (comme celle illustrée ci-dessus) afin d'alimenter une dynamo actionnée par une turbine. Outre cette électricité, Cragside utilisa également la **1re ampoule à incandescence** (ci-dessous), inventée par Joseph Swan (RU) en 1878.

Armstrong souhaitait que Cragside devienne le «palais d'un magicien moderne», conçu pour accueillir des hôtes éminents, dont le roi de Siam, le shah de Perse et le futur roi Édouard VII.

Taille maximale de la **plus longue colonne de fourmis**, formée par des fourmis légionnaires (*Eciton*) en Amérique du Sud et des fourmis Magnan (*Dorylus*) en Afrique **100 m**

133

PARCS À THÈME

Les montagnes russes remontent aux **toboggans russes du XVIIᵉ siècle** en bois et **recouverts de glace**.

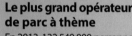

EN CHIFFRES

3 490
Nombre de montagnes russes dans le monde.

51,38 m
Hauteur du *Verrückt* au parc aquatique de Schlitterbahn (Kansas, USA) – le **plus grand toboggan aquatique**.

8 min et 45 s
Le **plus long cri émis par une foule**, enregistré au parc de Drayton Manor (Staffordshire, RU), le 12 avril 2014.

50 h
Le **plus long marathon sur une attraction de foire**, par Sam Clauw (Belgique), le 1ᵉʳ mai 2014.

1 509 m
Longueur de la *Factory of Terror*, à Canton (Ohio, USA), la **plus longue maison des horreurs**, mesurée le 17 septembre 2014.

LE PLUS DE…

Personnes à descendre un toboggan aquatique en 1 h

Le 30 juillet 2014, 396 participants ont dévalé un toboggan aquatique couvert de 24 m de long, dans le cadre d'un relais au camping de luxe ouvert toute l'année de Beerze Bulten, dans l'Overijssel, région rurale de l'est des Pays-Bas.

Renouvellements de vœux sur un manège de parc à thème

Le 9 février 2012, 41 couples ont renouvelé leurs vœux de mariage sur le manège *Oblivion* du parc d'attractions Alton Towers (Staffordshire, RU), lors d'un événement organisé par Signal 1 Radio.

LES 1ᵉʳˢ PARCS À THÈME…

Chez un baron de la drogue

Hacienda Nápoles à Puerto Triunfo (Colombie) a ouvert ses portes le 26 décembre 2007 sur le ranch de 1 497 ha de Pablo Escobar, baron de la drogue décédé en 1993. Les attractions incluent des dinosaures grandeur nature, un parc aquatique, des hippopotames et d'autres espèces exotiques du zoo personnel d'Escobar.

Le plus long marathon en auto tamponneuse

Les 14-15 août 2013, lors d'un événement organisé par Free Radio au parc à thème de Drayton Manor, à Tamworth (Staffordshire, RU), le présentateur de radio local Giuliano Casadei (RU) a fait fonctionner son auto tamponneuse 26 h, 51 min et 8 s.

Le plus vieux parc miniature au monde

Ouvert le 9 août 1929, le Bekonscot Model Village & Railway de Beaconsfield (Buckinghamshire, RU) compte 6 villages, des centaines de bâtiments, des rivières, un champ de courses et un chemin de fer miniature de 16 km.

Dans une centrale nucléaire

Depuis 1995, le Wunderland Kalkar, près de Düsseldorf (Allemagne), occupe le site du réacteur nucléaire SNR-300, jamais utilisé. Parmi ses attractions, on note une grande roue, des montagnes russes et un mur d'escalade de 40 m situé dans l'ancienne tour de refroidissement.

Dédié aux toilettes

Ouvert à Suwon (Corée du Sud) en juillet 2012, le Restroom Cultural Park est l'œuvre de « Monsieur Toilette », alias Sim Jae-duck (Corée, *voir p. 126*). Des W.-C. inspirées de celles de l'époque romaine captivent 10 000 visiteurs chaque mois. L'entrée est gratuite !

Le plus grand opérateur de parc à thème

En 2013, 132 549 000 personnes, soit environ la population du Japon, ont visité les parcs à thème et d'attractions de la Walt Disney Company. Le Magic Kingdom *(ci-dessus)* de Walt Disney World, à Lake Buena Vista (Floride, USA), est le **parc à thème le plus visité**, avec 18 600 000 visiteurs en 2013.

INFO

Le parc Window of the World offre un aperçu global des 5 continents, avec des reproductions à l'échelle 1:1, 1:5 et 1:15. Si vous marchez assez vite, vous pourrez parcourir le monde en 1 jour.

Le plus grand monde miniature

Le parc Window of the World, à Shenzhen (Guangdong, Chine), présente des reproductions à l'échelle de plus de 130 bâtiments, paysages et sites patrimoniaux classés et mondialement célèbres, tels que la tour Eiffel, les chutes du Niagara et la cathédrale Saint-Basile de Moscou (Russie, *à gauche*).

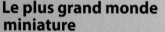

La plus grande roue transportable

Conçue par la Bussink Design GmbH (Suisse), la roue R80 XL mesure 69,8 m de diamètre, soit la hauteur d'un immeuble de 14 étages. Le premier exemplaire produit, *Star of Puebla*, fut installé pour le gouvernement de l'État de Puebla (Mexique), le 15 juillet 2013. La roue est transportable dans la mesure où aucun changement de structure n'est nécessaire pour la démonter et toutes ses pièces peuvent tenir dans des conteneurs standard.

Le plus grand parc à thème religieux

Le Holy Land Experience occupe un site de 6 ha à Orlando (Floride, USA), depuis le 5 février 2001. Il recrée la ville sainte de Jérusalem de 1450 av. J.-C. à 66 apr. J.-C. Quelque 900 visiteurs se rendent dans ce parc chaque jour afin de découvrir des attractions telles que le Jerusalem Street Market *(à droite)* et des scènes de la vie du Christ *(médaillon)*.

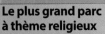

LES PLUS GRANDS...

Parc à thème couvert

Le parc Ferrari World Abu Dhabi, sur l'île de Yas (EAU), occupe une zone centrale de 86 000 m² – plus grande que 10 terrains de foot. Ses montagnes russes et autres manèges se déclinent sur le thème de la marque italienne de voitures de sport de luxe.

Parc aquatique couvert

Le parc Tropical Islands, à Krausnick (Allemagne), occupe 66 000 m² – un ancien hangar à dirigeables dont la superficie équivaut à celle de 8 terrains de foot. Sa hauteur de 107 m permet de faire de la montgolfière à l'intérieur du dôme. Les zones exotiques, comprennent la mer tropicale, le lagon de Bali et la forêt vierge.

Parc à thème politique

Ouverte le 26 novembre 1951, la République des Enfants, ou Ville des Enfants, à La Plata Partido (Argentine), s'étend sur 52 ha. Conçue pour expliquer l'éthique politique, elle recrée à taille d'enfant un parlement, une église, une cour et d'autres institutions inspirées de bâtiments connus, tels que le palais des Doges de Venise (Italie).

Parc à thème dans un bunker nucléaire

Depuis janvier 2008, les visiteurs participent au spectacle improvisé « 1984 Survival Drama » dans le bunker soviétique de Naujasode, près de Vilnius (Lituanie). À 5 m sous terre, dans un bunker nucléaire de 3 000 m², ils s'immergent dans la vie soviétique des années 1980, avec masques à gaz et agents du KGB.

Le 1er parc offrant des attractions sur le thème d'un jeu vidéo

Särkänniemi Adventure Park à Tampere (Finlande) accueille l'attraction *Angry Birds Land* depuis le 28 avril 2012. Les visiteurs peuvent y découvrir les manèges *Lighthouse* et *Angry Birds Ride*, s'attaquer à un parcours aventure et grignoter les petits délices de Mighty Eagle Snacks et Red Bird Sweets.

La plus grande dénivellation d'une montagne russe en bois

Ouverte au public le 19 juin 2014 au parc Six Flags Great America, à Gurnee (Illinois, USA), *Goliath* affiche une chute de 54,86 m et une pente de 85,13°, soit la **pente la plus abrupte d'une montagne russe en bois**. Avec une vitesse maximale de 115,7 km/h, c'est aussi la **montagne russe en bois la plus rapide**.

Monde imaginaire

L'empire des Nains – alias The World Eco Garden of Butterflies and the Dwarf Empire – près de Kunming (Chine méridionale) est le plus grand parc à thème dédié aux nains. Il a ouvert en 2009, sur une idée du promoteur immobilier Chen Mingjing de la province de Sichuan et a suscité la controverse.

Ce parc à thème est conçu comme un empire imaginaire dirigé par un empereur et son épouse ; il accueille et emploie presque uniquement des personnes atteintes de nanisme.

La communauté comprend plus d'une centaine de nains, ne mesurant pas plus de 1,30 m, qui distraient les visiteurs 2 fois par jour avec des chansons, des danses et d'autres spectacles *(ci-dessus)*, dont une version du *Lac des Cygnes*. Les interprètes sont payés environ 150 $ par mois et bénéficient d'un logement spécialement conçu pour eux, bien que pour les visiteurs ils sont censés vivre dans 33 maisonnettes en forme de champignon.

L'Empire des Nains a été jugé détestable par certains, qui considèrent qu'il exploite et rabaisse les personnes atteintes de nanisme, tandis que d'autres y voient un moyen pour ses résidents de bénéficier d'un emploi sûr et de lier des amitiés. Li Caixia, une des employées, explique qu'il était très difficile pour elle de trouver un bon poste et que l'Empire des Nains l'a séduite car elle était payée 2 fois plus que ce qu'elle aurait obtenu ailleurs.

Ci-dessous, de gauche à droite, les artistes Han Gui Lan, Liu Jin Jin, Han Zhen Yan et Yin Zheng Xiong posent dans leur costume devant leur village de conte de fées.

ENGINS DE CONSTRUCTION

Toutes les **pelleteuses JCB** fabriquées en 1 an pourraient déplacer **1,3 milliard t de matériaux**.

LE TUNNEL
SOUS LA
MANCHE EN
CHIFFRES

11
Nombre de
tunneliers utilisés
pour créer le
tunnel sous la
Manche ; chacun
mesurait la taille
d'un terrain de
football.

1
Nombre
de tunneliers
enterrés dans
la Manche.

13
Nombre de stades
de Wembley que
l'on pourrait remplir
avec les matériaux
enlevés pour
creuser le tunnel.

76,2 m
Distance creusée
par jour.

1 100 t
Poids de chaque
trépan de forage.

70 954 $
Prix auquel
s'est vendu un
tunnelier sur eBay
en avril 2004.

*Source :
Eurotunnel.com*

Le plus gros bulldozer de tous les temps

Selon la société de conseil Off-Highway Research, le Komatsu D575A « Super Dozer » (152,6 t) est doté d'une lame de 7,4 x 3,25 m pour une capacité de 69 m³. Cet engin de 11,72 m de long est alimenté par un moteur diesel à turbocompresseur de 858 kW (1 150 ch).

> **! INFO**
> La lame du « Super Dozer » pèse à elle seule 9 980 kg et mesure 3,3 m de long. Un passage de cette lame peut déblayer l'équivalent de 720 brouettes de matériaux.

Le robot de construction spatiale le plus perfectionné

Lorsque les agences spatiales ont conçu la Station spatiale internationale placée en orbite autour de la Terre, elles comprirent vite qu'un véhicule de construction spécifique serait nécessaire. La solution fut apportée par le « Canadarm2 », bras robotisé d'une portée de 17,6 m pouvant être utilisé pour mettre en place de nouveaux modules de la station. Appartenant au système de service mobile de l'ISS, ce bras a deux extrémités, lui permettant de se déplacer sur la station afin de se positionner correctement pour effectuer chaque tâche d'assemblage. Depuis 2008, le bras a été amélioré par un robot – *Dextre* –, sorte de « main » plus adroite.

La 1re pelleteuse mécanique

Inventée par l'ingénieur William Smith Otis (USA) et brevetée en 1839, la pelle à vapeur est le plus ancien exemple connu de pelleteuse mécanisée. L'engin ressemblait à une pelleteuse hydraulique moderne, avec un châssis à roues depuis lequel s'étendait un bras excavateur terminé par un godet. Il était alimenté par un moteur à vapeur, chauffé à partir d'une chaudière placée sur le châssis principal, et transférait son énergie au godet de pelle grâce à une poulie.

Le tunnelier le plus rapide

Pendant la construction d'une route souterraine de 6,9 km entre les gares d'Atocha et de Chamartín à Madrid (Espagne), en août 2008, un tunnelier à double bouclier a parcouru 92,8 m par jour.

Le poids le plus lourd soulevé par une grue

Le 18 avril 2008, la grue « Taisun », sur le chantier naval Yantai Raffles, à Yantai (Chine), a soulevé 20 133 t sous la forme d'une péniche lestée d'eau.

La plus grande grue mobile

Construite par Mannesmann Dematic (Allemagne), la Demag CC 12600 mesure 198 m de haut dans sa configuration la plus haute, qui consiste en une « fléchette fixe » de 120 m attachée à une flèche quasi-verticale de 114 m. Sa capacité de levage atteint un maximum de 1 600 t dans un rayon de 22 m. Elle est si grande que le transport de toutes ses pièces vers un site requiert 100 camions.

La plus haute grue à flèche télescopique

La grue télescopique Liebherr LTM 11200-9.1 possède une longueur de flèche maximale de 100 m. Cette dernière se compose de 8 sections de tube d'acier qui

Le plus grand tunnelier

Durant l'été 2013, l'énorme tête de coupe de 17,5 m de diamètre du tunnelier Bertha a commencé à creuser le tunnel de la route 99 sous Seattle, sur la côte nord-ouest des États-Unis. Ce dernier se compose d'une grande face en acier dans laquelle sont montés 600 petits disques de coupe qui écrasent la pierre sur leur passage. Fabriqué par la société d'ingénierie Hitachi Zosen (Japon), l'engin de 80 millions $ mesure 91 m de long et pèse 6 350 t.

! **INFO**

La tractopelle GT JCB (à droite) est un engin de chantier suralimenté. Son moteur est un « big-block » Chevrolet V8 de 9,4 l, capable de développer 1 000 ch (745 kW).

s'emboîtent et s'étendent tel un télescope.

Montée sur un camion, la flèche de 100 t est capable de soulever 1 200 t, ce qui en fait la **grue télescopique la plus puissante**. Elle est alimentée par un moteur 6 cylindres de 240 kW (321 ch) – séparé du moteur de 500 kW (670 ch) qui alimente le véhicule porteur à 9 essieux de la grue de 20 m de long.

Le plus long bras de grue monté sur un camion

Construite par le fabricant d'engins de construction Zoomlion Heavy Industry Science and Technology Co., Ltd. (Chine), la plus longue flèche fixée à un camion atteint 101,18 m lorsqu'elle est étendue à son maximum. Cela a été constaté à Changsha (Hunan, Chine), le 28 septembre 2012.

Zoomlion a également fabriqué le **plus long bras de grue à tour**, qui mesurait 110,68 m de long, le 28 août 2012.

LES PLUS GRANDS...

Véhicule terrestre

Selon la société Off-Highway Research, le plus grand véhicule capable de se déplacer par ses propres moyens est la pelleteuse

La tractopelle la plus rapide

La vitesse maximale atteinte par une tractopelle, ou excavatrice, s'élève à 116,82 km/h, pour un GT JCB conduit par Matthew Lucas (RU), à l'aéroport de Bathurst (Nouvelle-Galles du Sud, Australie), le 21 octobre 2014.

à roue à godets RB293, engin de terrassement fabriqué par TAKRAF de Leipzig (Allemagne). Employée dans une mine de charbon à ciel ouvert du Land allemand de Rhénanie-du-Nord-Westphalie, elle mesure 220 m de long et 94,5 m à son point le plus haut. Nécessitant 5 personnes pour la faire fonctionner, la RB293 de 14 196 t est aussi le **véhicule terrestre le plus lourd** et le **plus gros engin industriel mobile**. Elle est capable de déplacer 240 000 m³ de terre par jour.

Chariot élévateur

En 1991, Kalmar LMV (Suède) a fabriqué 3 chariots élévateurs à fourche en porte-à-faux capables de soulever des charges pouvant atteindre 90 t, à 2,4 m de centre

de charge. Ils ont été construits dans le cadre d'un projet de rivière comprenant 2 pipelines séparés – un de 998 km de long, allant de Sarir au golfe de Sirte, et le second couvrant 897 km, de Tazirbu à Benghazi (Libye).

Cisaille de démolition

Utilisée pour démonter de grandes structures en métal, une cisaille de démolition est une paire de ciseaux géante montée sur un long bras. La plus grande est celle de la pelleteuse Rusch Triple 34-25. Cette cisaille de démolition Genesis 2500 fixée à son bras excavateur a une portée de 34 m. Ce monstre a été assemblé par l'entrepreneur en démolition AF Decom (Norvège) en 2009 afin de démanteler les plates-formes pétrolières désaffectées.

👤 Monstre minier

Le Belaz 75710 est si gros que l'on ne serait pas surpris qu'il détienne plus d'un record mondial...

Quelle est donc sa taille ? Avec une longueur de 20,6 m, sa taille équivaut environ à celle de deux autobus à impériale placés bout à bout. Et son poids à vide est de 360 t, ce qui le rend ainsi 1,5 fois plus lourd que la statue de la Liberté ! Il est alimenté par deux moteurs diesel 16 cylindres à turbocompresseurs, chacun étant doté d'une puissance de sortie de 2 300 ch (1 175 kW). Il peut atteindre 64 km/h – mais il vaut mieux ne pas se trouver sur son chemin à ce moment-là...

Le Belaz 75710 est le **plus grand engin minier en matière de volume**, avec 645,4 m³, et également **en matière de capacité de charge**, étant capable de déplacer 450 t de matériaux à la fois.

La fabrication de cet énorme véhicule s'inscrit dans la tendance générale de l'industrie minière à augmenter la taille des engins. Plus les camions sont gros, plus ils sont capables de déplacer des charges importantes à chacun de leurs trajets ; ils permettent ainsi de gagner du temps et de l'argent.

Le 75710 a été mesuré et ses records mondiaux confirmés dans les locaux de Belaz, à Zhodino (Biélorussie), le 22 janvier 2014.

BELAZ 75710

450 TOHH

BELAZ

Hauteur (en 2006) de l'Hyperion, le **plus grand arbre vivant au monde**. Ce séquoia toujours vert (*Sequoia sempervirens*) se trouve dans le parc national de Redwood (Californie, USA). **115,54 m**

137

LEGO®

700 millions de briques LEGO® séparent New York de Londres.

EN CHIFFRES

915 103 765
Nombre de façons d'emboîter 6 briques standard de 8 tenons.

62
Nombre moyen de briques LEGO® détenues par personne sur Terre.

5 922
Nombre de pièces de la **plus grande boîte LEGO® jamais commercialisée**, le Taj Mahal.

12 ans
Âge de l'enfant qui a réalisé une imprimante Braille en briques LEGO®.

28
Nombre de boîtes LEGO® vendues chaque seconde à Noël.

18
Nombre de briques par million non conformes aux normes LEGO®.

40 milliards
Nombre de briques nécessaires pour construire une tour jusqu'à la Lune.

LES PLUS GRANDES...

Collection de boîtes de briques LEGO®

Le 23 juillet 2011, Kyle Ugone de Yuma (Arizona, USA), avait assemblé 1 091 boîtes LEGO® complètes, soit la plus grande collection privée. Kyle, qui est Marine, a commencé sa collection enfant, acquérant sa 1re boîte en 1986.

Le robot le plus rapide à résoudre un Rubik's cube

CUBESTORMER 3, robot LEGO® ARM-Powered construit par Mike Dobson (ci-dessus) et David Gilday (tous 2 RU), a résolu un cube 3x3 en 3,253 s, au Big Bang Fair du NEC Birmingham (West Midlands, RU), le 15 mars 2014. Le cube avait été mélangé grâce à une suite de mouvements générée par ordinateur.

Le plus rapide à achever la boîte LEGO® Tower Bridge (équipe de 5)

Le 30 novembre 2014, une équipe de la Brickish Association (RU), groupe de passionnés de LEGO®, assembla les 4 287 pièces de la boîte LEGO® Tower Bridge (n° 10214) en 1 h, 30 min et 38 s, au salon Brick 2014, à l'ExCeL Centre de Londres (RU).

Exposition de soldats clones *Star Wars* en briques LEGO®

Le 27 juin 2008, à Slough (Berkshire, RU), LEGO® a réalisé une exposition de 35 210 soldats clones *Star Wars*. 6 h et 30 min ont été nécessaires pour créer ces rangs serrés de personnages miniatures menaçants, dirigés par un Dark Vador armé d'un sabre laser.

Maison grandeur nature construite en briques LEGO®

Le 17 septembre 2009, à Dorking (RU), 1 200 bénévoles, en coopération avec James May (RU) pour sa série télé *James May's Toy Stories*, ont édifié une maison de 4,69 m de haut, 9,39 m de long et 5,75 m de large. 2 400 000 briques LEGO® ont été nécessaires pour obtenir cette maison de 2 étages et 4 chambres. James a passé une nuit dans la maison

et a constaté qu'elle prenait l'eau lorsqu'il se mit à pleuvoir.

Maquette du château de Poudlard en briques LEGO®

En 2012, Alice Finch de Seattle (USA) a achevé la réplique de 4 m de long de l'une des plus célèbres écoles de sorcellerie de la littérature, issue de la série

Harry Potter de J.K. Rowling. Il a fallu 18 mois à Alice pour mener à bien ce projet avec quelque 400 000 briques LEGO® et plus de 250 personnages miniatures. Parmi les détails, on note les reproductions des bougies flottantes dans la Grande Salle et un vieux projecteur de diapositives dans la Salle de Défense contre les forces du Mal.

Le plus grand véhicule LEGO® en état de marche

Le 11 avril 2014, The Link Management Limited (HKG) a utilisé au moins 200 000 briques pour réaliser un véhicule en état de marche de 3,93 m de long, 1,45 m de large et 1,22 m de haut afin de fêter l'ouverture du Hong Kong International Hobby and Toy Museum, à Kowloon. Dirigé par télécommande, il a roulé sans s'arrêter sur une distance de 13 m.

La 1re jambe artificielle en LEGO®

Le 12 juin 2013, Christina Stephens (USA) a téléchargé une vidéo sur sa chaîne YouTube, AmputeeOT, la montrant en train de réaliser une jambe artificielle avec des briques LEGO®. Le 19 février 2015, sa vidéo avait été vue 2 202 161 fois.

Le plus grand bateau en briques LEGO®

En novembre 2014, au salon BRICK de Londres (RU), Bright Bricks (RU) a exposé sa maquette de 7,79 m de long du RMS *Queen Mary*. Le véritable paquebot de croisière, qui fut l'un des plus grands du monde, fut géré de 1936 à 1967 par la Cunard Line et assura le transport des troupes pendant la Seconde Guerre mondiale. Construit avec quelque 300 000 briques et en 8 parties, cette maquette LEGO® a occupé 6 personnes pendant 5 mois.

Fondé par Duncan Titmarsh (RU), Bright Bricks est l'un des 14 professionnels certifiés LEGO® dans le monde et le seul opérant au RU.

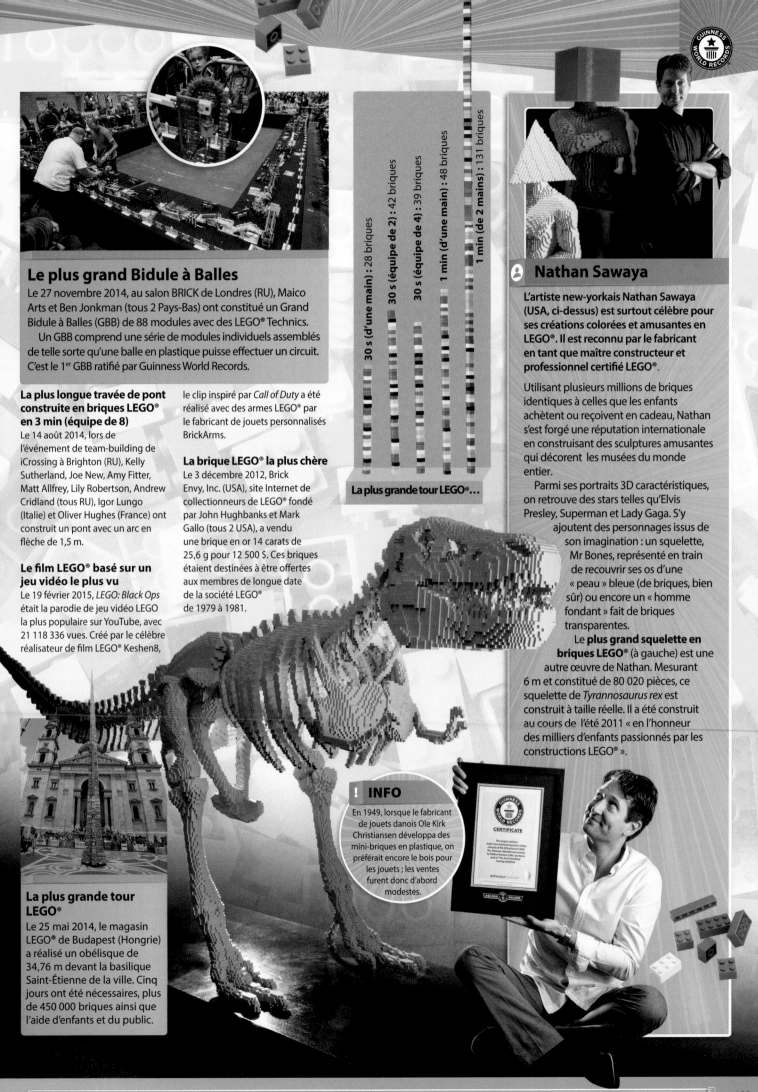

Le plus grand Bidule à Balles

Le 27 novembre 2014, au salon BRICK de Londres (RU), Maico Arts et Ben Jonkman (tous 2 Pays-Bas) ont constitué un Grand Bidule à Balles (GBB) de 88 modules avec des LEGO® Technics.

Un GBB comprend une série de modules individuels assemblés de telle sorte qu'une balle en plastique puisse effectuer un circuit. C'est le 1er GBB ratifié par Guinness World Records.

La plus longue travée de pont construite en briques LEGO® en 3 min (équipe de 8)

Le 14 août 2014, lors de l'événement de team-building de iCrossing à Brighton (RU), Kelly Sutherland, Joe New, Amy Fitter, Matt Allfrey, Lily Robertson, Andrew Cridland (tous RU), Igor Lungo (Italie) et Oliver Hughes (France) ont construit un pont avec un arc en flèche de 1,5 m.

Le film LEGO® basé sur un jeu vidéo le plus vu

Le 19 février 2015, *LEGO: Black Ops* était la parodie de jeu vidéo LEGO la plus populaire sur YouTube, avec 21 118 336 vues. Créé par le célèbre réalisateur de film LEGO® Keshen8, le clip inspiré par *Call of Duty* a été réalisé avec des armes LEGO® par le fabricant de jouets personnalisés BrickArms.

La brique LEGO® la plus chère

Le 3 décembre 2012, Brick Envy, Inc. (USA), site Internet de collectionneurs de LEGO® fondé par John Hughbanks et Mark Gallo (tous 2 USA), a vendu une brique en or 14 carats de 25,6 g pour 12 500 $. Ces briques étaient destinées à être offertes aux membres de longue date de la société LEGO® de 1979 à 1981.

La plus grande tour LEGO®

Le 25 mai 2014, le magasin LEGO® de Budapest (Hongrie) a réalisé un obélisque de 34,76 m devant la basilique Saint-Étienne de la ville. Cinq jours ont été nécessaires, plus de 450 000 briques ainsi que l'aide d'enfants et du public.

30 s (d'une main) : 28 briques
30 s (équipe de 2) : 42 briques
30 s (équipe de 4) : 39 briques
1 min (d'une main) : 48 briques
1 min (de 2 mains) : 131 briques

La plus grande tour LEGO®…

Nathan Sawaya

L'artiste new-yorkais Nathan Sawaya (USA, ci-dessus) est surtout célèbre pour ses créations colorées et amusantes en LEGO®. Il est reconnu par le fabricant en tant que maître constructeur et professionnel certifié LEGO®.

Utilisant plusieurs millions de briques identiques à celles que les enfants achètent ou reçoivent en cadeau, Nathan s'est forgé une réputation internationale en construisant des sculptures amusantes qui décorent les musées du monde entier.

Parmi ses portraits 3D caractéristiques, on retrouve des stars telles qu'Elvis Presley, Superman et Lady Gaga. S'y ajoutent des personnages issus de son imagination : un squelette, Mr Bones, représenté en train de recouvrir ses os d'une « peau » bleue (de briques, bien sûr) ou encore un « homme fondant » fait de briques transparentes.

Le **plus grand squelette en briques LEGO®** (à gauche) est une autre œuvre de Nathan. Mesurant 6 m et constitué de 80 020 pièces, ce squelette de *Tyrannosaurus rex* est construit à taille réelle. Il a été construit au cours de l'été 2011 « en l'honneur des milliers d'enfants passionnés par les constructions LEGO® ».

! INFO

En 1949, lorsque le fabricant de jouets danois Ole Kirk Christiansen développa des mini-briques en plastique, on préférait encore le bois pour les jouets ; les ventes furent donc d'abord modestes.

MINECRAFT

Si chaque bloc mesure 1 m de côté, la surface jouable du monde *Minecraft* équivaut à environ **8 fois la surface de la Terre** !

Le plus de golems de neige créés en 1 min

Les golems de neige sont des mobs – créatures vivantes et mobiles dans *Minecraft* – créés par les joueurs pour les aider. Composés de 2 blocs de neige recouverts d'une citrouille ou d'une citrouille-lanterne, ils lancent des boules de neige sur les ennemis. Nachtigall Vaz (Brésil) a créé sa propre armée de 70 golems de neige en 60 s, le 7 janvier 2013.

La version bêta de jeu vidéo la plus populaire

Avec plus de 10 millions d'utilisateurs enregistrés en juillet 2011, *Minecraft* est devenu la version bêta la plus populaire de tous les temps. Les tests bêta ont commencé le 20 décembre 2010 et la première version officielle est sortie en novembre 2011.

La plus vaste surface jouable dans un jeu vidéo en monde ouvert

Dans *Minecraft*, la carte est théoriquement infinie – plus vous avancez dans le paysage des blocs, plus les blocs se multiplient. Dans la réalité, la physique du jeu est efficace jusqu'à 32 millions de blocs à partir

Le plus grand diorama LEGO® Minecraft

Sur 17,1 m², le plus grand diorama avec des LEGO Minecraft a été construit lors du salon Brick 2014, à l'ExCeL Centre de Londres (RU), entre les 27 et 30 novembre 2014. Chaque visiteur a pu contribuer au diorama en complétant un tableau de 16 tenons de large. Les différents tableaux ont ensuite été assemblés par Julie Broberg, Co-Creation Manager de LEGO, et son équipe, et la taille définitive du diorama a été mesurée à la fin des 4 jours. Cette scène 3D représentait un paysage imaginaire, avec des bâtiments mais aussi des statues, des jungles et des cabanes dans les arbres.

Le pack de texture le plus téléchargé

Créé par Scuttles, le LB Photo Realism Pack 256x256 Version avait été téléchargé 2 195 836 fois sur le site Planet Minecraft au 17 mars 2015. Un pack de texture vise à changer l'apparence de l'environnement de jeu ; ce pack permet précisément de rendre les paysages plus réalistes en ajoutant, par exemple, des plantes et en rendant l'eau réflective.

du centre du monde, soit une surface jouable de 4 096 000 000 km² ; *Minecraft* a ainsi la **plus vaste surface jouable de tous les jeux vidéo**.

Le plus long voyage dans *Minecraft*

En mars 2011, Kurt J. Mac (USA) commença un voyage épique jusqu'au bout du vaste monde de *Minecraft* en mode Survie, enregistrant son voyage sur sa chaîne YouTube. Il utilise ses contrôles annuels de distance parcourue afin de récolter des fonds pour des associations caritatives. Le 10 avril 2015, 4 ans après avoir commencé, il avait parcouru 2 097,1 km ou 2 097 152 blocs.

Le plus de joueurs simultanés dans un monde *Minecraft*

Minecraft n'est pas vraiment conçu pour accueillir des centaines de joueurs simultanés dans un monde, mais la populaire chaîne YouTube Yogscast a réussi à rassembler quelque 2 622 joueurs simultanés dans un même monde, le 1er août 2011.

Le 1er pack de texture « mash-up » *Minecraft*

Qu'il s'agisse de *The Legend of Zelda*, *Halo* ou *Pokémon*, il est difficile de trouver une franchise n'ayant pas bénéficié d'un pack spécial

Le 1er pack *Minecraft* basé sur *Doctor Who*

Le célèbre Seigneur du Temps a rejoint *Minecraft* en octobre 2014, avec la sortie de *Doctor Who* Skins Volume I. Parmi les 54 personnages, on trouve plusieurs Doctors ainsi que des ennemis notoires, tels que les Daleks (ci-dessus).

Gamer's Edition 2016
Pour en savoir plus sur
Minecraft – avec une section
entièrement dédiée au jeu –,
procurez-vous l'édition jeux
vidéo du nouveau *Guinness
World Records* (p. 172-173).

La plus grande carte basée sur des données réelles

En 2013, 224 000 km^2 de la Grande-Bretagne ont été recréés dans *Minecraft* par des cartographes de l'Ordnance Survey avec 22 milliards de blocs. La 2e version de Minecraft GB est sortie en septembre 2014 et comprend 83 milliards de blocs. Outre des sites tel Stonehenge (ci-dessus), on y trouve des rivières, des forêts et des montagnes et les Britanniques peuvent même y repérer leur maison !

INFO

En 2014, l'agence danoise Geodata a reproduit le Danemark à taille réelle dans *Minecraft*, créant le **1er pays à l'échelle**. Ce projet visait à soutenir l'enseignement de l'urbanisme dans les écoles.

Minecraft. Le premier jeu importé dans le monde des blocs fut le jeu vidéo de science-fiction *Mass Effect*, en septembre 2013, lorsque le jeu indépendant à succès de Mojang lança sa série de packs de texture « mash-up » pour la version console. L'add-on téléchargeable introduisait 36 skins de personnages *Mass Effect* et transformait tous les blocs et éléments de *Minecraft* en leurs homologues *Mass Effect*.

Le bloc le plus solide de *Minecraft*

Chaque bloc a ses propres qualités mais aucun n'est plus solide que la Bedrock qui constitue la base de tous les terrains. Dans la configuration standard, elle est indestructible, c'est la seule chose qui vous sépare du vide !

Le projet Minecraft le plus téléchargé

Le projet utilisateur le plus téléchargé sur le site internet Planet Minecraft est *The Dropper*, de Bigre, avec 1 248 878 téléchargements depuis le 29 janvier 2015. Dans ce projet, les joueurs doivent passer à travers une série de structures et de formes, l'objectif étant d'atteindre le fond sans toucher aucun obstacle.

La **skin la plus téléchargée** est *Ironman*, de YoursCrafter, avec 103 168 téléchargements à ce jour.

Le jeu le plus vendu sur ordinateurs personnels

Au 17 mars 2015, le site officiel *Minecraft* totalisait 18 910 800 ventes PC et Mac, soit une moyenne de 13 507 acheteur par jour depuis le lancement de la version alpha, le 17 mai 2011.

La vidéo de jeu la plus regardée sur YouTube

Téléchargée le 19 août 2011, la vidéo « Revenge – Une parodie *Minecraft* de Usher's DJ Got Us Fallin' in Love… » avait été vue 156 076 698 fois au 20 mars 2015. Cette parodie fut mise en ligne par CaptainSparklez, alias Jordan Maron (USA).

Le plus long tunnel *Minecraft*

Le plus long tunnel construit dans *Minecraft* compte 10 502 blocs, ce qui équivaut à 10 502 m. Creusé par Lachlan Etherton (Australie) en 50 min dans un magasin de jeux de Greenwith (Australie du Sud), le 3 août 2013, il bat le précédent record de 500 m. Etherton a mis 10 min à traverser le tunnel final.

Le roi des blocs

Les 19 et 20 août 2011, Martin Fornleitner (Australie) a joué à *Minecraft* pendant 24 h et 10 min, réalisant le **plus long marathon Minecraft**.

Qu'est-ce qui vous a attiré dans ce record ?
Il faisait partie d'une autre tentative de record réussie – le **plus long marathon sur un jeu de téléphone mobile**. J'ai choisi *Minecraft* car c'est un jeu créatif. J'ai entendu dire que *Minecraft* était une sorte de LEGO pour adultes, c'est tout à fait vrai !

Des conseils pour les débutants ?
Il y a 2 types de débutants. Certains veulent construire quelque chose et se détendre ; d'autres sont en quête d'aventure. J'aime bien le mode Aventure, c'est amusant de combattre des creepers et de chercher des ressources. Ce mode est parfait si vous voulez plus que des LEGO numériques.

Continuez-vous à jouer à *Minecraft* ? Voulez-vous battre un autre record ?
J'adore *Minecraft*, j'y joue sur Mac, PS4 et iPhone. J'aime construire des châteaux ou des éléments de l'univers *Star Wars*, tel le *Faucon Millennium*. Les records à battre sont nombreux mais j'ai une famille, je n'ai donc pas beaucoup de temps. Mes enfants peut-être d'ici quelques années…

L'Add-on *Minecraft* basée sur une franchise la mieux notée

Une galaxie très lointaine a maintenant rejoint le phénomène de construction de blocs sur Xbox Live pour devenir, au 19 mars 2015, l'add-on *Minecraft* la mieux notée. Réalisé par Disney, Microsoft et Lucasfilm, le Star Wars Classic Skin Pack Trial met en vedette des personnages emblématiques de la série de science-fiction populaire, dont les héros Yoda, Luke Skywalker, Chewbacca et les droïdes R2-D2 et C-3PO et les méchants Dark Vador et l'empereur Palpatine.

SCIENCE ET INGÉNIERIE

La plus grande hauteur cumulée de gratte-ciel en 1 an

Selon le Council on Tall Buildings and Urban Habitat, il s'est construit en 2014 plus de bâtiments de plus de 200 m de haut que n'importe quand auparavant. Si tous ces gratte-ciel étaient empilés les uns sur les autres, ils atteindraient la hauteur incroyable de 23 333 m et iraient largement jusqu'à la stratosphère.

Avec ses 541,3 m, la Freedom Tower (ou One World Trade Center, New York, USA ; voir photo) est le **plus haut bâtiment achevé en 2014**. Érigée à l'emplacement des tours jumelles du World Trace Center, elle mesure 1 776 pieds, en référence à l'année de l'indépendance des États-Unis.

301 m Hauteur totale de la tour Eiffel, achevée à Paris (France) en 1889. Avec son antenne (ajoutée en 1957), elle atteint 324 m

! INFO

Plus de 152 910 m³ de béton ont été utilisés pour construire le One World Trade Center, assez pour relier New York à Chicago par la route ! Plus de détails sur ce gratte-ciel p. 124-125.

SOMMAIRE

Les accélérateurs de particules peuvent **étudier la matière noire** et même **sécher de la peinture.**

Tout au long de ses 61 années d'existence, l'Organisation européenne pour la recherche nucléaire (CERN) a réalisé certaines des plus importantes découvertes scientifiques de l'histoire. Pas étonnant qu'elle ait figuré de nombreuses fois dans le GWR ! Beaucoup de ces records sont liés au **plus grand instrument scientifique** au monde, le Grand collisionneur de hadrons (LHC), achevé en 2008. En plus d'être le **plus grand accélérateur de particules**, il est aussi le **plus puissant**. Ces deux caractéristiques permettent aux scientifiques d'étudier les composants fondamentaux de la matière en profondeur.

L'un des moments de gloire du LHC date du 4 juillet 2012 avec la **1ʳᵉ preuve de l'existence du boson de Higgs**, particule subatomique qui nous aide à comprendre la composition de l'Univers. En 1964, trois équipes de physiciens, dans l'une desquelles travaillait Peter Higgs (RU), ont conçu indépendamment un champ grâce auquel toutes les particules fondamentales acquièrent leur masse. Le boson de Higgs est la manifestation visible de « champ de Higgs », tout comme nous percevons les courants marins grâce aux vagues ou le vent grâce aux nuages.

Bien que présent partout, le boson de Higgs est très difficile à repérer en raison de sa durée de vie très courte et de sa destruction sporadique. Presque 50 ans plus tard, grâce au LHC, Higgs et François Englert (Belgique), physicien d'une autre équipe, ont reçu le prix Nobel pour leurs recherches innovantes.

Le LHC a entamé une nouvelle étape en 2015, après 2 ans de rénovation, ce qui laisse présager d'excellentes nouvelles pour la science des records. Comme l'a dit le directeur général du CERN, Rolf-Dieter Heuer (Allemagne), en juin 2014 : « D'importants travaux ont été réalisés. C'est pratiquement une nouvelle machine prête à ouvrir la voie vers de nouvelles découvertes. »

Avec ce schéma, suivez l'incroyable voyage d'un proton dans le complexe d'accélérateurs du CERN jusqu'à sa collision au sein du LHC.

Température (échelle)

5 500 milliards °C
Plasma de quarks et gluons (expérience ALICE)

27 millions °C
Cœur du Soleil

30 000 °C
Air autour d'un éclair

5 600 °C
Cœur de la Terre

1 400 °C
Partie la plus chaude de la flamme d'une bougie

100 °C
Eau bouillante

56,7 °C
Température la plus haute enregistrée sur Terre
(vallée de la Mort, USA)

0 °C
Eau gelée

– 60 °C
Température moyenne sur Mars

– 271,3 °C
Plus basse température au CERN

– 273,15 °C
Zéro absolu

Trop chaud, trop froid !

La collision de deux faisceaux de particules presque à la vitesse de la lumière produit énormément de chaleur. En 2012, le CERN a enregistré des températures de 5,49 billions Kelvin, un million de fois la température au centre du Soleil : la **plus haute température provoquée par l'homme**.

Le LHC est aussi le **plus grand réfrigérateur**. Pour maintenir un champ magnétique stable pour les particules, du nitrogène liquide refroidit les électroaimants à – 193 °C, puis de l'hélium liquide porte la température à 271,3 °C.

1. Obtention des protons

Première étape : une bouteille d'hydrogène. L'application d'un champ électrique au gaz permet d'arracher les électrons des atomes afin qu'il ne reste que des protons. Puis l'Accélérateur linéaire 2 (Linac 2) exerce une répulsion et une attraction sur les protons pour augmenter leur niveau d'énergie.

📍 **Localisation**

FRANCE

LHC

SUISSE

Lac de Genève

Genève

À cheval entre la France et la Suisse, le CERN est situé entre les villes de Saint-Genis-Pouilly et Meyrin.

À 50-175 m de profondeur, les accélérateurs du CERN sont reliés à la surface par des puits.

Synchrotron de protons : particules à 25 GeV

Linac 2 : particules à 50 MeV d'énergie

Booster du synchrotron de protons : protons à 1,4 GeV

Détecteur ALICE : Expérience sur un grand collisionneur d'ions

Super synchrotron de protons : énergie à environ 450 GeV

Détecteur ATLAS : Dispositif toroïdal pour le LHC

! INFO

Fin 2013, le personnel du CERN dépassait les 2 500 personnes, dont 1 033 scientifiques et ingénieurs, 885 techniciens, 117 artisans et 21 apprentis.

Révisons nos atomes

À l'école, nous apprenons que les atomes sont composés de protons, de neutrons et d'électrons, mais les physiciens du CERN vont plus loin : ils étudient les *particules subatomiques* et leur comportement. Voici les composants de base de la matière.

Matière
De la pomme à l'homme, la matière se compose de millions d'atomes.

Atome
Des électrons chargés négativement orbitent autour du noyau central.

Noyau
Les nucléons (protons et neutrons) constituent la majorité de l'atome.

Particules subatomiques
Les nucléons contiennent des grappes serrées de quarks.

L'histoire du CERN en bref

Le CERN est né pour favoriser la collaboration scientifique en Europe après la Seconde Guerre mondiale.

1949
Louis de Broglie (France) a l'idée d'un labo européen.

1954
Début des travaux près de Meyrin (Suisse)

1957
Début de la recherche du 1ᵉʳ accélérateur, le Synchrocyclotron

1959
Le synchrotron à protons (PS) est mis en marche.

1965
Premier visionnage d'un antideuteron

1971
Première collision de protons dans le PS

1974
Fin de la construction du tunnel du super synchrotron à protons (SPS)

1976
Mise en marche du SPS avec 1 317 électroaimants

2. Accélération

Une fois atteint le niveau d'énergie voulu (450 GeV), les protons entrent dans le Grand collisionneur de hadrons. Deux faisceaux de protons relâchés par salves de 10 000 millions environ et accélérés par des aimants supraconducteurs atteignent leur énergie maximale (6,5 TeV lors de la 2ᵉ étape). Ils parcourent les 27 km du dispositif 11 000 fois par seconde.

Env. 600 bâtiments, dont des salles informatiques et de contrôle, analysent les données à la surface.

? GLOSSAIRE

eV : électron-volt, unité utilisée en physique des particules. Énergie acquise ou perdue par un électron voyageant dans une différence potentielle de 1 volt

MeV : méga-électron-volt, 1 million d'électrons-volts

GeV : giga-électron-volt, 1 milliard d'électrons-volts.

TeV : téra-électron-volt, 1 000 milliards d'eV. Le boson de Higgs a été repéré dans des collisions de plus de 7 TeV (faisceaux à environ 3,5 TeV).

Boson : famille de particules permettant l'interaction de la matière.

3. Collision

En 20 min, les protons atteignent 99,9 % de la vitesse de la lumière. Les faisceaux vont alors se croiser (1). Les protons sont si petits que beaucoup ne se rencontrent pas, mais, à une énergie de 13 TeV, environ 40 collisions se produisent à chaque croisement (2), soit 1 milliard par seconde. Les scientifiques étudient la destruction des protons en plus petits composants pour les identifier (3).

Détecteur CMS (solénoïde compact à muons)

Tunnel du vide

392 aimants quadrupolaires (jusqu'à 7 m de long)

40 couches ultra-isolantes

Pompage d'hélium liquide pour maintenir les aimants à -271,3 °C

Faisceau de proton 1 (dans un sens)

Faisceau de proton 2 (dans l'autre sens)

Calorimètre électromagnétique

Chambres à muons

Paroi en fer de 1,5 m d'épaisseur

Entrée du faisceau de protons

Calorimètre avancé

Traceur en silicone

Paroi en fer de 400 mm avec revêtement en acier inoxydable de 10 mm

Le CERN utilise environ 7 600 km de câbles supraconducteurs

1 232 aimants dipolaires (15 m de long)

Solénoïde supraconducteur (aimant en spirale)

Le CMS fait 21 m de long et 15 de haut.

Détecteur LHC-b ; Détecteur LHC beauté

Le diamètre du LHC est de 9 km.

4. Détection

Après la collision, les instruments présents dans les murs enregistrent des données. Les calorimètres mesurent de très faibles changements d'énergie au niveau atomique pour identifier des particules subatomiques. Par exemple, le boson de Higgs peut être repéré grâce à sa masse de 125 GeV.

Avec ses 12 500 t, l'un des détecteurs ayant participé à l'identification du boson de Higgs, le CMS (encadré), est le **plus lourd accélérateur de particules**. L'énorme aimant situé en son centre crée un champ magnétique environ 100 000 fois plus puissant que celui de la Terre.

BOSONS DE JAUGE
LEPTONS
QUARKS

La découverte du boson de Higgs a complété le modèle standard de la physique des particules.

3ᵉ
2ᵉ
1ᵉʳ
Générations

LA FAMILLE DES PARTICULES SUBATOMIQUES

1	Électron	10	Charm
2	Neutrino électronique	11	Bottom
3	Muon	12	Top
4	Neutrino muonique	13	Photon
5	Tau	14	Boson Z
6	Neutrino tauique	15	Boson W+
7	Down	16	Boson W-
8	Up	17	Gluon
9	Strange	18	Boson de Higgs

1981	**1983**	**1988**	**1991**	**1997**	**1998**	**2008**	**2012**	**2015**
Début de la recherche sur la collision proton-antiproton	Première observation des particules W et Z	Fin de la construction du tunnel du collisionneur LEP	Tim Berners-Lee (RU) lance le **1ᵉʳ site Internet** au CERN.	Approbation des accélérateurs ATLAS, CMS, ALICE et LHC-b	Début de la construction des cavernes des 4 expériences	Mise en service du LHC et 1ᵉʳ faisceau de protons	Enregistrement du boson de Higgs par le CMS et ATLAS	Le LHC commence sa 2ᵉ vie.

À LA POINTE DE LA SCIENCE

En 2014, **une fillette de 5 ans** a été le 1er enfant au Royaume-Uni à recevoir une **main prothétique imprimée en 3D**.

EN CHIFFRES

2 400 m
Profondeur du China Jinping Underground Laboratory, le **plus profond laboratoire souterrain** et le **plus abrité pour étudier les rayons cosmiques à haute énergie**.

1 mm
Longueur du *Caenorhabditis elegans*, ver de 959 cellules, le **1er animal à être séquencé génétiquement**.

400 km
Largeur du **plus grand impact de météorite**, en Australie, signalé par des géophysiciens le 7 mars 2015.

> 75
Nombre de CubeSats de 10 cm de large envoyés dans l'espace en 2014 pour observer la déforestation, les fleuves et le développement urbain sur Terre.

1 000
Nombre de robots gros comme une pièce de monnaie programmés pour travailler sans surveillance humaine lors d'une recherche (USA, 2014).

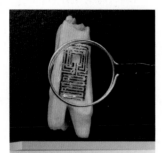

Le 1er « tatouage » biomédical pour dent

En mai 2012, des scientifiques de l'université de Princeton (USA) ont présenté un petit capteur en graphène à fixer à l'émail des dents. Ses minuscules électrodes et une bobine sans fil assurent son alimentation et l'envoi d'informations à distance. Le « tatouage » détecte des bactéries pouvant provoquer des infections et des problèmes dentaires et alerte le porteur.

Le laser focalisé le plus intense

Le laser pétawatt HERCULES de l'université du Michigan (USA) peut produire un faisceau laser focalisé de 2×10^{22} W/cm² (20 milliards de 1 000 milliards de watts par cm²). La pulsation dure 30 millions de milliardièmes de seconde et équivaut à focaliser toute la lumière arrivant sur Terre sur un grain de sable.

Le faisceau d'atomes le plus intense

Le 17 février 2014, le *New Journal of Physics* a annoncé que l'Institut de structure électronique et laser de la Fondation pour la recherche et la technologie – Hellas en Crète (Grèce) avait émis un « faisceau d'atomes ultra-brillant » de 40 millions d'atomes par seconde. Un faisceau d'atomes émet de la matière plutôt que de la lumière. Les chercheurs espèrent l'utiliser pour tester la théorie quantique ou créer « des hologrammes atomiques ».

Le microscope optique à la plus haute résolution

Le 1er mars 2011, des scientifiques de l'université de Manchester (RU) ont annoncé avoir créé un microscope optique pouvant voir l'intérieur de cellules vivantes grâce à des microsphères, des particules qui améliorent sa puissance optique.

Le capteur d'images le plus sensible

En mai 2013, l'université de technologie de Nanyang (Singapour) a présenté un capteur d'images en graphène 1 000 fois plus sensible que ceux utilisés dans les appareils photo. C'est la 1re fois que ce composé de carbone ultrarésistant et flexible est utilisé pour un capteur à spectre large et à haute photosensibilité.

Sensible à la lumière visible et infrarouge, il pourrait être utilisé dans les appareils photo grand public et professionnels et les satellites. Il peut voir des scènes à 0,00001 lux (une chambre éclairée à la bougie est à 0,01 lux).

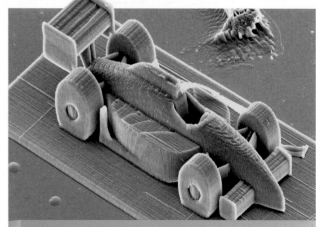

L'imprimante 3D ultra-haute définition la plus rapide

Une imprimante de l'université de technologie de Vienne (Autriche) peut produire des structures 3D détaillées de la taille d'un grain de sable – comme cette voiture microscopique – 100 fois plus vite que les appareils similaires. Elle dépose des gouttes de polymère liquide à la vitesse linéaire de 5 m/s puis durcit le matériau au laser. Les scientifiques espèrent l'utiliser pour créer des appareils et des implants médicaux.

Le plus long faisceau de neutrinos

Les neutrinos sont parmi les particules subatomiques les plus difficiles à détecter. Pour en savoir plus et mieux comprendre la matière et l'Univers, un faisceau de neutrinos de 810 km a été envoyé à travers la Terre à une vitesse proche de celle de la lumière (299 792,458 m/s) depuis Fermilab à Batavia dans l'Illinois vers un détecteur dans le nord du Minnesota (tous deux USA). Le 6 octobre 2014, Fermilab a annoncé que les observations étaient en cours. Cette étude, appelée Expérience NOvA, doit durer 6 ans.

LES PLUS RAPIDES...

Caméra 2D
Le 4 décembre 2014, *Nature* a annoncé que le professeur Lihong Wang et une équipe de l'université de Washington (USA) avaient créé une caméra pouvant capturer 100 milliards d'images par seconde, avec un taux moyen d'environ 10 millions d'images/s. L'œil humain peut ainsi voir des effets microscopiques comme des pulsations de lumière. Le professeur espère favoriser de nouvelles découvertes scientifiques et aider la recherche biomédicale.

Ordinateur
Le superordinateur Tianhe-2 de l'Université nationale de

La 1re tournée avec des guitares imprimées en 3D

En tournée en Europe en 2014, le groupe Klaxons (RU) a joué avec des guitares blanches sur mesure imprimées en 15 h. Le modèle du bassiste Jamie Reynolds, inspiré de la Rickenbacker 4005 (*à droite*), et la guitare pour gaucher de type Stratocaster de Simon Taylor-Davis ont été conçus et produits par Customuse en collaboration avec 3DSystems (tous deux RU).

> **! INFO**
> Un objet 3D est créé en superposant des couches de matériau (plastique ou verre en poudre) selon un modèle numérique. Les couches sont ensuite fondues par la chaleur ou un rayon laser.

TAILLE RÉELLE

La 1re oreille 3D bionique

En mai 2013, des chercheurs en nanotechnologie des universités de Princeton et Johns Hopkins (toutes deux USA) ont créé une oreille « bionique » pouvant capter des fréquences radio jusqu'à 5 GHz grâce à une imprimante 3D achetée dans le commerce.

systèmes aérodynamiques et météorologiques.

LES PREMIERS...

Implant de vaisseau sanguin bionique

Le 5 juin 2013, une équipe de l'hôpital de Duke University (Caroline du Nord, USA) a implanté avec succès un vaisseau sanguin obtenu par bio-ingénierie dans le bras d'un patient en phase terminale

technologie de la défense (Chine) atteint 33,86 pétaflops/s. Les opérations en virgule flottante par seconde (flops) permettent de mesurer la vitesse d'un ordinateur : plus il en effectue, plus il est rapide. Tianhe-2 effectue des simulations en dynamique des fluides pour tester des

de cancer. La veine a été cultivée dans une solution d'acides aminés, de vitamines et de nutriments. Les parois, obtenues grâce à des dons de cellules humaines, se sont formées autour d'une grille tubulaire qui leur a donné leur forme et s'est dissoute en quelques mois en laissant la veine en place. Les scientifiques ont pompé les nutriments en imitant les battements du cœur pour la renforcer.

Impression 3D en orbite

Le 25 novembre 2014, l'astronaute Barry Wilmore (USA), commandant de la *Station spatiale internationale*, a imprimé un plat avec la mention « Made in Space » et le logo de la NASA. Une installation expérimentale en microgravité prévoit une imprimante 3D pour fabriquer les objets dont les astronautes ont besoin plutôt que d'attendre une livraison par fusée.

Ordinateur à nanotubes de carbone

Développé à l'université de Stanford (Californie, USA), « Cedric » a les mêmes capacités que les ordinateurs programmables, mais c'est le 1er exemple fonctionnel de l'avenir de la technologie informatique.

Les transistors en nanotubes de carbone de la taille d'une molécule sont plus rapides et moins énergivores que les modèles en silicone. Quelques années de travail seront nécessaires en raison des coûts, mais leur potentiel les rend très intéressants pour les serveurs assoiffés d'énergie d'aujourd'hui.

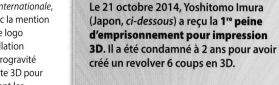

L'impression 3D

Le 21 octobre 2014, Yoshitomo Imura (Japon, *ci-dessous*) a reçu la **1re peine d'emprisonnement pour impression 3D**. Il a été condamné à 2 ans pour avoir créé un revolver 6 coups en 3D.

Imura a été arrêté en mai 2013 pour avoir imprimé 5 revolvers « Zig-Zag » en plastique, dont 2 pouvant réellement tirer. (Le nom fait référence aux zigzags dans le canon.) Il a posté plusieurs vidéos sur YouTube, dont un tutoriel avec des données de conception et un essai du revolver avec des tirs à blanc.

La législation japonaise est très stricte. Le juge Koji Inaba, de la Cour du district de Yokohama, a condamné Imura à une peine de prison pour création d'arme à feu et qualifié ses vidéos de « vicieuses ». Le cas a attiré l'attention sur les problèmes de sécurité liés à l'impression 3D, lesquels avaient déjà été soulevés.

L'impression 3D est néanmoins une méthode incontournable pour fabriquer des objets en plastique, béton, verre, textile ou matériaux biologiques et pour tester rapidement de nouveaux modèles, des bâtiments aux chaussures. Elle est déjà largement utilisée dans la production de voitures et d'avions de chasse ou pour compléter des squelettes de dinosaures. En 2014, une équipe de l'université de Californie du Sud (USA) a conçu une imprimante pouvant créer une maison en béton complète en une journée !

Les aliments et les médicaments pourraient aussi être imprimés en 3D. Des chercheurs en médecine étudient la bio-impression 3D pour créer des tissus humains vivants (peau, os, cœur). En médecine légale, elle pourrait recréer des indices, depuis des empreintes digitales à une scène de crime complète.

La 1re détection d'ondes gravitationnelles du Big Bang

Le 17 mars 2014, au pôle Sud, des scientifiques travaillant sur l'expérience « Imagerie de polarisation du fond cosmique extragalactique 2 » (BICEP2) ont annoncé avoir découvert des ondes gravitationnelles du Big Bang. Pendant 3 ans, ils ont étudié des effets lumineux grâce au télescope BICEP2 (*ci-dessous ; en médaillon, l'étudiant Justus Brevik*) et ont pensé avoir indentifié une « polarisation primordiale en mode B », une « courbe » de la lumière dans le ciel. L'équipe a indiqué que cet effet ne pouvait être que la conséquence de l'inflation de l'Univers au moment du Big Bang. En janvier 2015, cependant, l'analyse de données fournies par le satellite européen Planck a révélé qu'il ne s'agissait en fait que d'interférences issues de la « poussière galactique ».

MATÉRIAUX MIRACLE

Les imprimantes 3D peuvent imprimer en **métal**, en **verre** et même en **chocolat**.

EN CHIFFRES

1 atome
Épaisseur du graphène, le **plus fin matériau produit par l'homme**.

2,3 %
Proportion de la lumière absorbée par le graphène, ce qui le rend presque transparent.

20 %
Proportion d'extension maximale de la longueur du graphène.

1 000 €
Coût approximatif du graphène nécessaire pour recouvrir une tête d'aiguille.

3 millions
Nombre de couches de graphène pour atteindre une épaisseur de 1 mm.

L'élément chimique le plus récent

En mai 2014, des chercheurs ont confirmé l'existence d'un élément synthétisé en 2010 par des scientifiques américains et russes au centre GSI Helmholtz (Darmstadt, Allemagne) : l'« élément 117 » (temporairement nommé ununseptium), obtenu en lançant des ions calcium 48 sur une cible en berkélium.

Comme son nom l'indique, son numéro atomique est 117.

Ce numéro indique la quantité de protons présentes dans le noyau d'un atome. Les éléments lourds ont un numéro atomique supérieur à 92. L'élément 117 est ainsi l'**élément le plus lourd** connu à ce jour.

La substance la plus dure

La nanobaguette de diamants agrégée (ADNR), série de diamants de taille nanométrique, est la substance la plus dure connue. La 1re a été créée en 2005 par des chercheurs du Bayerisches Geoinstitut (Bayreuth, Allemagne). Elle est 11 % moins compressible que le diamant.

Le 1er béton à auto-réparation

En 2012, des scientifiques de l'université de technologie de Delft (Pays-Bas) ont créé un béton capable de réparer ses fissures. Des bactéries réagissent à l'eau et avalent des « aliments » fournis dans le béton pour combiner calcium, oxygène et dioxyde de carbone et former une sorte de calcaire. Elles n'entrent en action que si de l'eau les rejoint via une fissure.

Le plastique le plus utilisé

En 2014, environ 272 millions de tonnes de plastique avaient été consommées dans le monde. Le polyéthylène représentait environ 80 millions de tonnes. À titre de comparaison, le poids de la population mondiale d'adultes était estimé à 287 millions de tonnes en 2012.

La 1re fibre textile

Sous forme de toile, la plante *Linum usitatissimum* est considérée comme la plus ancienne fibre textile. En 1983, des restes de tissu en lin datant d'environ 7000 av. J.-C. ont été retrouvés dans la grotte de Nahal Hemar dans le désert de Judée (Israël). Le lin est très utile : plus résistant une fois mouillé, il n'est pas humide au toucher avant d'avoir absorbé 20 % de son poids en eau.

Le câble de fibre optique monocœur le plus rapide

En avril 2011, les laboratoires NEC de Princeton (New Jersey, USA) ont prouvé un taux de transmission de 101,7 téraoctets par seconde sur 165 km de câble à fibre optique monocœur, soit l'équivalent de 250 disques Blu-ray par seconde.

Le 1er plastique créé par l'homme

Inventée par Alexander Parkes (RU), la parkesine a été présentée lors de l'Exposition universelle de Londres (RU) de 1862. Obtenue à partir de cellulose végétale, elle pouvait être chauffée et moulée, puis gardait sa forme une fois refroidie.

Le 1er métal transparent

En juillet 2009, des scientifiques de l'université d'Oxford (RU) ont révélé que l'aluminium exposé à des rayons X à faible énergie devient transparent, même si ce n'est que pour 40 femtosecondes (1 billiardième de seconde). Grâce au générateur de rayons X FLASH

Le plus grand bateau en fibre de carbone

La 1re des 5 corvettes suédoises de classe *Visby* a été mise en service en 2009. C'est le plus grand navire en fibre de carbone, plastique extrêmement robuste et léger. Il est plus rapide et plus léger qu'un bateau normal, ce qui, combiné à des formes anguleuses, le rend très furtif.

Le *Visby* fait 73 m de long, pèse 600 t et accueille un équipage de 43 marins. Il réalise surtout des missions anti-sous-marins et peut atteindre 64 km/h (35 nœuds). Il a coûté 184 millions $.

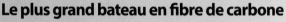

La 1re chaise en plastique produite en masse

La chaise Bofinger (BA 1171), conçue par l'architecte et designer Helmut Bätzner (Allemagne) en 1964, a été produite en masse à partir de 1966. Empilable et composée de polyester renforcé par de la fibre optique et teint dans la masse, elle était réalisée en un moulage unique sur une forme en acier.

Le matériau le plus résistant aux produits chimiques

En 1938, Roy Plunkett (USA), employé de Kinetic Chemicals dans le New Jersey (USA), a créé par accident le perfluoroéthylène polymérisé, ou polytétrafluoroéthylène (PTFE), qui a aujourd'hui de nombreux usages, des habits imperméables (comme le Gore-Tex®) aux poêles antiadhésives. Kinetic Chemicals le commercialise sous le nom de Teflon® depuis 1945.

VANTABLACK®
ULTRA HIGH EMISSIVITY COATINGS FROM UV to FIR

👤 Trou noir

Imaginez quelque chose de si noir que vous ne distinguez rien à sa surface. À l'œil nu, un tel objet semblerait un vide, un trou noir. C'est ce que vous verriez en regardant la **substance la plus sombre produite par l'homme**, le Vantablack.

Créé par Surrey NanoSystems (RU) et présenté en juillet 2014, le Vantablack est si sombre que l'œil humain ne peut pas distinguer de formes à sa surface. Il absorbe 99,96 % de la lumière, même en dehors du spectre visible, comme les ultraviolets, les infrarouges et les micro-ondes.

Le Vantablack est constitué de nanotubes de carbone, matériau à croissance rapide 10 000 fois plus fin qu'un cheveu. « Nous cultivons les tubes comme des tiges dans un champ », explique Ben Jensen, responsable technique de NanoSystems. Quand les particules de lumière touchent le Vantablack, elles rebondissent entre les nanotubes et finissent par être absorbées. En d'autres termes, « la lumière entre mais ne peut pas sortir », poursuit Ben. Le mot « vanta » est le sigle anglais de « série de nanotubes de carbone alignés verticalement ».

Comment utiliser ce matériau de science-fiction ? La lumière n'ayant presque pas d'effet sur le Vantablack, il pourrait améliorer la sensibilité des caméras astronomiques, des scanners à infrarouges ou des télescopes, et ce afin de voir des étoiles plus éloignées. Sa capacité à absorber la lumière en fait aussi un matériau précieux pour les équipements militaires furtifs.

---

imitée en combinant un polymère d'alcool polyvinylique avec des feuilles de flocons d'oxyde de graphène réduit et des nanotubes de carbone. Ils ont obtenu des fibres pouvant être tissées comme des fils dans des protections corporelles ou l'ingénierie des matériaux.

La substance la plus toxique dans les cosmétiques

Le produit antirides Botox contient une forme diluée de la toxine botulique produite par la bactérie *Clostridium botulinum*, la **toxine naturelle la plus mortelle connue**. Cette toxine est si dangereuse qu'une quantité équivalente à un grain de sel peut tuer un adulte de 90 kg.

---

de l'université de Hambourg (Allemagne), ils ont extrait un électron de chaque atome d'une couche d'aluminium et ont obtenu un matériau presque transparent dans le spectre de lumière ultraviolette. Ils y voient un nouvel état de la matière.

La fibre la plus résistante

La soie d'araignée, une des fibres naturelles les plus résistantes, réunit 2 types de protéine. En 2001, des scientifiques de l'université d'Hanyang (Corée du Sud) l'ont

! INFO

Les gouttes d'eau transportant la saleté, ce nouveau matériau étanche rejetterait l'eau tout en restant propre : très utile pour produire des parebrises pour les voitures et les avions.

Le matériau le plus étanche

En 2013, une équipe du Brookhaven National Laboratory de New York (USA) a créé une substance étanche inégalée. Alors que les tissus étanches habituels sont toujours un peu mouillés, la surface de ce matériau contient d'étroites structures microscopiques en forme de cône qui obligent l'eau à former des billes et à s'écouler, comme le montre ici Antonio Checco, physicien de Brookhaven.

MÉDECINE LÉGALE

Il est presque **impossible** de distinguer l'**ADN de vrais jumeaux**, mais un nouveau test sera peut-être bientôt disponible.

EN CHIFFRES

93 %
Pourcentage des dépouilles de scènes de crime identifiées grâce à la dentition.

1987
Année du **1er profilage ADN lors d'une condamnation pénale.**

100
Nombre de corps donnés à la **« ferme des corps »** la **plus ancienne** à Knoxville (Tennessee, USA), où les scientifiques peuvent étudier la décomposition des corps.

6 mois
Âge auquel le fœtus humain a des empreintes digitales complètes.

800 000 av. J.-C. : le plus vieil ADN non humain
En juillet 2007, des scientifiques ont annoncé avoir trouvé de l'ADN vieux de 800 000 ans dans des carottes de glace de la banquise du Groenland. Cet ADN indique que de nombreux papillons, de jour comme de nuit, vivaient dans les forêts de conifères qui recouvraient le Groenland, bien plus chaud à l'époque.

Le **plus ancien ADN humain** analysé (« séquencé ») provenait de l'os de la cuisse d'une espèce semblable à l'homme. Ces restes vieux de 400 000 ans ont été retrouvés dans la grotte Sima de los Huesos (gouffre des os) en Espagne, près de Burgos. Des scientifiques de l'institut Max Planck d'anthropologie évolutionniste (Leipzig, Allemagne) et des coauteurs espagnols et chinois ont publié les résultats de cette étude dans *Nature*, le 4 décembre 2013.

250 av. J.-C. : 1er test de détection de mensonges
Érasistrate de Céos, médecin grec, a découvert que les pulsions cardiaques augmentaient quand on mentait. Cette découverte découlait de ses études sur le cœur et le système circulatoire. Il a aussi réalisé des travaux importants sur le système nerveux et les fonctions physiologiques. Il aurait utilisé cette technique pour savoir si ses patients mentaient à propos de leurs symptômes et s'ils respectaient les traitements qu'il leur prescrivait.

221-206 av. J.-C. : 1re identification par empreintes digitales
Les empreintes digitales étaient utilisées comme moyen d'identification durant la dynastie chinoise Qin (221-206 av. J.-C.). La plus vieille description connue de cette utilisation médicolégale se trouve dans un document chinois, *Volume d'enquête sur les scènes de crime : le cambriolage*, qui décrit comment les empreintes servaient de preuve lors des procès.

La plus grande formation médicolégale
La formation la plus complète aux enquêtes médicolégales sur scène de crime est proposée par la National Forensic Academy de l'université du Tennessee (Knoxville, USA), en 10 semaines. La concurrence est rude : il n'y a que 16 places et seules les personnes travaillant déjà pour le maintien de l'ordre peuvent postuler. 609 personnes ont été diplômées depuis 2001. Ci-dessus, Donna Kelley, responsable des programmes du Law Enforcement Innovation Center, présente des dons de l'écrivain Patricia Cornwell ; à droite, des étudiants observent un « corps » dans un véhicule calciné.

Le bon terme légal
La médecine légale s'exerce dans un contexte judiciaire, telle une enquête criminelle. La juricomptabilité étudie les irrégularités financières, comme la fraude ou le détournement de fonds. L'informatique légale concerne les technologies informatiques. La psychiatrie judiciaire permet d'évaluer les personnes jugées présentant des troubles mentaux. La linguistique légale couvre l'analyse de déclarations orales ou écrites, l'identification d'un auteur ou l'élucidation de propos juridiques.

1248 : l'entomologie médicolégale
Selon Mark Benecke (Allemagne), biologiste médicolégal reconnu, l'étude des insectes recueillis sur les scènes de crime et les cadavres date d'un livre médicolégal en 55 volumes, le *Hsi Yuan Lu* (*Livre de la réparation des torts*). L'auteur, Sung T'zu (Chine), était avocat et expert médicolégal. Pendant une enquête sur un meurtre dans un champ de riz, il a demandé aux travailleurs de poser leurs faucilles. Des mouches à viande se sont mises à tourner autour de l'une d'entre elles, couverte d'invisibles traces de sang, poussant son propriétaire à avouer. Nous savons maintenant que certaines mouches à viande, comme *Calliphora vomitoria*, préfèrent pondre leurs œufs dans du sang frais. Le *Hsi Yuan Lu* expliquait aussi comment distinguer la noyade de l'étranglement. C'est la **1re utilisation attestée de connaissances médicales pour résoudre des crimes**. Sung T'zu étudiait les dommages du cartilage de la gorge pour résoudre les meurtres par strangulation.

1302 : 1re autopsie médicolégale
Le médecin Bartolomeo da Varignana (Italie) a réalisé la 1re autopsie médicolégale en

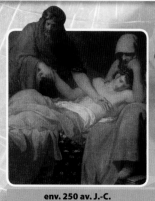

env. 250 av. J.-C.
1er test de détection de mensonge

1248
1er recours à l'entomologie médicolégale

1302
1re autopsie médicolégale

1477
1re identification par les dents

Le 1er recours au profilage ADN

Sir Alec Jeffreys (RU, *ci-dessus*) a inventé la technique de l'empreinte génétique de l'ADN à l'université de Leicester (RU). Il a publié un article sur le potentiel de celle-ci dans *Nature* (vol. 314, p. 67-76, 7 mars 1985). Il en a démontré l'utilité pratique au printemps 1985 en établissant la paternité d'un enfant dans une affaire d'immigration.

1302 durant une enquête sur la mort d'un noble, peut-être assassiné. Avant de mourir en 1321, Bartolomeo a réalisé de nombreuses autres autopsies.

1477 : 1re identification par les dents
Au xve siècle, Charles le Téméraire, duc de Bourgogne, voulait créer un État indépendant entre la France et l'Allemagne, ce qui a provoqué des tensions, puis un conflit armé. Charles a été tué le 5 janvier 1477 lors de la bataille de Nancy. Son corps a été mutilé et laissé sur le champ de bataille pendant 3 jours, mais son page a pu le reconnaître à sa dentition : il avait perdu certaines dents lors d'une chute quelques années auparavant.

1784 : 1re condamnation due à des preuves médicolégales
En 1784, John Toms (Lancaster, RU) a été jugé et condamné pour le meurtre d'Edward Culshaw. Durant l'examen du corps, un bouchon de papier destiné à maintenir la poudre et les balles dans la bouche du pistolet a été retrouvé dans la tête de Culshaw. Ce papier correspondait exactement à un journal déchiré trouvé dans la poche de Toms, ce qui a conduit à sa condamnation.

1835 : 1re comparaison médicolégale de 2 balles
En 1835, Mme Maxwell a été tuée par balle chez elle à Southampton (RU). Son majordome, Joseph Randall,

a expliqué que des coups de feu avaient été échangés avec des cambrioleurs. Mais Henry Goddard (RU), membre de la force de police des Bow Street Runners, a examiné le pistolet et les munitions de Randall et repéré un petit relief également présent sur les balles trouvées sur la scène de crime, dont celles qui avaient tué Mme Maxwell et qui, selon Randall, le visaient également. Goddard a trouvé un tout petit trou dans le moule qui avait servi à produire les balles, ce qui prouva que Randall avait commis le meurtre.

1883 : 1re reconstitution faciale médicolégale
En 1883, l'anatomiste et anthropologue Hermann Welcker (Allemagne) a montré que la forme des muscles et des tissus du visage d'une personne peut être décrite et recréée en relief sur un crâne pour donner une image du visage tel qu'il était à l'origine. Ce processus a posé les bases de la reconstitution faciale criminelle et anthropologique moderne.

1896 : 1er système d'empreintes digitales
Le plus ancien système d'identification par empreintes digitales efficace (la dactyloscopie) a été mis en place en 1896 par Edward Henry, inspecteur général de la police en Inde britannique. Il est ensuite devenu Commissioner (préfet) de la Metropolitan Police à Londres (RU).

L'art médico-légal

Lois Gibson (USA) utilise ses talents d'artiste pour faire comparaître les criminels devant la justice depuis 1982. Elle est d'ailleurs si efficace qu'elle a gagné sa place dans le *Guinness World Records* pour le **record du plus grand nombre de criminels identifiés grâce aux dessins d'un même artiste**. Ses dessins minutieux ont déjà permis l'arrestation de plus de 1 000 criminels au Texas (USA).

Lois travaille actuellement pour le département de police de Houston au Texas. Sa carrière a commencé de manière douloureuse : elle a été victime d'une attaque brutale qui a mis sa vie en danger. Cette expérience a incité l'artiste de rue à déménager à Houston et à proposer ses services à la police de la ville. Ses deux premiers dessins n'ont pas donné de résultats, mais le troisième a favorisé une arrestation. Depuis, elle a continué dans cette voie.

Son travail demande du talent et de la patience. « Il faut amener [les victimes] à se souvenir du moindre détail. »

La photo à droite représente Donald Eugene Dutton, un évadé qui a tiré plusieurs fois sur un officier de police du nom de Deason avant de rouler sur son corps et de le traîner sur 17 m. Assise à l'hôpital près du policier semi-conscient, Lois lui a demandé de décrire son assaillant et a dessiné cette esquisse.

Quelques jours plus tard, Dutton a été arrêté pendant un vol. Sa ressemblance avec le dessin de Lois a poussé la police à le présenter à l'officier hospitalisé, lequel l'a désigné comme étant son agresseur.

1883
1re reconstruction faciale médicolégale

1896
1er système d'empreintes digitales

Hauteur de la jambe de tension de la plateforme Ursa dans le golfe du Mexique, la **plus haute structure de construction humaine** 1 306 m

151

ARCHÉOLOGIE

Les hiéroglyphes s'écrivent **de gauche à droite**, **de droite à gauche** ou **de haut en bas**.

LES PREMIERS...

Site d'Égypte antique découvert par satellite
En 1996, des chercheurs japonais de l'université de Tōkai et de l'Institut d'études avancées de Waseda (Japon) ont examiné la rive ouest du Nil par satellite. Ils ont repéré une forme étrange qui, après des fouilles, s'est révélée être une tombe aux murs de brique de l'époque de Toutankhamon. Ce site, appelé « Dashur Nord », est le 1er site d'Égypte antique découvert depuis l'espace.

Appli donnant accès à des sites archéologiques nationaux
Le 7 novembre 2013, le pays de Galles a lancé une appli interactive cataloguant et mettant à disposition ses données archéologiques. *Archwilio* (« examiner ») a été commandée par les 4 fondations archéologiques galloises pour donner accès au public à plus de 100 000 sites du pays.

Hiéroglyphes
Les Égyptiens gravaient ces lettres sacrées sur les monuments pour partager leurs croyances religieuses. Les plus vieux exemples connus, datant de 3400 à 3200 av. J.-C., ont été retrouvés en 1999 à Abydos (Égypte).

Les **derniers hiéroglyphes** retrouvés se situaient sur la porte d'Hadrien dans le temple de Philae, sur une île du Nil (Égypte). Ils datent du 24 août 394.

LES PLUS ANCIENS ENCORE EXISTANTS...

Jeu de plateau
Les archéologues ont retrouvé des jeux de Senet (« l'au-delà ») datant de 3500 et 3100 av. J.-C. dans des tombes prédynastiques et de la Première Dynastie, à Abydos et Saqqara (Égypte). Dans le jeu représentant un voyage pour rejoindre le dieu Soleil, 2 joueurs déplaçaient chacun jusqu'à 7 pièces sur un plateau comprenant 3 lignes de 10 carrés. Le joueur qui dépassait son opposant et sortait ses pièces du plateau le 1er gagnait.

Représentation d'une armée
Les armées sont apparues en 3000 av. J.-C., notamment dans la culture sumérienne de Mésopotamie (Irak actuel). La plus ancienne image d'une force organisée pouvant être appelée « armée » se trouve sur l'Étendard d'Ur, boîte en bois décorée de scènes de paix et de guerre retrouvée dans les années 1920 par l'archéologue sir Leonard Woolley dans une cité-État sumérienne. On y voit des soldats avec des javelots et des axes, ou avec des casques et des lances.

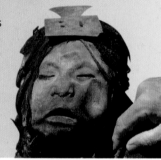

Le plus haut site archéologique
En 1999, Johan Reinhard (USA) et une équipe financée par la National Geographic Society ont découvert les restes de 3 momies incas (2 figurent sur la photo ci-dessus) gelées à 6 706 m d'altitude au sommet du volcan Llullaillaco (Salta, Argentine). Les organes des momies étaient intacts, avec du sang dans les poumons et le cœur.

Les corps congelés appartenaient à des enfants sacrifiés il y a environ 500 ans. Le gel a favorisé la préservation des corps, à tel point que les experts les considèrent comme les momies les mieux conservées au monde.

Chaussures (datées à partir de leurs composants)
En 1938, à Fort Rock Cave (Oregon, USA), Luther Cressman (université de l'Oregon, USA) a découvert des dizaines de sandales en armoise probablement portées par des Indiens d'Amérique du Nord. La datation au carbone a révélé qu'elles avaient entre 9 300 et 10 500 ans. Ce sont les plus anciennes chaussures datées avec précision à partir de leurs composants plutôt que par comparaison avec des objets retrouvés à proximité.

Matière fécale humaine
Le 25 juin 2014, le journal scientifique *PLOS ONE* (Public Library of Science) a indiqué que le plus ancien excrément humain connu date d'il y a 50 000 ans. Retrouvé près d'un camp de Néandertal à El Salt, près d'Alicante (Espagne), il a été analysé par chromatographie en phase gazeuse au Massachusetts

Le 1er cimetière de gladiateurs confirmé
En 1993, une équipe de l'université de Vienne (Autriche) a découvert une zone de 20 m² remplie d'os humains et de bas-reliefs de gladiateurs à Éphèse (Turquie). Les 68 individus identifiés portaient tous des traces de blessures pouvant être provoquées par les combats dans l'arène. Des analyses ont prouvé que ces blessures correspondaient aux armes et aux techniques de combat des gladiateurs.

Institute of Technology (USA). Les résultats renforcent la théorie selon laquelle l'homme de Néandertal était omnivore et mangeait de la viande et des végétaux.

Os d'*Homo sapiens*

Les plus anciens os connus de *Homo sapiens* (notre espèce) ont été découverts à Kibish (Éthiopie) en 1967. En 2005, Frank Brown (université de l'Utah, USA), Ian McDougall (Australian National University, Canberra, Australie) et John Fleagle (Stony Brook University, New York, USA) ont analysé à nouveau les dépôts minéraux et les débris volcaniques autour des os, et en ont déduit qu'ils étaient vieux de 195 000 ans.

Les plus grandes archives archéologiques

Le London Archaeological Archive and Research Centre du Museum of London (RU) abrite des pièces issues de plus de 8 500 fouilles réalisées à Londres depuis 1830. On y trouve des pièces du Rose Theatre de Shakespeare et de l'amphithéâtre romain de la ville.

Le 1er exemple d'art pariétal découvert

De peintures d'animaux et des traces de mains découvertes durant les années 1870 dans la grotte d'El Castillo à Puente Viesgo (Cantabrie, Espagne) ont au moins 40 800 ans. Il s'agit donc du plus ancien exemple d'art pariétal ainsi que des **plus anciennes peintures**.

Lieu de culte construit par l'homme

En 1994, une équipe dirigée par Klaus Schmidt (université de Heidelberg, Allemagne) a entamé les fouilles du site de Göbekli Tepe (sud-est de la Turquie). Ils y ont découvert 6 cercles de pierre construits avec des mégalithes de 2,7 m et entourés de murs de pierre, des piliers en forme de T et des restes d'animaux sacrifiés sur place. Aucune trace d'habitation humaine n'a été retrouvée, ce qui en fait un site purement rituel. Les cercles datent du néolithique, env. 10 000 ans av. J.-C., soit 7 000 ans avant la construction de Stonehenge (RU).

Lunettes

Une paire de lunettes retrouvée en 1981 par des archéologues à Londres (RU) date du XVe siècle.

Les montures en corne de bœuf se fixaient au nez. Les verres n'ont pas été retrouvés.

Épave de bateau

Le 23 août 1975, Peter Throckmorton (USA), du Hellenic Institute of Marine Archaeology, a découvert une épave au large de l'île grecque de Dokos, en mer Égée. Un tas de poteries à 20 m de fond, probablement la cargaison, a permis de repérer le bateau. L'archéologue George Papathanasopoulos (Grèce) a daté l'épave à 2 200 av. J.-C., ce qui lui donne 4 215 ans en 2015.

Bateaux vikings

Deux bateaux vikings ont été retrouvés sur l'île de Saaremaa (Estonie) respectivement en 2008 et 2010. Le bois des coques avait pourri, mais les archéologues ont pu imaginer leur forme grâce aux rivets en fer. Les artefacts trouvés dans ces bateaux de guerre légers et rapides prouvent leur origine scandinave. La datation au radiocarbone indique qu'ils datent de 700 à 750, soit entre 50 et 100 ans avant le début reconnu de l'âge viking.

Avant 5000 av. J.-C.

Des vestiges record dont on ferait bien un menu…

En entrée, le **plus ancien bol de nouilles** (ci-dessus), découvert en octobre 2005 sur le site archéologique de Lajia au nord-ouest de la Chine. Les fines nouilles jaunes en millet étaient conservées dans un bol retourné et enfoui à env. 3 m de profondeur. Elles ont environ 4 000 ans.

Servez-vous un peu du **plus vieux vin**… Si vous arrivez à le verser de cette poterie. Des traces de vin datant d'environ 5000 av. J.-C. ont été repérées dans une ancienne jarre (à droite) trouvée en 1968 à Hajii Firuz Tepe (Iran). Les restes d'un résidu jaunâtre contenaient deux éléments caractéristiques du vin, notamment l'acide tartrique, présent dans les grappes de raisin.

La **plus ancienne bière** est presque aussi âgée. Des références écrites à cette boisson datant de 5000 av. J.-C. ont été retrouvées en Mésopotamie. En 1973, une expédition du Royal Ontario Museum (Canada) a trouvé des traces de bière datant de 3500 av. J.-C. dans une cruche, à Godin Tepe (Iran).

Le **plus ancien gâteau** (ci-dessous) est bien plus appétissant. D'un diamètre de 11 cm, il est recouvert de sésame, contient du miel et peut-être du lait. Il a été emballé sous vide dans la tombe d'un certain Pepionkh, qui vivait en Égypte en 2200 av. J.-C environ.

Pour finir, vous goûterez bien le **plus vieux chocolat** ? En 2007, un groupe de la Cornell University (USA) a trouvé du cacao dans des échantillons de poterie de 1150 av. J.-C. découverts dans des sites proches de Puerto Escondido (Honduras).

La plus grande tombe d'un individu connu

Le tombe de Qin Shi Huang, 1er empereur de la Chine unifiée, se trouve sous un tumulus de 355 m sur 345, soit presque un quart de la surface de la Cité interdite à Pékin (Chine). Ce mausolée de 3 étages est une version miniature du palais de l'empereur dans sa capitale de Xianyang. C'est l'une des 3 plus grandes tombes au monde et la seule pouvant être attribuée avec certitude à un individu en particulier.

À DISTANCE

En 1997, *Sojourner* est le **1er véhicule contrôlé à distance à se déplacer sur une autre planète** (mission Pathfinder sur Mars).

EN CHIFFRES

10 s
Durée du 1er vol du 1er hélicoptère RC, inventé par Arthur M. Young (USA) vers 1931.

120 km
Le plus long vol d'un microdrone, le *Pterosoar*, projet des universités de l'Oklahoma et de Californie (USA).

36,9 m
Le plus long saut de rampe d'un modèle de voiture RC, une Carson Specter 6S guidée par Thomas Strobel (Allemagne).

8 g
Poids du plus petit modèle d'hélicoptère RC, le PicooZ MX-1 de Silverlit Toys Manufactury Ltd (Chine).

160 km/h
Vitesse des voitures RC à nitro les plus rapides.

Le plus de modèles d'hélicoptères RC en vol simultané

Le 8 septembre 2013, lors d'une rencontre organisée par la Radio Controlled Helicopter Association (RCHA, RU), 98 hélicoptères ont volé pendant 1 min sur l'aérodrome de Prestwold Hall (Leicestershire, RU). Ce même jour, la RCHA a réuni le **plus de modèles d'hélicoptères RC en vol inversé,** avec 53 modèles en vol inversé pendant 1 min.

La voiture RC à moteur à combustion interne la plus rapide

Commandée par Jason Bradbury (RU), une voiture miniature équipée d'un moteur à combustion interne a atteint 137,86 km/h sur le plateau de The Gadget Show, à Stratford-upon-Avon (RU), le 29 octobre 2008.

La **plus longue distance parcourue par un modèle de voiture RC en 24 h** Les 4-5 mai 2002, un modèle échelle 1:32 du destroyer type 42 HMS Gloucester, construit par Francis Macnaughton et piloté par Mike Watts et Paul Ellison (tous RU), a parcouru 195,68 km au Bude Model Boat Festival de Cornwall (RU).

Le 20 avril 2013, David Stevens (Australie) a conduit sa Formule 1 à l'échelle 1:10 sur le circuit Templestowe Flat Track Racing Club de Templestowe (Victoria, Australie) sur 38,28 km. Avec ses 374 tours, il a atteint la **plus longue distance parcourue par une voiture miniature sur une seule batterie.** Son objectif : promouvoir les courses de F1 RC.

La première télécommande télé sans fil

Introduit aux États-Unis en 1955 par Zenith Electronics, le *Zenith Flash-Matic* avait des airs de science-fiction. Il pointait un éclair lumineux vers 4 photocellules qui se trouvaient dans la télévision pour éteindre ou allumer le son et l'image ou changer de chaîne. La plupart des télécommandes actuelles utilisent la lumière infrarouge plutôt que celle visible.

Le plus long vol d'un multicoptère miniature téléguidé (durée)

Le 22 août 2014, Forrest Frantz et des membres de sa famille (USA) ont piloté un modèle de multicoptère artisanal (un drone avec plus de 2 rotors) pendant 1 h, 39 min et 23 s, à Parkdale (Oregon, USA).

LE PREMIER...

Drone à traverser l'océan Pacifique

Le 23 avril 2001, un drone RQ-4 Global Hawk de Northrop Grumman a volé sans escale pendant 22 h, depuis la base aérienne d'Edwards (Californie, USA) jusqu'à celle de la Royal Australian Air Force à Edinburgh (Adélaïde, Australie). Ce vol a aussi marqué la **plus longue distance parcourue par un drone** : 13 219,86 km.

Drone contrôlé par téléphone

Présenté en 2010 par le spécialiste de la technologie sans fil Parrot (France), l'AR.Drone est destiné aux jeux en réalité augmentée. Ce quadricoptère à 4 rotors faisant du sur-place est contrôlé par wi-fi sur iOS ou Android.

Une caméra embarquée permet au joueur de voir les lieux d'en haut pour mieux repérer ses ennemis virtuels. Le drone peut voler 12 min après 90 min de charge et atteindre la hauteur de 50 m, même si la limite pour un vol stable est de 6 m.

Implant hormonal contrôlé à distance

MicroCHIPS (USA) a inventé un nouveau contraceptif : une puce à implanter sous la peau. D'une taille de 20 x 20 x 7 mm et conçue pour durer 16 ans, elle fournit une dose quotidienne de 30 mcg d'une hormone, le lévonorgestrel, et est allumée ou éteinte à distance selon les besoins. Les essais cliniques

Le plus long vol d'un drone (durée)

L'avion espion Haute altitude-Longue endurance (HALE) *Zephyr* en fibre de carbone a décollé à 6 h 41 le 9 juillet 2010, du terrain d'essai de l'US Army de Yuma (Arizona, USA). Il est resté en vol 336 h, 22 min et 8 s (soit plus de 2 semaines) avant d'atterrir le 23 juillet. Il a aussi emporté le record de la **plus haute altitude atteinte par un drone à énergie solaire** : 21 561 m.

! INFO
Développé par la société QinetiQ (RU), *Zephyr* fonctionne à l'énergie solaire le jour et utilise la nuit des batteries au lithium-sulfure rechargées à l'énergie solaire.

3 776 m Hauteur du mont Fuji sur l'île Honshu (Japon). Ce stratovolcan actif est la plus haute montagne du pays.

La plongée la plus profonde d'un appareil RC

Le **point le plus profond des océans** est le Challenger Deep dans la fosse des Mariannes, près de l'île de Guam, dans l'ouest du Pacifique *(voir p. 23)*. Le 24 mars 1995, le véhicule de recherche japonais *Kaikō* a été le 1er véhicule téléguidé à y plonger, à 10 911 m sous le niveau de la mer. Il a plongé plus de 250 fois jusqu'en 2003 et a collecté des espèces et des bactéries pouvant être utiles à la recherche médicale.

commenceront en 2016 pour une mise en vente espérée en 2018. Elle peut aussi fournir des médicaments sur demande ou selon un calendrier préétabli.

Bras télécommandé dans l'espace

Lancé le 12 novembre 1981, le Shuttle Remote Manipulator System (SRMS, Can), alias *Canadarm 1*, était un bras multitâche contrôlé à distance du quai de chargement de la Navette spatiale américaine.

Utilisé pour la 1re fois sur la mission STS-2 de la navette *Columbia*, il pouvait porter jusqu'à 332,5 kg dans l'espace. Sa capacité a ensuite été renforcée pour la *Station spatiale internationale*.

Immobilisation d'un camion par contrôle satellite

En octobre 2013, des ingénieurs de Satellite Security Systems Inc. (USA) ont utilisé le réseau de données satellite de Motorola pour envoyer le message « stop » au récepteur situé dans le tableau de bord d'un camion-citerne à 850 km. Le camion s'est arrêté en 40 s grâce à une petite antenne satellite carrée.

Cette technologie est conçue pour les véhicules dangereux et les camions pouvant être utilisés par des terroristes, ou pour arrêter un véhicule volé.

LE PLUS PETIT MODÈLE RC...

Voiture

En 2002, à Tokyo (Japon), Michihiro Hino (Japon) a conçu une Smart (Mercedes-Benz) miniature de 25 mm de long à l'échelle 1:90. À pleine charge, elle peut rouler environ 15 min.

Bateau fonctionnel

Le bateau construit par Claudio Diolaiti (Italie) mesurait 15,2 cm de long, 6,3 cm de large et 38 cm de haut, mât, quille et proue inclus, lors de son essai à Nice (France), le 14 novembre 2007. Claudio s'est servi de fibre de verre et d'autres matériaux utilisés dans les vrais bateaux.

Avion

John Wakefield (RU) a créé un avion RC d'une envergure de 69 mm, présenté à Lancaster (RU) le 27 octobre 2010.

Hélicoptère

Le Nano Falcon créé par Silverlit Toys Manufactory Ltd (Chine) à Hong Kong mesure 5,85 cm de long, 4,55 cm de haut, 1,73 cm de large et a un rotor de 5,91 cm. Il a été mis en vente au Japon le 5 décembre 2014.

Le drone le plus cher

Le RQ-4 Global Hawk de Northrop Grumman a un coût unitaire de 222 millions $, selon un rapport comptable de l'armée américaine de mars 2013. Équipé d'un puissant ensemble de radars et de capteurs optiques et infrarouges, il peut voler à 19 800 m pendant 30 h. Il peut étudier une zone de la taille de l'Illinois (USA). En septembre 2014, *AV1*, le tout premier Global Hawk fabriqué, a réalisé son 100e vol.

Un siècle d'inventions

La technologie de contrôle à distance existe depuis plus de 100 ans...

1898 : l'inventeur serbo-américain Nikola Tesla présente le **1er appareil radio-contrôlé**, un bateau appelé « teleautomaton ».

1903 : l'ingénieur Leonardo Torres Quevedo (Espagne) présente son robot RC *Telekino* à l'Académie des sciences de Paris.

1931 : le *Fairey Queen* (RU) est le **1er avion RC**.

1939 : Philco (USA) met en vente le Mystery Control, le **1er contrôle radio sans fil** pour les radios et téléphones radio Philco.

1954 : Don Brown (USA) introduit le système *Galloping Ghost* de contrôle proportionnel, le principe du contrôle radio encore utilisé aujourd'hui.

1956 : Zenith Electronics (USA, *voir p. 154*) lance la **1re télécommande à ultrasons pour télé**, la « Space Command ».

1987 : l'inventeur d'Apple Steve Wozniak (USA) présente une télécommande « apprenant » les signaux d'autres appareils. Ce contrôleur d'équipements à distance (CORE) est la **1re télécommande universelle**.

À partir de 2000 : prolifération des systèmes de contrôle à distance des téléphones, ordinateurs, etc.

2014 : l'atterrisseur *Philae* (Agence spatiale européenne) quitte le vaisseau *Rosetta* lors du **1er atterrissage d'un robot sur une comète** *(voir p. 159)*.

U.S. AIR FORCE

TECHNOLOGIE MILITAIRE

Léonard de Vinci a dessiné un **prototype de tank** en 1487 et un **parachute** vers 1485.

EN CHIFFRES

82,23 km/h
Vitesse du **tank le plus rapide**, le S 2000 Scorpion Peacekeeper LC (RU).

370 km/h
Vitesse de la **torpille opérationnelle la plus rapide**, la Shkval (« rafale » en russe), conçue par l'Institut d'aviation de Moscou.

140
Nombre de pas par minute du rythme de marche le plus rapide de l'infanterie légère et des régiments armés.

Mach 7.0
Vitesse des projectiles sortant d'un pistolet électromagnétique test.

3 395 km/h
Vitesse de l'**avion de chasse le plus rapide**, le Mikoyan-Gurevich MiG-25 russe, nom de code OTAN « Foxbat ».

La voilure à géométrie variable au service le plus long

L'avion de chasse russe MiG-23 (nom de code OTAN « Flogger ») a été mis en service en 1970. Plusieurs nations l'utilisent encore en 2015, dont la Corée du Nord, la Syrie et Cuba. Sa voilure est « à géométrie variable » : ses ailes peuvent changer de position pour améliorer ses performances aérodynamiques.

LES PREMIERS...

Frappes aériennes navales

Le 25 décembre 1914, un avion allemand a attaqué des navires britanniques – la force Harwich – dans la baie d'Heligoland, mais sans provoquer de dommages. La **1re frappe aérienne réussie lancée depuis un navire** contre des objectifs terrestres a eu lieu le 19 juillet 1918, quand le navire britannique HMS *Furious* a lancé 7 Sopwith 2F.1 Camels en 2 vols séparés contre l'usine de dirigeables de Tondern (Schleswig-Holstein, Allemagne). La 1re vague a détruit des zeppelins L.54 et L.60.

Tank

Le « No.1 Lincoln » produit par William Foster & Co Ltd (RU), modifié et rebaptisé « Little Willie », a roulé pour la 1re fois le 6 septembre 1915. Les tanks sont entrés en action avec le Machine Gun Corps, appelé ultérieurement Tank Corps, à la bataille de Flers-Courcelette (France), le 15 septembre 1916.

Le 24 avril 1918, la **1re bataille entre tanks** a eu lieu à Villers-Bretonneux (France) entre 3 tanks Mark IV (RU) et 3 A7V Sturmpanzerwagen (Allemagne). Deux tanks anglais endommagés ont battu en retraite, mais le 3e, armé d'une mitraillette 6 livres, s'est arrêté afin que le mitrailleur puisse tirer avec stabilité. Le A7V allemand s'est renversé et a été considéré comme le 1er tank vaincu, mais il a ensuite été révélé qu'il avait perdu l'équilibre sur une pente.

Avion dans une bataille navale

La bataille de Jutland du 31 mai 1916 a vu un avion participer à une bataille navale pour la 1re fois. Après un contact entre des croiseurs britanniques et allemands, le lieutenant F. J. Rutland a décollé à bord du Seaplane n° 8 359, à 15 h 08, du HMS *Engadine* pour une reconnaissance. Il a indiqué avoir échangé des tirs avec un croiseur ennemi avant qu'un tube endommagé du carburateur n'écourte sa sortie.

Le 1er avion supersonique de combat non habité

Construit par BAE Systems (RU), le Taranis a réalisé son 1er vol d'essai le 10 août 2013, au Woomera Test Range (Australie). Cet avion furtif ultra-secret a été conçu pour démontrer qu'un avion non habité peut réaliser des tâches complexes de recherche d'informations, de surveillance, de ciblage et de frappes de combat.

Le 1er financement participatif d'un véhicule militaire

Construit par Local Motors et DARPA, le XC2V FLYPMode a rassemblé les idées de plus de 150 personnes. Construit pour remplacer le Humvee, ce prototype a été présenté au président Obama fin juin 2011, moins de 3 mois et demi après la finalisation du design d'origine.

Le 1er drone à soufflante

Développé par Tactical Robotics Ltd, basé à Yavne (Israël), l'AirMule est un drone à décollage et atterrissage verticaux. C'est le seul drone de ce type avec des rotors non visibles. La soufflante de décollage est interne et 2 soufflantes à l'arrière assurent la propulsion. L'AirMule peut voler dans un espace de 40 m², là où un hélicoptère risquerait d'endommager ses rotors.

L'avion de combat (actif) le plus répandu

Selon Flight Global's World Air Forces 2014, le F-16 Fighting Falcon américain de General Dynamics/Lockheed Martin est l'avion de combat actif le plus répandu. Ses 2 281 exemplaires représentent 15 % des avions de combat. Il a volé pour la 1re fois le 20 janvier 1974.

Avion portant un avion de chasse

Le 3 novembre 1918, un Vickers R-23 britannique a volé pour la 1re fois avec un avion de chasse Sopwith Camel non habité qu'il a relâché au-dessus de la base aérienne de Pulham près de Norwich (RU) et qui a plané jusqu'au sol sans dommages. Le 6 novembre de la même année, le lieutenant R. E. Keys a réalisé le 1er vol habité dans un Sopwith Camel. Moteur allumé au sol, il s'est lancé d'un R-23 à une altitude de 914 m et a atterri à Pulham.

Avion furtif moderne utilisé au combat

Les avions furtifs impossibles à repérer au radar ont révolutionné l'armement. Le 1er avion de chasse de ce type était le F-117 Nighthawk américain de Lockheed Martin. Il a volé pour la 1re fois en 1981 et est resté secret jusqu'en novembre 1988. En tout, 64 exemplaires ont été construits. Il a été utilisé pour la 1re fois lors de l'invasion américaine de Panamá en décembre 1989 : il a bombardé le terrain de Río Hato.

Attaque de drone

Le 3 novembre 2002, un RQ-1 Predator de General Atomics contrôlé par la CIA a tiré un missile AGM-114 Hellfire contre 6 membres supposés d'Al-Qaïda au Yémen.

« Spiderman » militaire

Le 5 juin 2014, l'Advanced Research Projects Agency de la Défense américaine a annoncé le succès du projet Z-Man : des coussinets à ventouse permettant à un soldat d'escalader des surfaces verticales, même avec une charge de 22,68 kg. Inspirés des doigts des geckos, les coussinets adhèrent et se détachent très facilement. À terme, cette technologie remplacera les cordes et les échelles.

Démonstration d'un appareil d'attaque naval robotique

De petits navires peuvent en attaquer un grand dans des lieux étroits où il est plus difficile à manœuvrer. Dans cette optique, le Bureau de recherche navale de la Marine (USA) a développé des équipements pour transformer presque tous les navires en appareils d'attaque de surface non habités. La 1re démonstration de la technologie CARACaS (Architecture de contrôle pour agent de commande et détection robotique) a eu lieu sur la rivière James (Virginie, USA) en août 2014.

Le plus grand porte-avions

Les porte-avions de classe Gerald R. Ford (USA) remplaceront ceux de classe Nimitz. Au moment de l'impression de ce livre, le 1er porte-avions de la nouvelle classe, l'USS Gerald R. Ford, était en cours de préparation et devait entrer en service en 2016. Son déplacement à pleine charge sera d'environ 101 000 t.

USS Gerald R. Ford

Avec sa taille gigantesque et sa technologie de pointe, pas étonnant que l'USS Gerald R. Ford (CVN-78) figure à tant de reprises dans ce livre.

C'est à la fois le **plus grand porte-avions** (voir en bas à gauche) et le **plus grand porte-avions nucléaire**. Sur la photo ci-dessus, des membres du gouvernement et de la famille de l'ancien président Gerald Ford (USA) rendent hommage au navire, à Washington (USA), en janvier 2007.

L'USS Gerald R. Ford est aussi le **1er porte-avions conçu avec un modèle 3D à l'échelle totale,** appelé CATIA (Application interactive en 3 dimensions assistée par ordinateur). Cet ensemble de logiciels 3D a été conçu par Dassault Systèmes (France). CATIA facilite tout le « cycle de vie » d'un produit, du concept initial au design, à l'ingénierie et à la fabrication. Il améliore les procédures de gestion des armes et permet donc d'augmenter le nombre de sorties en un temps donné.

Les avions décollant d'un porte-avions doivent atteindre leur vitesse de vol très rapidement, la longueur de piste disponible étant limitée. La classe Gerald R. Ford sera équipée du Système électromagnétique de lancement des avions (EMALS), le **système de catapultage pour porte-avions le plus avancé**. Cette nouvelle génération de système de catapultage en cours de conception utilise un rail électromagnétique pour rendre le décollage plus fluide et mieux le contrôler. EMALS aura besoin de beaucoup d'espace, mais il nécessitera moins de marins et fonctionnera sans dangereux tubes de vapeur dans le navire. Il sera donc plus sûr et efficace.

Bien sûr, une telle technologie coûte cher : avec un coût de 13 milliards $, l'USS Gerald R. Ford sera le **porte-avions le plus cher jamais construit**.

EXPLORER L'ESPACE

La différence d'âge entre le **plus jeune astronaute** et le **plus âgé** est de **52 ans**.

EN CHIFFRES

1 890
Nombre d'exoplanètes confirmées par *L'Encyclopédie des planètes extrasolaires* en février 2015.

12
Nombre de personnes ayant marché sur la Lune.

17 km/h
Record de vitesse au sol sur la **Lune** atteint séparément par John Young et Eugene Cernan (tous deux NASA, USA) dans un Rover lunaire.

108 min
Durée du **1er vol spatial habité** par Youri Gagarine (ex-URSS) en 1961.

4 milliards de km
Distance parcourue par *New Horizons* (voir ci-dessous).

LES 1ERS...

Selfie sur une autre planète
On avait déjà vu des images partielles d'atterrisseurs planétaires prises par les engins eux-mêmes, mais le 1er selfie d'un atterrisseur dans son entier a été réalisé par une juxtaposition de plusieurs images prises par le rover de la NASA, *Curiosity*, le 31 octobre 2012.

Le **1er** *selfie* humain dans l'espace a été pris par Michael Collins (USA), à bord de la capsule *Gemini 10*, le 19 juillet 1966.

Aliment cultivé dans l'espace
Le 10 octobre 1995, la navette spatiale *Columbia* (USA) s'est élancée avec un précieux chargement : 5 plants de pomme de terre. Durant sa mission de 16 jours en orbite autour de la Terre, ils ont été cultivés avec soin dans l'espace d'astroculture, un incubateur spécial contrôlant précisément l'eau, les nutriments et la lumière ultraviolette fournis aux plantes. À la fin de la mission, les plants avaient commencé à produire des tubercules.

Robot compagnon dans l'espace
Kirobo, 1er robot parlant envoyé dans l'espace, a rejoint la *Station spatiale internationale (ISS)*, le 9 août 2013. Son objectif principal était de servir de compagnon à l'astronaute Koichi Wakata (Japon). Inspiré par le personnage de dessin animé Astro Boy, *Kirobo* était programmé pour parler japonais et pour enregistrer ses conversations avec Wakata.

LES PLUS LONGS...

Sortie dans l'espace
Le 11 mars 2001, Jim Voss et Susan Helms (tous 2 USA) ont passé 8 h et 56 min en sortie extravéhiculaire. Ils devaient libérer de la place sur l'*ISS* pour le module italien *Leonardo*, qui transportait des vivres et de l'équipement.

Vol en orbite d'une planète externe
Au 5 mars 2015, la sonde *Cassini* avait

Le départ de la Terre le plus rapide
La vitesse de décollage la plus rapide depuis notre planète est de 58 338 km/h. Elle a été atteinte par la sonde *New Horizons* de la NASA, décollant à bord d'une fusée Atlas V à Cap Canaveral (Floride, USA), le 16 janvier 2006. Elle commençait alors un vol de 9 ans pour étudier la planète naine Pluton et ses lunes. C'était la 3e tentative de *New Horizons* : ses 2 premiers départs avaient été annulés à cause du vent.

La plus grande capsule habitée
Lancée par une fusée Delta IV Heavy le 5 décembre 2014, la capsule *Orion* a un diamètre de 5 m et un volume habitable de 8,95 m³. Les précédentes capsules de la NASA, tout comme les modèles chinois et russes actuels, étaient conçus pour un équipage de 3 personnes maxi. *Orion* peut transporter 4 astronautes dans des missions dans l'espace et 6 lors de missions en orbite basse.

passé 10 ans et 249 jours en orbite autour de Saturne. Sa mission d'origine devait durer 4 ans, mais de nouveaux financements ont permis de la prolonger au moins jusqu'en 2017.

LES PLUS GRANDS...

Menu dans l'espace
L'équipage russe de l'*ISS* dispose de plus de 300 plats différents à bord de la station spatiale. Un cosmonaute russe peut ainsi déguster de la purée de pommes de terre, des bâtonnets de pomme, du bortsch, du goulash, du riz avec de la viande, des brocolis au fromage, des pêches ou des noix.

Pour un dîner avec vue, il peut rejoindre le module *Cupola* de l'*ISS*. Composé de 7 panneaux transparents en forme de dôme et affichant un diamètre de 2,95 m, le *Cupola* est la **plus grande fenêtre dans l'espace**.

Impact lunaire enregistré
Le 11 septembre 2013, les astronomes de l'université de Huelva (Espagne) ont détecté un éclair brillant sur la Lune. Il a été causé par un corps d'une masse estimée à 400 kg voyageant à la vitesse de 61 000 km/h. L'impact a libéré une énergie équivalente à celle de 15 t de TNT.

REX : expérience de science radio ; étudie la composition atmosphérique et la température.

LORRI : imageur de reconnaissance à longue portée ; étudie la topologie et la géologie de Pluton et ses lunes.

SWAP : vent solaire autour de Pluton ; analyse les effets du vent solaire dans cette région éloignée.

Antenne grand gain.

Propulseur.

Générateur thermoélectrique à radioisotope (RTG) : la batterie nucléaire.

Senseurs stellaires.

+ Plus d'infos : *New Horizons* maintenant
Le 6 décembre 2014, le contrôle de *New Horizons* sur Terre a ordonné à la sonde de sortir de son hibernation. Désormais opérationnelle, elle doit étudier l'objet VNH0004 de la ceinture de Kuiper avant de commencer à observer Pluton et ses lunes en juillet 2015. Ce sera la 1re étude approfondie de la composition et de l'évolution des corps dans la partie externe et gelée du Système solaire.

Funérailles dans l'espace

Les cendres de 24 pionniers de l'espace, dont Gene Roddenberry (créateur de *Star Trek*, USA) et Krafft Ehricke (scientifique, Allemagne), ont été envoyées en orbite le 21 avril 1997 par la fusée *Pegasus* (USA).

LE PLUS DE…

Vaisseaux spatiaux actifs en orbite autour d'une autre planète

En décembre 2014, 5 vaisseaux opérationnels orbitaient autour de Mars. Par ordre d'arrivée, il s'agissait de *Mars Odyssey* (NASA, 2002), *Mars Express* (ESA, 2003), *Mars Reconnaissance Orbiter* (NASA, 2006), *MAVEN* (NASA, 2014) et la 1re sonde indienne, *Mars Orbiter Mission* (alias *Mangalyaan*, 2014).

Kilomètres parcourus par un objet humain dans l'espace

Au 10 février 2015, la sonde *Voyager 1* de la NASA, lancée le 5 septembre 1977, avait parcouru 19 569 milliards de km depuis la Terre.

Si *Voyager 1* a voyagé plus vite, *Voyager 2* détient le record du **plus de planètes visitées** : elle s'est arrêtée près des 4 géantes gazeuses : Jupiter, Saturne, Uranus et Neptune.

Temps passé dans l'espace

En 6 vols, Sergueï Krikaliov (Russie) a passé 803 jours, 9 h et 39 min dans l'espace. Sa dernière mission : commandant de l'*ISS* en 2005.

Le rover à la plus longue vie sur Mars

Au 18 février 2015, le rover *Opportunity* de la NASA avait été actif à la surface de Mars pendant 11 ans et 24 jours, soit 4 042 jours. *Opportunity* et son jumeau *Spirit* ont atterri sur la planète rouge en 2004. Le 22 mars 2010, la NASA a perdu contact avec *Spirit*. Elle a annoncé la fin de la mission en 2011, mais *Opportunity* est toujours actif. Il a parcouru plus de 41 km.

La 1re orbite autour de Mercure

La sonde *MESSENGER* (surface, environnement spatial, géochimie et télémétrie de Mercure) de la NASA, la 2e à visiter Mercure, est entrée en orbite autour de la plus petite planète du Système solaire en 2011.

Elle a découvert de la glace d'eau dans des cratères du pôle Nord et une grande quantité de sulfure, ce qui pourrait indiquer une activité volcanique passée.

Se poser sur une comète

Le 12 novembre 2014, *Philae*, **1er vaisseau à atterrir sur une comète**, est entré dans l'histoire de l'exploration spatiale. Mais tout ne s'est pas passé comme prévu…

En 2004, l'Agence spatiale européenne (ESA) a lancé la sonde *Rosetta*, qui transportait l'atterrisseur *Philae*. Le 6 août 2014, elle a atteint son but, la comète 67P/Tchourioumov–Guérassimenko. Une fois *Rosetta* en orbite autour de la comète, l'ESA pouvait déployer *Philae*.

L'atterrisseur a touché terre à 15 h 34 UTC après presque 7 h de voyage. À l'ESA, tout le monde se réjouissait *(ci-dessous)*, quand soudain…

La gravité de la comète étant faible, des harpons *(à droite)* devaient être tirés pour ancrer *Philae* à la surface et un propulseur mis en place pour compenser un éventuel rebond. Mais ces deux systèmes n'ont pas fonctionné correctement et *Philae* a rebondi, atteignant une hauteur d'environ 1 km.

À 17 h 25 UTC, *Philae* a atterri de nouveau et rebondi. Il s'est arrêté dans l'ombre de la comète, loin du site d'atterrissage. Il a eu le temps de prélever des échantillons, puis l'ESA a perdu le contact le 15 novembre à cause des batteries épuisées. La mission est tout de même un succès, les objectifs principaux ayant été atteints.

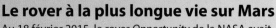

EN MOUVEMENT

La **plus grande maquette de voiture à moteur** (13,62 m) est plus de 20 fois plus grande que la **plus petite voiture**.

EDD CHINA

5

Nombre de records du « meuble le plus rapide » détenus par Edd China (RU).

68 km/h
La salle de bains la plus rapide : *Bog Standard*, moto et side-car placés sous une baignoire, un lavabo et un panier à linge.

92 km/h
La station de jeu mobile la plus rapide : les 3 passagers jouaient à la console dans les rues de Londres (RU).

94 km/h
L'abri de jardin le plus rapide : *Gone to Speed*, à Milan (Italie), le 1er avril 2011.

111 km/h
Le lit le plus rapide : chronométré sur une route privée de Londres (RU), le 7 novembre 2008.

140 km/h
Le bureau le plus rapide : un bureau complet avec ordinateur, écran et plante en pot a pris la route à Londres (RU), le 9 novembre 2006.

L'ascension la plus rapide en avion électrique (3 000 m)

Chip Yates (USA) s'est envolé à une altitude de 3 000 m en 5 min et 32 s, à Inyokern (Californie, USA), le 24 novembre 2013. Plus d'infos sur ses records p. 161.

Le plus haut monocycle fonctionnel

Le 28 septembre 2013, Mushegh Khachatryan (Arménie) a pédalé sur un monocycle de 3,08 m de haut sur 25,19 m, à Erevan (Arménie). Il fait du monocycle depuis ses 12 ans, à l'atelier du cirque d'Erevan.

La voiture la plus chevelue

Maria Lucia Mugno et Valentino Stassano (tous deux Italie) ont recouvert leur Fiat 500 de 120 kg de cheveux humains. Cet étonnant véhicule a été pesé sur une balance publique à Padula Scalo, près de Salerno (Italie), le 15 mars 2014.

Le plus long « monster truck »

Le « monster truck » de Russ Mann (USA) mesurait 9,8 m de long, le 10 juillet 2014, à Last Stop (White Hills, Arizona, USA).

Le plus petit hélicoptère

En termes de longueur du rotor, le plus petit hélicoptère est le GEN H-4 de Gen Corporation (Japon) avec son rotor de 4 m de long, ses 70 kg, sa seule place assise, son train d'atterrissage et sa source d'énergie. Contrairement aux hélicoptères traditionnels, il a deux séries de rotors contrarotatifs coaxiaux et n'a donc pas besoin de queue comme balancier.

La plus petite voiture fonctionnelle

Le 7 septembre 2012, à Carrollton (Texas, USA), Austin Coulson (USA) a présenté une toute petite voiture de 63,5 cm de haut, 65,41 cm de large et 126,47 cm de long. Le véhicule est autorisé à rouler sur les routes publiques dont la vitesse est limitée à 40 km/h.

LES PLUS RAPIDES APRÈS MODIFICATION…

Cart de golf

Au volant d'un cart de golf Plum Quick Motors, Robby Steen (USA) a atteint 166,81 km/h, à Darlington Dragway (Hartsville, Caroline du Sud, USA), le 4 octobre 2013. Il a parcouru 0,4 km en 14,183 s.

Le plus haut vélo fonctionnel

Construit et utilisé par Richie Trimble (USA), *Stoopidtall* a été mesuré à Los Angeles (Californie, USA), le 26 décembre 2013 : il fait 6,15 m.
Dans cette catégorie, la mesure est prise du sol aux poignées et le vélo doit parcourir au moins 100 m sans stabilisateurs.

La plus longue moto

Certains ne reculent devant rien pour figurer dans le *GWR*. Bharatsinh Parmar (Inde) a créé une moto allongée de 26,69 m de long. Mesurée près du lac Lakhota, à Jamnagar (Gujarat, Inde), le 22 janvier 2014, elle fait plus de 4 m de plus que la précédente détentrice du record.

! INFO

Pour s'assurer que sa moto ultra-longue pouvait rouler comme une moto normale, Bharatsinh l'a conduite sur route sur 100 m sans poser les pieds au sol.

<------------------------------- 35,79 m ------------------------------->

L'avion électrique le plus rapide

Chip Yates (USA) a atteint la vitesse de 324,02 km/h dans un avion Rutan Long E-Z modifié à Inyokern (Californie, USA), le 23 novembre 2013. Il s'agit d'une moyenne sur un parcours de 3 km.

Chip détient aussi le record de la **moto électrique la plus rapide** : il a conduit sa SWIGZ Electric Superbike Prototype à la vitesse de 316,899 km/h, le 30 août 2011.

Tondeuse à gazon
Honda et Team Dynamics (tous deux RU) ont construit une tondeuse à gazon qui a atteint 187,61 km/h sur le terrain d'essai IDIADA de Tarragona (Espagne), le 8 mars 2014.

Camion de livraison de lait
Le 25 juin 2014, à Bruntingthorpe (Leicestershire, RU), Rob Gill (RU) a conduit à la vitesse de 136,081 km/h un camion de livraison de lait construit par Weetabix on the Go Breakfast Drinks.

Camping-car (RV)
Le 21 octobre 2014, Simon Robins (RU) a conduit un camping-car contenant lit double, lavabo, cuisinière et toilettes à la vitesse de 227,35 km/h, sur le terrain d'aviation d'Elvington (North Yorkshire, RU).

Char motorisé
Le 10 août 2013, Jack Wallace Jr et Mark Dawson (tous deux USA) ont battu le record du char le plus rapide. Ils ont atteint 98,79 km/h, sur le champ de courses de Willow Springs à Rosamond (Californie, USA). Le char est tracté par un bras articulé fixé à l'arrière d'une moto.

Chariot de supermarché
Le 18 août 2013, Matt McKeown (RU) a conduit son chariot de supermarché motorisé à 113,2 km/h, sur le champ d'aviation d'Elvington (North Yorkshire, RU).

Canapé
Glenn Suter (Australie) a atteint 163,117 km/h au volant d'un canapé motorisé, dans l'aéroport de Camden (Nouvelle-Galles du Sud, Australie) le 26 septembre 2011, lors d'une rencontre organisée par The Monkeys for Ice Break (Australie).

> **! INFO**
> Plusieurs poutres à treillis en aluminium (utilisées pour l'éclairage de concerts) ont été utilisées pour unir les 2 bouts du **plus long vélo**. Avec une seule poutre, le vélo aurait traîné au sol.

Le plus long vélo

Le plus long vrai vélo (avec 2 roues et sans stabilisateurs) mesure 35,79 m. Il a été construit par des membres de Mijl van Mares Werkploeg (Pays-Bas), à Maarheeze (Pays-Bas), le 5 août 2011. Les frères Twan (*devant*) et Ruud Meulendijk (*derrière*, tous 2 Pays-Bas) sont photographiés ici lors d'un essai sur route. Plus d'infos dans l'encart à droite.

👤 De plus en plus long

Frank Pelt est le responsable du groupe qui a construit le **vélo le plus long**. Nous lui avons posé quelques questions lors du passage de l'équipe du GWR aux Pays-Bas.

Pourquoi avez-vous tenté ce record ?
Avec ce record, nous voulions célébrer le 50ᵉ anniversaire de notre compétition de vélo.

Qu'est-ce qui a été le plus compliqué ?
Faire en sorte que le vélo soit fonctionnel avec une telle taille. Puis il a fallu l'essayer !

Comment l'avez-vous construit ?
Nous avons monté une équipe. Chaque membre connaissait une partie du vélo, par exemple le guidon, l'arrière, la chaîne ou les vitesses.

Est-il facile à utiliser ?
Avec le bon matériel, c'est assez facile. Il est si lourd et si long qu'il faut peu de vitesses. [Comme un vélo normal, ce véhicule record est propulsé par l'arrière et dirigé par l'avant.]

Comment réagissent les gens quand ils vous voient sur le vélo ?
Ils me demandent ce que je fais, quelle taille fait le vélo et pourquoi je l'ai construit. Je leur dis que c'était un défi pour figurer dans le *GWR* !

Sur quelle distance pouvez-vous l'utiliser ?
On peut aller aussi loin qu'on veut tant que la route est droite. Les tournants sont impossibles à négocier !

Avez-vous des conseils à donner à quelqu'un qui voudrait battre ce record ?
Je n'ai pas de conseils à donner. On a réussi, alors n'importe qui peut y arriver !

ARTS ET MÉDIAS

Les plus grosses recettes au box-office pour un film d'une série de science-fiction

Star Wars a fait ses débuts sur grand écran le 25 mai 1977 avant d'être rebaptisé *Star Wars : Épisode IV – Un nouvel espoir*. À l'instar de ses suites et prequels, le succès a été au rendez-vous puisque les ventes de billets de ce 1er opus ont généré plus de 4,4 milliards $ dans le monde.

Et la légende perdure puisque lors du week-end du 31 janvier au 2 février 1997, *Un nouvel espoir* a cumulé 35 906 661 $ dans les cinémas américains, soit le **1er week-end d'exploitation le plus rentable pour une ressortie de film**. L'*Épisode VII – Le Réveil de la Force* prévu pour décembre 2015 atteste du succès phénoménal et durable de la franchise *Star Wars*.
En photo ci-dessus, les nouveaux Stormtroopers dans la bande-annonce du film.

11 000 m Diamètre moyen de la comète de Halley, la **1re comète périodique découverte** par Edmond Halley en 1705 ; son orbite autour du Soleil dure 75,32 années

! **INFO**

Voici des images du nouvel opus à venir de la série *Star Wars – Le Réveil de la Force*. Sorti le 28 novembre 2014, le teaser est devenu l'une des bandes-annonces les plus regardées, avec 58,2 millions de vues en 5 jours.

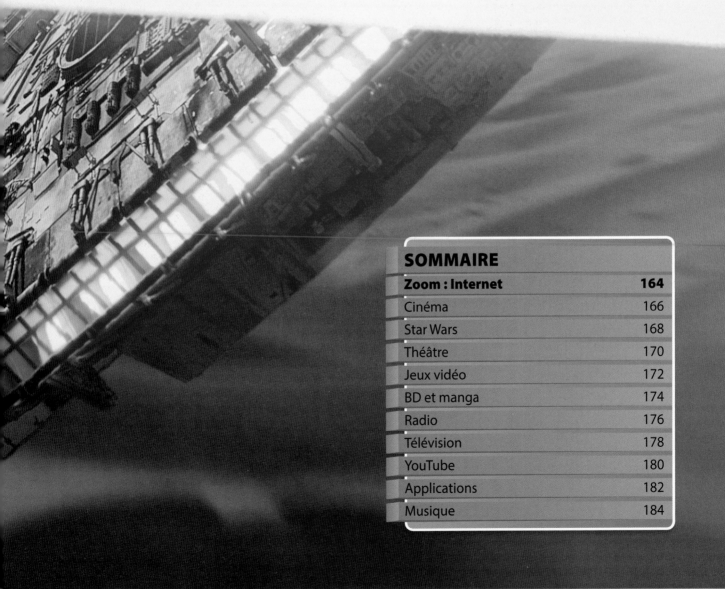

SOMMAIRE

Chaque **requête Google doit parcourir** en moyenne **2 415 km**, aller et retour, avant de fournir une réponse.

Les fans d'Internet devraient marquer d'une pierre blanche le 6 août 2016, car ce sera les 25 ans du lancement du tout **1er site Web**, créé par Tim Berners-Lee (RU).

De nombreuses dates importantes ont ponctué l'évolution d'Internet. En 2015, le seuil des 3 milliards d'utilisateurs a été franchi. Forte en 2010 d'un peu plus de 2 milliards d'internautes, la Toile est en bonne voie pour séduire la moitié de la population mondiale.

En 2014, on dénombrait 1 milliard de sites Web – et déjà 1,23 milliard en mars 2015. Si de nombreux sites restent dans l'anonymat, certains dominent le marché, attirant plusieurs millions d'utilisateurs par jour (ainsi que les lucratifs contrats publicitaires qui vont avec).

Google règne en maître absolu sur le Web. À la tête de nombreux records, notamment ceux du **plus grand publicitaire Internet (marque)**, du **plus gros outil de recherche** et de la **plus grande cartographie en ligne**, l'empire Google ne cesse de se développer.

En plus de la prolifération de sites secondaires, comme Google Earth, et de l'acquisition de méga-entreprises comme YouTube, Google s'associe à de puissants acteurs opérant dans d'autres secteurs, comme Android, AOL et la NASA. Si vous « googlez » Google en 2015, vous obtiendrez une multitude de liens, menant à tout, depuis des fermes éoliennes à des voitures sans conducteur.

Comment pourrait-on concevoir la vie sans Internet ? Quelle ampleur aura le Net dans 25 ans ? Voici un sujet à surveiller.

Internet en 1 min…

Créé par un groupe d'analystes et de développeurs Internet, InternetLiveStats.com utilise des compteurs et des icônes en temps réel pour représenter visuellement les variations de l'activité en ligne, en se concentrant sur certains des plus gros sites. Les données de cette colonne proviennent d'une analyse réalisée par InternetLiveStats.com sur 60 s, le 12 février 2015.

147 388 472 e-mails envoyés (67 % sont des spams).

1 545 051 GB de trafic Internet.

2 062 méga-wattheures d'électricité – assez pour couvrir les besoins annuels de 189 foyers américains.

2 450 t d'émissions de CO_2 générées par Internet.

712 nouveaux sites Web créés.

34 sites Web piratés.

2 623 blogs écrits postés.

TOP 20 DES SITES WEB (FRÉQUENTATION/MOIS)

Les sites sont ici classés selon leur fréquentation mensuelle calculée en fonction du nombre d'internautes (soit 3 075 000 000 en février 2015).

Site Web	Visiteurs	Site Web	Visiteurs
Google.com	1,46 mds	Live.com	199,9 mil
Facebook.com	1,23 mds	Google.co.in	178,4 mil
YouTube.com	956,3 mil	Sina.com.cn	175,3 mil
Yahoo.com	461,3 mil	LinkedIn.com	172,2 mil
Baidu.com	449,0 mil	Weibo.com	150,7 mil
Wikipedia.org	418,2 mil	Blogspot.com	135,3 mil
Amazon.com	292,1 mil	Tmall.com	126,1 mil
Twitter.com	289,1 mil	Yahoo.co.jp	107,6 mil
QQ.com	267,5 mil	Google.co.jp	= 95,3 mil
Taobao.com	224,5 mil	Ebay.com	= 95,3 mil

Sources : Alexa.com ; Statista.com ; InternetLiveStats.com

! INFO

L'archevêque et écrivain Isidore de Séville (Espagne, v. 560-636) a été déclaré saint patron d'Internet en 1997, grâce à ses travaux encyclopédiques sur la culture populaire.

Toujours plus vite

Internet a bien changé depuis ses débuts. En 2015, des chercheurs de l'université du Surrey (RU) travailleraient sur une connexion 5G qui serait jusqu'à 65 000 fois plus rapide que l'actuelle 4G. Le graphe représente les 5 nations les plus avancées dans la course à la connexion rapide, d'après un rapport 2014 d'Akamai, spécialiste du Cloud.

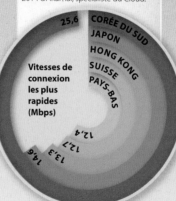

Vitesses de connexion les plus rapides (Mbps)

25,6 — CORÉE DU SUD
JAPON
HONG KONG
SUISSE
PAYS-BAS
14,6 / 13,3 / 12,7 / 12,4

500 millions de tweets sont envoyés chaque jour ; 80 % des utilisateurs actifs de Twitter accèdent au site via un mobile.

En 2014, les revenus nets d'Amazon ont atteint 88,99 milliards $.

Google Japon

En 2014, 76 % des utilisateurs LinkedIn ont élu « Qui a consulté votre profil » comme leur fonction préférée.

En décembre 2014, il y avait environ 890 millions d'utilisateurs de Facebook.

On compte 3 125 000 « j'aime » par minute sur Facebook.

En 2014, il y a eu plus de 4,7 millions d'articles Wiki en anglais.

Baidu affirme détenir environ 79 % du marché des outils de recherches en Chine.

Repères Internet

L'Internet que nous connaissons aujourd'hui a demandé plusieurs décennies de recherche et de développement technologique, qui ont abouti au World Wide Web, opérationnel le 30 avril 1993.

1957
L'URSS envoie en orbite *Spoutnik*, le 1er satellite.

1958
Bell Labs (USA) invente le 1er modem.

1961
Leonard Kleinrock (USA) du MIT publie un article sur les « échanges de paquets ».

1965
Le 1er réseau étendu (WAN) est testé avec succès.

1969
Le **1er réseau d'échange de paquets** et précurseur d'Internet, ARPANET, est opérationnel.

 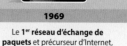

1971
Ray Tomlinson (USA) envoie le 1er e-mail. Il ne se souvient pas du texte.

24 000 m Diamètre d'une étoile à neutrons, la **plus petite catégorie d'étoiles**. Incroyablement dense, un morceau d'une étoile à neutrons de la taille d'un grain de sable aurait la masse d'un gratte-ciel.

La « coupe du monde de football 2014 » a été la requête Google la plus fréquente en 2014.

On a dénombré 2 848 328 requêtes par minute sur Google.com, d'après Internet Live Stats.

! INFO
Tous les logos de sites Web représentés ici sont à l'échelle de leur popularité. Autrement dit, leur taille reflète le nombre de visiteurs qu'ils attirent chaque mois, les uns par rapport aux autres.

Internet sur la carte
Selon Internet Live Stats, ces 10 nations comptaient le plus d'habitants ayant accès à Internet en 2014.

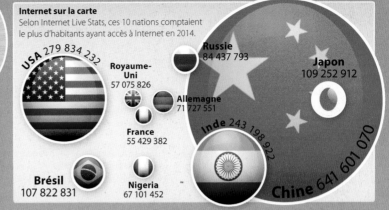

USA 279 834 232
Royaume-Uni 57 075 826
Russie 84 437 793
Japon 109 252 912
Allemagne 71 727 551
France 55 429 382
Inde 243 198 922
Chine 641 601 070
Brésil 107 822 831
Nigeria 67 101 452

Les visiteurs de Weibo passent en moyenne 8 min et 41 s sur le site Web.

La plupart des visiteurs de Yahoo.com proviennent des États-Unis (29,9 %) et d'Inde (7,9 %).

Yahoo! Japon

5 745 350 vidéos YouTube sont visionnées chaque minute, d'après Internet Live Stats.

Google Inde

eBay totalisait 155,2 millions d'utilisateurs actifs en 2014.

SINA, qui possède également Weibo.com, a annoncé un revenu net de 768,2 millions $ pour 2014.

Propriétaire de Tmall et Taobao, Alibaba gère environ 12,7 milliards de commandes par an, soit environ 86 % du e-commerce de la Chine.

Où vont toutes les données ?

À mesure qu'Internet se développe et que nos vies deviennent de plus en plus connectées, nous avons besoin d'infrastructures pour entreposer et gérer toutes les données. D'où la nécessité d'avoir des centres de stockage d'informations. Ces structures représentent les entités physiques du « Cloud », où se trouvent les serveurs qui pilotent Internet.

Le **plus grand centre de données (structure unique)** est le Lakeside Technology Center de Chicago (Illinois, USA, *ci-dessus*), avec 102,193 m². Le **plus grand complexe de centres de données** est le Switch SUPERNAP de Las Vegas (Nevada, USA, *à droite*) : 204 386 m², répartis sur plusieurs sites dans toute la ville.

1974
Vint Cerf et Robert Kahn (tous 2 USA) inventent le mot « Internet ».

1978
Le **1er spam électronique** est envoyé par Gary Thuerk (USA).

1989
Tim Berners-Lee (RU) entame le développement du World Wide Web au CERN.

1997
Google est déposé par Larry Page (USA) et Sergey Brin (RU).

2001
Wikipedia est créé par Jimmy Wales (*ci-dessus*) et Larry Sanger (tous 2 USA).

2004
Facebook est lancé par 5 étudiants de l'université d'Harvard (USA).

2005
Jawed Karim télécharge la **1re vidéo YouTube**, tournée dans un zoo.

2015
Le nombre d'internautes dépasse les 3 milliards.

CINÉMA

Après avoir tenté pendant plus de **70 ans** d'adapter au cinéma le conte d'Hans Christian Andersen *La Reine des neiges*, Disney a finalement sorti le dessin animé éponyme en 2013.

EN CHIFFRES

1,5 million $
Cachet de l'auteur Michael Crichton (USA, 1942-2008) en 1990 pour les droits cinématographiques de *Jurassic Park*.

1,03 milliard $
Estimation des recettes mondiales de *Jurassic Park*, selon The-Numbers.com.

868
Nombre de jurons dans *Swearnet* (2014) – le **plus de jurons proférés dans un film**.

87
Nombre de cérémonies des Oscars depuis la naissance des trophées en 1929.

5 702 153 $
Levée de fonds via Kickstarter pour *Veronica Mars* (2014) – le **film qui a le plus bénéficié du financement participatif**.

7 min
Durée de *La Reine des neiges : Une fête givrée* (2015), spin-off de *La Reine des neiges* coréalisé par Jennifer Lee.

800 TB
Volume de données d'*Interstellar* (2014), en raison d'effets spéciaux omniprésents.

Le film ayant généré le plus rapidement 1 milliard $

Le thriller *Fast & Furious 7* avait généré 1 milliard $ au box-office mondial 17 jours après sa sortie, le 1er avril 2015. Dernier opus en date de la franchise, on y retrouve Paul Walker, décédé dans un accident de voiture le 30 novembre 2013 ; la production a terminé le film en faisant appel à des doublures et à des images générées par ordinateur.

La production continue la plus longue pour un film

L'auteur/réalisateur Richard Linklater (USA) a débuté la photo de son film *Boyhood*, avec l'acteur Ellar Coltrane (USA), alors âgé de 7 ans, le 15 juillet 2002. Tourné par intermittence pendant les 11 ans qui ont suivi, le film suit le personnage joué par Coltrane et son évolution en temps réel. La première ayant eu lieu en janvier 2014, la production a duré 11 ans et 86 jours.

La **plus longue production d'un film animé** a pris 31 ans. Sorti sur les écrans en 1995, *Le Voleur et le Cordonnier (Arabian Knight)* remonte en réalité à 1964, date à laquelle l'animateur Richard Williams (Canada) a commencé à travailler sur le film.

La production cinéma la plus rapide

Le film de 75 min *Just Drive : A Namibian Story* a été produit en 10 jours, 4 h et 47 min par CamelEye Productions (Namibie), au Warehouse Theatre de Windhoek (Namibie), du 16 au 26 mars 2014.

La franchise de dinosaures la plus lucrative

Les 3 films de la série *Jurassic Park* (1993, 1997 et 2001) ont généré 2,2 milliards $. Ce chiffre devrait être dépassé grâce au 4e opus de 2015, *Jurassic World*.

LES PLUS RENTABLES...

Compositeur de film
Les 90 musiques de film composées par Hans Zimmer (Allemagne) – y compris *Interstellar* (2014, voir ci-dessous) – ont rapporté 24,7 milliards $.

John Williams (USA) a écrit 106 musiques pour le cinéma et la télévision, mais les données financières n'existent que pour 72 d'entre elles. Les recettes moyennes de celles-ci atteignent 279,4 millions $, ce qui fait de Williams le **compositeur le plus rentable par film** parmi les compositeurs ayant au moins 20 musiques de film à leur actif.

Actrice de film d'action
Les films d'action franchisés de Jennifer Lawrence (USA) – *Hunger Games* (elle tient le rôle de Katniss Everdeen) et *X-Men* (Raven/Mystique) – totalisaient 3,3 milliards $ en janvier 2015.

Le plus de suites commercialisées dans une année calendaire

Dans le top 100 des films les plus exploités en 2014, 29 étaient des suites, des spin-offs ou des franchises, soit 2 de plus que le précédent record établi en 2011.

On y retrouve les plus gros blockbusters de 2014, avec notamment (*de haut en bas*) *Le Hobbit : La bataille des cinq armées*, *The Amazing Spiderman 2 : Le Destin d'un héros* et *La Nuit au musée 3 : Le Secret des pharaons*.

2015 devrait être aussi une année riche en suites, avec les très attendus *Spectre* (le nouveau James Bond), *Jurassic World* et *Le Réveil de la Force* (le 7e opus de *Star Wars*).

Le studio d'animation le plus rentable

En matière de recettes mondiales au box-office, DreamWorks Animation SKG, Inc (USA) est n° 1, totalisant à travers le monde 12,19 milliards $ de recettes provenant de 29 films, au 15 octobre 2014. Son plus gros succès de 2014 a été *Dragons 2* (*ci-dessus*), sorti sur les écrans en juin et ayant engrangé 616,1 millions $ en mars 2015.

Le film IMAX (Image MAXimum) le plus rentable

Avec plus de 1 h de rushes enregistrés avec des caméras IMAX, *Interstellar* est le film qui a le plus utilisé ce format haute résolution. Ses recettes atteignaient 665,4 millions $ en janvier 2015.

Le thriller, avec Matthew McConaughey (à droite) et Anne Hathaway (à gauche) dans le rôle d'astronautes s'aventurant dans un trou noir à la recherche d'une nouvelle planète habitable, est sorti dans 760 cinémas IMAX en novembre 2014, soit la **plus vaste exploitation IMAX**.

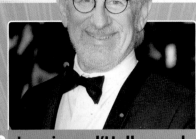

Le film le plus rentable réalisé par une femme

La Reine des neiges (2013), que Jennifer Lee (*en médaillon*) a coréalisé avec Chris Buck (tous deux USA), a généré 1,27 milliard $ dans les cinémas à travers le monde. *La Reine des neiges* devient ainsi le **1er film réalisé par une femme à totaliser 1 milliard $ de recettes** et le **film d'animation le plus rentable**. Lee et Buck se sont retrouvés pour réaliser le court métrage d'animation dérivé *La Reine des neiges : Une fête givrée*, sorti en mars 2015.

Film de science-fiction

Réalisé par James Cameron (USA), *Avatar* (2009), qui se déroule sur la planète Pandora, avait engrangé 2,78 milliards $ au 12 août 2010.

Film de Bollywood

La comédie *PK*, avec Aamir Khan (Inde), est rapidement devenue le film indien le plus rentable de tous les temps après sa sortie en décembre 2014, totalisant à travers le monde 101,2 millions $ en janvier 2015.

Film de zombie

World War Z (2013), avec Brad Pitt (USA) – la **vedette la plus rentable d'Hollywood** selon The Numbers (*voir profil dans l'encadré à droite*) –, a séduit des hordes de spectateurs, générant 540 millions $ de recettes.

Film de vampire

Les recettes globales du dernier opus de la série pour adolescents *Twilight – Chapitre 5 : Révélation, 2e partie* (2012) avaient atteint plus de 832 millions $ seulement 113 jours après sa sortie.

Film de sport

Le film à thème sportif le plus rentable de tous les temps est *The Blind Side* (2009), nommé aux Oscars, qui avait généré à travers le monde 305 millions $ au 1er juin 2010. Le long métrage s'empare ainsi de peu du record précédemment détenu par *Rocky IV* (1985), qui avait totalisé 300 millions $ de recettes globales au 1er mars 1986. En prenant en compte l'inflation, *Rocky IV* aurait généré aujourd'hui 638 millions $, *The Blind Side* 331 millions $.

Le salaire annuel le plus élevé pour une actrice

Sandra Bullock (USA) a touché 51 millions $ (estimation) pour l'année se terminant en juin 2014. Le plus gros succès de Sandra Bullock durant cette période a été le blockbuster de science-fiction d'Alfonso Cuaron, *Gravity* (2013), qui a généré 716 millions $ dans le monde.

L'acteur incarnant un super-héros le plus rentable

Au 24 mars 2015, les 4 films dans lesquels Robert Downey Jr (USA) tient le rôle de Tony Stark, alias Iron Man, avaient généré 3,89 milliards $ de recettes dans le monde. Grâce à *Avengers : L'Ère d'Ultron* sorti en avril 2015, l'année devrait être des plus prospères pour l'acteur, qui, en 2014, a été l'**acteur le mieux payé**, avec un salaire estimé à 75 millions $ (*voir p. 105*). Le 1er opus de la série, *Avengers* (2012), reste le **film de super-héros le plus rentable**, avec 1,51 milliard $ au box-office international.

Les cimes d'Hollywood

Le Numbers Bankability Index fait une estimation de la contribution monétaire annuelle des stars hollywoodiennes à l'industrie cinématographique. Il se base sur les recettes au box-office de toute leur carrière et sur leurs résultats sur la dernière décennie. En février 2015, le producteur/réalisateur Steven Spielberg (USA, *ci-dessus*) est arrivé 1er avec une contribution annuelle estimée à 27 674 059 $. Figurent aussi dans le top 10 :

2. Brad Pitt (USA)
Acteur
Films/an : 2,4
23 672 569 $

3. Johnny Depp (USA)
Acteur
Films/an : 3,1
22 989 298 $

4. Samuel L. Jackson (USA)
Acteur
Films/an : 4,6
22 561 208 $

5. Hans Zimmer (Allemagne)
Compositeur
Films/an : 4,2
22 475 688 $

6. Tom Cruise (USA)
Acteur
Films/an : 1,2
22 292 617 $

7. Tom Hanks (USA)
Acteur
Films/an : 2,4
21 829 081 $

8. Adam Sandler (USA)
Acteur
Films/an : 2,2
20 211 897 $

9. Leonardo DiCaprio (USA)
Acteur
Films/an : 1,9
20 041 463 $

10. Morgan Freeman (USA)
Acteur
Films/an : 3,7
19 713 643 $

Tous les films ont été réalisés aux États-Unis, sauf mention contraire.

STAR WARS

Les acteurs qui ont tenu le rôle initial de **Dark Vador** – David Prowse (le corps) et James Earl Jones (la voix) – ne se sont **jamais rencontrés**.

La plus grande collection de jeux complets LEGO® *Star Wars*

Jon Jessesen de Vika (Norvège) possédait une collection de 378 jeux LEGO® *Star Wars* au 1er janvier 2015. Les jeux – contenant 151 428 pièces – sont tous complets et encore emballés. Jessesen détient aussi l'intégralité des 646 mini-figurines LEGO® *Star Wars* commercialisées entre 1999 et 2012.

EN CHIFFRES

1 138
Chiffre souvent présent dans la saga *Star Wars*, en référence à un autre film de science-fiction de George Lucas, *THX 1 138* (1971).

314
La plus grande distribution de voix pour un jeu MMO, dans *Star Wars : The Old Republic* (Electronic Arts/ LucasArts, 2011).

10
Nombre de nominations aux Oscars en 1978 pour le 1er *Star Wars* ; il a remporté 6 victoires, plus 1 oscar exceptionnel.

CINÉMA

La plus grosse fortune personnelle réalisée grâce à un film de franchise

George Lucas (USA) a refusé son cachet de réalisateur pour le 1er *Star Wars* en 1977 en échange de droits sur le merchandising et les suites.

Lucas a ainsi touché 500 millions $ entre 1977 et 1980 rien qu'en recettes de merchandising. Il avait créé Lucasfilm Ltd en 1971 avant de fonder sa société d'effets spéciaux, Industrial Light & Magic.

En mars 2015, *Forbes* estimait la fortune de Lucas à 5 milliards $, alimentée notamment par la vente en 2012 de Lucasfilm à Disney pour 4 milliards $. Il reste consultant créatif pour *Star Wars Épisode VII : le Réveil de la Force*.

Le plus de nominations aux Oscars pour une personne vivante

Fort de ses 49 nominations (et 5 victoires), John Williams (USA) a composé la bande-son de 101 longs métrages qui ont rapporté des recettes de 279,4 millions $ en moyenne par film au box-office (*voir p. 166*). Ces résultats doivent beaucoup aux blockbusters sur lesquels il a travaillé, comme les 6 opus de *Star Wars* ou les épisodes de la série *Harry Potter*. En 2013, il a confirmé écrire la musique du *Réveil de la Force*.

Les plus rentables...

• **Film de science-fiction (inflation prise en compte)** : en se basant sur les recettes américaines ajustées avec l'inflation du prix des places, *Star Wars Épisode IV : Un nouvel espoir* est le film de science-fiction le plus rentable de tous les temps. Selon le service d'informations du box-office The Numbers, la sortie du film en 1977 et ses diverses ressorties (1978, 1979, 1981, 1982 et 1997) ont généré 1,33 milliard $ rien qu'en Amérique du Nord, dépassant les recettes ajustées de *E.T. l'Extra-Terrestre* (1982) et *Avatar* (2009).

Le film de science-fiction le plus rentable (sans ajustement) reste *Avatar*, qui totalisait 760 millions $ de recettes aux États-Unis, au 18 novembre 2010. *Avatar* est aussi le **film le plus rentable au box-office mondial**, avec 2,78 milliards $ de recettes (sans ajustement).

• **Film *Star Wars*** : en termes de recettes mondiales non ajustées au box-office, le film le plus rentable de la franchise *Star*

Le 1er jeu vidéo *Star Wars*

Basé sur le 2e opus de la série, *L'Empire contre-attaque* (Parker Brothers) est sorti en 1982 pour les consoles Atari 2600 et Intellivision.

Le **1er jeu vidéo à intégrer des scènes d'action avec le sabre laser** était *Star Wars : Jedi Arena* (Parker Brothers, 1983) sur la Atari 2600. Même si les duels n'étaient pas encore possibles, le jeu permettait au joueur d'éliminer ses ennemis en lançant des décharges laser.

	STAR WARS EPISODE I THE PHANTOM MENACE	STAR WARS EPISODE II ATTACK OF THE CLONES	STAR WARS EPISODE III REVENGE OF THE SITH
Les années renvoient aux dates de sortie et de ressortie en salle. Source : The Numbers	1999, 2012 1 007 044 677 $	2002 656 695 615 $	2005 848 998 892 $

42 195 m Distance parcourue dans un marathon officiel. Instauré par la IAAF en 1921, ce chiffre est basé sur la longueur de la course aux jeux Olympiques d'été de 1908 à Londres (RU).

La plus grande sculpture *Star Wars*

La 11e Brigade de la force d'autodéfense de terre japonaise d'Hokkaido a passé quasiment 1 mois à modeler 3 175 t de neige pour créer *Snow Star Wars*, à l'occasion du 66e festival de la neige de Sapporo qui s'est déroulé en février 2015. La sculpture, approuvée par Lucasfilm, mesurait 15 m de haut et 23 m de large et représentait Dark Vador, 3 chasseurs impériaux, le vaisseau TIE de Vador et l'Étoile de la mort.

Wars est *Star Wars Épisode I : La Menace fantôme* (1999), qui avait généré 1,007 milliard $ au 18 mai 2012. (*Voir ci-dessous les chiffres au box-office des 6 opus de la saga.*)

• **Ressortie de film :** réexploité dans les salles américaines en 1997, après une remastérisation numérique de 10 millions $, *Star Wars Épisode IV : Un nouvel espoir* a généré 138 millions $ au box-office américain et 257 millions $ dans le monde.

SPIN-OFFS

Les meilleures critiques pour un jeu vidéo basé sur un jouet

LEGO Star Wars II : The Original Trilogy (Traveller's Tales, 2006) pour PC avait reçu la note de 86,83 % sur gamerankings.com par 21 critiques, au 6 mars 2015.

Star Wars est la **série de jeux vidéo sous licence la plus prolifique**. En 2013, 296 jeux à thématique *Star Wars* avaient été commercialisés pour 44 plates-formes.

La série de livres basés sur la série de films la plus lucrative

Lucas Licensing a vendu au moins 100 millions d'ouvrages à thématique *Star Wars* grâce à plus de 850 adaptations romancées, romans originaux, ouvrages de référence et livres d'enfants de la franchise, dont 80 best-sellers du *New York Times*.

La gamme de figurines d'action la plus rentable

Les jouets *Star Wars* de Kenner/Hasbro ont cumulé plus de 9 milliards $ de recettes les 30 premières années de leur commercialisation. La gamme de figurines de Kenner s'est écoulée à plus de 40 millions d'exemplaires en 1978. *Star Wars* était la licence de jouets pour garçons la plus vendue aux États-Unis entre 2007 et 2010, générant 510 millions $ rien qu'en 2010.

L'application *Star Wars* la plus vendue

Angry Birds Star Wars (2012) de Rovio était l'application *Star Wars* pour plate-forme iOS la plus populaire en mars 2015. Elle arrivait en 90e position des applications payantes les plus téléchargées de l'iTunes store d'Apple.

Super-fan de *Star Wars*

Steve Sansweet (USA) était directeur de la gestion de contenu et responsable des relations avec les fans chez Lucasfilm avant de prendre sa retraite en 2011. Il possède la **plus grande collection d'objets *Star Wars***. Au 4 mai 2015, « seuls » 93 260 articles de sa collection – exposée au Rancho Obi-Wan de Petaluma (Californie, USA) – avaient été vérifiés, mais c'était suffisant pour dépasser de 4 fois le volume du précédent record.

Comment est venu votre engouement pour *Star Wars* ?
Mon intérêt est venu naturellement car j'ai toujours été fan de science-fiction. J'ai lu tous les romans et vu tous les films et les séries télévisées de science-fiction, même les plus nuls. Jusqu'à la sortie de *Star Wars*, ce genre était absent des médias. J'ai été accro dès le début.

Où en êtes-vous de votre inventaire ?
Nous l'avons débuté il y a environ 8 ans mais il y a eu quelques interruptions. Nous avons répertorié pour le moment plus de 92 000 articles, ce qui représenterait moins d'un tiers de la collection – on estime qu'il existe 300 000 objets en tout.

Quels sont les objets les plus populaires ?
Nos visiteurs adorent ce qui est grandeur nature. Nous avons les 4 membres du Cantina Band, et comme ce sont des audio-animatronics, on peut danser en les écoutant ! Nous présentons aussi un droïde à taille réelle confectionné pour le magasin de jouets FAO Schwarz ainsi que les 2 seules figurines LEGO® grandeur nature jamais commercialisées : un Dark Vador et un Boba Fett. Il y a une salle d'arcade avec presque tous les jeux vidéo et jeux de pinball *Star Wars*. Si je montrais cette salle au début de la visite, tous mes visiteurs s'y rueraient, alors j'attends la fin pour la dévoiler.

STAR WARS EPISODE IV A NEW HOPE	STAR WARS EPISODE V THE EMPIRE STRIKES BACK	STAR WARS EPISODE VI RETURN OF THE JEDI
1977, 1978, 1979, 1981, 1982, 1997	1980, 1981, 1982, 1997	1983, 1985, 1997
786 598 007 $	534 171 960 $	572 700 000 $

THÉÂTRE

Dans l'Antiquité, les **spectateurs du théâtre grec** applaudissaient en **tapant des pieds.**

Le plus de Tony Awards remportés par une actrice
Audra McDonald (USA) a remporté 6 Tony Awards depuis 1994. Elle est photographiée ci-dessus le 12 janvier 2012 à la première de *Porgy and Bess*, spectacle qui lui a valu le Tony Awardde la meilleure prestation pour une actrice dans le rôle principal d'une comédie musicale.

Le moins de représentations pour une comédie musicale du West End
Oscar, comédie musicale biographique d'Oscar Wilde, dont la musique, les chansons et le texte sont de Mike Read (RU) s'est arrêtée après la première au Shaw Theatre de Londres (UK), Le 22 octobre 2004. Mike Read, plus connu comme présentateur TV et radio, a non seulement produit et dirigé ce spectacle, mais y a aussi joué.

L'année la plus rentable pour les théâtres de Broadway
Selon la League of American Theatres and Producers, 2014 a été l'année la plus rentable pour les théâtres de Broadway à New York (USA), avec 1,36 milliard $ de recettes entre la semaine se terminant le 5 janvier 2014 et celle se terminant le 28 décembre 2014. On a dénombré 13,13 millions de spectateurs, soit 13 % de plus qu'en 2013.

L'adaptation d'un film à la scène la plus rentable
Le Roi lion de Disney est l'adaptation scénique d'un film la plus rentable de tous les temps. La version théâtrale du film de 1994 a généré plus de 5,4 milliards $ à travers le monde depuis sa première en 1997, soit au moins 5 fois plus que les recettes de sa version cinématographique.

La plus longue carrière d'un producteur de théâtre pour une même production
Vado Souza (Brésil) a produit son one man show *O Navio Negreiro* pendant 40 ans et 7 mois, du 23 octobre 1971 à mai 2012. Un certificat GWR a été remis à Vado après une représentation exceptionnelle à Churrascaria Vento Haragano (São Paulo, Brésil), le 17 mai 2012.

RÉCOMPENSES

Le plus de Tony Awards remportés en individuel
Aux 68es Tony Awards du 8 juin 2014, Harold Prince (USA, né le 30 janvier 1928) avait remporté 21 Tony Awards, dont 8 comme réalisateur, 8 comme producteur, 2 comme producteur de la meilleure comédie musicale de l'année ainsi que 3 Tony Award d'honneur. Prince a reçu son 21e trophée en juin 2006, pour sa contribution au théâtre américain.

La recette hebdomadaire au box-office de Broadway la plus élevée
Wicked, le prequel musical du *Magicien d'Oz*, a généré 3 201 333 $ à Broadway en 9 représentations durant la semaine se terminant le 29 décembre 2013. Selon la Broadway League, la comédie musicale – actuellement dans sa 12e année – a battu son propre record établi la même semaine de l'année précédente avec 2 947 172 $.

La 1re femme à remporter le Tony de la meilleure musique originale
Cyndi Lauper (née Cynthia Ann Stephanie Lauper, USA) est la seule femme à avoir remporté en solo le Tony Award de la meilleure musique. Elle a reçu la statuette en 2013 pour la musique et les paroles de *Kinky Boots*. La pièce s'inspire de l'histoire d'un chausseur pour hommes qui échappe à la faillite en se lançant dans la confection de chaussures pour drag-queens.

La comédie musicale la plus pérenne du West End
Les Misérables de Claude-Michel Schönberg (musique) et Alain Boublil (paroles) (tous deux France) célébreront les 30 ans de leurs débuts dans le West End le 4 décembre 2015. Inauguré en 1985, ce spectacle s'inspire du roman éponyme de Victor Hugo.

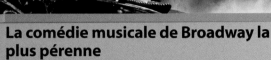

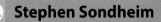

Le plus de nominations aux Tony Awards pour une comédie musicale sans victoire

La comédie musicale de 2010 *The Scottsboro Boys*, par David Thompson (livret), John Kander (musique) et Fred Ebb (paroles), racontait l'histoire vraie d'une erreur judiciaire à connotation raciale dans les années 1930. Elle n'est restée à Broadway que 2 mois et a reçu 12 nominations aux Tony Awards sans en remporter un seul.

Indiscretions, adaptation de Jeremy Sams (RU) de la pièce de Jean Cocteau écrite en 1938 *Les Parents terribles*, n'a pas obtenu un seul Tony Award malgré 9 nominations – le **plus de nominations aux Tony Awards pour une pièce sans**

La comédie musicale de Broadway la plus pérenne

La comédie musicale d'Andrew Lloyd Webber (RU) *The Phantom of the Opera* (voir p. 171) a célébré sa 10 000ᵉ représentation à Broadway, au Majestic Theatre de New York (USA), le 11 février 2012. Au 22 février 2015, elle totalisait 11 263 représentations, selon Internet Broadway Database.

Le 15 avril 2012, Eleanor Worthington-Cox (RU) est devenue la **plus jeune lauréate d'un Laurence Olivier** : âgée de 10 ans, elle jouait le rôle-titre dans *Matilda the Musical*. Eleanor est la plus jeune des 4 actrices qui se partageaient le rôle : Cleo Demetriou, 10 ans (quelques semaines de plus qu'Eleanor), Kerry Ingram et Sophia Kiely, toutes deux 12 ans. Ces actrices sont plus jeunes que tous les précédents lauréats d'un Laurence Olivier.

Les plus grosses recettes pour un spectacle original de Broadway

Le spectacle musical *The Book of Mormon* tire son nom d'un texte sacré de l'Église de Jésus-Christ des saints des derniers jours, mais il s'agit d'une création originale avec livret, paroles et musique de Trey Parker, Matt Stone et Robert Lopez (tous USA). Depuis son avant-première au Eugene O'Neill Theatre le 24 février 2011, le spectacle a généré 316 574 288 $, devenant ainsi la 10ᵉ pièce la plus rentable de l'histoire de Broadway.

Le plus de nominations aux Laurence Olivier Awards pour un spectacle

La comédie musicale de 2008 *Hairspray* a obtenu 11 nominations aux Laurence Olivier Awards dans 10 catégories. Basée sur le film éponyme de 1988 de John Waters, la comédie a remporté 4 statuettes. La reprise de *Kiss Me, Kate* de Cole Porter (USA) a totalisé 9 nominations aux Laurence Olivier Awards de 2002 sans en remporter, soit le **plus de nominations aux Laurence Olivier Awards pour un spectacle sans victoire**.

victoire. L'œuvre dramatique a été inaugurée au Ethel Barrymore Theatre le 3 avril 1995 et a baissé le rideau le 4 novembre, après 28 avant-premières et 220 représentations. Kathleen Turner, Cynthia Nixon et Jude Law faisaient partie de la distribution.

Le plus de victoires aux Laurence Olivier Awards

The Curious Incident of the Dog in the Night-Time a remporté 7 trophées le 29 avril 2013. La production du National Theatre a égalé le record établi en 2012 par *Matilda the Musical* de la Royal Shakespeare Company.

Le show de Broadway le plus rentable

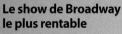

Entre ses débuts à Broadway en octobre 1997 et janvier 2015, *Le Roi lion* de Disney a généré 1,12 milliard $. 12 091 055 places ont été vendues sur 7 170 représentations. Seuls 3 autres spectacles de Broadway ont été plus pérennes.

Stephen Sondheim

Le compositeur et parolier de Broadway – qui a eu 85 ans le 22 mars 2015 – est le **compositeur ayant remporté le plus de Tony Awards**, soit 8 statuettes (1971-2008).

Les Tony Awards – alias les Antoinette Perry Awards for Excellence in Theatre – sont les oscars du théâtre. Stephen Sondheim a reçu plus de récompenses qu'aucun autre compositeur, vivant ou défunt. Son spectacle de 1971, *Company*, lui a rapporté 2 trophées, pour la meilleure musique et les meilleures paroles (2 catégories qui par la suite fusionneront). Il obtiendra aussi le Tony de la meilleure partition pour *Follies* (1972), *A Little Night Music* (1973), *Sweeney Todd* (1979), *Into the Woods* (1988) et *Passion* (1994). Stephen a reçu en 2008 1 Tony d'honneur pour l'ensemble de sa carrière théâtrale.

Un rôle dans une production de Sondheim peut booster la carrière d'un acteur. Le rôle de Mama Rose dans *Gypsy* (dont Sondheim avait écrit les paroles) a donné lieu au **record de nominations aux Tony Awards pour un personnage**, 5 actrices ayant été nominées pour le rôle : Ethel Merman (1960), Angela Lansbury (1975, lauréate), Tyne Daly (1990, lauréate), Bernadette Peters (2003) et Patti LuPone (2008, lauréate). Il obtient aussi le record de victoires aux Tony Awards pour un personnage, record partagé avec le rôle de Pseudolus, dans *A Funny Thing Happened on the Way to the Forum*, Zero Mostel (1963), Phil Silvers (1972) et Nathan Lane (1996) ayant remporté le trophée.

C'est grâce au rôle de la sorcière dans la version cinématographique de 2014 d'*Into the Woods – Promenons-nous dans les bois* (production de Sondheim) que Meryl Streep *(ci-dessous)* a remporté sa 18ᵉ nomination aux oscars (le **plus de nominations aux oscars pour une actrice**).

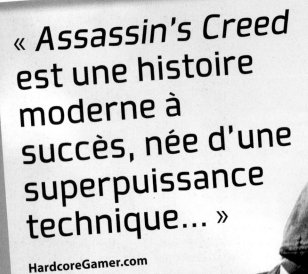

JEUX VIDÉO

« *Assassin's Creed est une histoire moderne à succès, née d'une superpuissance technique...* »

HardcoreGamer.com

Gamer's Edition

Ces pages s'inspirent de la nouvelle édition mise à jour du *Gamer's Edition 2016* – un ouvrage GWR dédié tout entier aux courses de vitesse, aux scores hors normes, aux ventes et aux exploits techniques. Disponible dès à présent en anglais, il réunit plus de 1 000 records, ainsi qu'un guide pour établir vos propres records de gaming. Pour en savoir plus, rendez-vous sur www. guinnessworldrecords.com/gamers

INFO :
Les pirates du XVIIIᵉ siècle qui sillonnaient la mer des Caraïbes étaient bien armés et s'enrichissaient en pillant les vaisseaux des empires coloniaux, surtout britanniques et néerlandais. Ils se lançaient dans la bataille armés de pistolets, et ne s'en prenaient que rarement à un autre bateau de pirates.

Record de temps global sur *Assassin's Creed* (tous joueurs confondus)

Au 22 mai 2014, toutes plates-formes confondues, 451 siècles, 62 ans, 131 jours et 19 h avaient été passés dans le monde à jouer à *Assassin's Creed IV : Black Flag* (Ubisoft, 2013). Ce record dépasse celui, pourtant déjà impressionnant, d'*Assassin's Creed III* qui totalise au moins 100 siècles de temps de jeu. Les gamers avaient réuni 964 721 963 817 fragments d'animus, découvert 980 305 303 180 coffres au trésor, détruit 5 372 737 156 vaisseaux et harponné 1 295 005 143 470 créatures marines.

L.S.V. ?

Pour favoriser l'infiltration du joueur dans *Assassin's Creed IV*, les combats ont été rendus plus difficiles, les ennemis attaquant plus vite et efficacement, et le joueur mourant après 2 coups.

176 000 m Longueur du **plus grand embouteillage du monde**, qui avait concerné environ 18 millions de voitures circulant entre Lyon et Paris (France) le 16 février 1980.

La plus longue émission radiophonique sous-marine (autonome)

Richard Hatch (RU), animateur à la British Forces Broadcasting Service (BFBS) Radio, a présenté une émission en direct pendant 4 h, 43 min et 54 s, à l'Underwater Studio (Essex, RU), le 24 novembre 2011. Intitulée *BFBS Pool Party*, l'émission a été diffusée en direct aux troupes britanniques. Le terme « autonome » implique que seul un scaphandre est autorisé ; les cloches de plongée sont interdites.

diffuser des émissions par téléphone. Baptisé Telefon Hírmondó, le 1er « service d'informations téléphonique » a émis en direct à Budapest (Hongrie), en 1893.

Émission de radio publique

La 1re émission de radio publique a été diffusée depuis le Metropolitan Opera House de New York (USA), le 13 janvier 1910. Son concepteur, Lee de Forest (USA), avait disposé des micros autour de l'auditorium et les avait connectés à un émetteur capable de diffuser le spectacle de la soirée – concert du ténor Enrico Caruso – dans toute la ville.

Podcast

Le plus ancien podcast se composait d'une interview du développeur de logiciels Dave Winer par l'animateur télé et radio Christopher Lydon (tous deux USA). Winer a été l'un des premiers à entretenir un blog sur Internet et a

participé au développement de la technologie associée. En utilisant le système de distribution imaginé par Winer, Lydon a posté l'interview audio sur son blog en juillet 2003, qui est ainsi devenue le 1er podcast.

LES PLUS PÉRENNES...

Carrière de DJ/animateur radio (homme)

Herbert « The Cool Gent » Rogers Kent (USA, né le 5 octobre 1928)

! INFO

Le terme « podcast » est né en février 2004 de l'imagination de l'écrivain Ben Hammersley (RU). Il appose les mots *pod*, d'iPod, lecteur audio d'Apple qui venait de sortir, et *cast*, de *broadcast* (« émission »).

travaille à la radio depuis 1944. En 2015, il anime toujours une émission du week-end sur la radio WVAZ (ou V103, comme l'appellent les gens de la région) à Chicago (Illinois, USA).

Maruja Venegas Salinas (Pérou, née le 3 juillet 1915) jouit de la **plus longue carrière d'animatrice/DJ radio du monde (femme)**. Elle présente l'émission *Radio Club Infantil*, sur Radio Santa Rosa, à Lima (Pérou) depuis le 18 décembre 1944. Au 2 juillet 2014, sa carrière avait duré 69 ans et 196 jours. Et malgré ses 99 ans, Mme Salinas n'envisage pas de prendre sa retraite.

L'émission de radio diffusée en continu

Nissan A, Abe Reiji a été diffusé non-stop pendant 8 h, 23 min et 31 s, le 22 décembre 2013, afin de commémorer le 400e épisode de la série radio du même nom. L'exploit a été réalisé par les acteurs de la série, avec le concours de Nissan Motor Co., Tokyo FM Broadcasting Co. et Kamaishi Saigai FM (tous Japon), à Yokohama (Kanagawa, Japon).

La plus longue interview radio

L'animateur de radio et écrivain Richard Glover (à droite) a interviewé l'écrivain et sportif Peter FitzSimons (à gauche, tous deux Australie) sur 702 ABC Sydney pendant 24 h. L'exploit a eu lieu dans un studio éphémère, dans la vitrine d'une boutique ABC de Sydney (Australie), du 11 décembre 2011 (10 h) au jour suivant (même heure).

👤 *The Archers*

Créée par Godfrey Baseley (RU) et diffusée pour la 1re fois le 1er janvier 1951, la série *The Archers* est une institution de la radio britannique. Ses 64 ans d'existence en font la série dramatique radiophonique la plus pérenne.

Pendant 59 ans et 177 jours, Norman Painting (RU, né le 23 avril 1924, disparu le 29 octobre 2009) a incarné Philip Archer. (La photo ci-dessus montre la troupe réunie pour l'épisode du 50e anniversaire de la série, en 2001. Norman est au centre.) Il a débuté dans le pilote de la série le 29 mai 1950, et son dernier épisode a été enregistré 2 jours avant son décès et diffusé le 22 novembre 2009. Il a ainsi eu la **plus longue carrière pour un acteur de radio dans un même rôle (homme)**.

La série s'inspirait notamment des périodes difficiles de l'histoire du pays. Le Royaume-Uni d'après-guerre a connu le rationnement jusqu'en 1954 – année de la photo ci-dessus, représentant Bob Arnold (qui jouait Tom Forrest) et Courtney Hope (qui tenait le rôle de la veuve Turvey). Le gouvernement britannique souhaitait encourager les fermiers à produire davantage, d'où le pitch de la série – « Une histoire ordinaire des gens des campagnes ». *The Archers* est souvent considérée comme une ode à la vie et aux valeurs de la classe moyenne britanique, mais les intrigues actuelles traitent de questions sociétales plus contemporaines. Le succès de la série ne semble pas se démentir : en octobre 2014, le podcast des *Archers*, lancé en 2007, avait été téléchargé 63,4 millions de fois.

Longueur du réseau métropolitain londonien baptisé le « Tube » ; ouverts le 9 janvier 1863, les premiers 6 000 m en font le **plus ancien système métropolitain souterrain du monde** 402 000 m

177

TÉLÉVISION

En **2020, 965 millions de téléviseurs** seront connectés à Internet.

! **INFO**

Chaque épisode de *Game of Thrones* coûte en moyenne 6 millions $. C'est un gros budget mais les épisodes de la dernière saison de *Friends* (2003) le dépassaient de 1 million $.

EN CHIFFRES

9 $
Coût de 20 s d'antenne publicitaire aux États-Unis en 1941.

1,8 million $
Montant versé par Pepsi-Cola pour 20 s d'antenne publicitaire durant le Super Bowl XXXVI de 2002 – la **campagne publicitaire télé la plus chère de l'histoire**.

57,4 millions
Nombre d'abonnés à Netflix en janvier 2015, selon Forbes.com.

114 millions
Nombre d'abonnés à la chaîne câblée et satellitaire HBO (USA).

317,01 millions
Estimation du nombre de foyers dotés de la télé analogique en 2014, d'après Statista.com. En 2010 ce chiffre atteignait 531,85 millions.

La série télé la mieux notée (actuelle)

La saison 5 de la série de HBO *Game of Thrones*, qui a débuté aux États-Unis le 12 avril 2015, affichait une note de 91 sur 100 sur le site Metacritic. La série partage ce record avec la série comique *Louie* de Louis C K (USA) diffusée par FX et également dans sa 5e saison.

Game of Thrones détient aussi le record de la **plus vaste diffusion simultanée pour une série dramatique télé** : le 20 avril 2015, l'épisode 2 de la saison 5 a été diffusé simultanément dans 173 pays et territoires différents. Maisie Williams (RU), qui tient le rôle d'Arya Stark, reçoit ici un certificat GWR au nom de toute l'équipe de la série.

Le 1er lauréat d'un Emmy

La ventriloque Shirley Dinsdale (USA) charmait les 1ers téléspectateurs avec sa poupée, Judy Splinters, dans l'émission éponyme. Elle a remporté le trophée de la meilleure personnalité de la télé en 1949.

La série TV la plus tweetée en 1 min

Selon le rapport Nielsen « Tops of 2014 : Social TV », *The Voice* (NBC) a été la série télé la plus tweetée en 60 s, avec 310 000 tweets circulant aux États-Unis, à 20 h 59 (heure côte Est), le 13 mai 2014. La téléréalité reste le genre le plus tweeté et représente jusqu'à 70 % des tweets des émissions télé.

Le salaire annuel le plus élevé pour une actrice télé dans une série actuelle

En 2014, pour la 3e année consécutive, la vedette de *Modern Family* Sofía Vergara (Colombie) a été l'actrice de télé la mieux rémunérée, avec un salaire annuel estimé par Forbes à 37 millions $, entre juin 2013 et juin 2014. Elle a gagné plus qu'Ashton Kutcher (USA), l'**acteur télé le mieux payé** (26 millions $).

Le prix le plus élevé gagné dans un jeu télévisé

Le 23 mai 2009, Nino Haase (Allemagne) a gagné au jeu de la chaîne Pro 7 *Schlag den Raab* (« Battez l'animateur »). Face à Stefan Raab, il a gagné 3 000 000 €.

La diffusion la plus pérenne pour un jeu télé

Diffusé par Channel 4 et produit par ITV Studios, *Countdown* a entamé sa 72e saison le 5 janvier 2015. Sa 1re diffusion au Royaume-Uni date de 1982.

Le plus de participations à un jeu télé

Au 15 juillet 2014, David St John (RU) avait participé 34 fois à des jeux télé, entre 1982 et 2013.

LES PLUS LONGS...

Carrière de présentateur du journal télé

Au 22 mai 2014, Alfonso Espinosa de los Monteros (Équateur) présentait le journal télé pour la chaîne Ecuavisa depuis le 1er mars 1967, soit 47 ans et 83 jours. La seule coupure significative de sa carrière remonte à 1970, pendant la dictature de Velasco Ibarra, lorsque la chaîne avait décidé de ne plus émettre pendant 3 mois.

Prise en direct dans une série dramatique télé

Une prise de 23 min et 25 s en direct a été tournée pour le 1 000e épisode de la série en langue tamil *Nadhaswaram*, le 5 mars 2014, à Karaikudi (État du Tamil Nadu, Inde). Le record revient à Sun TV Network Limited et au réalisateur de la série Thirumurugan Muniyandi (tous 2 Inde).

Diffusion ininterrompue d'une franchise télé

FXX a diffusé *Les Simpson* pendant 12 jours, à Los Angeles (USA), entre le 21 août et le 1er septembre 2014. Hors publicités, le marathon a duré 200 h, 50 min et 4 s et comprenait l'intégralité des épisodes des *Simpson* ainsi que les courts-métrages et le film, tous diffusés dans l'ordre chronologique de leur sortie.

Le plus de Primetime Emmys pour une série comique

Lors des Primetime Emmys du 25 août 2014, *Modern Family* (ABC, USA, 2009-aujourd'hui) a remporté son 5e trophée consécutif pour la meilleure série comique, rejoignant *Frasier* (NBC, USA, 1993-2004). Ses créateurs, Steven Levitan et Christopher Lloyd, étaient également producteurs exécutifs de *Frasier*.

446 000 m Longueur du Grand Canyon, la **plus vaste gorge terrestre du monde**. Il s'étend de Marble Gorge à Grand Wash Cliffs au nord de l'Arizona (USA).

Les événements sportifs les plus suivis

La défaite des Patriots de la Nouvelle Angleterre face aux Seahawks de Seattle, au Super Bowl XLIX de 2015, a été suivie en moyenne par 114,4 millions (culminant à 120,8 millions) de téléspectateurs américains – le **plus fort audimat pour la diffusion nationale d'un événement sportif.**

La finale de la coupe du monde de football 2010 (Espagne-Pays-Bas), le 11 juillet 2010, a attiré 329 millions de téléspectateurs, soit l'**audimat le plus élevé pour la diffusion télé d'un match de football** (encadré). Selon la FIFA, la finale du mondial 2014 (Allemagne-Argentine) aurait attiré 1 milliard de téléspectateurs, mais ce chiffre reste à confirmer.

Le plus de victoires aux Primetime Emmys pour un téléfilm

Ma vie avec Liberace (HBO, USA, 2013), biopic du pianiste Liberace, a reçu 11 Emmys. Le film a ainsi remporté le trophée de meilleure minisérie ou meilleur film, et Michael Douglas et Steven Soderbergh (tous 2 USA) ont respectivement reçu l'Emmy du meilleur acteur et du meilleur réalisateur.

Les Simpson ont décroché le **plus d'Emmys pour une série animée télé,** avec 31 victoires en 2014 et 78 nominations au total.

Retransmission ininterrompue d'une série télé

La série *NCIS – Enquêtes spéciales* a été diffusée sur le réseau japonais de FOX International pendant 234 h, du 29 décembre 2013 au 8 janvier 2014.

Publicité télé

Arby's (USA) a produit une publicité de 13 h, 5 min et 11 s pour le sandwich Smokehouse Brisket. Le spot a été diffusé sur My 9 KBJR-TV, à Duluth (Minnesota, USA), du 24 au 25 mai 2014.

LES PLUS PÉRENNES...

Émission de variétés en direct sur une même chaîne (épisodes)

Waratte Iitomo ! (Fuji Television Network Inc.) a été diffusé au Japon du 4 octobre 1982 au 31 mars 2014, soit 8 054 épisodes.

Le plus de nominations à l'Emmy de la meilleure actrice de comédie

En 2014, Julia Louis-Dreyfus (USA) a remporté sa 15e nomination aux Primetime Emmys pour sa prestation dans une série comique. Grâce à ses 4 trophées de la meilleure actrice principale dans une série de comédie (*The New Adventures of Old Christine* et *Veep*), elle égalise la performance de Helen Hunt (*Mad About You*).

Mary Tyler Moore et Candice Bergen (toutes 2 USA) ont reçu le **plus d'Emmys de la meilleure actrice dans une série comique,** avec 5 trophées chacune.

Programme télé jeunesse (années non consécutives)

La marionnette Sooty passe à la télé depuis 1952, date à laquelle le marionnettiste Harry Corbett (RU) l'a présentée au public lors de l'émission *Talent Night* de la BBC (RU). La marionnette dispose de son propre programme, *Sooty,* sur la chaîne CITV (ITV). Diffusé sans interruption de 1952 à 2004, Sooty est revenu sur le petit écran en 2011. Hors coupure, Sooty a fêté ses 63 ans de télévision en 2015.

Émission télé éducative

La 1re diffusion de *Teleclub* (Costa Rica) remonte au 8 février 1963. Au 24 mars 2015, l'émission était toujours diffusée du lundi au vendredi, après 52 années consécutives.

👤 Un tournant pour la télé ?

Netflix propose du streaming online à la demande. *House of Cards* (USA, 2013-aujourd'hui) a marqué un véritable tournant pour l'entreprise.

Créé en 1997, Netflix proposait un service de location de DVD par correspondance avant de se diversifier dans la vidéo online à la demande. En 2011, Netflix a commencé à produire du matériau original que les abonnés pouvaient visionner en ligne. *House of Cards* – série dramatique à succès sur les coulisses de la politique avec Kevin Spacey (ci-dessous, à gauche) dans le rôle de Frank Underwood et Robin Wright dans celui de son épouse Claire – est devenue la **1re série d'envergure lancée sur un service de streaming en ligne.** Véritable succès critique, *House of Cards* a prouvé que Netflix pouvait rivaliser avec HBO (entre autres *Les Soprano, Sur écoute, Mad Men* et *Game of Thrones* à son palmarès) pour la production de séries télé capables de concurrencer en portée et en qualité les meilleurs longs-métrages.

House of Cards a reçu 9 nominations aux Emmys 2013 (sur 14 nominations pour les programmes Netflix). Basée sur une ancienne série télé britannique éponyme, *House of Cards* est devenue le **1er programme de streaming online à être nominé pour un Primetime Emmy majeur** (meilleure réalisation pour une série dramatique, meilleur acteur principal et meilleure actrice principale).

House of Cards est aussi la **1re série destinée à Internet à remporter un Emmy** (ce qui fait de Netflix le **1er service de vidéo en streaming à gagner un Emmy**). La série a totalisé 3 Emmys, dont le très convoité trophée de la meilleure réalisation pour une série dramatique, décerné à David Fincher pour le 1er épisode de la 1re saison. Avec des débuts aussi prometteurs, les stratagèmes de Frank Underwood ne vont pas cesser d'animer les écrans de streaming du monde entier.

YOUTUBE

300 h de vidéo sont uploadées sur YouTube à **chaque minute**.

EN CHIFFRES

18 s
Durée de la
1re vidéo YouTube,
Me at the zoo,
montrant le
cofondateur de
YouTube, Jawed
Karim, au zoo
de San Diego
(Californie, USA).
Elle a été uploadée
le 23 avril 2005.

50 %
Proportion de
vidéos YouTube
regardées sur des
appareils mobiles.

+ de 60 %
Proportion
d'internautes qui
utilisent YouTube.

+ de 600
Nombre de tweets
par minute ayant
un lien YouTube.

4 milliards $
Revenus de
YouTube en 2014,
selon *The Wall
Street Journal*.

Le plus de « j'aime » pour une vidéo online

Gangnam Style, le hit de 2012 de la vedette pop/rap PSY (alias Park Jae-sang, Corée du Sud, *à droite*), totalisait 9 371 381 « j'aime » sur YouTube au 3 mai 2015. La chanson a aussi eu 1 256 756 « je n'aime pas ».

Le plus de vues simultanées pour un événement live sur YouTube

Felix Baumgartner (Autriche) a battu le record de saut en chute libre depuis un ballon flottant à 38 969,4 m d'altitude, à l'est du Nouveau-Mexique (USA), le 14 octobre 2012 *(voir p. 202-203)*. Selon Google UK, l'événement a attiré plus de 8 millions de vues simultanées sur YouTube.

Le plus gros salaire pour un contributeur *Minecraft* sur YouTube

En février 2015, l'expert des statistiques YouTube, Social Blade,

Le plus de vues sur Internet pour le walkthrough d'un jeu vidéo

« New Super Mario Bros Walkthrough Part 22 » a été uploadé par « cesaritox09 » le 8 juin 2009. Au 3 mai 2015, le walkthrough du jeu *New Super Mario Bros* (Nintendo, 2006) sur la Nintendo DS avait été visionné 30 221 835 fois.

estimait que le « YouTuber » gagnant le plus d'argent sur le jeu open-world *Minecraft* était « PopularMMOs », à la tête de revenus annuels compris entre 750 900 et 12 millions $, soit en moyenne 6,37 millions $. Les vidéos *Minecraft* mettent

en scène des missions inédites et des modes amusants. Les 4 255 285 abonnés de Popular MMOs avaient généré plus de 2,4 milliards de vues au 3 mai 2015. *Pour plus d'informations sur les estimations des revenus des stars YouTube, voir p. 181.*

La bande-annonce officielle de film la plus regardée

La bande-annonce d'*Avengers : L'Ère d'Ultron* totalisait 73 761 359 vues au 3 mai 2015. D'après *Digital Spy*, elle a été visionnée 26,2 millions de fois sur YouTube au cours des premières 24 h de sa diffusion, le 22 octobre 2014.

Le plus de blogs vidéo personnels quotidiens et consécutifs

Au 7 mai 2015, Charles Trippy (USA) avait posté 2 200 blogs, 1 par jour, sur sa chaîne YouTube « Internet Killed Television ».

La 1re vidéo à 1 milliard de vues

Gangnam Style de PSY a été la 1re vidéo (toutes catégories) à atteindre 1 milliard de vues sur YouTube, avec 1 000 382 639 vues au 21 décembre 2012. La vidéo a fait son apparition en juillet 2012.

LES PLUS VUS...

Vidéo musicale online (artiste féminine)

Sortie le 20 février 2014, la chanson de Katy Perry (USA) *Dark Horse*, à laquelle participait le rappeur Juicy J (USA), comptait 931 194 248 vues sur YouTube au 3 mai 2015.
Perry détient aussi le record

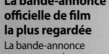

La vidéo VEVO la plus vue en 24 h

La vidéo *Anaconda* de Nicki Minaj (USA) a été visionnée 19,6 millions de fois sur VEVO les 19-20 août 2014, devançant *Wrecking Ball* de Miley Cyrus, qui a totalisé 19,3 millions de vues les 9-10 septembre 2013.

La 1ʳᵉ célébrité à réunir 100 millions de « likes » sur Facebook

La chanteuse Shakira (Colombie, née Shakira Mebarak Ripoll) a reçu son 100 millionième « like » Facebook le 18 juillet 2014. Au 8 mai 2015, l'interprète de *Hips Don't Lie*, dont la page est régulièrement mise à jour avec des vidéos, des infos, des photos et du matériel promotionnel, comptait 100 247 580 « likes ».

L'album studio le plus rentable pour une chanteuse solo

Come On Over de Shania Twain (Canada) s'est vendu à plus de 40 millions d'exemplaires dans le monde depuis sa sortie, le 4 novembre 1997.

INFO

Après que Shakira a atteint les 100 millions de likes, il a été signalé que 1 utilisateur sur 13 utilisateurs Facebook l'avait likée ; 3 sur 10 de ses fans Facebook s'appelaient Maria et 4 642 Shakira !

L'album le plus rapidement vendu dans un pays

L'auteur-compositrice Hikaru Utada (Japon ; née aux États-Unis) a sorti son 3ᵉ album studio, *Distance*, le 28 mars 2001. Après 1 semaine de commercialisation, l'album s'était écoulé à 3 002 720 exemplaires au Japon. Utada sera nommée « artiste la plus influente des années 2000 » par le *Japan Times*.

La candidate de *X Factor* la plus rentable

Leona Lewis (RU) a vendu plus de 30 millions de disques à travers le monde depuis sa participation à la 3ᵉ saison de *The X Factor* (RU) en 2006. Son 1ᵉʳ album *Spirit* (2007) s'est écoulé à plus de 8 millions d'exemplaires. Lewis a en outre été la 1ʳᵉ chanteuse soliste à figurer en haut des tops des singles et albums simultanément au Royaume-Uni. La chanson « Bleeding Love » et l'album « Spirit » ont été tous les deux 1ᵉʳˢ le 24 novembre 2007.

Le plus d'albums simultanément au Top 40 britannique pour une chanteuse

Kate Bush (RU) a totalisé 8 albums

dans le Top 40 britannique (albums) du 6 septembre 2014 : *The Whole Story* (1986, n° 6), *Hounds of Love* (1985, n° 9), *50 Words for Snow* (2011, n° 20), *The Kick Inside* (1978, n° 24), *The Sensual World* (1989, n° 26), *The Dreaming* (1982, n° 37), *Never for Ever* (1980, n° 38) et *Lionheart* (1978, n° 40). Ce succès coïncide avec l'inauguration de la tournée de 22 concerts « Before the Dawn » au Hammersmith Apollo de Londres (RU), la 1ʳᵉ depuis 35 ans.

Le plus de semaines consécutives au Top 20 britannique (chanteuse)

Depuis son 1ᵉʳ single *Heartbeat*, Ruby Murray (RU, 1935-1996) a placé au moins un single au Top 20 britannique pendant 52 semaines consécutives entre le 3 décembre 1954 et le 25 novembre 1955.

👤 Idina Menzel

Depuis fin 2013, la New-Yorkaise Idina Menzel n'a cessé de faire parler d'elle. Comédienne à Broadway, auteur-interprète à succès et vedette du grand et du petit écran, Idina a prêté sa voix à Elsa dans *La Reine des neiges* (USA, 2013). Les tubes pop du dessin animé l'ont alors propulsée dans le Top 10.

Née le 30 mai 1971, Idina Mentzel a débuté sa carrière à la Tisch School of the Arts de New York, finançant ses études en chantant à des bar-mitsvahs et en rêvant de gloire. En 1996, après des débuts remarqués à Broadway dans le rôle de Maureen Johnson de l'opéra rock de Jonathan Larson *Rent* (partition qu'elle reprendra en 2005 pour l'adaptation cinématographique), elle se lance dans une carrière pop avec son 1ᵉʳ album *Still I Can't Be Still* (1998).

Menzel repart de la 58ᵉ cérémonie des Tony Awards (2004) avec le trophée de la Meilleure Prestation pour une actrice principale dans une comédie musicale grâce au rôle d'Elphaba Thropp dans *Wicked : The Untold Story of the Witches of Oz* (2003). Elle touche ensuite un public plus large en interprétant la coach vocale Shelby Corcoran dans la série télévisée *Glee* (Fox, USA) suite à une campagne menée par ses fans qui souhaitaient qu'elle endosse le rôle de la mère de Rachel Berry (jouée par Lea Michele, « sosie » de Menzel). La prestation des deux actrices sur *I Dreamed a Dream* a d'ailleurs été un moment fort de la 1ʳᵉ saison.

La carrière de Menzel a pris un nouvel essor avec *La Reine des neiges* et sa bande-son comprenant *For the First Time in Forever* (en duo avec Kristen Bell) et *Let It Go*, dont les paroles et la mélodie sont ancrés dans l'esprit de tous les fans de Disney. Forte d'une 5ᵉ place dans les charts, de plus de 3,5 millions d'exemplaires vendus aux États-Unis, de plus de 60 semaines dans les charts singles britanniques, d'un Oscar pour la Meilleure Chanson originale en 2015 et d'un Grammy en 2015 pour la Meilleure Chanson écrite pour un média visuel, *Let It Go (à gauche)* a rencontré un succès sans précédent.

Le single le plus polyglotte (chanteurs multiples)

Une version en 25 langues de *Let It Go*, la chanson à succès du dessin animé de Disney *La Reine des neiges* (USA, 2013 ; le **film d'animation le plus rentable**, voir p. 166), est téléchargeable depuis janvier 2014.

Soutenue par une vidéo de YouTube de la chanson interprétée par Elsa (Idina Menzel, voir encadré de droite) dans le film, la version doublée a fait appel à 22 chanteuses. Les paroles étaient ainsi chantées en anglais, français, allemand, néerlandais, mandarin, suédois, japonais, espagnol sud-américain, polonais, hongrois, castillan, catalan, italien, coréen, serbe, cantonais, portugais, malaisien, russe, danois, bulgare, norvégien, thaï, québécois et flamand.

MUSIQUE

« **Aucun de nous ne savait lire la musique.** Aucun ne sait d'ailleurs l'écrire. » (John Lennon des **Beatles**)

EN CHIFFRES

250 millions $
Montant du **contrat d'enregistrement le plus lucratif** signé entre Sony et les ayants droit de Michael Jackson, 9 mois après le décès du chanteur.

185 224 749
Nombre d'écoutes de la chanson d'Eminem et Rihanna *The Monster* sur Spotify, au 2 décembre 2014.

13
Le plus de **1re place aux charts américains (albums)**, par Jay Z (USA).

9 min et 38 s
Durée de *All Around the World* d'Oasis, le **single le plus longtemps n° 1 dans les charts anglais.**

896
Nombre de semaines de présence de *The Dark Side of the Moon* au Billboard 200 américain, au 7 mars 2015.

3,7 millions
Nombre d'exemplaires vendus de *Noël* de Josh Groban en 2007-2008, l'album de Noël le plus rentable des charts américains.

Le 1er concert sur un iceberg

Le groupe de metal industriel The Defiled (RU) a bravé des températures polaires pour donner un concert de 30 min sur un iceberg flottant en mer du Groenland, près de la colonie de Kulusuk, le 15 octobre 2014. Les spectateurs ont assisté à la représentation – le dernier défi de la série des Jägermeister's Ice Cold Gig – sur des bateaux de pêche *(ci-dessous)*.

L'artiste solo le plus rentable

Janvier 2016 a marqué le 60e anniversaire de la sortie de *Heartbreak Hotel*, qui est devenu le 1er single pop n° 1 du king, Elvis Presley (USA, 1935-1977). Presley en a vendu plus de 1 milliard d'exemplaires dans le monde (vinyles, cassettes, CD et téléchargements). Il détient aussi le record du **plus d'albums dans les charts britanniques et américains** (129 aux deux palmarès) et celui du **plus de semaines consécutives à la 1re place des charts singles britanniques** (80) et **américains** (79).

Les gains les plus élevés de tous les temps pour un musicien

Selon *Forbes*, le musicien/producteur de hip-hop Dr Dre (USA, né Andre Young) aurait touché un salaire brut de 620 millions $, entre juillet 2013 et juin 2014. Pourtant sans nouvel album depuis 1999, le vétéran rappeur a gagné 3 milliards $ en 2014, grâce à la vente de Beats Electronics – l'entreprise de casques audio fondée avec Jimmy Iovine – à Apple en mai, lui permettant ainsi de pulvériser les 125 millions $ gagnés par Michael Jackson (USA) en 1989.

La tournée la plus rentable pour un artiste solo

Avec 219 concerts répartis sur 6 étapes et 3 années (2010-2013), la tournée *The Wall Live* de Roger Waters (RU) a généré des

Le plus de semaines consécutives dans le Top 40 britannique (pour un single)

Composé, produit et interprété par Pharrell Williams (USA), *Happy* est entré dans le Top 40 officiel britannique (singles) le 14 décembre 2013 et s'y est maintenu 49 semaines d'affilée, jusqu'au 15 novembre 2014. Le single – 20 semaines dans le Top 10, dont 4 non consécutives à la 1re place – s'est vendu à plus de 1,6 million d'exemplaires rien qu'au Royaume-Uni.

Le lancement d'album le plus spectaculaire

Épaulé par une campagne publicitaire d'Apple estimée à 100 millions $, l'album de U2 (Irlande) *Songs of Innocence* a été offert à 500 millions d'usagers d'iTunes – 7 % de la population mondiale – le 9 septembre 2014. Un mois plus tard, 81 millions d'usagers d'iTunes répartis dans 119 pays auraient découvert l'album, qui bénéficiera au final d'un accueil mitigé. « Seuls » 26 millions d'internautes l'ont en effet téléchargé dans son intégralité.

La plus longue ascension vers la 1ʳᵉ place des charts anglais (singles)

La ballade de 2014 d'Ed Sheeran's (RU), *Thinking out Loud*, a mis 19 semaines pour atteindre la 1ʳᵉ place du palmarès britannique (singles). Le 3ᵉ single de l'album de Sheeran's, *x* (« multiplier par »), est entré à la 26ᵉ place des charts le 5 juillet 2014 avant de se placer n° 1 le 8 novembre 2014. Le titre a tenu 19 semaines dans le Top 30 et a fini n° 1 après une prestation live de l'auteur-interprète au cours de *The X Factor* au Royaume-Uni.

Le plus d'entrées dans le Hot 100 américain pour un artiste solo

Au 15 novembre 2014, le rappeur Lil Wayne (USA, né Dwayne Carter Jr) avait placé 124 singles au Hot 100 du Billboard.

L'album le plus précieux

La réalisation du seul exemplaire de *Once Upon a Time in Shaolin…* du collectif hip-hop Wu-Tang Clan's (USA) a coûté 3 millions $. Destiné à un seul acquéreur, le double album – déposé « dans le boîtier d'un boîtier d'un autre boîtier » à l'hôtel Royal Mansour de Marrakech (Maroc) – aurait suscité des enchères allant jusqu'à 5 millions $.

recettes record de 458,6 millions $. Durant ce périple – qui a été suivi par 4,1 millions de spectateurs et aurait coûté 60 millions $ –, le cofondateur des Pink Floyd a interprété dans son intégralité *The Wall*, l'album culte du groupe sorti en 1979.

Le plus de jours consécutifs à écrire une chanson

Au 16 novembre 2014, Jonathan Mann (USA) avait composé une chanson par jour pendant 2 146 jours consécutifs. Il a débuté son projet « Une chanson par jour » le 1ᵉʳ janvier 2009, et chaque morceau a été filmé puis posté sur sa chaîne éponyme YouTube, qui totalise plus de 15 millions de vues. Parmi les chansons de Mann, on retiendra *Duet with Siri* (une collaboration avec l'assistant virtuel de l'iPhone), *Non-Existent Cat*, *The Charlie Sheen Quotes Song* et *iOS Autocomplete Song* (avec des paroles écrites par la fonction « saisie automatique » du système d'exploitation du téléphone mobile).

Le plus jeune DJ de discothèque

« Dextrous One », alias Brandan Duke (Canada, né le 10 novembre 2006), a fait ses débuts comme DJ à la discothèque Kool Haus du centre de divertissement Guvernment de Toronto (Ontario, Canada), le 15 juin 2013, à 6 ans et 217 jours.

« C'était la folie dans la salle ! » a déclaré Brandan, qui s'essaie sur les platines de son père depuis l'âge de 3 ans et a encore besoin d'un marchepied pour atteindre les manettes.

One Direction

En 2010, One Direction avait terminé 3ᵉ à l'émission *The X Factor*, mais les 5 garçons ont finalement été les vrais vainqueurs, sortant plusieurs albums à succès, conquérant les États-Unis et s'emparant de nombreux records :

Le 1ᵉʳ groupe anglais à débuter à la 1ʳᵉ place aux États-Unis avec un 1ᵉʳ album : le 31 mars 2012, *Up All Night* est entré à la 1ʳᵉ place du Billboard 200 américain (albums) avec 176 000 exemplaires vendus en 1 semaine. Un record qui dépasse les performances des Beatles (1964) et des Spice Girls (1997).

La meilleure 1ʳᵉ entrée dans les charts américains (singles) pour un groupe anglais : le 20 octobre 2012, le groupe a débuté à la 3ᵉ place des charts américains (singles) avec *Live While We're Young*, totalisant 341 000 téléchargements en 1ʳᵉ semaine, éclipsant ainsi les Spice Girls et leur 5ᵉ place avec *Say You'll Be There* (1997).

Le 1ᵉʳ groupe à débuter à la 1ʳᵉ place aux États-Unis avec 4 premiers albums : le succès phénoménal de One Direction au Billboard 200 américain (albums) a débuté en 2012 avec *Up All Night*. L'exploit de ce 1ᵉʳ album sera réitéré par les opus suivants, *Take Me Home* (2012), *Midnight Memories* (2013) et *Four* (2014), titre prémonitoire entré directement n° 1 le 6 décembre 2014 grâce aux 387 000 exemplaires vendus la 1ʳᵉ semaine de sa sortie.

Le plus de followers sur Twitter pour un groupe musical : au 28 avril 2015, @OneDirection comptait 23 393 106 followers sur Twitter.

La chanson de jeu de danse la plus populaire : au 28 avril 2015, la vidéo de *What Makes You Beautiful* du jeu *Just Dance 4* d'Ubisoft totalisait 40 351 368 vues sur YouTube.

AVENTURIERS

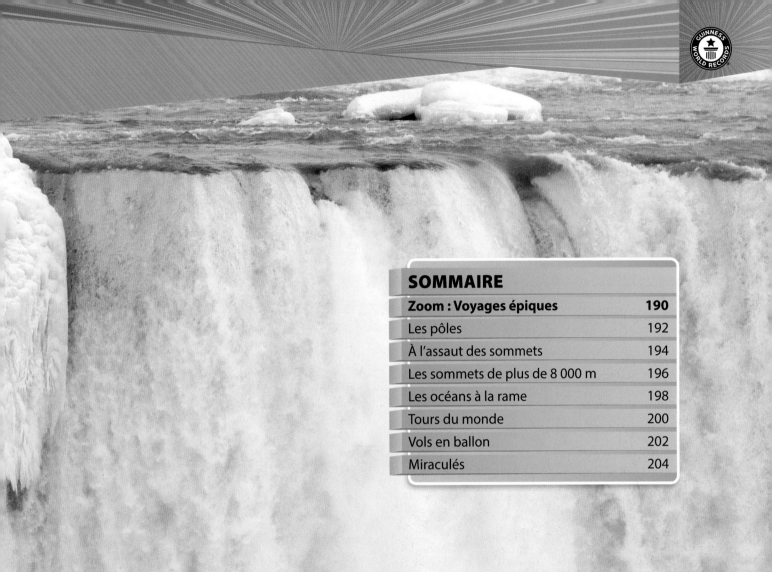

La 1ʳᵉ ascension des chutes du Niagara gelées

Le 27 janvier 2015, à 47 ans, Will Gadd (Canada), grand aventurier et amateur de sports extrêmes, a gravi la chute à moitié gelée du « fer à cheval » (Ontario, Canada). Il a dit qu'au cours de l'ascension de cette chute d'eau, l'une des plus puissantes, il avait l'estomac noué et se sentait très petit. Ce n'est pourtant pas un néophyte. Il est le **champion d'escalade sur glace le plus médaillé des X-Games**, avec 3 médailles d'or dans cette discipline de 1998 à 1999. Peu après lui, Sarah Hueniken (Canada) a escaladé la même chute, devenant la **1ʳᵉ femme à avoir gravi les chutes du Niagara gelées**.

La plus jeune personne à avoir voyagé sur les 7 continents, Vaidehi Thirrupathy (RU, né le 6 mai 2008), avait 205 jours.

11

huskys sur 52 au départ sont revenus de l'expédition de Roald Amundsen (Norvège) au pôle Sud en 1911-1912.

17

marins sur 239 au départ sont rentrés du tour du monde de Ferdinand Magellan (Portugal).

24

Nombre d'années que Marco Polo (Italie) passa loin de Venise, dont 17 en Chine. Il comptait seulement faire un voyage de quelques années.

157°-337°

Dernière position connue de l'aviatrice Amelia Earhart (USA) avant sa disparition au-dessus du Pacifique en 1937.

50 %

Taux de réussite de Christophe Colomb (Italie). Deux de ses quatre voyages se sont terminés par un naufrage.

15,2 cm

Épaisseur des hublots du bathyscaphe *Trieste*, qui a réalisé la **plongée la plus profonde**. L'un d'eux s'est fissuré, mais la descente de 1960 reste un succès (voir p. 23).

Les plans les mieux conçus…

En matière de records, ceux qui impliquent de parcourir des milliers de kilomètres exigent plus de préparation que d'autres. Grâce aux techniques de pointe actuelles et à l'existence de véhicules adaptés à tous les environnements, nous n'avons sans doute jamais été aussi bien équipés pour effectuer de longs trajets.

Un voyage de mille lieues commence toujours par un premier pas. Cet aphorisme du philosophe Lao Tzu (Chine) est une excellente introduction à cette rubrique consacrée à ces voyages impressionnants : pour détenir un record du GWR, il faut surtout ne pas se décourager.

Les hommes sont curieux de tout et ont toujours pris de grands risques pour explorer le monde. Dans le passé, les récompenses – l'argent, la puissance et la renommée – l'emportaient sur les dangers, et si vous deviez nommer un explorateur, vous penseriez sans doute à Christophe Colomb et Marco Polo

(tous deux Italie) ou à des aventuriers comme Amelia Earhart (USA) et Robert Scott (RU). Cependant, n'imaginez pas que l'époque des explorations est révolue. Comme les grands voyageurs présentés ci-après l'attestent, l'envie d'entreprendre un voyage épique est plus forte que jamais.

Cela ne doit toutefois pas minorer les exploits des premiers pionniers. Quand Ferdinand Magellan (Portugal) a quitté l'Espagne en 1519, personne n'avait jamais fait le tour du monde. Trois ans plus tard, quand son expédition est revenue,

il restait moins de 10 % de l'équipage d'origine. Magellan lui-même fut tué par une tribu philippine en cours de route. Son périple demeure le **1er tour du monde**.

Bien que les possibilités d'aller d'un point A à un point B soient devenues très variées, la soif d'aventure reste le moteur des voyages. Que l'on s'en remette à la puissance d'un engin, aux forces de la nature, à ses propres forces – ou à des actions dans un monde virtuel –, chaque voyage implique des récompenses et des défis uniques, chaque voyage épique commence par un premier pas.

0 km 5 000 km 10 000 km 15 000 km 20 000 km 25 000 km

Air
Terre
Eau

1. Hydroglisseur
- William Fadeley Jr et Eugene Hajtovik (tous 2 USA)
- 1 770 km
- De Jacksonville (Floride) à New York (New York, USA) (1986)

2. Minecraft
- Kurt J. Mac (USA)
- 2 097 km
- Depuis le point de départ du jeu vers les Terres Lointaines (2011-)

3. Nage en eau libre
- Martin Strel (Slovénie)
- 5 268 km
- L'Amazone, du Pérou au Brésil (2007)

4. Aéroglisseur
- David Smithers (RU)
- 8 000 km
- À travers 8 pays d'Afrique de l'Ouest et d'Afrique équatoriale (1970)

5. Planche à voile
- Flávio Jardim et Diogo Guerreiro (tous 2 Brésil)
- 8 120 km
- De Chuí à Oiapoque, le long de la côte du Brésil (2004-2005)

6. Paramoteur
- Miroslav Oros (République tchèque)
- 9 132 km
- De Sazená à Lipová-lázně (République tchèque) (2011)

7. Skateboard
- Rob Thomson (Nouvelle-Zélande)
- 12 159 km
- De Leysin (Suisse) à Shanghai (Chine) (2007-2008)

8. Jet-ski
- Adriaan Marais et Marinus du Plessis (tous 2 Afrique du Sud)
- 17 266 km
- De l'Alaska (USA) à Panamá City (Panamá) (2006)

9. Avion de ligne
- Boeing 777-200LR Worldliner
- 21 601 km
- De Hong Kong (Chine) à Londres (RU) (2005)

10. Tondeuse à gazon
- Gary Hatter (USA)
- 23 487 km
- De Portland (Maine) à Daytona Beach (Floride), via 48 États américains, le Canada et le Mexique (2001)

VOYAGES PLUS QU'ÉPIQUES

Certains voyageurs effectuent des trajets impressionnants dans leur tentative d'établir un nouveau record de distance.

Nom(s)	Transport	Distance	Durée
Emilio Scotto (Argentine ; *ci-dessous*)	Moto	735 000 km	1985-1995
Emil et Liliana Schmid (tous 2 Suisse)	4 x 4	692 227 km	1984-
Walter Stolle (RU)	Vélo	646 960 km	1959-1976
Harry Coleman et Peggy Larson (tous 2 USA ; *ci-dessous, à droite*)	Camping-car	231 288 km	1976-1978
Hughie Thompson, John Weston et Richard Steel (tous RU)	Bus	87 367 km	1988-1989
Ben Carlin (Australie)	Véhicule amphibie	78 215 km	1950-1958

Une odyssée hors du monde

Bien que tous ces voyages soient extrêmes à leur façon, ils ne peuvent rivaliser avec celui de l'**objet le plus éloigné fabriqué par l'homme** : le satellite *Voyager 1*. Depuis son lancement en 1977, l'engin spatial avait parcouru 19 569 milliards de km au 10 février 2015. En août 2012, il est devenu la **1re sonde à quitter le Système solaire** et voyage maintenant dans l'espace interstellaire – zone située entre les étoiles. Aussi étrange que cela puisse paraître, *Voyager 1* transmet toujours des données et nous révélera donc peut-être encore bien des choses au cours de son voyage dans le cosmos.

14

15

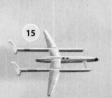

35 000 km · 40 000 km · 45 000 km · 50 000 km · 55 000 km · 60 000 km · 65 000 km · 70 000 km

17

18

20

LUNE →

13

12

10 x la longueur du fleuve Amazone

1/5e de la distance Terre-Lune

! INFO

Une personne modérément active qui fait 7 500 pas par jour aura parcouru dans une vie moyenne (70,5 ans) une distance comparable à 161 000 km, soit 4 fois le tour du monde !

19

Circonférence de la Terre

16

Vous vous intéressez aux longs voyages ? Découvrez des périples impressionnants p. 200-201.

---

11. Ballon (solo)
- Steve Fossett (USA)
- 33 195 km
- De Northam (Australie-Occidentale) à Queensland (Australie), en faisant le tour du monde (2002)

12. Tandem
- Phil et Louise Shambrook (tous 2 RU)
- 38 143 km
- Tour du monde depuis Brigg (Lincolnshire, RU) (1994-1997)

13. Fauteuil roulant
- Rick Hansen (Canada)
- 40 075 km
- Tour du monde depuis Vancouver (Colombie-Britannique, Canada) (1985-1987)

14. Montgolfière
- Bertrand Piccard (Suisse) et Brian Jones (RU)
- 40 814 km
- De Château-d'Oex (Suisse) au désert égyptien (1999)

15. Avion sans escale
- Steve Fossett (USA)
- 42 469 km
- De Floride (USA) à Bournemouth (Dorset, RU) (2006)

16. Canoë (avec portages)
- Verlen Kruger et Steven Landick (tous 2 USA)
- 45 129 km
- Du Montana au Michigan (USA) via le Canada (1980-1983)

17. Voiture de pompiers
- Stephen Moore et son équipage (tous RU)
- 50 957 km
- Tour du monde depuis Londres (RU) (2010-2011)

18. Quad/ATV
- Valerio De Simoni, Kristopher Davant et James Kenyon (tous Australie)
- 56 239 km
- D'Istanbul (Turquie) à Sydney (Australie) (2010-2011)

19. Bateau à énergie solaire
- Christian Ochsenbein, Raphaël Domjan (tous 2 Suisse) et Jens Langwasser (Allemagne)
- 60 023 km
- Tour du monde depuis Monaco (2010-2012)

20. Taxi
- Leigh Purnell, Paul Archer et Johno Ellison (tous RU)
- 69 716 km
- Tour du monde depuis Londres (2011-2012)

LES PÔLES

Les **Grecs de l'Antiquité** appelaient la **région du pôle Sud** qu'ils n'avaient jamais vue « **Antarktos** » par opposition à « Arktos », Arctique.

EN CHIFFRES

20 000
Il y a 20 000 ans les 1ers hommes sont arrivés dans la région du pôle Nord via le territoire gelé de Béring. Ils venaient du nord-est de l'Asie.

24
Nombre de fuseaux horaires couverts par l'Arctique qui occupe 1/6e de la masse terrestre.

6 mois
Durée de l'hiver arctique qui va de début octobre à début mars : il fait alors nuit en permanence.

3 223 m
Hauteur au-dessus du niveau de la mer du plateau de l'Antarctique situé à l'est, le **désert le plus froid, le plus sec, le plus haut et le plus vaste.**

+ de 99 %
Proportion de l'Antarctique recouverte par la glace équivalent à peu près à la largeur des États-Unis.

Le temps cumulé le plus rapide pour effectuer un marathon sur chaque continent et au pôle Nord

Du 8 avril au 20 novembre 2013, Fiona Oakes (RU) a effectué 8 marathons en 28 h, 20 min et 50 s. Elle en a gagné 3 : au pôle Nord, sur l'île de Man et en Antarctique.

La 1re personne à atteindre le pôle Nord seul

Le 14 mai 1986, Jean-Louis Etienne (France) a atteint le pôle Nord géographique en 63 jours. Parti en tirant un traîneau de l'île de Ward Hunt (Canada), il a parcouru plus de 1 000 km, skiant 8 h par jour sans interruption. Il a été ravitaillé à plusieurs reprises.

Les 1ers à avoir rallié le pôle Nord à ski

Ayant quitté l'île Henrietta, près du détroit de Béring, le 16 mars 1979, une équipe soviétique de 7 hommes, avec à sa tête l'explorateur Dmitry Shparo, a atteint le pôle Nord le 31 mai au bout d'un trek de 1 500 km et de 77 jours.

En 1988, Shparo était à la tête des 12 skieurs soviétiques et canadiens qui ont effectué la **1re traversée**

Le plus d'expéditions polaires par une personne

Richard Weber (Canada) a atteint 6 fois le pôle Nord géographique, entre le 2 mai 1986 et le 14 avril 2010, et 2 fois le pôle Sud géographique, les 7 janvier 2009 et 29 décembre 2011. Son fils Tessum était avec lui au cours de son dernier voyage au pôle Nord.

de l'océan Arctique depuis la Russie jusqu'au Canada via le pôle Nord géographique. Ils avaient des traîneaux tirés par des chiens et ont été réapprovisionnés.

Le 22 décembre 2007, jour du solstice d'hiver, son fils, Matvey Shparo, et Boris Smolin (tous 2 Russie) ont entrepris l'**expédition hivernale la plus précoce jusqu'au pôle Nord**. Partis de l'île Komsomolets dans l'océan Arctique, ils ont rallié le pôle le 14 mars 2008, 8 jours avant le début du « jour polaire ».

Le 1er à rallier les pôles à pied en solo, sans aide ni assistance

Marek Kamiński (Pologne/USA) a parcouru 770 km en 70 jours pour

Le trek le plus rapide jusqu'au pôle Sud (avec l'aide d'un véhicule)

Le 24 décembre 2013, Parker Liautaud (France/USA) est allé à ski, en tirant des traîneaux, jusqu'au pôle Sud, en 18 jours, 4 h et 43 min, avec son coéquipier Doug Stoup. Malgré son mal des montagnes, il a parcouru 563,3 km sur la plate-forme de Ross, soit 30 km par jour.

aller du cap Columbia (Canada) au pôle Nord, le 23 mai 1995, et 1 300 km en 53 jours pour aller de l'île Berkner (Antarctique) au pôle Sud, le 27 décembre 1995.

Les marathons les plus rapides aux pôles Nord et Sud par un couple marié (temps cumulé)

Uma et Krishna Chigurupati (tous 2 Inde) ont mis à eux deux 35 h, 6 min et 28 s pour effectuer le marathon de l'Antarctique, le 15 décembre 2010, et celui du pôle Nord, le 8 avril 2011. Ils ont mis respectivement 8 h, 16 min et 22 s et 8 h, 27 min et 26 s pour le 1er, et 9 h, 11 min et 20 s pour le 2nd.

INFO

Il a fallu à Manon et à son équipe de mécaniciens et de guides 16 jours, 8 h et 35 min pour parcourir les 2 309 km les séparant du pôle Sud, où ils se sont reposés 24 h avant d'entreprendre le voyage de retour.

La 1re expédition au pôle Sud en tracteur

Le 22 novembre 2014, à 18 h 55 (UTC), Manon Ossevoort (Pays-Bas) a quitté la base de Novo (Antarctique) au volant d'un tracteur 5610 Massey Ferguson. Dans le cadre de l'expédition Antarctica 2, elle a parcouru 4 638 km pour se rendre au pôle Sud et en revenir en 27 jours, 19 h et 25 min. Elle est parvenue à la base de Novo le 20 décembre 2014, après avoir conduit durant 438 h et 17 min.

3 900 000 m Largeur de l'Australie, le **continent le plus plat** et le **moins volcanique**

! **INFO**

En 1911, Roald Amundsen (Norvège) a entrepris la **1re expédition réussie jusqu'au pôle Sud**, depuis la baie des Baleines. Son bateau, le *Fram*, avait une coque arrondie qui lui a permis de glisser au milieu de la glace.

👤 Sir Ranulph Fiennes

Le 29 août 1982, Ranulph Fiennes (ci-dessus) et Charles Burton (tous 2 RU) ont effectué le **1er tour du monde via les deux pôles** : soit 56 327 km.

Parlez-nous de votre tour du monde…
Nous avons passé sept ans à travailler sans relâche pour trouver des sponsors. Nous nous sommes entraînés et nous avons fait un essai. Nous sommes allés au Groenland pour nous familiariser avec les crevasses de l'Arctique. Nous avons choisi parmi 800 candidats 2 personnes pour nous accompagner. Aucune n'avait jamais participé à une expédition. Tous les 4, nous avons passé 18 mois dans l'Antarctique, à 965 km de tout, dans une maison en carton enfouie sous la neige.

Au pôle Nord, nous étions très faibles. Nous étions les **1ers à avoir atteint les deux pôles**, mais les ultimes 2 900 km depuis le pôle Nord ont été terribles. Nous n'avions pas de système de navigation par satellite. Nous devions dériver sur la banquise en espérant rallier la Sibérie. Il y avait des ours et la glace se fendait. Il aurait été très difficile d'être secourus et si nous avions dû l'être, nous aurions eu l'impression d'avoir gaspillé 11 ans de notre vie…

Qu'est-ce que cela fait d'avoir un record GWR ?
Je suis très fier d'avoir battu de nombreux records au cours de ces dernières 40 années. Le GWR les répertorie avec une honnêteté sans faille, en vérifiant chaque détail. Il nous a aussi permis d'avoir des sponsors, ce qui était vital. Sans couverture médiatique, il est impossible de battre des records.

La navigation vers le point le plus au sud

Le 27 janvier 2014, l'*Arctic P*, yacht de 87,6 m appartenant à la famille Packer et gouverné par Russell Pugh (tous Australie), s'est retrouvé à 78°43,0336' de latitude Sud et 163°42,1317' de longitude Ouest dans la baie des Baleines, en mer de Ross (Antarctique). Il s'agit du point le plus au sud jamais atteint par un bateau.

Le couple marié le plus rapide à atteindre le pôle Sud (sans aide ni assistance)

Partis de la plate-forme de Ronne, le 2 décembre 2013, Chris et Marty Fagan (USA) ont mis 48 jours pour atteindre le pôle Sud, le 18 janvier 2014. Ils ont parcouru 980 km, à la vitesse moyenne de 20,4 km par jour.

Le plus long trek polaire

Le 7 février 2014, Ben Saunders et Tarka L'Herpiniere (tous 2 RU) ont effectué un périple de 2 890 km pour rallier le pôle Sud et en revenir, à ski et en tirant des traîneaux qui au départ pesaient chacun près de 200 kg. Ce voyage de 105 jours leur a valu d'être les **1ers à refaire le périple de l'expédition Terra Nova du capitaine Scott** en 1912.

La plus jeune personne ayant effectué un trek au pôle Sud

Né le 18 novembre 1997, Lewis Clarke (RU) avait 16 ans et 61 jours quand il a rejoint le pôle Sud, le 18 janvier 2014. Avec le guide Carl Alvey, d'Adventure Network International, il a quitté l'anse d'Hercule sur la plate-forme de Ronne, le 2 décembre 2013, et a parcouru sans aide 1 123,61 km. Il a été approvisionné en produits alimentaires et en médicaments.

Le plus d'expéditions au pôle Sud

Du 4 novembre 2004 au 9 janvier 2013, Hannah McKeand (RU) a effectué 6 treks jusqu'au pôle Sud, réalisant le 2e à ski et en solitaire, du 19 novembre au 28 décembre 2006, en 39 jours, 9 h et 33 min. C'est la **femme qui a réussi le trek le plus rapide jusqu'au pôle Sud (sans aide ni assistance)**.

Le voyage à vélo le plus rapide jusqu'au pôle Sud

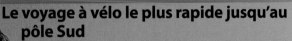

Le 17 janvier 2014, Juan Menéndez Granados (Espagne, à gauche) a rallié le pôle Sud en solitaire sur un *fatbike*, vélo à roues larges capable de rouler sur des terrains variés et notamment sur la neige. Il a parcouru 1 130 km en 46 jours depuis l'anse d'Hercule et n'a bénéficié d'aucune aide. Cependant, il a aussi skié et tiré son vélo sur un traîneau quand il ne pouvait plus rouler.

Daniel Burton (USA, encadré) a effectué le même trajet sur un fatbike quelques jours plus tard, le 21 janvier. Il a pédalé et poussé son VTT pendant 51 jours en étant réapprovisionné 4 fois.

La **1re personne à gagner le pôle Sud à vélo** (assistée d'une équipe) est Maria Leijerstam (RU), le 27 décembre 2013, sur un tricycle couché.

Quelles rubriques du livre vous intéressent plus particulièrement ?
Celles qui ont trait aux records les plus récents. Il m'a fallu 17 ans pour traverser les 2 calottes polaires et gravir l'Everest, et pendant ce laps de temps, j'ai lu attentivement cette partie du livre pour être sûr que personne ne l'avait fait.

À L'ASSAUT DES SOMMETS

En raison des mouvements des plaques tectoniques, l'**Everest** croît de **4 mm chaque année**.

EN CHIFFRES

25 %
D'après les Nations unies, pourcentage de la surface terrestre recouverte par des montagnes.

12 %
D'après les Nations unies, pourcentage de la population mondiale vivant dans les montagnes.

64 %
Pourcentage du territoire népalais occupé par des montagnes.

33 %
Pourcentage d'oxygène disponible au sommet de l'Everest par rapport à celui dont on dispose au niveau de la mer.

80 %
Proportion d'alpinistes morts en escaladant le versant nord de l'Eiger sur les 10 qui ont essayé.

Le concert à la plus haute altitude

Le 16 mai 2012, Oz Bayldon (RU) a donné un concert à 6 476 m d'altitude, sur le pic Mera (Népal). Le chanteur, les musiciens et le public représentaient Music4Children, organisation de bienfaisance basée à Londres qui lève des fonds pour les enfants défavorisés du Népal. L'objectif était la construction d'un édifice destiné à accueillir un orphelinat autonome près de Katmandou.

La personne la plus âgée au sommet de l'Everest

Né le 12 octobre 1932, Yuichiro Miura (Japon ; ci-dessus, à gauche) a gravi pour la 3e fois l'Everest (8 848 m), le 23 mai 2013, à 80 ans et 223 jours. Au cours de la descente, il a été héliporté de Camp 2 à Katmandou.

Née le 22 septembre 1939, Junko Tabei (Japon ; ci-dessus, à droite) a escaladé le pic le 16 mai 1975, devenant la **1re femme à conquérir l'Everest**. Depuis, elle a gravi plus de 70 grands sommets. Pour en savoir plus sur ces ascensions, voir la page ci-contre.

Le plus de pics de 6 000 m gravis dans la cordillère des Andes

Maximo Kausch (RU) tente de gravir tous les pics de 6 000 m dans la cordillère des Andes. Le 1er septembre 2014, il a escaladé l'Uturunco (ou Uturunku, 6 015 m). C'était sa 58e ascension réussie.

Il y aurait entre 99 et 106 montagnes de 6 000 m ou plus dans la cordillère des Andes qui compte les montagnes les plus hautes après l'Himalaya. C'est aussi la **plus longue chaîne montagneuse**. S'étirant sur 7 600 km, elle traverse plusieurs pays (Argentine, Bolivie, Chili, Colombie, Équateur, Pérou et Venezuela) et affiche une largeur de plus de 300 km.

Le **1er alpiniste à avoir gravi les 12 pics les plus hauts des Andes**, tous situés à plus de 6 600 m, est Darío Bracali (Argentine). Ce pionnier de l'escalade, disparu en mai 2008 alors qu'il tentait d'escalader en solitaire le Dhaulagiri I (Népal), a réalisé cette prouesse en 2004.

Le plus rapide pour gravir le versant nord de l'Eiger en solo (sans assistance)

Le 13 février 2008, Ueli Steck (Suisse) a mis 2 h, 47 min et 33 s pour escalader le versant nord de l'Eiger dans les Alpes bernoises (Suisse).

Le 20 avril 2011, Dani Arnold (Suisse) a battu son record de 19 min, en effectuant seul l'ascension en 2 h et 28 min. Il a toutefois utilisé les cordes fixes de la traversée Hinterstoisser, accomplissant donc l'**ascension la plus rapide du versant nord de l'Eiger en solo (avec assistance)**.

La personne la plus âgée à avoir gravi les Sept Sommets (liste de Carstensz)

Les alpinistes qui souhaitent gravir le pic le plus haut de chacun des 7 continents ont le choix entre la liste comprenant le mont Kosciuszko (Australie) ou celle incluant la pyramide Carstensz (Indonésie), selon la façon dont on définit l'Océanie.

Werner Berger (né le 16 juillet 1937, Afrique du Sud/Canada) a terminé son ascension des pics de la liste Carstensz, plus ardue, le 21 novembre 2013, à 76 ans et 128 jours. Il a ensuite gravi la pyramide de Carstensz (le Puncak Jaya) qui, avec ses 4 884 m, est le **plus haut pic de l'île**. Il avait escaladé le mont Kosciuszko six ans plus tôt, le 22 mai 2007.

Ramón Blanco (né le 30 avril 1933, Espagne) est la **personne la plus âgée à avoir gravi les 7 sommets (liste Kosciuszko)**. Il avait 70 ans et 243 jours quand il a atteint le sommet du dernier pic, le mont Kosciuszko, le 29 décembre 2003.

Pour connaître le plus jeune alpiniste à avoir gravi les 7 sommets des deux listes, voir ci-dessous.

Le plus de personnes ayant gravi ensemble une montagne

Le 3 septembre 2011, 972 employés de la société Atea (Norvège) ont gravi le mont Galdhøpiggen (2 469 m) dans le parc national de Jotunheimen (Norvège).

Le 2 octobre 2011, dans le cadre de l'Atunas Formosa 100 Hiking event, 6 136 personnes ont gravi simultanément 10 montagnes de Taïwan, soit le **plus de personnes à effectuer en même temps l'ascension de différentes montagnes**.

Le plus haut sommet à ne pas avoir été gravi

Culminant à 7 570 m, le Kangkar Pünzum (Bhoutan/Chine) est le 40e sommet le plus haut du monde et la plus haute montagne à n'avoir jamais été gravie. Il y a eu plusieurs tentatives dans les années 1980, mais en 1994, l'alpinisme a été partiellement interdit dans le pays pour des raisons religieuses, puis complètement à partir de 2003. Le Kangkar Pünzum ne risque donc pas d'être gravi de sitôt.

Le **plus haut sommet à n'avoir jamais été gravi l'hiver** est le K2 qui, avec ses 8 611 m, est la 2e montagne la plus haute du monde. Personne n'a réussi

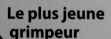

Le plus jeune grimpeur

La montagne est dangereuse. Pour cette raison, le Guinness World Records n'accepte pas les records d'alpinistes ayant moins de 16 ans. Cela n'a pas empêché Jordan Romero (USA) de réussir l'ascension des Sept Sommets à 15 ans et 165 jours. Il a gravi le 1er pic, le Kilimandjaro (Tanzanie), à l'âge de 10 ans et le dernier, le massif Vinson (Antarctique), le 24 décembre 2011. Il est aussi la plus jeune personne à avoir escaladé un « pic de plus de 8 000 m » (voir p. 196-197), l'Everest, le 22 mai 2010, à l'âge de 13 ans et 314 jours.

> **! INFO**
> En 2010, Jordan a gravi l'Everest, à la frontière entre le Népal et la Chine. Le Népal exige que tous les alpinistes se lançant à l'assaut de l'Everest aient au moins 16 ans. Ce n'est pas le cas de la Chine.

4 000 000 m C'est le diamètre du **plus grand diamant de l'Univers**. Cette naine blanche – carbone cristallisé BPM 37093 – est aussi appelée « Lucy » (d'après la chanson des Beatles : *Lucy in the Sky with Diamonds*).

Le 1er alpiniste à avoir réussi le « Triple Seven Summits »

Le 23 août 2013, Christian Stangl (Autriche), en gravissant le mont Shkhara (5 193 m), à la frontière entre la Géorgie et la Russie, a réussi l'ascension des 3 plus hauts pics de chacun des 7 continents, les «Triple Seven Summits ». Il est aussi le **1er à avoir gravi les « Sept 2es plus hauts sommets »** (le 15 janvier 2013) et les **« Sept 3es plus hauts sommets »** (le 23 août 2013).

à l'escalader, ni durant l'hiver calendaire (20 décembre-20 mars) ni durant l'hiver météorologique (1er décembre-28 février). Il y a eu 3 tentatives infructueuses.

Le plus rapide à gravir l'Everest et le Lhotse

Le 15 mai 2012, équipé d'une bouteille d'oxygène, Michael Horst (USA) est devenu le 1er alpiniste à avoir gravi l'Everest – le **plus haut sommet** du monde – via le col sud, puis le Lhotse (8 516 m), la 4e plus haute montagne. Il est aussi le 1er à avoir réussi l'ascension de deux pics de plus de 8 000 m en 24 h.

LES PREMIERS...

Ascension de l'Everest

Le 29 mai 1953, à 11 h 30, Edmund Percival Hillary (Nouvelle-Zélande) et Tenzing Norgay (Inde/Tibet) ont atteint le sommet de l'Everest. Le colonel Henry Cecil John Hunt était à la tête de l'expédition. Hillary a été fait chevalier et Norgay a reçu la Médaille de Georges.

L'ascension la plus rapide des plus hauts pics des 50 États américains

Entre le 3 juin et le 16 juillet 2010, Mike Moniz (USA) a gravi le plus haut pic de chacun des 50 États américains en 43 jours, 3 h et 51 min. Mike était accompagné par son fils, Mike Jr, dont le record en raison de son âge (il avait moins de 16 ans) n'a pu être homologué par le Guinness World Records (voir « Le plus jeune grimpeur», à gauche).

et la **plus haute montagne non gravie dont l'ascension n'était pas interdite**. Ce record est maintenant détenu par une montagne de la chaîne du Lapche Kang, dans le sud du Tibet, qui culmine à environ 7 250 m.

Ascension de l'Everest par les deux versants en une saison

Le 11 mai 2013, David Liaño González (Mexique) a escaladé l'Everest par le versant sud depuis le Népal. Il l'a gravi à nouveau le 19 mai, cette fois par le versant nord en partant du Tibet. C'était la 1re fois qu'un alpiniste gravissait les deux versants durant une même saison.

Jumeaux ayant gravi l'Everest

Le 23 mai 2010, Damián et Willie Benegas (USA, d'origine argentine) sont devenus les 1ers jumeaux à avoir gravi l'Everest par le col sud.

Tashi et Nungshi Malik (Inde) sont les **1res jumelles à avoir gravi l'Everest**, le 19 mai 2013. Elles ont atteint le sommet avec Samina Baig, la 1re Pakistanaise à avoir réussi l'ascension. L'année suivante, le 16 décembre 2014, elles sont devenues les **1res jumelles** (et **membres d'une fratrie) à avoir conquis les Sept Sommets**.

Astronaute au sommet de l'Everest

Le 20 mai 2009, l'ancien astronaute de la NASA Scott Parazynski (USA) est devenu, en gravissant l'Everest, la 1re personne à avoir voyagé dans l'espace et à avoir réussi l'ascension de la plus haute montagne du monde. Il a laissé au sommet de l'Everest un petit bout de roche lunaire ramassé par l'équipage d'*Apollo 11*.

Ascension des Sept Sommets

Richard « Dick » Bass (USA) avait gravi les plus hauts pics de la liste de Kosciuszko le 30 avril 1985. Patrick Morrow (Canada) a réussi la **1re ascension des Sept Sommets (liste de Carstensz)**, le 5 août 1986.

Junko Tabei (Japon) est devenue la **1re femme à avoir gravi les Sept Sommets** le 28 juillet 1992, à la fois selon la liste de Kosciuszko et celle de Carstensz, en réussissant l'ascension de l'Elbrous (Russie).

Ascension du Saser Kangri II

Le 7 septembre 1985, une expédition indo-japonaise a escaladé le pic nord-ouest du Saser Kangri II (environ 7 500 m), mais il a fallu attendre le 24 août 2011 pour que le pic sud-est plus élevé (7 518 m) soit conquis par Mark Richey, Steve Swenson et Freddie Wilkinson (tous USA). Jusque-là, c'était, après le Kangkar Pünzum (voir p. 194), le 2e plus haut pic du monde à n'avoir jamais été escaladé

Séisme au Népal

Juste avant midi, samedi 25 avril 2015, un terrible séisme a secoué le continent asiatique. Doté d'une magnitude de 7,8 sur l'échelle de Richter, il a causé d'énormes dégâts et fait de nombreuses victimes en Chine et en Inde. Son épicentre se trouvait à environ 80 km au nord de Katmandou (Népal).

Le 28 avril, le chiffre de 5 000 morts a été confirmé. Néanmoins, les autorités estimaient déjà qu'il y en aurait environ 10 000, les équipes de sauveteurs ayant en effet du mal à accéder aux zones montagneuses de l'ouest du pays. Près de 6,6 millions de personnes vivaient dans les régions frappées par le séisme, selon les Nations unies. Environ 6 500 personnes ont été blessées et des zones résidentielles ont été endommagées ou détruites, faisant beaucoup de sans-abri. De nombreux édifices historiques se sont aussi écroulés.

Ce tremblement de terre a entraîné des avalanches sur l'Everest, à près de 220 km à l'est de l'épicentre. Un énorme morceau de glace s'est détaché et est tombé sur le camp de base, causant la mort d'au moins 19 personnes. Il y aurait eu 1 000 grimpeurs de plus que le nombre autorisé sur la montagne lors du séisme. Près de 60 d'entre eux ont été blessés. Dans la confusion qui a suivi le tremblement de terre, des douzaines d'alpinistes ont été portés disparus, un grand nombre étant bloqués sur les hauteurs. Heureusement, environ 200 grimpeurs ont été sauvés.

Quel que soit le chiffre exact des victimes, il s'agit d'une journée sombre dans l'histoire de l'alpinisme. Le séisme aura sans doute causé le plus de morts sur l'Everest en une journée. Guinness World Records exprime ses condoléances et sa solidarité à tous ceux qui ont été affectés par ce terrible événement.

LES SOMMETS DE PLUS DE 8 000 M

On dénombre **14 montagnes** culminant **à plus de 8 000 m** au-dessus du niveau de la mer.

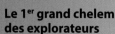

10

Il faudrait multiplier par 10 la hauteur de l'**édifice le plus haut** – le Burj Khalifa (828 m) de Dubaï (EAU) – pour que celui-ci atteigne la hauteur de l'Everest.

3

Il faudrait multiplier par 3 la hauteur de l'Everest pour obtenir celle du mont Olympe sur Mars (25 km), la **plus haute montagne** du **Système solaire**.

16 ans et 271 jours

C'est l'âge moyen des étudiants de la Lawrence School Sanawar d'Himachal Pradesh (Inde) qui ont gravi l'Everest en 2013. L'un d'eux ayant moins de 16 ans, le record n'a pas pu être homologué par le Guinness World Records.

52

C'est le nombre d'ascensions du K2 réussies par 45 alpinistes népalais : **le record par nation de conquêtes du K2**. Quatre de ces ascensions ont été faites sans bouteille d'oxygène.

Le plus d'ascensions à plus de 8 000 m

Phurba Tashi Sherpa (Népal, *ci-dessus*) a effectué 32 ascensions de pics de plus de 8 000 m. La 32e a été celle du Manaslu, qu'il a escaladé le 25 septembre 2014 pour la 5e fois.

À 44 ans, il détient aussi le **record du plus grand nombre d'ascensions de l'Everest**. Au 23 mai 2013, il l'avait gravi 21 fois. Il partage ce record avec Apa Sherpa (Népal, *voir p. 197*), qui a escaladé l'Everest pour la 21e fois le 11 mai 2011.

La 1re personne à avoir gravi tous les sommets de plus de 8 000 m

Reinhold Messner (Italie) a gravi les 14 pics (*voir la liste ci-dessous*) en terminant par celui de Lhotse, à la frontière entre le Népal et le Tibet, le 16 octobre 1986. Il avait commencé par le Nanga Parbat en juin 1970. Au 31 mars 2015, seuls 34 alpinistes avaient réalisé cet exploit.

La **1re femme ayant gravi les 14 pics de plus de 8 000 m** serait Oh Eun-sun (Corée), mais son ascension du Kangchenjunga est contestée. Ce titre revient donc à Edurne Pasaban (Espagne), qui a escaladé en premier l'Everest, le 23 mai 2001, et en dernier le Shisha Pangma, le 17 mai 2010.

La **1re femme à avoir réalisé cette prouesse sans bouteille d'oxygène** est Gerlinde Kaltenbrunner (Autriche). La « reine de la zone de la mort », comme on la surnomme, y est parvenue le 23 août 2011, en gravissant le K2, le 2e plus haut pic du monde, au cours de sa 7e tentative. Elle fait donc partie du petit groupe d'alpinistes ayant escaladé les 14 pics de plus de 8 000 m sans bouteille d'oxygène.

Marianne Chapuisat (Suisse) est la **1re femme à avoir conquis un pic de plus de 8 000 m en hiver**. Le 10 février 1993, elle est arrivée au sommet du Cho Oyu, à la frontière entre la Chine et le Népal.

Le plus d'ascensions à plus de 8 000 m par une fratrie

Les frères basques Alberto et Félix Iñurrategi (Espagne) ont gravi ensemble 12 pics de plus de 8 000 m. Le 28 juillet 2000, en descendant du 12e, le Gasherbrum II, Félix est mort car sa corde a cédé. Au cours des 22 mois qui ont suivi, Alberto a réussi le grand chelem. Le 16 mai 2002, il a gravi l'Annapurna I, le dernier pic manquant à son palmarès.

Les frères sont aussi détenteurs du record de **rapidité dans l'ascension de 5 des sommets de plus de 8 000 m**. Ils ont mis 4 ans et 219 jours pour gravir le Makalu, l'Everest, le K2, le Lhotse et le Kangchenjunga (entre le 30 septembre 1991 et le 6 mai 1996) sans bouteille d'oxygène.

Le 22 mai 2003, 2 sœurs, Lakpa et Mingkipa, et leur frère Mingma Gelu Sherpa (Népal) ont gravi l'Everest, devenant la **fratrie la plus nombreuse à plus de 8 000 m**.

La personne la plus âgée à avoir gravi le Kangchenjunga

Le 18 mai 2014, Carlos Soria (Espagne, né le 5 février 1939) a escaladé le Kangchenjunga par son versant sud. Il avait 75 ans et 102 jours. La **personne la plus âgée à avoir atteint le sommet du Kangchenjunga sans oxygène** est Òscar Cadiach (Espagne, né le 22 octobre 1952). Il l'a fait le 20 mai 2013, à 60 ans et 210 jours.

La personne la plus âgée ayant gravi un pic de plus de 8 000 m sans bouteille d'oxygène

En avril 2014, 5 personnes de plus de 65 ans y étaient parvenues. Le record est détenu par Carlos Soria (Espagne, né le 5 février 1939, *à gauche*), qui a gravi le Manaslu le 1er octobre 2010, à 71 ans et 238 jours. Boris Korshunov (Russie, né le 31 août 1935) prétend avoir escaladé le Cho Oyu le 2 octobre 2007, à 72 ans et 32 jours, mais son ascension est contestée.

Le 1er grand chelem des explorateurs

Pour réaliser cet exploit, il faut atteindre à pied les pôles Nord et Sud, gravir les plus hauts pics des 7 continents (les 7 sommets) et les sommets de plus de 8 000 m. Park Young-seok (Corée) y est parvenu le 1er en ralliant le pôle Nord, le 30 avril 2005. Il avait commencé par gravir l'Everest le 16 mai 1993.

La plus jeune personne ayant gravi l'Everest sans bouteille d'oxygène

Tenzing Sherpa (né le 7 mars 1992), de Sanam (Népal), a escaladé l'Everest le 18 mai 2012 sans bouteille d'oxygène à l'âge de 20 ans et 72 jours. Il était accompagné par l'alpiniste Ueli Steck (Suisse, *voir p. 194*).

Le plus d'ascensions du K2 en 1 jour

Le 26 juillet 2014, 33 personnes ont escaladé le K2, le 2e plus haut pic du monde. Le 31 juillet 2012, date du précédent record, il n'y en avait eu « que » 28.

Le plus d'ascensions du Manaslu

Le 3 octobre 2014, Phura (Phurba) Chhiri Sherpa (Népal) a escaladé le Manaslu pour la 7e fois au cours de sa carrière d'alpiniste.

Le plus d'ascensions de pics de plus de 8 000 m par un couple marié

Mariés en 1989, Nives Meroi et Romano Benet (tous deux Italie) ont gravi ensemble 12 pics de plus de 8 000 m, sans bouteille d'oxygène, entre le 20 juillet 1998 (Nanga Parbat) et le 18 mai 2014 (Kangchenjunga).

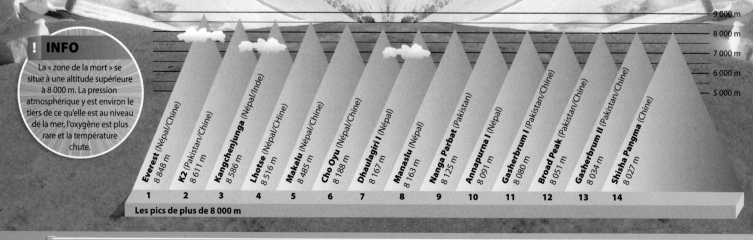

! INFO

La « zone de la mort » se situe à une altitude supérieure à 8 000 m. La pression atmosphérique y est environ le tiers de ce qu'elle est au niveau de la mer, l'oxygène est plus rare et la température chute.

9 000 m		
8 000 m		
7 000 m		
6 000 m		
5 000 m		

Everest (Népal/Chine) 8 848 m — 1
K2 (Pakistan/Chine) 8 611 m — 2
Kangchenjunga (Népal/Inde) 8 586 m — 3
Lhotse (Népal/Chine) 8 516 m — 4
Makalu (Népal/Chine) 8 485 m — 5
Cho Oyu (Népal/Chine) 8 188 m — 6
Dhaulagiri I (Népal) 8 167 m — 7
Manaslu (Népal) 8 163 m — 8
Nanga Parbat (Pakistan) 8 125 m — 9
Annapurna I (Népal) 8 091 m — 10
Gasherbrum I (Pakistan/Chine) 8 080 m — 11
Broad Peak (Pakistan/Chine) 8 051 m — 12
Gasherbrum II (Pakistan/Chine) 8 034 m — 13
Shisha Pangma (Chine) 8 027 m — 14

Les pics de plus de 8 000 m

L'ascension la plus rapide du Manaslu

Le 25 septembre 2014, Andrzej Bargiel (Pologne) a escaladé le 8e plus haut sommet du monde – le Manaslu (Népal) – en 14 h et 5 min. Il a mis un peu moins de la moitié de ce temps pour descendre.

La plus jeune personne à avoir gravi les 14 pics de plus de 8 000 m

Mingma Sherpa (Népal, né le 16 juin 1978) a gravi les pics de plus de 8 000 m entre le 12 mai 2000 et le 20 mai 2010, achevant sa dernière ascension à 31 ans et 338 jours.

Son frère Chhang Dawa Sherpa (Népal, né le 30 juillet 1982) aurait fait de même entre le 14 mai 2001 (Makalu) et le 30 avril 2013 (Shisha Pangma), achevant sa dernière ascension à 30 ans et 274 jours. Cependant, le 20 avril 2012, il n'aurait pas atteint le point le plus haut de l'Annapurna I. S'il s'avère qu'il l'a bien fait, il deviendra non seulement le nouveau détenteur du record, mais les deux frères seront aussi la 1re fratrie à avoir gravi les 14 sommets de plus de 8 000 m, quoique chacun de leur côté et non en duo.

Les 1res ascensions sans oxygène à plus de 8 000 m

7 des 14 sommets de plus de 8 000 m ont été gravis d'abord avec, puis sans oxygène. Les dates mentionnées ci-dessous correspondent aux ascensions sans oxygène.

Montagne	Date	Alpiniste
Manaslu	25 avril 1972	Reinhold Messner (Italie)
Gasherbrum I	10 août 1975	Peter Habeler (Autriche), Reinhold Messner (Italie)
Makalu	6 octobre 1975	Marjan Manfreda (Slovénie)
Lhotse	11 mai 1977	Michel Dacher (Allemagne)
Everest	8 mai 1978	Peter Habeler (Autriche), Reinhold Messner (Italie)
K2	6 septembre 1978	Louis F. Reichardt (USA)
Kangchenjunga	16 mai 1979	Doug Scott, Peter Boardman, Joe Tasker (tous RU)

L'ascension la plus rapide de tous les pics de plus de 8 000 m

Kim Chang-ho (Corée) a mis 7 ans et 310 jours, entre 2005 (Nanga Parbat) et 2013 (Everest), pour réaliser cette prouesse sans bouteille d'oxygène.

La 1re ascension du Shisha Pangma en hiver

Le 14 janvier 2005, Simone Moro (Italie, à droite) et Piotr Morawski (Pologne) ont escaladé le Shisha Pangma, effectuant la 1re ascension du sommet au cours de l'hiver calendaire, quand les conditions sont les plus difficiles.

Jerzy Kukuczka (Pologne) a gravi le **plus de sommets de plus de 8 000 m en hiver**, soit 4 : le Dhaulagiri I et le Cho Oyu en 1985, le Kangchenjunga en 1986 et l'Annapurna I en 1987.

! INFO

L'« hiver calendaire » va du 21 décembre au 20 mars, tandis que l'« hiver météorologique » s'étend du 1er décembre au 28 février. En raison des conditions difficiles, les ascensions hivernales sont beaucoup plus pénibles.

Apa Sherpa

En avril 2015, 2 alpinistes se partageaient le **record du plus grand nombre de conquêtes de l'Everest** (voir p. 196). Apa Sherpa en est le 1er détenteur. Il s'est confié au GWR.

Comment votre carrière d'alpiniste a-t-elle débuté ?
Je suis devenu porteur à l'âge de 12 ans, puis guide. J'ai gravi 2 ou 3 pics de plus de 8 000 m, l'Annapurna I d'abord, puis l'Everest à l'âge de 28 ans.

À quoi ressemblait cette 1re ascension de l'Everest ?
C'était en 1990. Je faisais partie d'une grande équipe internationale. J'étais si fier d'être avec Rob Hall (Nouvelle-Zélande) et Peter Hillary [fils d'Edmund Hillary] ! Ce n'était pas facile, mais l'équipe était formidable. Quand je suis arrivé au sommet, j'étais si excité ! Je me sentais au paradis. C'est de cet exploit dont je suis le plus fier car c'était ma 1re ascension de l'Everest.

Quelles sont les grandes différences entre cette époque et maintenant ?
Le climat a changé, l'Everest est ainsi plus rocheux. La technologie aussi a évolué. Elle simplifie les choses. En 1999, j'ai envoyé une lettre à ma famille depuis le versant tibétain de l'Everest. Elle a mis 1 mois à arriver. En 2010, j'ai appelé les miens depuis le sommet !

Pourquoi avez-vous cessé de grimper ?
J'ai arrêté en 2011 car ma famille s'inquiétait. Maintenant, je peux passer plus de temps avec elle. Je recueille aussi des fonds pour ma fondation. [L'Apa Sherpa Foundation aide la communauté népalaise.] Mais l'alpinisme me manque !

Longueur des montagnes Rocheuses, qui s'étirent de la Colombie-Britannique (Canada) au Nouveau-Mexique (États-Unis). 6 040 000 m

197

LES OCÉANS À LA RAME

En 1896, Frank Samuelsen et George Harbo (tous deux Norvège) ont accompli la **1re traversée d'un océan** : l'Atlantique.

EN CHIFFRES, À LA RAME

48 806 km
La plus longue distance sur un océan, en 876 jours, par Erden Eruç (Turquie), de 2006 à 2012.

85 jours, 2 h et 5 min
Traversée de l'océan Indien la plus rapide, par Laurence Grand-Clément et Laurence de Rancourt (toutes deux France), du 19 avril au 13 juillet 2012.

187 ans et 247 jours
Âge combiné de l'équipage du HM & S Twiggy (Graham Witham, Jason Howard-Ady, Aldo Diana et Ken Maynard - tous RU) qui a traversé à la rame l'Atlantique d'est en ouest, de Grande Canarie aux Barbades, entre le 14 décembre 2011 et le 17 février 2012.

730
C'était en mars 2015 le nombre de personnes de 45 pays ayant traversé un océan.

La 1re traversée à la rame de la moitié du Pacifique d'est en ouest par 4 femmes

Entre le 19 juin et le 8 août 2014, Emily Blagden, Amanda Challans (toutes deux RU), Ingrid Kvale (USA) et Aoife Ni Mhaoileoin (Irlande) ont traversé la moitié du Pacifique. Parties de Monterey (Californie, USA), elles ont parcouru à bord du *Black Oyster* 3 860 km jusqu'à Honolulu (Hawaii, USA) en 50 jours, 8 h et 14 min.

La personne la plus âgée ayant traversé un océan à la rame

Tony Short (RU) avait 67 ans et 252 jours quand il a participé à la transatlantique d'est en ouest. Il est allé de La Gomera à La Barbade sur le *Spirit of Corinth*, au sein d'une équipe de 4 rameurs, en 48 jours, 8 h et 3 min, entre le 5 décembre 2011 et le 22 janvier 2012.

L'équipe de rameurs la plus âgée ayant traversé l'Atlantique d'ouest en est

Chris « Darby » Walters (RU, né le 2 mai 1958) et Elliott Dale (RU, né le 30 juin 1959) avaient à eux deux 111 ans et 13 jours quand ils ont relié New York (USA) aux îles Scilly (RU) en 60 jours, 1 h et 6 min, du 7 juin au 6 août 2014. Cette traversée de l'Atlantique au départ de la région de New York est la plus rapide jamais réalisée par un tandem à bord d'un bateau à coque ouverte.

La plus jeune personne ayant traversé 2 océans en solitaire

Sarah Outen (RU, née le 26 mai 1985) avait 27 ans et 336 jours quand elle a quitté Chōshi (Japon) pour traverser en solitaire la moitié du Pacifique jusqu'à Adak (Alaska, USA), entre le 27 avril et le 23 septembre 2013. Elle avait 23 ans et 310 jours au départ de sa traversée de l'océan Indien, du 1er avril au 3 août 2009.

La plus jeune rameuse ayant traversé la moitié du Pacifique

Susannah Cass (RU, née le 11 juin 1998) avait 25 ans et 363 jours au départ de sa traversée du Pacifique au sein d'une équipe de 4 personnes. Elle est allée de Monterey (Californie, USA) à off-O'ahu (Hawaii, USA), du 9 juin au 5 août 2014.

La traversée la plus rapide de la moitié du Pacifique d'est en ouest

Entre le 18 juin et le 2 août 2014, Sami Inkinen (Finlande) et Meredith Loring (USA) ont relié à la rame Monterey (Californie, USA) à Honolulu (Hawaii, USA), en 45 jours, 3 h et 43 min, à bord du *Roosevelt*, bateau à coque ouverte.

La traversée de l'Atlantique d'est à ouest en solo la plus rapide

Du 6 février au 13 mars 2013, Charlie Pitcher (RU) a mis 35 jours et 33 min pour relier à la rame La Gomera (Canaries) aux Caraïbes à bord de son bateau à coque ouverte de 6,5 m, en fibre de carbone, *Soma of Essex*.

LES PREMIERS...

Rameuse ayant traversé 3 océans

Roz Savage (RU) a traversé d'est en ouest l'Atlantique, en 2005-2006, le Pacifique, en 2008-2010, et l'océan Indien, de Perth (Australie) à l'île Maurice, en 2011, soit 510 jours en mer et plus de 24 100 km parcourus.

Équipe ayant traversé la moitié du Pacifique d'est en ouest

Entre le 21 mai et le 20 juillet 2014, Angela Madsen (USA, *voir le tableau p. 199*) et Tara Remington (Nouvelle-Zélande) ont relié Long Beach (Californie, USA) à Honolulu (Hawaii, USA), en 60 jours, 5 h et 5 min, à bord du *Spirit of Orlando*.

La **1re traversée du Pacifique par une équipe de 4 rameurs** – Craig Hackett (Nouvelle-Zélande), Andre Kiers (Pays-Bas), Junho Choi (Corée du Sud) et Caspar Zafer (RU) – a pris

+ Les itinéraires

- **Pacifique d'ouest en est** : de Japon/Russie à États-Unis/Canada.
- **Pacifique d'est en ouest** : de Amérique du Nord/Pérou/Chili à Papouasie-Nouvelle-Guinée/Australie.
- **Moitié du Pacifique d'est en ouest** : de Amérique du Sud à une île du milieu du Pacifique ou de États-Unis à Hawaii.
- **Atlantique d'est en ouest** : de Canaries à Caraïbes/nord de l'Amérique du Sud (« Les Alizés I »), ou de Sénégal/Cap-Vert à Caraïbes/nord de l'Amérique du Sud (« Les Alizés II »).
- **Atlantique d'ouest en est** : de Amérique du Nord à îles Britanniques/Europe.
- **Océan Indien** : de ouest de l'Australie à île Maurice/Madagascar/Seychelles.

La traversée en solo de l'océan Indien en bateau à coque ouverte la plus rapide

Du 30 novembre 2013 au 25 janvier 2014, Emmanuel Coindre (France) a parcouru 5 960 km à la rame à bord du *Long-Cours*. Parti de Carnarvon (Australie-Occidentale), il a rejoint Port-Ouest (La Réunion), à 700 km à l'est de Madagascar, en 56 jours, 7 h, 29 min et 11 s. Il a ramé en moyenne 18 h par jour et s'est même trouvé sur le passage du cyclone tropical Colin.

! INFO

Les bateaux à coque ouverte ont une forme, une longueur, un poids et une coque spécifiques. Leur différence avec les bateaux classiques, plus lents, est telle qu'ils ne participent jamais aux mêmes compétitions.

43 jours, 7 h et 39 min, du 9 juin au 23 juillet 2014, soit la **traversée la plus rapide de la moitié du Pacifique d'est en ouest par une équipe de 4 rameurs.**

Équipe masculine ayant traversé la moitié du Pacifique

Du 9 juin au 23 août 2014, Clément Héliot et Christophe Papillon (tous deux France) ont ramé de Monterey (Californie, USA) à Honolulu (Hawaii, USA), en 75 jours, 9 h et 25 min.

Personne ayant traversé l'Atlantique sans escale

Le 9 juillet 2012, Charles Hedrich (France) a quitté Saint-Pierre-et-

La traversée la plus rapide de l'océan Indien par une équipe

Du 11 juin au 7 août 2014, Tim Spiteri, Shane Usher (tous Australie), le skipper Leven Brown, Jamie Douglas-Hamilton, Heather Rees-Gaunt (tous RU), Fiann Paul (Islande) et Cameron Bellamy (Afrique du Sud) ont relié Geraldton (Australie-Occidentale) à Mahé (Seychelles) en 57 jours, 10 h et 58 min. C'est la **plus longue distance jamais parcourue sur l'océan Indien par une équipe** : 6 772 km.

Le plus long parcours sur l'océan en 24 h

Simon Chalk, Roland Burr, John Farndale, Stephen Harpin, Oliver Waite, Jeremy Webb (tous RU) et Noel Watkins (Nouvelle-Zélande) ont parcouru 192,4 km sur l'Atlantique, en empruntant la route des « Alizés I », entre le 2 janvier 2015, à 4 h 00, et le 3 janvier 2015, à 4 h 00. Chalk a ainsi amélioré son **record de traversées d'océan.** Il en a effectué 9 : 2 de l'océan Indien et 7 de l'Atlantique.

Miquelon (territoire français de Terre-Neuve, Canada) à bord du *Respectons la Terre*, pour arriver en Martinique (Caraïbes) le 2 décembre 2012. Ce voyage sans arrêt le long des côtes européennes et africaines a duré 145 jours, 10 h et 57 min.

Traversée de l'Atlantique de l'Afrique à l'Amérique du Nord, de continent à continent

Du 30 décembre 2013 au 20 juin 2014, Riaan Manser et Vasti Geldenhuys (tous deux Afrique du Sud) ont relié Agadir (Maroc) à New York (USA) via les Bahamas et Miami (Floride), en 172 jours et 8 h. Leur traversée à bord du *Spirit of Madiba* aurait requis 1 800 000 coups de rame.

Personne ayant traversé les océans Indien et Atlantique à la voile et à la rame

Parti de Thaïlande à bord d'un voilier le 8 janvier 2005, James Kayll (RU)

est arrivé à Djibouti le 13 février. Du 21 avril au 6 juillet 2011, il était le skipper de l'équipe de 4 rameurs qui a relié Geraldton (Australie-Occidentale) à l'île Maurice.

Du 19 novembre au 6 décembre 2000, il s'est rendu à la voile de Grande Canarie (Canaries) à Sainte-Lucie (Caraïbes). Il a aussi traversé l'Atlantique en tant que skipper d'une équipe de 4 rameurs (dont 2 militaires amputés). Ayant quitté La Gomera (Canaries) le 4 décembre 2013, il a rallié Antigua (Caraïbes) le 21 janvier 2014.

Rameur ayant traversé en solo à la fois l'Atlantique et la mer des Caraïbes jusqu'en Amérique du Nord

Du 21 octobre 2014 au 14 mars 2015, Abraham Levy (Mexique) est allé à la rame de Huelva (Espagne) à Cancún (Mexique) en passant par La Gomera (Canaries) et Antigua (Caraïbes), en 144 jours, 1 h et 32 min.

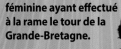

👤 Angela Madsen

Ancienne membre de la marine américaine et basketteuse de haut niveau, Angela Madsen (née le 10 mai 1960) est championne paralympique et rameuse (handicapée). Elle détient de nombreux records.

Sa constitution athlétique et sa volonté l'ont aidée à surmonter son handicap (paraplégie due à une opération du dos). En 1997, elle participait aux Veterans Wheelchair Games et au bout de 3 ans elle a été admise dans l'équipe américaine d'aviron adapté. En 2008, elle a remporté l'épreuve de deux de couple mixte avec Scott Brown aux jeux Paralympiques de Pékin (*ci-dessous*). L'océan l'attirait déjà, et c'est en mer qu'elle a battu de nombreux records :

• **1res femmes ayant traversé l'océan Indien** d'est en ouest, de Geraldton (Australie-Occidentale) à Port-Louis (île Maurice), avec Helen Taylor (RU), au sein d'une équipe de 8 rameuses, du 28 avril au 25 juin 2009.

• **le plus de traversées de l'océan par une femme** : 4, dont celle de l'Atlantique d'est en ouest en tant que skipper d'une équipe de 16 rameurs, à bord du *Big Blue*, du 15 janvier au 4 mars 2011 (la **plus grande équipe de rameurs ayant traversé un océan**), et 1 au sein de la **1re équipe de rameurs ayant traversé le Pacifique d'est en ouest** (*voir p. 198*).

• **rameuse la plus âgée ayant fait le tour de la Grande-Bretagne**, du 1er juin au 23 juillet 2010. Âgée de 50 ans et 21 jours au départ, elle faisait partie de la **1re équipe féminine ayant effectué à la rame le tour de la Grande-Bretagne.**

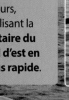

La 1re traversée en solo du Pacifique d'est en ouest, de continent à continent

Parti de Concón (Chili) le 22 décembre 2013 à bord du *Tourgoyak*, bateau en fibre de verre ultraléger, Fedor Konyukhov (Russie) a parcouru en ramant 11 898 km jusqu'à Mooloolaba (Queensland, Australie), où il est arrivé le 31 mai 2014. Il a mis 159 jours, 16 h et 58 min, réalisant la **traversée en solitaire du Pacifique sud d'est en ouest la plus rapide.**

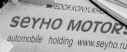

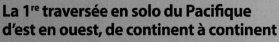

TOURS DU MONDE

David Kunst a usé **21 paires de chaussures** au **cours de son tour du monde à pied**.

EN CHIFFRES

14 jours, 19 h et 50 min

Le plus long vol en ballon et en solitaire, effectué par Steve Fossett (USA) à bord du *Bud Light Spirit of Freedom*, du 19 juin au 4 juillet 2002 *(pour connaître d'autres exploits de Fossett, voir p. 202).*

57 jours, 13 h, 34 min et 6 s

Le tour du monde à la voile en solitaire le plus rapide, par Francis Joyon (France), du 23 novembre 2007 au 20 janvier 2008.

4 ans et 31 jours

Le plus rapide à visiter tous les pays au moyen de transports publics. Graham Hughes (RU) est allé dans 197 pays, du 1er janvier 2009 au 31 janvier 2013.

Le tour du monde en hélicoptère le plus rapide (femme)

Jennifer Murray (RU), 60 ans, a accompli le tour du monde en 99 jours à bord d'un hélicoptère Robinson R44. Elle a survolé 30 pays, du 31 mai au 6 septembre 2000.

Le plus long voyage dans un bateau solaire

Parti de Monaco le 27 septembre 2010, le MS *Tûranor PlanetSolar* (Suisse) est revenu le 4 mai 2012 après avoir fait le tour du monde par l'ouest en 1 an et 220 jours et parcouru 60 023 km. L'équipage était composé du chef d'expédition Raphaël Domjan, de l'ingénieur Christian Ochsenbein (tous deux Suisse), du maître d'équipage Jens Langwasser (Allemagne) et des capitaines Patrick Marchesseau et Erwann Le Rouzic (tous deux France).

Sur terre, l'équipe du SolarCar Project Hochschule Bochum (Allemagne) a effectué le **plus long parcours dans un véhicule à énergie solaire** (29 753 km), pour aller d'Adelaïde (Australie) à Mount Barker (Australie), du 26 octobre 2011 au 15 décembre 2012.

LES PLUS RAPIDES...

En voiture

Le record du premier et du plus rapide tour du monde en voiture par un homme et une femme sur les six continents, selon les règles en vigueur de 1989 à 1991 pour un trajet dépassant la longueur de l'équateur (40 075 km), est détenu par Saloo Choudhury et sa femme Neena Choudhury (tous deux Inde). Partis de Delhi (Inde), le 9 septembre 1989, à bord d'une "Contessa Classic" Hindustan de 1989, ils y sont revenus le 17 novembre 1989, après un voyage de 69 jours, 19 h et 5 min.

Le tour du monde le plus rapide dans un bateau écologique

Le bateau écologique *Earthrace* (Nouvelle-Zélande) a accompli le tour du monde en 60 jours, 23 h et 49 min. Parti de Sagunto (Espagne) le 27 avril 2008, il est rentré le 27 juin. Le 26 juin 2009, l'Union internationale motonautique (UIM) a validé le record.

En hélicoptère

Selon la Fédération aéronautique internationale (FAI), Edward Kasprowicz et son coéquipier Stephen Sheik (tous deux USA) ont fait le tour du monde le plus rapide en hélicoptère, en 11 jours, 7 h et 5 min.

Ils ont volé 12 à 13 h par jour, à bord d'un AgustaWestland Grand, à la vitesse moyenne de 136,7 km/h, et ont fait plus de 70 escales de ravitaillement. Ils ont regagné leur point de départ, New York (USA), le 18 août 2008, après avoir survolé le Groenland, le Royaume-Uni, l'Italie, la Russie et le Canada.

Le tour du monde le plus rapide à vélo (femme)

Juliana Buhring (Allemagne) a parcouru 29 069 km à vélo, en 152 jours et 1 h, du 23 juillet au 22 décembre 2012. Son voyage a débuté et s'est terminé sur la Piazza del Plebiscito (Naples, Italie).

Alan Bate (RU) a fait le **tour du monde à vélo le plus rapide**, en 125 jours, 21 h et 45 min. Il a parcouru 29 467,91 km, du 31 mars au 4 août 2010, pour revenir à son point de départ, le Grand Palace de Bangkok (Thaïlande).

6 670 000 m Longueur du Nil, le **plus long fleuve**, qui traverse 11 pays d'Afrique du Nord avant de se jeter dans la Méditerranée

La personne la plus âgée à avoir fait le tour du monde en bateau, sans escale

Né le 7 janvier 1934, Minoru Saitō (Japon) avait 71 ans et 150 jours quand il a fini son tour du monde de 233 jours, le 6 juin 2005.

Née le 17 août 1942, Jeanne Socrates (RU, *ci-contre*) est la **femme la plus âgée à avoir fait un tour du monde en solo à la voile**. Elle avait 70 ans et 325 jours à la fin de son voyage, le 8 juillet 2013, après plus de 258 jours en mer.

En ULM

Du 31 mai au 6 septembre 2000, Colin Bodill (RU) a fait le tour du monde à bord de l'ULM Mainair Blade 912 Flexwing en 99 jours, en même temps que Jennifer Murray qui le faisait, elle, en hélicoptère (*voir page ci-contre*). Ils ont parcouru 35 000 km pour arriver à Weybridge (Surrey, RU), d'où ils étaient partis.

À la voile en faisant le tour des îles Britanniques et de l'Irlande

Sidney Gavignet (France) et les 6 membres d'équipage du trimaran *Musandam-Oman Sail* ont fait le tour de la Grande-Bretagne et de l'Irlande en 3 jours, 3 h, 32 min et 36 s, terminant leur périple le 14 août 2014. Ils ont couvert 3 283 km à la vitesse moyenne de 23,48 nœuds (43,48 km/h).

LES 1ERS TOURS DU MONDE...

En avion

Deux hydravions Douglas World Cruiser de l'armée américaine, le *Chicago*, piloté par Lowell H. Smith et Leslie P. Arnold, et le *New Orleans,* piloté par Erik H. Nelson et John Harding (tous USA), ont fait le tour du monde avec 57 escales, du 6 avril au 28 septembre 1924. Le point de départ et d'arrivée était Seattle (Washington, USA). Le périple de 42 398 km a nécessité 371 h et 11 min.

Le capitaine Elgen M Long (USA) a réalisé le **1er tour du monde en avion en passant par les 2 pôles**, à bord d'un Piper PA-31 Navajo bimoteur. Il a couvert 62 597 km en 215 h, du 5 novembre au 3 décembre 1971.

En voiture

Le 25 mai 1927, le pilote de course Clärenore Stinnes (Allemagne) a entrepris avec le réalisateur Carl-Axel Söderström (Suède) ce qui est considéré comme le 1er tour du monde en voiture. Partis de Francfort (Allemagne), ils sont arrivés à Berlin le 24 juin 1929, après avoir parcouru 46 063 km au volant d'une Adler Standard 6 de 50 chevaux dotée de 3 vitesses, en 2 ans et 30 jours.

À pied

George Matthew Schilling (USA) aurait fait le tour du monde à pied entre 1897 et 1904. Toutefois, le 1er tour du monde véritablement attesté est celui de David Kunst (USA), qui a parcouru 23 250 km en traversant 4 continents, du 20 juin 1970 au 5 octobre 1974.

À la voile, autour du continent américain, en solo, sans escale

Matt Rutherford (USA) a fait le tour de l'Amérique du Nord et du Sud en solitaire et sans escale, à bord du *St Brendan*, voilier de 8,2 m. Parti d'Annapolis dans la baie de Chesapeake (Maryland, USA) le 13 juin 2011, il est rentré 310 jours plus tard, le 18 avril 2012, après avoir parcouru 43 576 km.

Son embarcation est le **plus petit bateau à avoir franchi le passage du Nord-Ouest**, sur l'océan Arctique, réputé particulièrement dangereux.

🙎 Matt Guthmiller

Né le 29 novembre 1994, Matt Guthmiller (USA) est devenu, à 19 ans et 227 jours, la **plus jeune personne à avoir fait le tour du monde en solitaire en avion**, à bord d'un 1981 Beech A36 Bonanza. Parti d'El Cajon (Californie, USA), le 31 mai, il y est revenu le 14 juillet 2014.

Quand avez-vous eu l'idée de faire le tour du monde en solitaire ?
Le 3 mai 2013. J'ai lu un article sur un garçon de 20 ans originaire de Californie [Jack Wiegand] qui tentait d'établir ce record, et je me suis dit que je pourrais le faire aussi et inciter d'autres personnes à se faire ce genre de réflexion.

Quels ont été les moments les plus excitants ?
Si je devais en choisir un seul, je prendrais celui où, en me rendant au Caire, j'ai survolé les pyramides. C'était surréaliste.

Et les plus effrayants ?
Les 2 ou 3 fois où je me suis retrouvé au milieu des nuages sous une forte pluie, dans une zone de turbulences. Vous êtes très nerveux tant que vous n'avez pas retrouvé un ciel dégagé… ainsi qu'un moyen de contourner la tempête, ce qui prend souvent quelques heures.

Quels sont vos projets ?
Je suis étudiant en électrotechnique et en informatique [à l'Institut de technologie du Massachusetts], et j'ai toujours pensé que cela devait être génial de concevoir l'Apple de demain. Cependant, j'ai découvert que les pilotes d'essai gagnaient plus d'argent que les ingénieurs en informatique, donc on verra bien ! Je vais continuer à viser haut, en espérant atterrir au bon endroit.

Le 1er tour de la calotte polaire du Groenland

Eric McNair-Landry (Canada, *à gauche*) et Dixie Dansercoer (Belgique, *à droite*) ont fait le tour de la calotte polaire du Groenland, du 10 avril au 4 juin 2014. Leur expédition de 4 044,9 km, avec l'aide d'un cerf-volant mais sans assistance, a débuté et s'est terminée à 66°02771' de latitude Nord et 39°26409' de longitude Ouest sur l'**île la plus vaste du monde** et la 2e étendue de glace la plus vaste. Ci-dessus, à droite, on peut voir leur cerf-volant en action.

VOLS EN BALLON

En 1783, un mouton, un coq et un canard ont été les **1ers passagers** d'une montgolfière.

EN CHIFFRES

322,25 km/h
Vitesse maximale atteinte par Steve Fossett (USA) à bord du *Bud Light Spirit of Freedom* : le **record de vitesse dans un ballon**.

19
Nombre de victimes de l'**accident de montgolfière le plus meurtrier** au-dessus de Louxor (Égypte) en 2013.

4 632 m
Le **plus haut saut à l'élastique depuis une montgolfière** effectué le 5 mai 2002 par Curtis Rivers (RU).

4 min et 30 s
Temps qu'aurait mis Alan Eustace (USA) pour descendre en chute libre d'une altitude de 41 420 m (voir p. 203).

58
Nombre d'éditions de la coupe Gordon Bennett en 2014 – la **plus ancienne course d'avions**, la 1re ayant eu lieu en 1906.

L'altitude la plus élevée atteinte en montgolfière

Le 26 novembre 2005, au-dessus de Bombay (Inde), le docteur Vijaypat Singhania (Inde) a atteint 21 027 m d'altitude, à bord d'une montgolfière Cameron Z-1600.

La personne la plus âgée ayant effectué un vol en ballon

Le docteur Emma Carrol (USA, née le 18 mai 1895) a effectué un vol en montgolfière à Ottumwa (Iowa, USA) le 27 juillet 2004, à 109 ans et 70 jours.

Le plus gros ballon

Fabriqué par Winzen Engineering, Inc (USA), le ballon SF3-579.49-035-NSC-01 avait, une fois gonflé, un volume de 2 003 192 m³. Il a été lancé, sans personne à bord, du site de lancement de ballons de Palestine (Texas, USA), le 1er octobre 1975, mais le vol a été un échec en raison de problèmes techniques.

Le **plus gros ballon jamais utilisé pour un vol habité** est celui qui a permis à Felix Baumgartner (Autriche) de s'élever dans une capsule à 38 969,4 m d'altitude au cours de la mission Red Bull Stratos, le 14 octobre 2012. Gonflé, il était aussi grand que la statue de la Liberté et avait un volume d'environ 850 000 m³.

Le plus de de parachutistes sautant simultanément d'un ballon

Le 10 février 2013, 25 parachutistes ont sauté simultanément d'un ballon au-dessus de Dubaï (ÉAU). À cette occasion, Skydive Dubai a assuré la sécurité du **plus de parachutistes sautant d'une montgolfière**. 40 amateurs de sensations fortes se sont élancés dans le vide.

LES 1ERS...

Vol en ballon

Le père Bartolomeu de Gusmão (Portugal) a fabriqué le 1er ballon à air chaud qui s'est élevé du sol, le 8 août 1709, à Terreiro do Paço (Portugal).

Vol d'un homme en ballon

Jean-François Pilâtre de Rozier (France) est considéré comme la 1re personne à avoir volé. Le 15 octobre 1783, il s'est élevé à une hauteur de 26 m dans un ballon d'air chaud relié au sol, conçu par Joseph et Jacques Montgolfier (France).

Le mois suivant, le 21 novembre, il a participé au **1er vol habité libre** (sans attache au sol) d'une durée de 25 min, en compagnie du marquis d'Arlandes (France).

Ballon de guerre

En juin 1794, l'aérostat *L'Entreprenant* a été utilisé par le corps français d'aérostiers comme un véhicule de reconnaissance militaire au cours de la bataille de Fleurus (actuellement en Belgique). Destiné à épier les mouvements des troupes armées de la Coalition, le ballon en soie rempli d'hydrogène a joué un rôle clé dans la victoire de la République française.

Le tour de monde le plus rapide en ballon (solo)

Ayant décollé et atterri en Australie, feu l'aventurier Steve Fossett (USA, ci-dessous) a fait le tour du monde en 13 jours, 8 h et 33 min, à bord du *Bud Light Spirit of Freedom*, entre le 19 juin et le 2 juillet 2002. C'était aussi le **1er tour du monde en ballon en solitaire**.

Le record du **1er tour du monde en ballon sans escales** établi par Bertrand Piccard (Suisse) et Brian Jones (RU) en 1999 (voir p. 203) a donc été battu de plus de 150 h.

19 jours, 21 h et 47 min
Durée du **plus long vol en ballon**, celui effectué par Bertrand Piccard (Suisse) et Brian Jones (RU) (voir p. 203).

Si vous préférez les ballons de fête, rendez-vous p. 92-93.

Le passage le plus rapide sur une passerelle entre deux ballons

Le 4 octobre 2014, Freddy Nock (Suisse) a parcouru 18 m en 7,49 s, à l'occasion du *CCTV-Guinness World Records Special*, à Nanjing (Chine). La devise fort à propos de Nock, « Le ciel est ma limite », l'a sans doute encouragé à établir ses 7 records de corde raide en 7 jours en 2011. Il se perfectionne depuis son plus jeune âge. Il a en effet commencé à marcher sur une corde à 4 ans.

7 600 000 m Longueur de la cordillère des Andes qui traverse 7 pays et constitue la **plus longue chaîne montagneuse**

La plus longue distance en ballon

Bertrand Piccard (Suisse) et Brian Jones (RU) ne détiennent plus le record du tour du monde le plus rapide en ballon, mais ils ont réussi le plus long vol en ballon à bord du *Breitling Orbiter 3* (à droite). Du 1er au 21 mars 1999, ils ont parcouru sans s'arrêter 40 814 km.

Mariage aérien

Le 19 octobre 1874, devant 50 000 spectateurs réunis dans l'hippodrome de Cincinnati (Ohio, USA), Mary Walsh et Charles Colton (tous 2 USA) se sont mariés dans une montgolfière. Celle-ci avait été baptisée *P T Barnum* en l'honneur de leur employeur qui avait financé la cérémonie.

La **1re lune de miel en ballon** a eu lieu 9 ans *avant* ce 1er mariage aérien. Le docteur John Boynton et sa fiancée Mary West Jenkins (tous 2 USA) avaient fait un voyage de 20 km en montgolfière à cette occasion pour aller de Manhattan à Mount Vernon (New York, USA), le 8 novembre 1865. Le couple voulait aussi se marier dans les airs, mais le prêtre avait refusé de célébrer leur union dans un ballon.

Femme dans la stratosphère

Le 23 octobre 1934, avec son mari Jean Félix Piccard (Suisse) – de la famille de l'explorateur – et sa tortue, Jeannette Ridlon Piccard (USA) a atteint aux commandes du *Century of Progress* l'altitude de 17 550 m.

Le **plus long vol dans un ballon à gaz réalisé par une équipe féminine** a duré 69 h, 22 min et 9 s. Cet exploit a été accompli par les docteurs Ann Rich et Janet Folkes (toutes 2 RU), du 5 au 8 septembre 2009.

Le plus de montgolfières dans le ciel

Le 31 juillet 2013, 408 ballons se sont élevés dans les airs au cours de la même heure, lors du Lorraine Mondial Air Ballons en Lorraine (France), soit 63 de plus que lors du précédent record. Depuis 1989, ce festival de montgolfières se tient tous les 2 ans, à « Ballonville » sur une ancienne base aéronautique de l'OTAN.

Le plus haut saut en chute libre

La Fédération aéronautique internationale (FAI), a validé l'exploit du directeur de Google, Alan Eustace (USA, à droite), qui a sauté d'une altitude de 41 422 m, le 24 octobre 2014. Il a donc battu le record de plus de 2 453 m établi par Felix Baumgartner en octobre 2012.

Un champion de haut vol

Avec Per Lindstrand (Suède, à droite sur la photo ci-dessous), Richard Branson (RU) a réalisé le 1er survol en ballon de l'Atlantique et du Pacifique. Il nous livre ici les détails de son périple transatlantique…

Qu'est-ce qui vous a poussé à traverser l'Atlantique ?
Je venais de lancer Virgin Atlantic, nous devions trouver quelque chose d'amusant pour faire la promo de la compagnie. J'avais battu le record de la traversée de l'Atlantique en bateau. Per Lindstrand est venu frapper à ma porte et m'a dit : « Tu l'as fait en bateau, je pense qu'on peut le faire en ballon. »

Parlez-nous de vos tentatives de records…
J'adore l'aventure. J'aime tenter ce que personne n'a encore fait. Cette traversée de l'Atlantique en ballon a été ma 1re tentative de battre un record du GWR. La distance la plus longue en ballon était de 965 km ; or, pour traverser l'Atlantique il faut parcourir 4 830 km. Ce fut un vol long et riche en péripéties, mais nous y sommes parvenus.

Pourquoi les records en ballon sont-ils si emblématiques ?
Sept personnes ont tenté de traverser l'Atlantique en ballon avant nous et 6 en sont mortes. C'était donc un défi périlleux. À la fin de notre périple, Per a plongé dans la mer et je suis resté (brièvement) seul à voler dans le plus grand ballon jamais construit. Je venais juste d'apprendre à manœuvrer un ballon, ce fut donc une fin de vol angoissante ! Je pense que ces moments où « l'homme défie les éléments » sont extrêmement rares.

MIRACULÉS

L'homme peut survivre près de **30 jours** sans manger, mais seulement **5 jours** sans boire.

EN CHIFFRES

96 %
Taux de survie
des victimes
d'accidents d'avion.

10 160 m
La **plus haute chute
à laquelle une
personne a survécu
sans parachute.**

10 %
Taux de personnes
tuées par la foudre.

1/3
Proportion de
bébés nés en
Grande-Bretagne
en 2012 qui
devraient vivre
jusqu'à 100 ans.

43 %
Pourcentage de
cerveau perdu par
le soldat Robert
Lawrence (RU) lors
d'une attaque de
sniper à laquelle il a
survécu en 1982.

23
Stuart Jones (NZ)
a survécu à la **plus
haute chute dans
un ascenseur.** Il est
tombé de 23 étages,
soit 70 m.

! INFO
Craig Breedlove aurait
ralenti et ne roulait « plus »
qu'à 480 km/h quand il a perdu
le contrôle de sa voiture. Lors
des essais chronométrés
avant l'accident, sa vitesse
était de 846 km/h !

**Le survivant à la
plus importante
contamination
radioactive**
En 1976, dans le complexe
nucléaire de Hanford
(Washington DC, USA),
Harold McCluskey (USA)
a été accidentellement exposé
à une radioactivité 500 fois
supérieure à la dose maximale
autorisée. Pendant un temps,
il pouvait déclencher un
compteur Geiger à une
distance de 15 m.

Le plus long dérapage

Le 15 octobre 1964, alors qu'il décélérait après avoir tenté de battre un record de vitesse à Bonneville Salt Flats (Utah, USA), Craig Breedlove (USA) a perdu le contrôle de son bolide *Spirit of America* qui était équipé d'un moteur à réaction. Doté d'un parachute défaillant, le véhicule a dérapé, laissant derrière lui une trace d'environ 10 km. Il a heurté des poteaux télégraphiques avant d'atterrir dans un marais salant. Breedlove s'en est miraculeusement sorti indemne.

Donald Campbell (RU) a lui aussi eu de la chance à Bonneville, lors d'une autre tentative de record. En septembre 1960, il a eu un accident à 579 km/h à bord de sa voiture *Bluebird*. Celle-ci s'est retournée et il a eu une fracture du crâne. Il est la **seule personne à avoir survécu à un accident de voiture à une telle vitesse.**

Record de temps sans pouls

Le 14 août 1998, Julie Mills (RU) a failli mourir d'une insuffisance cardiaque et d'une myocardite d'origine virale. Les chirurgiens de l'hôpital John Radcliffe (Oxford, RU) l'ont secourue au moyen d'une pompe sanguine (AB180). Au bout d'une semaine, son cœur s'est remis à fonctionner.

Le plus de dards retirés

Le 28 janvier 1962, on a retiré 2 443 dards d'abeilles du corps de Johannes Relleke (Zimbabwe), dans la mine d'étain de Kamativi, près de la rivière Gwaii (Wankie, Zimbabwe, puis Rhodésie). Un dard libère près de 50 microgrammes de venin, et 1 000 piqûres suffisent à tuer un adulte en bonne santé, sans allergie.

Le plus grand brûlé miraculé

Tony Yarijanian (USA) a survécu à des brûlures recouvrant 90 % de son corps après une explosion causée par une fuite de gaz en Californie (USA), le 15 février 2004.

Le plus fort taux d'alcoolémie

Une personne a survécu à un taux d'alcoolémie de 13,74 g d'alcool pur par litre de sang. À titre de comparaison, le taux d'alcoolémie autorisé au volant en France est de 0,5 g/l. Quiconque a un taux supérieur à 5 g/l est en danger de mort. L'individu concerné, un Polonais de 40 ans, a été découvert inconscient au bord d'une route, dans le village de Tarnowskiej Woli (Pologne), en juillet 2013.

Le 1er survivant à 2 attaques nucléaires

Tsutomu Yamaguchi (Japon, 1916-2010) était à Hiroshima le 6 août 1945 quand la bombe atomique « Little Boy » a été larguée sur la ville par un bombardier américain B-29, tuant 140 000 personnes. Souffrant de brûlures au torse, Tsutomu est rentré chez lui à Nagasaki, le 8 août. Le lendemain, la bombe « Fat Man » a frappé la ville, causant 73 000 morts. Tsutomu n'a eu que des

Record de vitesse lors d'un accident de moto

En 2008, Jason McVicar (USA) a perdu le contrôle de sa moto à 391 km/h, à Bonneville Salt Flats (Utah, USA), au cours de la Semaine de la vitesse qui a lieu tous les ans. C'est la crevaison de la roue arrière de la moto, causée par des débris sur la piste, qui serait à l'origine de l'accident. Jason a été transporté à l'hôpital avec une fracture de la rotule et des brûlures occasionnées par le frottement de son pantalon en cuir avec le sel de la piste. Il a quitté l'hôpital le jour même, mais sa Suzuki Hayabusa 1300, la moto de série la plus rapide à l'époque, a été réduite en miettes.

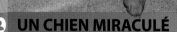

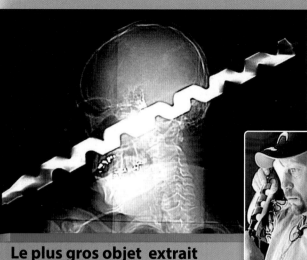

Le plus gros objet extrait d'un crâne humain

Le 15 août 2003, Ron Hunt (USA), ouvrier du bâtiment, a chuté d'une échelle alors qu'il maniait une perceuse. Il est tombé la tête la première sur le foret de 46 cm alors que celui-ci tournait encore. Ce dernier a traversé son œil droit et son crâne pour ressortir au-dessus de son oreille droite. Les chirurgiens du centre médical de Washoe (Nevada, USA) ont vu que le foret avait poussé le cerveau sur le côté au lieu de le transpercer. C'est ce qui a sauvé la vie de cet homme.

blessures mineures. Dans les deux cas, il se trouvait pourtant à 3 km de la zone d'impact.

La plus haute altitude à laquelle a survécu un homme dans un train d'atterrissage

Le 14 novembre 1986, on a découvert Gabriel Pacheco (Cuba) dans le train d'atterrissage avant d'un avion cargo d'Air Panamá, un Boeing 707 qui a atterri à Miami 2 h et 30 min après avoir quitté Panamá. L'homme a survécu grâce à la chaleur émise par l'équipement

électronique de l'appareil. En effet, celui-ci a volé à 11 900 m, altitude à laquelle la température descend jusqu'à – 63 °C.

La plus longue distance à laquelle a été emporté un survivant à une tornade

Le 12 mars 2006, Matt Suter (USA), 19 ans, a été emporté par une tornade alors qu'il était dans un mobile home près de Fordland (Missouri, USA). Inconscient, il a été projeté à terre à 398 m de là, dans un champ. À son réveil, il ne souffrait que de blessures légères.

La 1re personne à avoir survécu à une descente des chutes du Niagara

Le 24 octobre 1901, Annie Edson Taylor (USA), enseignante, est devenue la 1re personne à avoir effectué une descente des chutes du Niagara de 51 m. Elle a descendu Horseshoe Falls, la plus grande des chutes d'eaux, dans un tonneau. Une foule de gens l'observait au pied des chutes. Ils étaient nombreux à penser qu'elle allait mourir. Néanmoins, malgré de nombreuses contusions, elle a réussi cet exploit, d'autant plus impressionnant qu'il a eu lieu le jour de ses 63 ans.

Entre 1901 et 1955, 15 personnes ont tenté de l'imiter. Cinq sont mortes.

ANNIE EDSON TAYLOR
HEROINE OF NIAGARA FALLS
OCT 24 1901
F.M. RUSSELL MFG

! INFO

Aviateur et athlète olympique, Louis Zamperini (USA), héros d'*Invincible* (USA, 2014), a survécu 47 jours en mer à bord d'un canot pneumatique avec l'aviateur Russell Phillips.

La plus longue survie en mer

Le capitaine Oguri Jukichi et le marin Otokichi (tous deux Japon) se trouvaient à bord d'un bateau qui a fait naufrage après une tempête, au large des côtes japonaises le 26 novembre 1813. Ils ont dérivé sur le Pacifique pendant 484 jours et été sauvés par un bateau américain près des côtes californiennes, le 24 mars 1815.

L'**homme ayant survécu le plus longtemps seul sur un radeau** est Steward Poon Lim (né à Hong Kong), qui était dans la marine marchande britannique. Il a passé 133 jours en mer, après que son bateau, le *SS Ben Lomond*, a été coulé par une torpille dans l'Atlantique à 910 km à l'ouest de St Paul Rocks, à 00°30' de latitude nord et 38°45' de longitude ouest, à 11 h 45, le 23 novembre 1942. Recueilli par un bateau de pêche brésilien près de Salinópolis (Brésil) le 5 avril 1943, il a été capable de marcher une fois à terre.

👤 UN CHIEN MIRACULÉ

Si un jour vous n'avez pas de chance, pensez à Dosha. Le 15 avril 2003, cette chienne croisée a vraiment joué de malchance.

Tout a commencé de façon ordinaire. Louetta Mallard a lâché sa chienne de 10 mois issue d'un croisement avec un pit-bull dans la cour de son domicile à Clearlake (Californie, USA). Après avoir sauté au-dessus de la clôture, Dosha a été renversée par une voiture. « Elle ne bougeait pas et avait l'œil vitreux », a plus tard indiqué un voisin, Rolf Biegiela, précisant qu'il s'était alors dit que le chien était mort.

Arrivés sur les lieux du drame, les policiers ont été du même avis. Après avoir examiné les blessures de Dosha, ils ont conclu que ses chances de survie étaient infimes. Voulant lui éviter de souffrir davantage, ils lui ont tiré une balle dans la tête, l'ont mise dans un sac et ont placé celui-ci dans le congélateur d'un refuge pour animaux. Cependant, 2 h plus tard, le personnel du centre a découvert Dosha dressée sur son séant.

Apparemment, la balle était passée sous son œil droit, puis avait poursuivi son chemin le long du crâne pour aller se ficher dans la peau juste sous sa mâchoire, ratant de peu son cerveau. Le pauvre animal a été suffisamment résistant pour supporter l'hypothermie due à son placement prématuré dans un congélateur. Ce qui est encore plus extraordinaire, c'est que Dosha ne souffrait d'aucune fracture à la suite de la collision qui était à l'origine de tous ses malheurs. La chienne a survécu à 3 accidents mortels en moins de 24 h.

Cela lui a permis d'être citée dans le *Guinness World Records* comme étant le **chien le plus résistant** !

SPORTS

40 000 000 m Diamètre de la Grande Tache rouge sur Jupiter, le **plus grand anticyclone du Système solaire**. Celle-ci est en train de rétrécir à grande vitesse.

Le plus de victoires par un constructeur en une saison de F1

Mercedes (Allemagne) a enregistré 16 victoires durant la saison 2014 de Formule 1. Leurs 2 pilotes, Lewis Hamilton (RU, *à gauche*) et Nico Rosberg (Allemagne, *à droite*), ont dominé 16 des 19 Grands Prix entre le 16 mars et le 23 novembre. Rosberg a terminé premier 5 fois, Hamilton 11, décrochant le titre de champion des pilotes.

Cette même saison, Mercedes a signé 8 doublés Hamilton-Rosberg (Malaisie, Bahreïn, Chine, Espagne, Italie, Japon, Russie et États-Unis) et 3 autres Rosberg-Hamilton (Monaco, Autriche et Brésil), soit le **plus de doublés par un constructeur en une saison de F1**.

Les 701 points accumulés par l'écurie en 2014 constituent aussi le **plus de points remportés par un constructeur en une saison de F1**.

ZOOM
HALTÉROPHILIE

Le **scarabée dynaste hercule** peut soulever jusqu'à 42 kg – soit l'équivalent de **4 bus à impériale** pour un homme !

Depuis toujours et dans toutes les cultures, porter des objets lourds symbolise la puissance de l'homme, mais ce sont les Grecs qui en ont fait un sport.

Bien entendu, les objets que nous portons et les techniques que nous utilisons ont largement évolué, et de nombreuses performances historiques sont aujourd'hui remises en question.

De toutes les disciplines, le soulevé en flexion est peut-être la plus spectaculaire. Cette technique permet de porter plus de poids que toute autre position. L'athlète s'accroupit sous une plate-forme qu'il soulève ensuite en poussant sur ses jambes.

Jusqu'à présent, ce type de dispositif était le plus fréquemment utilisé, mais il était constitué de matériaux et de charges variables, comme des coffres-forts ou du bétail, ce qui compliquait l'homologation des records.

Ce sport devrait retrouver une cohérence avec la création d'un Comité pour l'étude de la force humaine, sous l'impulsion des chercheurs et anciens culturistes Jan et Terry Todd. Cet organisme international cherche à normaliser cette discipline controversée, afin que les exploits puissent être reconnus à leur juste valeur. Sa mission sera largement facilitée par une nouvelle machine, développée par Rogue Fitness (USA, voir *illustration centrale*).

Les techniques et technologies de démonstration de force évoluent sans cesse, mais ce sport restera toujours l'incarnation de la puissance humaine par excellence.

Le bateau le plus lourd tracté avec les dents
Omar Hanapiev (Russie) a tiré le bateau-citerne *Gunib* de 576 t sur 15 m.

L'avion le plus lourd tracté par un homme
Kevin Fast (Canada) a tiré un CC-177 Globemaster III de 188,8 t sur 8,8 m.

Le lave-linge lancé le plus loin
L'homme fort Žydrūnas Savickas (Lituanie) a lancé un lave-linge à 4,13 m en 2014.

Les pneus les plus lourds soulevés de terre
Žydrūnas Savickas détient aussi ce record : 8 pneus de hummer, soit 524 kg, soulevés du sol en 2014.

Les icônes des XIXᵉ et XXᵉ siècles

Josephine Blatt

Surnommée « Minerva » Josephine Blatt (Allemagne/USA, env. 1865-1923) est l'une des femmes fortes les plus célèbres de l'histoire. Après avoir « pris goût à l'haltérophilie » à 7 ans, elle connaît la gloire en soulevant un poids avec les hanches, en 1895, au Bijou Theatre (New Jersey, USA), mais les récits divergent, de 1 360 à 1 616 kg. Dans tous les cas, il est indéniable que « Minerva » était l'une des femmes les plus fortes de tous les temps.

Louis Cyr

Louis Cyr (1863-1912), qui a grandi dans une ferme au Québec (Canada), a très tôt fait preuve de son immense force. Il s'inscrit à son 1ᵉʳ concours d'homme fort à 18 ans et arrache un énorme rocher du sol. Par la suite, il résiste à la traction de 4 chevaux de trait (2 de chaque côté du corps). Une fois encore, les chiffres exacts font débat, mais Cyr figure dans les premières éditions du GWR avec 1 874 kg soulevés en 1896.

Paul Anderson

Paul Anderson (USA, 1932-1994) a été champion olympique d'haltérophilie. En 1957, il affirme avoir soulevé 2 844 kg sur le dos, ce que le GWR reconnaît comme **le poids le plus lourd soulevé par un homme**. Des preuves contradictoires poussent toutefois le GWR à retirer ce record de ses livres. Même s'il ne détient pas de record officiel, Anderson a joué un rôle majeur pour faire connaître cette discipline au grand public.

Gregg Ernst

Les records historiques de force ont souvent été contestés. En 2014, la performance de Gregg Ernst (Canada, *à droite*), qui a soulevé **le poids le plus lourd par un homme** en 1993, a néanmoins été confirmée. Ernst a porté sur le dos une plate-forme en bois soutenant 2 Ford Festiva et leurs conducteurs (*ci-dessous*), soit 2 422,18 kg. Sa force l'aide-t-elle au quotidien ?

« Pour les récoltes ou pour forger des outils, ma force est un grand atout. J'ai sorti des voitures des fossés, déplacé des pianos, maîtrisé des vaches violentes… Ça m'a même sauvé la vie une fois, mais c'est une longue histoire… »

Les poids sont répartis sur la plate-forme grâce à des barres d'acier de haute résistance : 6 sur le dessus et 2 de chaque côté.

Le dossier articulé est également ajustable. Ernst a utilisé un dossier incliné pour son record, mais d'autres préfèrent avoir un appui parallèle au sol.

suivants – le **plus de victoires consécutives en début de playoffs MLB** (8) – et ont réussi le **plus de bases volées par une équipe en un match de playoffs MLB** (7).

Batteurs consécutifs éliminés par un lanceur en MLB

En 2014, Yusmeiro Petit (Venezuela) a éliminé 46 batteurs à la suite en 8 matchs pour les San Francisco Giants.

Joueurs utilisés par une équipe en une saison MLB

Les Texas Rangers (USA) ont utilisé 64 joueurs en 2014, plus que le record précédent de 59 joueurs par les Cleveland Indians en 2002 et les San Diego Padres en 2002 et

2008. En 2014, les Rangers ont aussi aligné le **plus de lanceurs en une saison de MLB** : 40.

Strikeouts en une saison de MLB (toutes équipes)

Durant la saison régulière 2014, les batteurs ont été sortis 37 441 fois. Les lanceurs des Cleveland Indians (USA) sont à l'origine de 1 450 éliminations, le **plus de strikeouts par une batterie en une saison de MLB**.

Le 15 septembre 2014, Jacob deGrom (USA) a égalé le **plus de strikeouts en début de match MLB** : 8 pour les New York Mets, ce que seul Jim Deshaies (USA) avait réussi à 2 reprises.

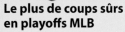

Le plus de matchs de playoffs

Derek Jeter (USA) a disputé 158 matchs de playoffs en MLB avec les Yankees, de 1995 à 2014. Il détient aussi les records du **plus de** :
• **coups sûrs** (200)
• **points marqués** (111)
• **présences au bâton contre lanceur** (734)
• **bases totales obtenues** (302)
• **présence à la batte** (650)
• **doubles** (32)
• **triples** (5) – avec Rafael Furcal (Rép. dominicaine) et George Brett (USA).

Le plus de coups sûrs en playoffs MLB

Pablo Sandoval (Venezuela), alias « Kung Fu Panda », a frappé 26 coups sûrs pour les San Francisco Giants aux playoffs 2014. Il a dépassé d'une unité le record précédent au Match 7 des World Series remporté 3-2 par les Giants contre les Kansas City Royals.

Calvin Ripken Jr

Entre le 30 mai 1982 et le 19 septembre 1998, Cal Ripken Jr (USA) a voué sa vie au baseball, disputant 2 632 matchs sans discontinuer, soit le **plus de matchs consécutifs en MLB**.

Sur cette période, Ripken a remporté 1 World Series, 2 titres de Meilleur Joueur de l'American League, 2 Gold Gloves et 8 Silver Sluggers avec Baltimore Orioles.

À la fin de sa série record, l'arrêt-court/3e base lui avait valu le surnom d'« Iron Man ».

Inscrit au Panthéon du baseball, Ripken s'est surtout rendu célèbre pour son record du **plus de matchs consécutifs en MLB sans manquer une manche** : 903, du 5 juin 1982 au 14 septembre 1987. Il a mis fin à cette série de son propre chef en décidant de ne pas jouer le dernier match de la saison 1998. Il a continué sa carrière jusqu'en 2001, réalisant un total de 3 184 coups sûrs et 431 home runs.

En 2014, dans le cadre du 60e anniversaire du Guinness World Records, Ripken a reçu une médaille commémorative et un certificat *(ci-dessus)* en reconnaissance de ses exploits. Ses records semblent à l'abri pour quelques années : la plus longue série en cours est de 383 matchs consécutifs, par Hunter Pence des San Francisco Giants.

Le plus de manches au lancer en une saison de playoffs MLB

Après la saison 2014, Madison Bumgarner (USA) a lancé 52,2 manches pour les Giants. **Premier joueur à dépasser les 50 manches**, il a remporté les World Series 2014 et a été sacré meilleur joueur (MVP) de l'année.

Le gaucher a également enregistré la **moyenne des points mérités la plus basse** en World Series (au moins 20 manches disputées) avec 0,25 en 2010, 2012 et 2014.

BASKETBALL

LeBron James (USA), des Cleveland Cavaliers, est le sportif le mieux payé au monde, avec 72 millions $ en 12 mois jusqu'à juin 2014.

EN CHIFFRES

501
Nombre de matchs que Dick Bavetta a arbitré en plus du recordman précédent (voir à droite).

45,7 cm
Diamètre d'un panier de basket.

3,05 m
Hauteur réglementaire du panier.

0,55 bar
Pression d'un ballon de basket.

48,4 %
Le meilleur pourcentage de paniers d'une équipe en une saison WNBA, par les Phoenix Mercury en 2014.

2,45 m
Taille de Suleiman Ali Nashnush (Libye, 1943-1991) – le plus grand joueur de basket de l'histoire.

6
Le plus de tirs mains dessous depuis la moitié de terrain en 1 min, par Buckets Blakes (USA) des Harlem Globetrotters, le 3 novembre 2014.

108 713
Nombre de spectateurs devant le All-Star Game, le 14 février 2010 – la plus grande affluence pour un match de basket.

! INFO
Dans une étude américaine de 2005 sur les blessures sportives, le basket arrive en 1re position avec 512 213 blessures, devant le cyclisme (485 669) et le football américain (418 260).

Le plus de matchs de saison régulière arbitrés

Dick Bavetta (USA) a dirigé 2 635 rencontres de NBA d'affilée au cours de ses 39 années de carrière, de 1974-1975 jusqu'à sa retraite à la fin de la saison 2013-2014.

WNBA

Le plus de passes dans une carrière
Entre 1998 et 2012, Ticha Penicheiro (Portugal) a offert 2 599 passes en 454 matchs (et compte le plus de passes par match : 5,7) avec les Sacramento Monarchs, LA Sparks et Chicago Sky.

Le plus de points marqués en WNBA All-Star Game
Shoni Schimmel (USA) a inscrit 29 points lors de la victoire de l'Est 125 à 124 contre l'Ouest pour le 1er All-Star Game féminin à se jouer en prolongations, à Phoenix (Arizona, USA), le 19 juillet 2014.

En finale avec les Phoenix Mercury en 2007, 2009 et 2014, Diana Taurasi (USA) a totalisé 262 points – le plus de points dans une carrière en finale WNBA. Elle surpasse de 4 points le record de Deanna Nolan (USA).

La victoire la plus large en finale
Avec un score de 97-68 au Match 2 contre le Chicago Sky, le Phoenix Mercury (USA) s'est imposé avec 29 points d'avance, le 9 septembre 2014.

Phoenix a connu une année faste : avec 29 victoires pour 5 revers en 2014, la franchise de l'Arizona a enregistré le plus de victoires en 1 saison de WNBA. C'est une de plus que le Seattle Storm en 2010 et les Los Angeles Sparks en 2000 et 2001.

Le plus de contres en un match
Les joueuses de Phoenix ont aussi brillé individuellement : la pivot Brittney Griner (USA) a bloqué 11 shoots face au Tulsa Shock, le 29 juin 2014.

La 1re place des briseuses de panier revient à Margo Dydek (Pologne). En 323 matchs, elle a totalisé 877 blocs – le plus de contres en carrière WNBA.

Le meilleur pourcentage de tir en une mi-temps, en finale NBA

Les San Antonio Spurs (USA) ont shooté à 75,8 % lors de la 1re mi-temps du Match 3 de la finale de NBA contre le Miami Heat, le 10 juin 2014. Ce jour-là, les Spurs ont aussi réalisé le meilleur pourcentage de tirs en un quart-temps, avec 86,7 %. Les Spurs ont gagné la rencontre 111-92.

TOP 5 DES MEILLEURS MARQUEURS (NBA ET WNBA)

Trois points pour les paniers tirés derrière la ligne, deux points dans la raquette, un point pour les lancers francs

	Nom	Carrière	Points
1	Kareem Abdul-Jabbar	1969-1989	38 387
2	Karl Malone	1985-2004	36 928
3	Kobe Bryant	1996-	32 482
4	Michael Jordan	1984-2003	32 292
5	Wilt Chamberlain	1959-1973	31 419
1	Tina Thompson	1997-2013	7 488
2	Diana Taurasi	2004-	6 722
3	Tamika Catchings	2002-	6 554
4	Katie Smith	1999-2013	6 452
5	Lisa Leslie	1997-2009	6 263

Tous USA. Sources : NBA.com et WNBA.com

160 000 000 m Diamètre de l'Étoile de la Mort dans *Star Wars : Épisode IV – Un nouvel espoir* (USA, 1977), d'après Wookieepedia

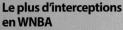

Le plus d'interceptions en WNBA

Défenseuse intraitable, Tamika Catchings (USA) de l'Indiana Fever a réussi 957 interceptions depuis 2002.

Le **plus d'interceptions en NBA** est de 3 265, par John Stockton (USA), pour le Utah Jazz, entre 1984 et 2003.

Le plus de 3 points réussis par un joueur dans une carrière en playoffs de NBA

Ray Allen (USA) a inscrit 385 paniers à 3 points en playoffs depuis 1996. Sur cette période, Allen a également réalisé le **plus de tentatives de tirs à 3 points**, avec 959 shoots.

Klay Thompson

Inscrire 37 points en une rencontre, c'est impressionnant. En une mi-temps, c'est improbable. En un quart-temps, c'est tout bonnement impossible... N'est-ce pas ?

Le 23 janvier 2015, Klay Thompson (USA) des Golden State Warriors a réussi l'impossible en battant le record NBA du **plus de points marqués en un quart-temps**, en plantant 37 pions aux Sacramento Kings.

Peu de joueurs ont vécu une telle soirée dans l'histoire de la NBA. Dans le 3e quart-temps, Thompson a réussi un impeccable 13/13 au shoot, dont 9/9 à 3 points et 2/2 en lancer franc. Ses 9 paniers hors de la raquette constituent aussi le record du **plus de paniers à 3 points en un quart-temps** en NBA.

Les Warriors ont remporté le match 126-101 grâce à l'adresse de Thompson. Avant son intervention, les deux équipes étaient à égalité 58-58. Il a ensuite commencé son incroyable série de paniers, alignant jusqu'à 19 points consécutifs. À lui seul, il a inscrit plus de points que tous les autres joueurs réunis (37-26).

Dans le dernier quart-temps, les Warriors comptaient une avance confortable de 30 points. Thompson est sorti du terrain alors qu'il restait 9 min et 27 s à jouer, après avoir marqué 52 points en 33 min. Il n'aura pas eu la possibilité de faire tomber le record du **plus de points en une mi-temps** (59), établi par Wilt Chamberlain en 1962.

NBA

Le plus de paniers dans une carrière

Avec les Milwaukee Bucks et les Los Angeles Lakers pendant 20 ans, Kareem Abdul-Jabbar (USA) a inscrit 15 837 paniers. Sa longévité en tant que joueur lui permet également de détenir le record du **plus de minutes disputées en NBA** : 57 446.

À l'opposé, Kobe Bryant (USA) a manqué le **plus de paniers dans une carrière**, avec 13 766 ratés pour les LA Lakers, de 1996 à 2015.

Le plus de titres de championnat

L'armoire à trophées des Boston Celtics (USA) est pleine : la franchise a décroché 17 titres en 1957, 1959, 1960-1966, 1968-1969, 1974, 1976, 1981, 1984, 1986 et 2008.

La franchise qui possède le **plus de titres WNBA** est les Houston Comets (USA) avec 4 coupes entre 1997 et 2000.

Le plus de 3 points en une saison NBA

Stephen Curry (USA) a inscrit 286 paniers à 3 points pour les Golden State Warriors du 29 octobre 2014 au 15 avril 2015. Curry a aussi réalisé le plus grand nombre de saisons consécutives (3) à la tête des classements des meilleurs marqueurs à 3 points en NBA : 2012-2013, 2013-2014, 2014-2015.

Le plus d'apparitions en finale NBA

Au 12 février 2014, les LA Lakers (USA) avaient disputé la finale de NBA à 31 reprises : 1949-1950, 1952-1954, 1959, 1962-1963, 1965-1966, 1968-1970, 1972-1973, 1980, 1982-1985, 1987-1989, 1991, 2000-2002, 2004, 2008-2010. Les Lakers ont aussi enregistré le **plus de victoires consécutives**, avec 33 succès en 1972-1973.

Le plus de 3 points marqués par un joueur en une mi-temps

Chandler Parsons (USA), des Houston Rockets, a inscrit 10 paniers à 3 points dans la 2nde mi-temps du match contre les Memphis Grizzlies, le 24 janvier 2014. Malgré sa prestation, les Rockets se sont inclinés 88-87.

Parsons battait le record de neuf 3 points réussis par Deron Williams (USA) en 2013.

INFO

Inventé en 1891 par le professeur d'éducation physique James Naismith (Canada), le basket serait inspiré d'un jeu consistant à envoyer de petits cailloux sur de gros rochers.

Le moins de points inscrits par les deux équipes en un quart-temps de NBA

Les New York Knicks et les Orlando Magic (tous deux USA) n'ont totalisé que 15 points pendant le deuxième quart-temps de leur match de saison régulière à l'Amway Center (Orlando, USA), le 11 avril 2015.

Le moins de rebonds en un match

Les Brooklyn Nets (USA) n'ont pris que 17 rebonds contre le Thunder d'Oklahoma City, le 31 janvier 2014.

Wilt Chamberlain (USA, 1936-1999) manquait rarement l'occasion d'exploiter un tir manqué. Il totalisait 23 924 rebonds, le **plus de rebonds dans une carrière**.

CRICKET

En été, le gazon du **Melbourne Cricket Ground** est coupé quotidiennement à **11 mm**.

EN CHIFFRES

8 463
Nombre de courses effectuées par l'ancien cricketeur de test Alec Stewart (RU), né le 8 avril 1963.

18
Nombre de lancers nécessaires à Brendon McCullum (Nouvelle-Zélande) pour réussir le **demi-century le plus rapide en Coupe du monde ICC**, contre l'Angleterre, le 20 février 2015.

199
Nombre de centuries inscrits par sir Jack Hobbs (RU, 1882-1963) ; il a totalisé aussi 61 760 courses.

465 000
La plus forte affluence pour un test-match de 5 jours, entre l'Inde et le Pakistan à Calcutta, du 16 au 20 février 1982.

100 024
Capacité du plus grand terrain de cricket, le Melbourne Cricket Ground (Australie).

Le 1er joueur de test centenaire

Le lanceur droitier Norman Gordon (Afrique du Sud, né le 6 août 1911, mort le 2 septembre 2014) a disputé la série de 5 matchs contre l'Angleterre en 1938-1939. Il a pris 20 guichets pour une moyenne de 40,35 points/guichet. Sa carrière a été écourtée par la Seconde Guerre mondiale.

La cricketeuse de test vivante la plus âgée

La lanceuse Eileen Whelan (RU, née le 30 octobre 1911) avait 103 ans et 111 jours au 18 février 2015. En 1937-1949, Whelan a disputé 7 matchs contre l'Australie, prenant 10 guichets pour 230 points. Elle est aussi la **1re joueuse de test centenaire**.

Le joueur le plus âgé à réussir un century en ODI

Le capitaine gaucher Khurram Khan (ÉAU) avait 43 ans et 162 jours quand il a réalisé un 132 non éliminé en One-Day International (ODI) contre l'Afghanistan, à l'ICC Academy de Dubaï (ÉAU), le 30 novembre 2014.

Le 1er joueur à réussir 1 century et 10 guichets en un test-match

Du 3 au 7 novembre 2014, Shakib Al Hasan (Bangladesh) a réitéré le double exploit qu'Ian Botham (RU) avait réussi face à l'Inde, au Wankhede Stadium de Bombay (Inde), du 15 au 18 février 1980.

Le century le plus rapide en cricket international

Le 18 janvier 2015, le capitaine de l'Afrique du Sud AB de Villiers a frappé 1 century en 31 balles, en ODI contre les Indes occidentales, au New Wanderers Stadium de Johannesburg.

La meilleure chasse en un match de Twenty20 international

Le 11 janvier 2015, les Indes occidentales ont renversé le 231 pour 7 de l'Afrique du Sud pour remporter leur match de Twenty20 international de 4 guichets, au New Wanderers Stadium de Johannesburg, grâce à un 90 en 41 balles de Chris Gayle (Jamaïque) et à un 20 non éliminé du capitaine Darren Sammy (Sainte-Lucie). C'était aussi la **meilleure chasse victorieuse par une équipe professionnelle en T20.**

Il a réussi 8 quatre-points et 11 six-points.

Le 1er joueur à marquer 3 centuries pour ses trois 1res manches comme capitaine

Virat Kohli (Inde) a signé un 115 et 141 pour son 1er test contre l'Australie, à Adélaïde, les 11 et 13 décembre 2014, puis 147 dans la 1re manche du 4e test à Sydney, les 8 et 9 janvier 2015.

Le meilleur partenariat de 10e guichet en test-match

Joe Root et James Anderson (tous deux Angleterre), batteurs en position 5 et 11, ont fait 198 courses

Le 1er lanceur à réussir un hat-trick pour son 1er ODI

Le 1er décembre 2014, le lanceur gaucher Taijul Islam (Bangladesh, 2e à gauche) a pris 3 guichets en 3 balles face au Zimbabwe, au Shere Bangla National Stadium de Mirpur (Bangladesh). Les visiteurs ont été relégués de 120 pour 6, à 124 pour 9.

Le meilleur lancer par un gaucher en une manche de test

Rangana Herath (Sri Lanka) a pris 9 guichets pour 127 courses en 33,1 overs contre le Pakistan, au Sinhalese Sports Club Ground de Colombo (Sri Lanka), les 15 et 16 août 2014. Sur les 40 guichets, 29 ont été remportés par des gauchers.

LE PLUS DE VICTOIRES EN PREMIÈRE DIVISION NATIONALE

Compétition	Équipe	Titres
Sheffield Shield (Australie)	New South Wales	46
Ranji Trophy (Inde)	Bombay/Mumbai	40
County Championship (Angleterre/Pays de Galles)	Yorkshire	32 (1 partagé)
Premier Trophy (Sri Lanka)	Sinhalese Sports Club	31 (3 partagés)
Sunfoil Series (Afrique du Sud)	Transvaal/Gauteng	29 (4 partagés)
Plunket Shield (Nouv.-Zél.)	Auckland/Auckland Aces	26
Regional Four Day Competition (Indes occidentales)	Barbados	22 (1 partagé)
Quaid-i-Azam Trophy (Pakistan)	Karachi Blues	10
Logan Cup (Zimbabwe)	Mashonaland	9
National Cricket League (Bangladesh)	Rajshahi Division	5
	Dhaka Division	5

Statistiques au 23 mars 2015

Le plus jeune joueur à marquer un century en test-match

À 20 ans et 98 jours, le batteur Phillip Hughes (Australie, 1988-2014) a frappé 115 en 1re manche et 160 dans la 2nde, lors du 2e test contre l'Afrique du Sud, au stade Kingsmead de Durban, le 6 et les 8 et 9 mars 2009.

au 10ᵉ guichet lors du 1ᵉʳ test entre l'Angleterre et l'Inde à Trent Bridge (RU), les 11 et 12 juillet 2014.

Cette série a donné lieu au **plus de points au 10ᵉ guichet en test** : 499 courses en 14 partenariats, dont 111 pour le duo Bhuvneshwar Kumar et Mohammed Shami (tous deux Inde).

Le plus de points internationaux en une année calendaire

En 2014, Kumar Sangakkara (Sri Lanka, voir encadré) a totalisé 2 868 points en 48 matchs internationaux : 1 493 en test, 1 256 en ODI et 119 en T20. Au passage, il a signé 8 centuries en 57 manches.

Le plus de points en carrière internationale

Entre le 16 novembre 1989 et le 15 novembre 2013, Sachin Tendulkar (Inde) a marqué 34 357 points : 18 426 en ODI, 15 921 en test et 10 lors de son seul T20.

Tendulkar a aussi enregistré 2 278 courses en 44 manches sur ses 6 coupes du monde, du 22 février 1992 au 2 avril 2011, réalisant le **plus de points cumulés en coupe du monde ICC**.

Le plus de points par un joueur en ODI

L'ouvreur Rohit Sharma, jouant pour l'Inde contre le Sri Lanka, en a inscrit 264 en une rencontre, à l'Eden Gardens de Calcutta (Inde), le 13 novembre 2014.

Le plus de points par un joueur en T20

Femmes : Meg Lanning (Australie) a réussi 126 courses en 65 balles en match de groupes de T20 international contre l'Irlande, à Sylhet (Bangladesh), le 27 mars 2014.
Hommes : Aaron Finch (Australie) a fait 156 courses contre l'Angleterre, à l'Ageas Bowl de Southampton (RU), le 29 août 2013.

Le century le plus rapide en test-match

Le 2 novembre 2014, le capitaine Misbah-ul-Haq (Pakistan) a inscrit 100 points en 56 balles dans le 2ᵉ test contre l'Australie, au stade Sheikh Zayed d'Abu Dhabi (ÉAU), égalant le record de 1986 de Viv Richards (Indes occidentales). S'agissant de son 2ᵉ century, ce jour, Misbah est devenu le **joueur le plus âgé à inscrire 2 centuries en un match**, à 40 ans et 158 jours.

! INFO

Le score de 237 non éliminé de Guptill a été réalisé en 163 balles et 223 min. Seul Rohit Sharma a fait mieux en ODI avec 264 (ci-dessus) en 42 frappes (33 quatres, 9 six), contre 35 pour Guptill.

Le plus de points par un joueur en un match de coupe du monde

Le 21 mars 2015, Martin Guptill (Nouvelle-Zélande) a inscrit un 237 non éliminé en quart contre les Indes occidentales au Westpac Stadium de Wellington (Nouvelle-Zélande), 2ᵉ meilleure manche de l'histoire en ODI.

Une performance réussie grâce à 24 frappes à quatre-points et 11 six-points, éclipsant le record de 215 de Chris Gayle établi 25 jours avant contre le Zimbabwe.

Kumar Sangakkara

Au 18 février 2015, Kumar Sangakkara (Sri Lanka) était le **meilleur batteur mondial de test**. Outre ses nombreux records (voir ci-contre et ci-dessous), il a réussi le 11ᵉ double century de sa carrière les 3 et 4 janvier 2015. Seul Don Bradman (Australie) a fait mieux avec 12.

Né à Matale (Sri Lanka), le 27 octobre 1977, Kumar Chokshanada Sangakkara a grandi à Kandy. Il a découvert le cricket à 7 ans avant de faire ses débuts en 1ʳᵉ division pour l'équipe de Colombo, le Nondescripts Cricket Club, en 1997-1998. La saison suivante, Sangakkara découvre le cricket international avec le Sri Lanka A, puis est promu dans l'équipe professionnelle en One-Day International contre le Pakistan, le 5 juillet 2000.

Sangakkara est surtout célèbre pour son test-match en juillet 2006 contre l'Afrique du Sud, à Colombo, où il a totalisé 624 courses avec son coéquipier Mahela Jayawardene – le **partenariat le plus fructueux en un test-match**. Pour sa 224ᵉ manche début 2015, Sangakkara est devenu le **plus rapide à atteindre 12 000 points en test**, et le 5ᵉ à y parvenir.

Quand il ne frappe pas les balles de cricket hors des limites, Sangakkara évolue au poste de gardien de guichet. Au 18 mars 2015, il comptait

le **plus d'éliminations pour un gardien en carrière en ODI** (482 en 404 matchs/353 manches) et le **plus de stumpings (guichets détruits) en carrière en ODI** (99). Tous formats confondus (test, ODI et T20), Sangakkara détient le record de 139 stumpings à cette même date.

À la veille de ses 38 ans, en octobre 2015, Sangakkara a pris sa retraite en T20 et devrait raccrocher en ODI après la coupe du monde 2015, où il a accompli le **plus de centuries successifs en ODI**, entre le 26 février et le 11 mars.

CYCLISME

12 millions de spectateurs ont assisté au Tour de France 2012, la **plus grande affluence pour un événement sportif.**

EN CHIFFRES

3 663,5 km
Distance totale du Tour de France 2014.

11 s
Écart séparant le vainqueur du Giro le **plus serré et son dauphin**, en 1948.

4
Coureurs décédés sur le Tour de France.

6-7 000 calories
Apport quotidien nécessaire pour les coureurs des grands tours.

198
Cyclistes au départ du Tour de France 2014, soit 22 équipes de 9 coureurs.

Le plus de courses gagnées à l'UCI World Tour

Philippe Gilbert (Belgique) a remporté 10 courses sur le World Tour de l'Union cycliste internationale (UCI), du 17 octobre 2009 au 14 octobre 2014.

Le 1er à remporter la Triple Couronne

Le 1er coureur à avoir remporté la Triple Couronne est Eddy Merckx (Belgique), vainqueur du Tour de France, du Giro et du championnat du monde UCI en 1974. Le seul autre cycliste à y être parvenu est Stephen Roche (Irlande) en 1987.

Le plus de succès consécutifs en Race Across the Alps

Maurizio Vandelli (Italie) est le 1er cycliste à enregistrer 3 succès de suite dans la traversée des Alpes (RATA), en 2008, 2009 et 2010. Daniel Rubisoier (Autriche) l'a égalé de 2012 à 2014.

GRANDS TOURS

Le plus de tours consécutifs terminés

Les 3 grands tours cyclistes sont le Tour de France, le Giro d'Italie et la Vuelta d'Espagne. Entre le 13 juin 1954 et le 19 juillet 1958, le coureur Bernardo Ruiz (Espagne) a franchi la ligne d'arrivée de 12 grands tours à la suite.

La vitesse moyenne la plus rapide sur une étape du Tour de France (équipe)

L'équipe Orica-GreenEDGE (Australie) a roulé à la vitesse moyenne de 57,7 km/h lors de la 4e étape du Tour de France 2013, à Nice, le 2 juillet.

Le plus de podiums sur le Giro (femmes)

Edita Pučinskaitė (Lituanie) a terminé 6 fois sur le podium du tour d'Italie féminin (Giro d'Italia Femminile ou Giro Rosa). Fabiana

Le plus de participations au Tour de France

3 cyclistes ont disputé 17 fois la Grande Boucle : George Hincapie (USA) entre 1996 et 2012 ; Stuart O'Grady (Australie) entre 1997 et 2013 ; et Jens Voigt (Allemagne, à droite), qui n'a manqué aucune édition entre 1998 et 2014 (sa dernière participation).

Voigt a franchi la ligne d'arrivée à 14 reprises, échouant de peu à compter le **plus de Tours de France terminés**. Ce record est détenu par Hendrik "Joop" Zoetemelk (Pays-Bas), qui est arrivé au bout du Tour 16 fois (en 1970-1973 et 1975-1986), dont une victoire en 1980 et six 2e places.

Luperini (Italie) a réédité cette performance entre 1995 et 2008, de même que Nicole Brändli (Suisse) entre 2001 et 2009.

Le **plus de victoires sur le Giro (femmes)** est de 5, par Fabiana Luperini, en 1995-1998 et 2008.

Le **plus de victoires sur le Giro (hommes)** est aussi de 5. Trois coureurs partagent ce record : Alfredo Binda (Italie,

1925, 1927-1929, 1933), Fausto Coppi (Italie, 1940, 1947, 1949, 1952-1953) et Eddy Merckx (Belgique, 1968, 1970, 1972-1974).

CHAMPIONNAT DU MONDE UCI

Le plus de titres en championnat du monde UCI sur route (hommes)

Alfredo Binda (Italie) a remporté le titre 3 fois, en 1927, 1930 et 1932. Il a été imité par Rik van Steenbergen en 1949 et 1956-1957, Eddy Merckx (tous deux Belgique) en 1967, 1971 et 1974, et Óscar Freire (Espagne) en 1999, 2001 et 2004.

Le **plus de titres en championnat du monde UCI sur route (femmes)** est de 5, par Jeannie Longo-Ciprelli (France) en 1985-1987, 1989 et 1995.

La traversée des États-Unis la plus rapide

Christoph Strasser (Autriche) a terminé la Race Across America (RAAM) en 7 jours, 15 h et 56 min, du 10 au 18 juin 2014. Dans l'édition 2013 de la course, il était devenu le **1er à traverser les États-Unis à vélo en moins de 8 jours**, avec un temps de 7 jours, 22 h et 11 min. En 2014, sa vitesse moyenne de 26,43 km/h a constitué un record dans cette traversée, alors qu'il avait roulé à une moyenne de 25,1 km/h en 2013.

RAAM 2014

Le parcours de 3 000 miles (4 828 km) de la Race Across America 2014 reliait Oceanside (Californie) à Annapolis (Maryland). Organisée en 1982 de manière informelle avec 4 coureurs, la course originale reliait la jetée de Santa Monica (Los Angeles, Californie) à l'Empire State Building de New York (État de New York).

INFO

Le tracé de la Race Across America change chaque année. En 2014, le parcours était plus long de 42,9 km que l'année précédente, ce qui rend le record de Strasser encore plus impressionnant.

Le plus de titres sur le Tour d'Espagne

Les organisateurs de la Vuelta reconnaissent 3 triples vainqueurs du tour : Tony Rominger (Suisse), champion en 1992-1994, Roberto Heras (Espagne) en 2000 et 2003-2004 ainsi qu'Alberto Contador (Espagne, ci-dessus) en 2008, 2012 et 2014.

! INFO

Des 3 grands tours, le Tour de France est le plus ancien – la 1re édition remonte à 1903. Le Giro d'Italie a été inauguré en 1909 et la Vuelta d'Espagne date de 1935.

Record de l'heure masculin, départ arrêté

La plus grande distance parcourue par un cycliste en 1 h est de 52,491 km, œuvre de Rohan Dennis (Australie) au vélodrome de Granges (Suisse), le 8 février 2015. Le 1er record avait été établi par Henri Desgrange (France), avec 35,325 km, le 11 mai 1893.

Le plus de titres en poursuite par équipe sur piste UCI

Hommes : 10, par l'Australie en 1993-2014. **Femmes :** 6, par la Grande-Bretagne entre 2008 et 2014.

Le plus de titres en paracyclisme sur piste

La Grande-Bretagne a décroché 24 médailles d'or dans cette discipline entre 2007 et 2014. Son dauphin est l'Australie, avec 8 titres.

Le plus de titres en coupe du monde UCI féminine sur route

Marianne Vos (Pays-Bas) a gagné 5 titres : en 2007, 2009-2010 et 2012-2013.

Le vainqueur de l'UCI World Tour le plus âgé

Dans l'UCI World Tour (créé en 2009), les coureurs accumulent des points sur 29 courses, dont les 3 grands tours, répartis sur l'année. Alejandro Valverde (Espagne, né le 25 avril 1980) a remporté l'édition 2014 le 14 octobre à l'âge de 34 ans et 172 jours.

Ci-contre, il brandit le trophée de la Flèche Wallonne 2014, l'une des étapes du circuit, qui se déroule en Belgique.

Anna Meares

Elle a commencé le cyclisme à 11 ans. D'après ses propres dires, sa petite corpulence a longtemps freiné sa progression sportive. Mais sa passion sans limite – sans oublier son obstination et ses longues heures d'entraînement rigoureux – a aidé Anna Meares (Australie) à entrer dans la légende du cyclisme moderne sur piste.

Aujourd'hui, Anna détient le **plus de médailles olympiques en cyclisme sur piste (femmes)**, soit 5. Elle a décroché ses premières médailles à Athènes (Grèce), en 2004, en 500 m contre-la-montre (devenant la 1re médaillée d'or australienne sur piste) et le bronze au sprint individuel. Quatre ans plus tard, elle prend l'argent au sprint à Pékin (Chine) et enfin l'or, toujours au sprint, aux jeux de Londres 2012. Elle décroche aussi l'argent au sprint par équipe avec sa compatriote Kaarle McCulloch.

L'argent obtenu à Pékin (unique médaille cycliste pour l'Australie lors de ces JO) a une saveur particulière. Sept mois plus tôt, Anna était en fauteuil roulant après une une fracture du rachis cervical supérieur lors d'une chute en coupe du monde à Los Angeles (USA).

Le 6 décembre 2013, elle battait le **record du 500 m départ arrêté (femmes)** en coupe du monde UCI à Aguascalientes (Mexique), avec un temps incroyable de 32,836 s. Un record qu'elle avait déjà battu aux jeux Olympiques d'Athènes 2004, lorsqu'elle était devenue la 1re femme à passer sous la barre des 34 s. Avec son triomphe en 2013, Anna est aussi devenue la 1re femme à terminer la course en moins de 33 s.

Anna est parvenue à rester au sommet de son art grâce à son travail acharné. Elle consacre 6 jours par semaine à s'entraîner, entre salle de musculation, vélos stationnaires, piste et route. Son travail a plus que payé : en janvier 2015, elle totalisait 110 médailles d'or, 54 d'argent et 29 de bronze, toutes compétitions confondues. Nul doute qu'elle ne s'arrêtera pas en si bon chemin…

CYCLISME SUR PISTE – RECORDS ABSOLUS

Hommes	Départ	Temps/Distance	Nom et nationalité	Lieu	Date
200 m	Lancé	00:09.347	François Pervis (France)	Aguascalientes (Mexique)	6 déc. 2013
500 m	Lancé	00:24.758	Chris Hoy (RU)	La Paz (Bolivie)	13 mai 2007
1 km	Arrêté	00:56.303	François Pervis (France)	Aguascalientes (Mexique)	7 déc. 2013
4 km	Arrêté	04:10.534	Jack Bobridge (Australie)	Sydney (Australie)	2 février 2011
Équipe 4 km	Arrêté	03:51.659	Grande-Bretagne (S. Burke, E. Clancy, P. Kennaugh et G. Thomas)	London (RU)	3 août 2012

Femmes	Départ	Temps/Distance	Nom et nationalité	Lieu	Date
200 m	Lancé	00:10.384	Kristina Vogel (Allemagne)	Aguascalientes (Mexique)	7 déc. 2013
500 m	Lancé	00:29.234	Olga Streltsova (Russie)	Moscou (Russie)	30 mai 2014
3 km	Arrêté	03:22.269	Sarah Hammer (USA)	Aguascalientes (Mexique)	11 mai 2010
1 heure	Arrêté	46,065 km	Leontien Zijlaard-van Moorsel (Pays-Bas)	Mexico City (Mexique)	26 oct. 1996

Statistiques au 13 janvier 2015

SPORTS EXTRÊMES

Parachutisme kamikaze : le parachutiste jette son parachute d'un avion, puis saute et tente de le rattraper.

268 390
Nombre de visiteurs aux ESPN Summer X-Games V, à San Francisco (Californie, USA) en 1999 – la **plus grande affluence pour un événement de sports extrêmes**.

10
Nombre de parachutistes lors du **plus grand BASE jump simultané en intérieur**, au parc Tropical Islands près de Berlin (Allemagne), le 31 janvier 2005.

30
Nombre de parachutistes lors du **plus grand BASE jump simultané en extérieur**, depuis l'antenne Ostankino, à Moscou (Russie), le 3 juillet 2004.

68
Nombre de participants à la **plus grande formation de saut en wingsuit**, au-dessus du lac Elsinore (Californie, USA), le 11 novembre 2009.

138
Nombre de participants au **plus grand saut vertical tête en bas**, le 3 août 2012, lors d'un festival de parachutisme près de Chicago (Illinois, USA).

Le plus de médailles d'or aux Winter X-Games (femme)

Lindsey Jacobellis (USA, *à gauche*) a remporté 9 titres en plusieurs éditions des Winter X-Games, à Aspen (Colorado, USA), entre 2003 et 2015. Toutes ses victoires ont été décrochées en boardercross.

Le plus grand tournoi de street hockey

Le festival sportif « Hockey Night in Canada's Play On ! », qui s'est déroulé de mai à septembre 2013, a été marqué par un tournoi de hockey de rue regroupant 35 970 joueurs de 5 360 équipes, à travers 21 villes canadiennes.

Le plus de victoires au championnat du monde ISA de trottinette freestyle

Le championnat du monde de l'Association internationale de trottinette (ISA) a été créé en 2012. Dakota Schuetz (USA) a remporté les 3 tournois. En 2014, il a totalisé 87 points, devançant de peu les 86,7 points de Dylan Morrison (Australie).

Le saut à moto le plus long entre 2 tremplins de terre

Le 6 juillet 2013, Alex Harvill (USA) a volé sur 90,69 m entre 2 tremplins de terre, au Horn Rapids Motorsports Complex, à West Richland (Washington, USA).

Le parachutiste le plus rapide

Marco Wiederkehr (Suisse) a atteint 531,42 km/h en chute libre lors des 1ers World Series de l'Association internationale de saut de vitesse (ISSA), sur la Dropzone Günzburg (Allemagne), le 11 mai 2013.

La parachutiste la plus rapide est Clare Murphy (RU),

qui a atteint 442,73 km/h, à Utti (Finlande), lors de la coupe du monde organisée du 15 au 17 juin 2007.

Le vol en wingsuit le plus long

Jhonathan Florez (Colombie) a volé sans interruption pendant 9 min et 6 s en wingsuit au-dessus de La Guajira (Colombie), le 20 avril 2012.

Le lendemain, sur le même site, Florez a réalisé le **vol en wingsuit le plus haut**, à 11 358 m.

La **plus grande distance parcourue en wingsuit** est de 28,70 km, par Shinichi Ito (Japon), au-dessus de Yolo County (Californie, USA), le 26 mai 2012.

Le vol en parapente le plus long (homme)

La plus grande distance couverte par un parapente est de 502,9 km, par Nevil Hulett (Afrique du Sud), à Copperton (Afrique du Sud), le 14 décembre 2008.

Seiko Fukuoka-Naville (Japon) a effectué le **vol en parapente le plus long (femme)**, avec 336 km en 10 h, au départ de Quixadá (Brésil), le 20 novembre 2012.

X-GAMES

Le plus de participations aux Summer X-Games

Bob Burnquist (Brésil/USA), Andy Macdonald, Brian Deegan (tous deux USA) et Rune Glifberg (Danemark) ont participé aux 23 tournois d'été organisés entre 1995 et 2014.

Le **plus de participations aux Winter X-Games** est de 17, par

Le BASE jump le plus haut depuis un immeuble

Un BASE jump est un saut à partir d'un objet fixe, comme une falaise ou un pont. Le 21 avril 2014, Fred Fugen et Vince Reffet (tous deux France) ont sauté de 828 m, du sommet de la flèche de la tour Burj Khalifa à Dubaï (ÉAU), la **plus grande structure humaine construite sur la terre ferme**. Un cameraman inconnu, visible ci-dessus, a accompagné le duo téméraire.

! INFO

On peut dire que Bob adore les sports extrêmes. En 2006, dans le Grand Canyon (USA), il a descendu une rampe en skate pour grinder sur un rail avant de terminer par un BASE jump dans le canyon.

Le plus de médailles remportées aux Summer X-Games

Le skateboarder américain d'origine brésilienne Bob Burnquist a décroché pas moins de 27 médailles entre 1997 et juin 2014. Il a remporté 12 fois l'or, 7 fois l'argent et 8 fois le bronze dans différentes disciplines, dont le Vert, le Big Air et le Vert Best Trick. « J'ai encore plein de trucs à accomplir », estime-t-il néanmoins.

2 510 000 000 m Diamètre de Sirius qui est, en dehors du Soleil, l'étoile la plus brillante vue de la Terre, avec une magnitude apparente de – 1,46

L'escalade la plus rapide sur glace

Le 9 février 2013, Pavel Batushev (Russie) a escaladé un mur de glace vertical de 15 m de haut lors du World Tour 2013 de l'UIAA, à Bușteni (Roumanie). En 2014, cette discipline a été présentée aux jeux Olympiques d'hiver de Sotchi (Russie).

la snowboardeuse Kelly Clark (USA), entre 1999 et 2015.

Le saut à skate le plus long

Danny Way (USA) a réussi un air 360 de 24 m depuis une rampe géante aux X-Games X, à Los Angeles (Californie, USA), le 8 août 2004.

Le plus de médailles en BMX freestyle aux Summer X-Games

Dave Mirra (USA) a décroché 23 médailles entre 1995 et 2011.

Le plus de victoires au Red Bull Cliff Diving World Series

Le Red Bull Cliff Diving World Series est une compétition de plongeon créée en 2009. À ce jour, le plongeur le plus titré est Gary Hunt (RU), champion à 4 reprises, en 2010-2012 et 2014. L'édition 2014 s'est tenue sur 7 sites différents (ou « étapes »), à travers 3 continents.

Le plus de médailles en skateboard aux Summer X-Games

De 1996 à 2013, Andy Macdonald (USA) est monté 23 fois sur le podium. Il a remporté 8 médailles d'or, 7 d'argent et 8 de bronze.

Le 1er double backflip à moto

Travis Pastrana (USA) a inauguré cette figure aux ESPN X-Games XII, à Los Angeles (Californie, USA), le 4 août 2006.

Le saut en snowboard le plus haut en superpipe

Le 30 janvier 2010, Shaun White (USA) s'est envolé à 7 m en superpipe aux Winter X-Games XIV, à Aspen (Colorado, USA).

Le saut le plus haut en motocross step-up

Le record du saut en hauteur en motocross est de 14,33 m, établi par Ronnie Renner (USA) aux X-Games XVIII, à Los Angeles (Californie, USA), le 29 juin 2012.

Le plus de médailles d'or en Snowmobile SnoCross aux Winter X-Games

Tucker Hibbert (USA) a raflé 9 titres dans l'épreuve de Snowmobile SnoCross aux Winter X-Games, en 2000, 2007-2011 et 2013-2015.

BMX, extase à l'état pur

Takahiro Ikeda (Japon, *à droite et ci-dessous*) détient 3 records GWR, dont celui du **plus de Time Machines en 1 min** (83) – exercice où il se tient debout sur un vélo qu'il pivote à 360°.

Pourquoi avez-vous tenté ce record ?
Pour montrer au maximum de monde que le Time Machine est une super figure. Et pour être le meilleur à la réaliser.

Quel a été le plus grand challenge dans cette tentative ?
Tourner sans cesse pendant 1 min complète. Normalement, cette figure est réalisée sur quelques secondes.

Qu'est-ce qui est le plus douloureux ?
Tous les muscles souffrent, mais les cuisses sont les plus sollicitées.

Avez-vous déjà eu des accidents ?
Énormément ! Le pire était sans doute une grosse entorse à la cheville.

Où vous entraînez-vous ?
Dans les jardins publics souvent. Je suis toujours surpris, quand je lève la tête, de voir des groupes d'enfants qui m'encouragent ou m'observent !

Quel conseil donneriez-vous à quelqu'un qui veut établir un record ?
Il faut avoir beaucoup de confiance en soi pour tenter un record. Réussir le mien m'a rendu bien plus confiant et a eu un impact positif sur ma vie.

Que représente le Guinness World Records pour vous ?
J'avais l'habitude de lire le livre quand j'étais à l'école, je me passionnais pour tous types de records. Ma vie a vraiment changé, en mieux, depuis que je détiens des records du GWR.

LES PLUS DÉCORÉS AUX X-GAMES

Le plus de médailles aux Summer X-Games	27	Bob Burnquist (Brésil/USA)
Le plus de médailles aux Summer X-Games (femme)	8	Cara-Beth Burnside (USA)
Le plus de médailles aux Winter X-Games	18	Shaun White (USA)
Le plus de médailles aux Winter X-Games (femme)	13	Kelly Clark (USA)
Le plus de médailles d'or aux X-Games (été et hiver confondus)	15	Shaun White (USA)
Le plus de médailles d'or aux Summer X-Games	14	Dave Mirra (USA)
Le plus de médailles d'or aux Summer X-Games (femme)	7	Fabiola da Silva (Brésil)
Le plus de médailles d'or aux Winter X-Games	13	Shaun White (USA)
Le plus de médailles d'or aux Winter X-Games (femme)	9	Lindsey Jacobellis (USA)

Statistiques au 30 mars 2015

GOLF

Une balle de golf compte 300 à 500 **alvéoles** afin d'accroître sa distance de vol.

EN CHIFFRES

600 ans
Temps écoulé depuis la 1re partie de golf au St Andrews Links (Écosse).

257 km/h
Vitesse moyenne d'une balle de golf au départ du tee.

2
Balles de golf sur la Lune. Elles ont été frappées et abandonnées par l'équipage d'*Apollo 14* en 1971.

12 500:1
Chances de réussir un trou-en-un pour un golfeur amateur.

2,06 m
Le **plus grand golfeur pro** : Marcel Pickel (Allemagne).

100 000
Balles de golf retrouvées dans le Loch Ness en 2009.

10,8 cm
Diamètre des trous d'un parcours de golf, défini depuis 1891.

Le plus grand tournoi de golf d'une journée
Le Mission Hills Golf World Record Challenge, organisé par le club Mission Hills à Shenzhen (Chine), le 18 juin 2014, a attiré 1 987 participants.

Le plus de débutants en US Masters
24 golfeurs ont fait leurs débuts à l'US Masters qui s'est joué à l'Augusta National Golf Club (Géorgie, USA), du 10 au 13 avril 2014.

Le plus jeune golfeur n° 1 mondial
Lydia Ko (Nouvelle-Zélande, née le 24 avril 1997 en Corée du Sud) a dominé le classement à 17 ans et 284 jours, le 2 février 2015.
Elle est aussi la **plus jeune championne LPGA** depuis sa victoire à 15 ans et 122 jours en 2012.

Le capitaine de Ryder Cup le plus titré
Walter Hagen (USA) a guidé l'équipe américaine à la victoire 4 fois, en 1927, 1931, 1935 et 1937.

La Ryder Cup la plus au Nord
Le Gleneagles Hotel, situé à 56,2858°N et 3,7475°O à Perthshire (Écosse, RU), a accueilli la Ryder Cup du 26 au 28 septembre 2014.

Le drive le plus long sur l'European Tour
Nicolas Colsaerts (Belgique, ci-dessus) a frappé un drive de 408 m à l'Open du pays de Galles sur le Twenty-Ten Course du Celtic Manor (Newport, RU), le 18 septembre 2014.
Le **drive le plus long sur le PGA Tour** depuis les premières mesures en 1992 est de 455 m, signé Tiger Woods (USA). Il a réussi ce coup fantastique au 18e trou du Plantation Course au Kapalua Resort (Hawaï, USA), lors du Mercedes Championships 2002.

Le 1er golfeur à remporter le Players et l'US Open la même année
Martin Kaymer (Allemagne) a remporté le Players disputé au TPC Sawgrass de Ponte Vedra Beach (Floride, USA), le 11 mai 2014 *(photo principale)* et l'US Open au Pinehurst Resort (Californie, USA), le 15 juin 2014 *(vignette)*. Kaymer a été le 1er joueur d'Europe continentale à remporter l'US Open. Les 12 et 13 juin 2014, il a également enregistré le **score le plus bas sur les 36 premiers trous de l'US Open** : 130 (65-65).

> **! INFO**
> Un tour de golf comporte généralement 18 trous. Pour compléter un parcours classique, en portant vos propres clubs, vous devriez parcourir 6,4 km et brûler 1 500 calories.

Le score le plus bas en un tour de Majeur
Le 11 septembre 2014, au premier tour du Championnat d'Évian-les-Bains (France), Kim Hyo-joo (Corée du Sud) a rendu une carte de 61 (10 sous le par). Kim, alors étudiante de 19 ans, a réussi 10 birdies pour remporter l'épreuve, signant sa 1re victoire sur le LPGA Tour. Son score est le plus bas dans un Majeur masculin ou féminin. Le **score le plus bas en un tour de Majeur (hommes)** est de 63, réussi 26 fois par 24 golfeurs.

Le plus jeune vainqueur d'un tournoi du championnat du monde WGC
Patrick Reed (USA, né le 5 août 1990) avait 23 ans et 216 jours quand il a remporté le championnat WGC-Cadillac d'un coup, sur le Blue Monster Course de Doral (Floride, USA), le 9 mars 2014.
La **plus jeune golfeuse à avoir remporté un championnat majeur** est Morgan Pressel (USA, née le 23 mai 1988), à seulement 18 ans et 313 jours, au championnat Kraft Nabisco disputé au Mission Hills Country Club de Rancho Mirage (Californie, USA), le 1er avril 2007.

Le score le plus bas sous le par sur une épreuve PGA (72 trous)

Ernie Els (Afrique du Sud) a terminé à 31 sous le par après 72 trous au Mercedes Championships de Maui (Hawaï, USA), du 9 au 12 janvier 2003.

Le **score le plus bas sous le par sur une épreuve LPGA (72 trous)** est de 258, par Karen Stupples (RU), qui a rendu une carte de 63-66-66-63, au Welch's/Fry's Championship sur le Dell Urich Golf Course de Tucson (Arizona, USA), le 14 mars 2004. Cette performance a été égalée par Angela Stanford (USA) et Park Hee-young (Corée du Sud), avec respectivement 63-67-64-64 et 65-67-61-65, au Manulife Classic de Grey Silo Golf Course de Waterloo (Ontario, Canada), le 14 juillet 2013.

Le plus âgé sous le par à l'US Masters

Tom Watson (USA, né le 4 septembre 1949) avait 65 ans et 219 jours quand il a rendu une carte de 71 (1 sous le par) au premier tour, à Augusta (USA) le 9 avril 2015... face à des adversaires plus jeunes de deux générations.

Le plus de titres majeurs consécutifs en une année (femme)

En 2013, Inbee Park (Corée du Sud), âgée de 24 ans seulement, a remporté les trois premiers majeurs de la saison : le championnat Kraft Nabisco, le championnat LPGA et l'US Open féminin. Elle a égalé Mildred Ella Didrikson Zaharias (USA), qui avait aussi gagné les trois majeurs de la saison inaugurale du circuit LPGA en 1950.

Les gains les plus élevés sur l'European Tour

Sur l'ensemble de sa carrière, le Ernie Els (Afrique du Sud) a gagné 30 314 819 € sur le circuit européen entre 1989 et 2014. Les autres records de gains en carrière sont :
• **US PGA Tour :** 109 612 414 $, Tiger Woods (USA), au 26 octobre 2014.
• **US LPGA Tour :** 22 573 192 $, Annika Sörenstam (Suède), en 1993-2009.
• **Champions Tour :** 26 587 272 $, Hale Irwin (USA), en 1995-2012.
• **Asian Tour :** 4 458 796 $, Thongchai Jaidee (Thaïlande), en 1999-2012.

Le plus jeune Rookie de l'année sur le PGA Tour

Jordan Spieth (USA, né le 27 juillet 1993) avait 20 ans et 62 jours quand il a reçu la distinction le 27 septembre 2013. Seul Tiger Woods (USA) avait remporté ce titre à 20 ans. À peine 18 mois plus tard, du 9 au 12 avril 2015, Spieth a remporté son premier Majeur au Masters d'Augusta (USA), devenant le deuxième plus jeune champion derrière Woods. Lors de ce tournoi, il a aussi réussi :
• **le plus de birdies en US Masters :** 28
• **le score total le plus bas (72 trous) :** 270, record de Woods égalé
• **le score total le plus bas aux deux premiers tours (36 trous) :** 130
• **le score total le plus bas aux trois premiers tours (54 trous) :** 200

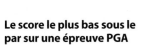 The **most golf balls hit over 300 yd**? Find out on pp.80–81.

LE PLUS DE TITRES

British Open	6	Harry Vardon (RU)
US Open	4	Willie Anderson (RU)
		Bobby Jones Jr (USA)
		Ben Hogan (USA)
		Jack Nicklaus (USA)
US Women's Open	4	"Betsy" Rawls (USA)
		Mickey Wright (USA)
US PGA	5	Walter Hagen (USA)
		Jack Nicklaus (USA)
LPGA	4	Mickey Wright (USA)
US Masters	6	Jack Nicklaus (USA)

Statistiques au 27 janvier 2015

! INFO

Le 14 juillet 2013, 15 jours avant ses 20 ans, Jordan Spieth remporte le John Deere Classic, devenant le 1er ado à y parvenir en 82 ans. Il doit son succès au coup le plus chanceux qu'il ait jamais frappé.

Rory McIlroy

Rory McIlroy (Irlande du Nord, né le 4 mai 1989) a démontré très tôt pouvoir manier le club comme personne. À deux ans, il frappait déjà son premier drive de 36,5 m. « Rors » a ensuite accumulé les records :
• **le score le plus bas en un tour au British Open** (63, record partagé), en 2010 ;
• **le score le plus bas sous le par à l'US Open** avec -16, et le **score total le plus bas** (72 trous) avec 268 coups, à Bethesda (USA), du 16 au 19 juin 2011, décrochant son premier titre majeur ;
• **la victoire la plus large au championnat de l'Association des golfeurs professionnels (PGA)** (huit coups), du 9 au 12 août 2012 à Kiawah Island (Caroline du Sud, USA) ;
• **le plus jeune vainqueur du championnat PGA dans l'ère du stroke-play** (depuis 1958), à 23 ans et 100 jours.

Quelle est votre source d'inspiration ?
Mon père. Il m'emmenait à l'Hollywood Golf Club (comté de Down, Irlande du Nord) et me donnait un club en plastique et des balles perforées, mes jouets préférés. J'avais 6 ou 7 ans quand j'ai commencé à prendre le golf au sérieux. Je me demandais comment progresser et améliorer mes points faibles, qui étaient nombreux, à sept ans !

Quel est votre meilleur tournoi à ce jour ?
Le tournoi PGA à Valhalla (Kentucky, USA) en 2014. C'était très serré le dernier jour, et j'ai réussi à trouver ce petit quelque chose qui a fait la différence. C'était mémorable.

Qui sont vos idoles ?
Tous les sportifs qui ont triomphé contre toute attente. Dans le golf, mes héros sont Arnold Palmer et Jack Nicklaus, les pionniers de leur époque. Aujourd'hui, Tiger Woods est leur équivalent. Presque 20 ans après ses débuts, on court tous après ses records et on essaie d'avoir autant d'imagination que lui sur le green.

Ça fait quoi, de battre un record ?
C'est super... mais c'est assez amusant de voir mon nom au milieu de tant de sportifs que j'ai toujours admirés. Ça a un côté encourageant aussi... ça me donne envie de me fixer de nouveaux objectifs et de continuer à avancer.

HOCKEY SUR GLACE

En 1930, le gardien Abie Goldberry **a pris feu** quand le palet a frappé une **boîte d'allumettes** dans sa poche.

EN CHIFFRES

17,7 cm
Hauteur de la 1re coupe Stanley. Elle est 5 fois plus grande aujourd'hui.

7,6 cm
Diamètre d'un palet de hockey sur glace.

61 m
Longueur réglementaire d'une patinoire américaine.

2 cm
Épaisseur de la glace dans une patinoire professionnelle.

– 9 °C
Température de la glace dans une patinoire professionnelle.

2,25 à 4,5 kg
Poids qu'un joueur perd pendant un match, principalement de la sueur.

Le but le plus rapide en 1 période de NHL
James van Riemsdyk (USA) des Maples Leafs de Toronto n'a mis que 4 s pour marquer dans le 2e tiers-temps contre les Philadelphia Flyers, le 28 mars 2014, en National Hockey League (NHL). Il égala ainsi le record établi le 9 novembre 1957 par Claude Provost pour les Canadiens de Montréal et répété par Denis Savard (tous deux Canada) le 12 janvier 1986.

La 1re équipe de NHL à marquer le 1er but de la saison sur pénalité
Chris Kelly, des Boston Bruins (USA), a marqué le 1er but de la saison de son équipe sur une pénalité contre le Tampa Bay Lightning, le 3 octobre 2013.

La plus forte affluence en 1 saison de NHL (toutes équipes)
21 758 902 supporters ont rempli les patinoires de NHL en 2013-2014, surpassant les 21 475 223 spectateurs de 2008-2009.

La plus longue série de victoires d'un gardien de NHL
Le gardien Gilles Gilbert (Canada) a enchaîné 17 succès avec les Boston Bruins entre le 26 décembre 1975 et le 29 février 1976.

Le plus de victoires consécutives pour un gardien rookie en NHL
Le débutant Martin Jones (Canada) a gagné ses 8 premiers matchs avec les Los Angeles Kings lors de la saison 2013-2014. Il a égalé le record de Bob Froese (Canada) avec les Philadelphia Flyers en 1982-1983.

Le plus de buts décisifs en carrière NHL
Jaromír Jágr (République tchèque) a inscrit 124 buts décisifs en 20 saisons. En février 2015, il améliorait son record pour sa 21e saison en NHL.

Martin Brodeur : ultime rempart
Le légendaire gardien Martin Brodeur (Canada), retraité depuis le 29 janvier 2015, a raflé de multiples records depuis ses premiers pas en NHL avec les New Jersey Devils en 1992.

En 2003, il réalisa le **plus de blanchissages en play-offs sur 1 saison** (7). L'année suivante, Brodeur devint le **plus jeune gardien à avoir remporté 400 victoires en NHL**, à l'âge de 31 ans et 322 jours. En janvier 2015, il détenait aussi les records NHL du **plus d'arrêts** (28 928), du **plus de victoires** (691), du **plus de matchs disputés en saison régulière** (1 266) et du **plus de minutes jouées en saison régulière** (74 439).

Le plus de victoires consécutives au match 7 en NHL
Henrik Lundqvist (Suède) a remporté 6 matchs 7 de suite pour les New York Rangers. Depuis son arrivée au club, il a enregistré le **plus de saisons NHL consécutives débutées par au moins 30 victoires pour un gardien**, avec des séries de 30, 37, 37, 38, 35, 36 et 39 succès de 2005-2006 à 2011-2012.

Le plus grand déficit comblé par une équipe de NHL en play-offs
Quatre franchises de NHL ont renversé un déficit de 3-0 en remportant 4 succès de suite pour s'imposer au meilleur des 7 matchs en séries éliminatoires : les Toronto Maple Leafs (Canada) contre les Detroit Red Wings en 1942 ; les New York Islanders (USA) contre les Pittsburgh Penguins en 1975 ; les Philadelphia Flyers (USA) contre les Boston Bruins en 2010 ; et, dernièrement, les Los Angeles Kings (USA, *à gauche*) contre les San Jose Sharks en 2014.

NATIONAL HOCKEY LEAGUE

Le plus de victoires en coupe Stanley	24	Canadiens de Montréal (Canada), 1916-1993
Le plus de finales en coupe Stanley	34	Canadiens de Montréal, 1916-1993
Le plus de matchs en 1 carrière	1 767	Gordie Howe (Canada), de la saison 1946-1947 à 1979-1980
La plus longue série de victoires	17	Pittsburgh Penguins (USA), entre le 9 mars et le 10 avril 1993
La plus longue série d'invincibilité	35	Philadelphia Flyers (USA), du 14 oct. 1979 au 6 janv. 1980 (25 victoires, 10 nuls)
Le plus de buts marqués	894	Wayne Gretzky (Canada), de la saison 1979-1980 à la saison 1998-1999
Le plus de buts en 1 match (joueur)	7	Joe Malone (Canada), pour les Bulldogs de Québec contre les Toronto St Patricks le 31 janv. 1920
Le plus de buts en 1 match (équipe)	16	Canadiens de Montréal, victoire 16-3 contre les Bulldogs de Québec le 3 mars 1920

Statistiques au 21 janvier 2015

L'auteur d'un triplé en NHL le plus âgé

Jaromír Jágr (République tchèque, *à droite*, né le 15 février 1972) avait 42 ans et 322 jours lorsqu'il a marqué 3 buts pour les New Jersey Devils contre les Philadelphia Flyers au Prudential Center de Newark (USA), le 3 janvier 2015. Les Devils ont gagné 5-2.

Le plus de buts décisifs en 1 saison de NHL

Deux joueurs partagent ce record de 16 buts : Phil Esposito (Canada) pour les Boston Bruins en 1970-1971 et 1971-1972, et Michel Goulet (Canada) pour les Nordiques de Québec en 1983-1984.

Le plus de tirs au but en carrière NHL

Les tirs au but départagent 2 équipes à égalité au terme de la prolongation. Brad Boyes (Canada) et Zach Parise (USA) avaient réussi 37 tentatives chacun à la fin de la saison 2013-2014.

Le plus de matchs consécutifs en NHL pour un défenseur

À la fin de la saison 2013-2014, Jay Bouwmeester (Canada) avait disputé 717 matchs de saison régulière de suite en NHL.

Le **plus de matchs consécutifs joués en NHL** est de 964, par Doug Jarvis (Canada) pour les Canadiens de Montréal, les Washington Capitals et les Hartford Whalers du 8 octobre 1975 au 10 octobre 1987.

? LEXIQUE

Meilleur des 7 matchs : format de la coupe Stanley. Deux équipes s'affrontent sur une série de 7 rencontres maximum. Le 1er à 4 victoires remporte la série.

Match 7 : dernier match d'une série.

Play-offs : à la fin de la saison régulière de NHL, 16 équipes s'affrontent en séries éliminatoires. Le vainqueur remporte la coupe Stanley.

Blanchissage : performance d'un gardien qui n'encaisse aucun but au cours d'un match.

! INFO

Depuis ses débuts en NHL en 2002, Bouwmeester a joué pour 3 franchises : Florida Panthers (2002-2003 et 2008-2009), Calgary Flames (2009-2010 et 2012-2013) et St Louis Blues (2013-2014 à auj.).

Nathan MacKinnon

Nathan MacKinnon (Canada, né le 1er septembre 1995) est le **plus jeune vainqueur du titre de rookie de l'année en NHL**, qu'il a reçu à 18 ans et 296 jours.

Dans les années 1990 et 2000, le Colorado Avalanche figurait constamment parmi les meilleures franchises de NHL, décrochant 2 coupes Stanley en l'espace de 6 ans. Mais après son titre en 2001, le club a commencé une traversée du désert. Gratifié du premier choix pour la draft 2013, Colorado a jeté son dévolu sur Nathan MacKinnon, dans l'espoir de retrouver une place au sommet de la NHL. Ce dernier a tenu toutes ses promesses, puisqu'il a reçu le trophée Calder Memorial récompensant le meilleur débutant (1re saison), le 24 juin 2014.

Le jeune Canadien a presque fait l'unanimité avec 130 voix sur 137. MacKinnon a surpassé tous les autres rookies aux points (63), buts (24) et assistances (39). Il a même fait tomber le record de son légendaire compatriote Wayne Gretzky pour la **plus longue série de matchs à marquer en 1 saison par un joueur de moins de 18 ans**, sur 13 rencontres consécutives (contre 12 pour W. Gretzky).

Lors de cette fabuleuse 1re saison, MacKinnon a aidé Colorado à retrouver les play-offs, terminant la saison avec 10 points en 7 rencontres. L'avenir s'annonce radieux pour le Colorado Avalanche.

MARATHONS

En 1970, le 1er **marathon de New York** a attiré 127 coureurs. Seuls **55 étaient à l'arrivée.**

EN CHIFFRES

40 600
Le plus de coureurs à terminer le marathon **de Chicago** (Illinois, USA), le 12 octobre 2014.

500 m
Profondeur à laquelle s'est déroulé le **marathon le plus profond**, dans une ancienne mine de sel, à Thuringe (Allemagne).

13
Le plus de médailles remportées au championnat mondial de semi-marathon IAAF (hommes), par Zersenay Tadese (Érythrée) en 2006-2014.

163,785 km
La distance la plus longue courue sur piste en 12 h, par Zach Bitter (USA), à Phoenix (Arizona, USA), le 14 décembre 2013.

5 164
Nombre de marches à gravir au marathon de la Grande Muraille de Chine.

7
Nombre de marathons terminés par sir Ranulph Fiennes (RU) en 2003, sur 7 continents en 7 jours.

Le plus de victoires en World Series ITU de triathlon (hommes)
Alistair Brownlee (RU) a gagné 18 épreuves dans cette compétition annuelle organisée par l'Union internationale de triathlon (ITU). Sa 1re victoire remonte à 2009, à Madrid (Espagne), la dernière, au 26 avril 2015, au Cap (Afrique du Sud).

2015 Virgin Money London Marathon : nouveaux records
Si courir un marathon est une affaire sérieuse pour des athlètes d'exception, pour d'autres, il s'agit plutôt d'une occasion de s'amuser et de lever des fonds – surtout lors du plus grand marathon du monde, celui de Londres. Voici quelques-uns des personnages les plus hauts en couleur qui y ont participé cette année.

L'âge total le plus élevé pour un trio intergénérationnel en marathon
Shigetsugu Anan, 90 ans et 51 jours, Yasuko Nakatake, 54 ans et 192 jours, et Suguru Nakatake, 28 ans et 285 jours (tous Japon) ont couru le marathon de Tokyo (Japon), le 22 février 2015, à un âge cumulé de 173 ans et 163 jours.

Les 1ers à remporter les courses des 4 déserts en une année calendaire
Vicente Garcia Beneito (Espagne) et Anne-Marie Flammersfeld (Allemagne) ont remporté toutes les courses de la 4 Deserts Race Series 2012 chez les hommes et les femmes. Ces 4 courses d'une semaine et 250 km chacune sont : la traversée de l'Atacama (Chili), la marche de Gobi (Chine), la course du Sahara (Égypte) et le Dernier Désert (Antarctique). Ces sites sont parmi les plus inhospitaliers de la planète.

Le 1er à remporter les marathons de Berlin, New York et Londres
Wilson Kipsang (Kenya) est arrivé 1er au marathon de New York (USA), le 2 novembre 2014, après avoir remporté le marathon de Londres (RU) en 2012 et 2014 et celui de Berlin en 2013, soit 3 des 6 marathons majeurs.

Le plus grand ultramarathon
Le Comrades Marathon (Afrique du Sud) attire en moyenne 20 000 participants. En 2015, ils étaient 23 000 au départ.

COURSES SUR ROUTE

Distance	Homme	Nom/Nationalité	Date	Femme	Nom/Nationalité	Date
10 km	0'26"44	Leonard Komon (Kenya)	26 sept. 2010	0'30"21	Paula Radcliffe (RU)	23 févr. 2003
15 km	0'41"13	Leonard Komon (Kenya)	21 nov. 2010	0'46"14	Florence Kiplagat (Kenya)	15 févr. 2015
20 km	0'55"21	Zersenay Tadese (Érythrée)	21 mars 2010	1'01"54	Florence Kiplagat (Kenya)	15 févr. 2015
Semi-marathon	0'58"23	Zersenay Tadese (Érythrée)	21 mars 2010	1'05"09	Florence Kiplagat (Kenya)	15 févr. 2015
25 km	1'11"18	Dennis Kimetto (Kenya)	6 mai 2012	1'19"53	Mary Keitany (Kenya)	9 mai 2010
30 km	1'27"37	Geoffrey Kamworor (Kenya)	28 sept. 2014	1'38"29	Deena Kastor (USA)	9 oct. 2015
30 km	1'27"37	Abera Kuma (Éthiopie)	28 sept. 2014	-	s.o.	
30 km	1'27"37	Emmanuel Mutai (Kenya)	28 sept. 2014	-	s.o.	
Marathon	2'02"57	Dennis Kimetto (Kenya)	28 sept. 2014	2'15"25	Paula Radcliffe (RU)	13 avr. 2003
100 km	6'13"33	Takahiro Sunada (Japon)	21 juin 1998	6'33"11	Tomoe Abe (Japon)	25 juin 2000

Statistiques au 8 avril 2015

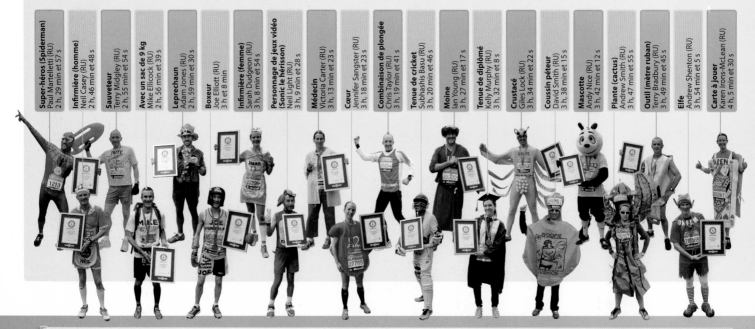

Super-héros (Spiderman) Paul Martelletti (RU) 2 h, 29 min et 57 s

Infirmière (homme) Neil Casey (RU) 2 h, 46 min et 48 s

Sauveteur Terry Midgley (RU) 2 h, 55 min et 54 s

Avec un sac de 9 kg Mike Ellicock (RU) 2 h, 56 min et 39 s

Leprechaun Adam Jones (RU) 2 h, 59 min et 30 s

Boxeur Joe Elliott (RU) 3 h et 8 min

Infirmière (femme) Sarah Dudgeon (RU) 3 h, 8 min et 54 s

Personnage de jeux vidéo (Sonic le hérisson) Neil Light (RU) 3 h, 9 min et 28 s

Médecin Victoria Carter (RU) 3 h, 13 min et 23 s

Cœur Jennifer Sangster (RU) 3 h, 18 min et 23 s

Combinaison de plongée Chris Taylor (RU) 3 h, 19 min et 41 s

Tenue de cricket Subhashis Basu (RU) 3 h, 20 min et 46 s

Moine Ian Young (RU) 3 h, 27 min et 17 s

Tenue de diplômé Kelly Murphy (RU) 3 h, 32 min et 8 s

Crustacé Giles Lock (RU) 3 h, 34 min et 22 s

Coussin péteur David Smith (RU) 3 h, 38 min et 15 s

Mascotte Andy Nice (RU) 3 h, 42 min et 12 s

Plante (cactus) Andrew Smith (RU) 3 h, 47 min et 55 s

Outil (mètre ruban) Terry Bradbury (RU) 3 h, 49 min et 45 s

Elfe Andrew Shenton (RU) 3 h, 54 min et 5 s

Carte à jouer Karen Irons-McLean (RU) 4 h, 5 min et 30 s

3 000 000 000 000 m Diamètre de la supergéante rouge VY Canis Majoris, la **plus grande étoile connue**, plus de 2 000 fois la taille du Soleil

Le plus de victoires en World Series de triathlon de l'ITU (femmes)

Entre le 19 avril 2013 et le 4 septembre 2014, Gwen Jorgensen (USA) a remporté 8 épreuves : 3 en 2013 et 5 en 2014. Ces 5 dernières constituent le **plus de victoires en World Series de triathlon de l'ITU en une saison (femmes)**.

Les plus rapides à terminer…

• **Un marathon attachés :** 2 h, 54 min et 17 s, Team Legati De Cauza Hospice (Roumanie), à Bucarest (Roumanie), le 6 octobre 2013.
• **Un marathon en relais (hommes) :** 2 h, 4 min et 32 s, Al Wafa Marathon (EAU), à Al Aïn (EAU), le 26 mars 2014.
• **Un marathon en relais (femmes) :** 3 h, 9 min et 2 s, Piemonte Dream Team (Italie), au Turin Ring Marathon (Italie), le 26 février 2012.
• **Un triathlon Ironman (hommes) :** 7 h, 45 min et 58 s, Marino Vanhoenacker (Belgique), à l'Ironman d'Autriche, à Klagenfurt, le 3 juillet 2011.

• Le marathon de Londres en fauteuil roulant (hommes) : 1 h, 28 min et 57 s, Kurt Fearnley (Australie), le 26 avril 2009.
• Le marathon de Londres en fauteuil roulant (femmes) : 1 h, 45 min et 12 s, Tatyana McFadden (USA), le 13 avril 2014.
• Le marathon de Berlin en rollers (hommes) : 58 min et 10 s, Bart Swings (Belgique).
• Le marathon de Berlin en rollers (femmes) : 1 h, 7 min et 44 s, Manon Kamminga (Pays-Bas). Les 2 records ont été établis à Berlin (Allemagne), le 27 septembre 2014.

Les semi-marathons les plus rapides

• **À béquilles :** 2 h, 31 min et 59 s, Larry Chloupek II (USA), à Washington DC (USA), le 15 mars 2014.

Le plus de victoires en World Series de triathlon de l'ITU (hommes)

En 2014, Javier Gómez (Espagne) a été sacré pour la 4e fois après 2008, 2010 et 2013, égalant le record de Simon Lessing (RU). Gómez détient aussi le record du **plus de médailles en World Series de triathlon de l'ITU** : 8 de 2007 à 2014.

Le plus de participants à un marathon

50 564 coureurs sur 50 869 au départ ont franchi la ligne d'arrivée du marathon de New York (USA), le 2 novembre 2014. Ils étaient 30 144 hommes et 20 420 femmes, venant de 130 pays. Mary Keitany (Kenya) a remporté la course féminine.

• **À reculons (hommes) :** 1 h, 40 min et 29 s, Achim Aretz (Allemagne), au 19e TUSEM August Blumensaat d'Essen (Rhénanie-du-Nord-Westphalie, Allemagne), le 28 novembre 2009.
• **Dans un costume à 2 :** 2 h, 3 min et 20 s, Stephen McAdam et Nathan Saber (tous 2 Australie), à Geelong (Victoria, Australie), le 15 avril 2012.
• **Déguisé en super-héros (hommes) :** 1 h, 17 min et 30 s, Stephane Hetherington (Canada), à Toronto (Canada), le 19 octobre 2014.

Dennis Kimetto

En 2014, pour la 3e fois en 4 ans, le record en marathon a été amélioré. Et pour la 3e fois en 4 ans, ce fut l'œuvre d'un Kenyan au marathon de Berlin.

Âgé de 30 ans, Dennis Kimetto est entré dans l'histoire le 28 septembre 2014. Dans des conditions idéales, il a terminé le marathon de Berlin en 2 h, 2 min et 57 s (ci-dessous), le **marathon le plus rapide**. C'est 26 s de moins que le record précédent (2 h, 3 min et 23 s), établi par Wilson Kipsang à Berlin, en 2013 (voir p. 226). Auparavant, le record appartenait à Patrick Makau, avec 2 h, 3 min et 38 s, en 2011, toujours à Berlin.

Aucun record n'a été battu en 2012, année marquant les débuts de Kimetto dans l'épreuve. Le Kenyan a terminé 2e, à une petite seconde de son coéquipier Geoffrey Mutai. Kimetto n'a commencé sa préparation qu'en 2010, après une rencontre fortuite avec Mutai, qui entraînait les athlètes au Kenya. Quatre ans plus tard, en 2014, Kimetto et Emmanuel Mutai (arrivé 16 s plus tard) ont battu le record de Kipsang dans un marathon.

Le record du **marathon le plus rapide** a ainsi été amélioré 6 fois en 11 ans, toujours à Berlin. Une performance qui illustre l'entraînement des athlètes d'aujourd'hui, mais il faut dire que cette course présente certains avantages : elle comporte peu de dénivelé et de virages, et se déroule à une période de l'année où la météo est généralement clémente.

En dribblant avec 2 ballons	Fruit (fraise)	Dans un sac de couchage	Sur 3 jambes (homme/femme)	Guitare	Cabine téléphonique	Avec un sac de 18 kg (femme)	Sur 3 jambes (femmes)	Chef	Dans un costume à 3	Oiseau	Avec un sac de 36 kg	Démineur
Jerry Knox (USA) 4 h, 10 min et 44 s	Elizabeth King (RU) 4 h, 13 min et 24 s	Michael Mercer (RU) 4 h, 20 min et 21 s	Lorna et James Brokenshire-Dyke (tous deux RU) 4 h, 25 min et 23 s	Thomas Jones (RU) 4 h, 26 min et 12 s	Ric Nardi (RU) 4 h, 33 min et 56 s	Eva Clarke (AUS) 4 h, 34 min et 42 s	Debbie Leeland et Paula Marshall (tous deux RU) 4 h, 45 min et 21 s	Stephen Roach (RU) 4 h, 47 min et 51 s	Andy Church, Laura Jones et Heather Smith (tous RU) 4 h, 56 min et 24 s	Bob Johnson (RU) 5 h, 50 min et 8 s	Marc Jenner (RU) 5 h, 53 min et 20 s	Iain Church (RU) 6 h, 28 min et 6 s

SPORTS MÉCANIQUES

Les moteurs de F1 sont conçus pour **2 h** de course seulement.

EN CHIFFRES

0,8 s
Temps d'accélération d'un dragster de NHRA pour passer de 0 à 160 km/h.

2,05 s
Arrêt au stand le plus rapide en F1, par l'écurie Red Bull Racing (Autriche) au GP de Malaisie, le 24 mars 2013.

8
Nombre de changements de longueur du circuit des 24 Heures du Mans (actuellement 13,59 km).

10
Nombre de drapeaux utilisés en F1.

60,72 km
Distance du TT de l'île de Man, le **circuit de moto le plus long** (voir p. 229).

264
Nombre de virages sur le TT de l'île de Man.

43
Nombre maximum de voitures dans une course NASCAR.

VOITURES

Le plus de Grands Prix gagnés en F1 par un pilote
Michael Schumacher (Allemagne) a remporté 91 courses entre le 30 août 1992 et le 1er octobre 2006.

Le **plus de points marqués par un pilote de F1** est de 1 767, par Fernando Alonso (Espagne), entre 2003 et 2014.

Sebastian Vettel (Allemagne) a cumulé 397 points en 2013, soit le **plus de points marqués par un pilote en une saison**.

Le plus de Grands Prix consécutifs terminés depuis ses débuts
Le pilote de Marussia Max Chilton (RU) a terminé 25 courses de F1 depuis son 1er Grand Prix, du 17 mars 2013 au 25 mai 2014.

Le plus de victoires en IndyCar Series
Scott Dixon (Nouvelle-Zélande) a gagné 34 courses entre le 2 mars 2003 et le 24 août 2014. Depuis la création des IndyCar Series en 1996, aucun autre pilote n'a passé la barre des 30 victoires. Hélio Castroneves (Brésil) le suit avec 23 succès à fin 2014.

Le 1er championnat de voitures électriques
Le 1er championnat regroupant uniquement des véhicules électriques est la Formule E. Approuvée par la Fédération internationale de l'automobile (FIA), elle a débuté à Pékin (Chine) le 13 septembre 2014, avec 9 étapes sur 4 continents. D'anciens pilotes de F1, comme Nelson Piquet Jr et Nick Heidfeld, ont pris part à l'édition inaugurale qui s'est achevée le 27 juin 2015.

Le plus de GP consécutifs dans les points
Kimi Räikkönen (Finlande) est arrivé 27 fois de suite dans les 10 premiers entre le GP de Bahreïn le 22 avril 2012 et le GP de Hongrie, le 28 juillet 2013. Sa série s'est terminée sur une crevaison, à Spa-Francorchamps (GP Belgique), le 25 août.

Le **plus d'arrivées consécutives en F1** est de 41, pour Nick Heidfeld (Allemagne), entre le GP de France 2007 et le GP d'Italie 2009.

Le plus de succès en NASCAR moderne (depuis 1972)
Jeff Gordon (USA) a gagné sa 92e course en AAA 400 sur la piste International Speedway de Dover (Delaware, USA), le 28 septembre 2014.

L'équipe la plus ancienne de NASCAR
En 2014, Wood Brothers Racing (USA) roulait régulièrement en NASCAR depuis sa création en 1950, soit un total de 64 ans.

Le plus de vainqueurs différents en une saison d'IndyCar Series
Onze pilotes ont remporté des courses d'IndyCar Series en 2000 et 2001. L'histoire s'est répétée en 2014.

Le plus de championnats NHRA Top Fuel Drag Racing
Tony Schumacher (USA) a décroché 8 titres : 1999, 2004-2009 et 2014.

Le plus de victoires en NHRA Drag Racing
Entre 1990 et le 3 août 2014, John Force (USA) a remporté 141 courses en Funny car.

Le plus jeune pilote à prendre 1 point en F1
Né le 30 septembre 1997, Max Verstappen (Pays-Bas) avait 17 ans et 180 jours quand il a pris la 7e place du GP de Malaisie au volant de sa Toro Rosso-Renault, le 29 mars 2015.

! INFO
La Formule 1 est la plus grande compétition de monoplaces. Le terme « formule » fait référence au règlement auquel les équipes doivent se conformer. Le « 1 » indique qu'il s'agit de la meilleure catégorie.

Le plus de saisons consécutives à remporter un GP de F1 depuis ses débuts
Champion du monde 2008 et 2014, Lewis Hamilton (RU, ci-dessous) a fait ses débuts en F1 en 2007, remportant sa 1re course le 10 juin sur une McLaren. Il a remporté au moins un Grand Prix lors des 8 saisons suivantes, jusqu'à sa victoire en Mercedes au Grand Prix de Sepang (Malaisie), le 30 mars 2014.

? GLOSSAIRE

IndyCar Series : championnat de monoplaces américain. Les roues doivent être hors du châssis, comme une voiture de F1.

MotoGP : l'une des 3 catégories de courses motocyclistes, avec des moteurs allant jusqu'à 1 000 cm^3. Les autres catégories sont la Moto2 (800 cm^3) et la Moto3 (250 cm^3).

NASCAR : La Fédération nord-américaine de stock-car qui regroupe les compétitions de ce type de véhicules aux États-Unis et au Canada.

NHRA : la National Hot Rod Association organise les courses de dragsters aux États-Unis et au Canada.

  3 780 000 000 000 000 m Diamètre de la nébuleuse de l'Œil de Chat (NGC 6543)

Le plus de victoires en Brickyard 400 NASCAR Sprint Cup

La Brickyard 400 est une course de 400 miles (643 km) sur l'Indianapolis Motor Speedway (Indiana, USA). C'est la 2ᵉ course de NASCAR la mieux dotée après la Daytona 500. Jeff Gordon (USA) l'a remportée 5 fois pour l'équipe Hendrick Motorsports : en 1994, 1998, 2001, 2004 et 2014.

MOTOS

Le plus de titres en MotoGP
Valentino Rossi (Italie) a décroché 6 championnats du monde MotoGP, en 2002-2005 et 2008-2009.

Le **plus de titres constructeur en MotoGP** est de 8, par Honda (Japon), en 2002-2004, 2006 et 2011-2014.

Le plus de succès en une saison de MotoGP
Marc Márquez (Espagne) a gagné sa 13ᵉ course de la saison à Valence (Espagne), le 9 novembre 2014.

Le TT de l'île de Man le plus rapide en Superbike
Le 2 juin 2013, Michael Dunlop (RU) a établi un temps de 1 h, 45 min et 29,98 s sur sa TT Legends Honda 1000 cm³ pour ses 6 tours de l'île de Man en Superbike, à Douglas (RU).

Le **tour le plus rapide du TT de l'île de Man en Superbike** est de 17 min et 6,68 s, par Bruce Anstey (Nouvelle-Zélande) sur une Honda CBR1000RR, le 31 mai 2014.

Le **plus de courses gagnées en 1 an au TT de l'île de Man** est de 5 (Senior, Superbike, Superstock et Supersport 1 et 2), par Ian Hutchinson (RU), en juin 2010. Cet exploit mémorable constitue aussi le plus de victoires consécutives au TT de l'île de Man.

Le plus de championnats du monde de side-car cross

Géré par la Fédération internationale de motocyclisme (FIM), le Mondial de side-car cross est un événement annuel qui remonte à 1980. Daniël Willemsen (Pays-Bas) a remporté la compétition à 10 reprises avec différents passagers : Marcel Willemsen (1999), Kaspars Stupelis (2003-2004), Sven Verbrugge (2005-2006 et 2011), Reto Grütter (2007-2008), Gertie Eggink (2010) et Kenny Van Gaalen (2012).

Le plus jeune pilote au départ des 24 Heures du Mans

Le 14 juin 2014, Matthew McMurry (USA, né le 24 novembre 1997) a pris le départ des 24 Heures du Mans (France) pour Caterham Racing à 16 ans et 202 jours. Le lendemain, il devenait le **plus jeune pilote à terminer les 24 Heures du Mans**, à 16 ans et... 203 jours.

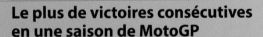

Le plus de victoires consécutives en une saison de MotoGP

Giacomo Agostini (Italie) a gagné 10 courses de MotoGP de suite en 1968, 1969 et 1970. Un record égalé par Mick Doohan (Australie) en 1997 et Marc Márquez (Espagne, à gauche) entre le 23 mars et le 10 août 2014.

Le 10 novembre 2013, Márquez (né le 17 février 1993) est devenu le **plus jeune champion du monde de MotoGP** à 20 ans et 266 jours.

INFO
Dans certains virages, les pilotes de MotoGP penchent leur moto à un angle de 60°. Selon les conditions, les pneus peuvent atteindre de 93,3 à 115,5 °C pendant la course.

Tourist Trophy de l'île de Man

En 1903, le Parlement britannique avait interdit les courses sur routes urbaines et limité la vitesse à 20 MPH (32 km/h). Les autorités de l'île de Man (en mer d'Irlande, RU) ne le voyaient pas du même œil.

En 1904, des voitures de course envahissent les routes de l'île. C'est le 28 mai 1907 que se tient le 1ᵉʳ Tourist Trophy (TT) de l'île de Man pour les motos. La Snaefell Mountain Course est créée en 1911, mais les 1ᵉʳˢ véhicules peinent sur les pistes de terre et doivent traverser des champs clôturés. Le 1ᵉʳ pilote doit ouvrir les portails et le dernier les refermer.

Avec la modernisation des routes et des véhicules, les temps de passage s'accélèrent. En 1920, le record de vitesse de la course est de 84,68 km/h ; en 1939, de 144 km/h. En 1957, Bob McIntyre (RU) atteint 160 km/h.

Les années 1950-1960 sont qualifiées d'âge d'or du TT et voient l'avènement de légendes comme Mike Hailwood (RU, 14 fois vainqueur) ou Giacomo Agostini (Italie, 10 victoires entre 1966-1972). En 1977, Joey Dunlop (RU, ci-dessous) signe son 1ᵉʳ succès, avant d'en enchaîner 6 autres dans les années 1980 et d'établir un nouveau record de vitesse à 185 km/h. En 2000, il totalisait le **plus de courses remportées en TT** : 26.

Carl Fogarty et Steve Hislop (tous 2 RU) illuminent ensuite les années 1990, mais, depuis 2000, John McGuinness (RU, ci-dessus) domine les débats avec 21 victoires, dont la dernière lors du TT Zero 2014, le 4 juin.

Les pilotes frôlent souvent la mort, mais ne l'évitent pas toujours. Bordée d'habitations, la course tortueuse a déjà fait près de 250 victimes depuis 1911.

JEUX OLYMPIQUES

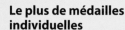

Rio 2016 sera la **31e édition des jeux Olympiques modernes d'été**.

EN CHIFFRES

1984
1re médaille pour la Chine.

386
Médailles remportées par la Chine.

4
Nombre d'éditions des JO d'été aux États-Unis – le **plus que tout autre pays.**

13
Nombre de nations aux 1ers Jeux modernes en 1896 à Athènes (Grèce).

204
Nombre de nations aux JO 2008 de Pékin (Chine).

0
Nombre de sportives autorisées à concourir aux JO 1896.

4 847
Nombres de sportives engagées aux JO de Londres en 2012.

TABLEAU D'HONNEUR DES JO D'ÉTÉ

Les athlètes les plus décorés aux Jeux d'été

	Nom	Date	Médailles	O	A	B
1	Michael Phelps (USA)	2004-2012	22	18	2	2
2	Larisa Latynina (URSS/Ukraine)	1956-1964	18	9	5	4
3	Nikolay Andrianov (URSS/Russie)	1972-1980	15	7	5	3
4	Boris Shakhlin (URSS/Ukraine)	1956-1964	13	7	4	2
	Edoardo Mangiarotti (Italie)	1936-1960	13	6	5	2
	Takashi Ono (Japon)	1952-1964	13	5	4	4
7	Paavo Nurmi (Finlande)	1920-1928	12	9	3	0
	Birgit Fischer (RDA/Allemagne)	1980-2004	12	8	4	0
	Sawao Kato (Japon)	1968-1976	12	8	3	1
	Jenny Thompson (USA)	1992-2004	12	8	3	1
	Dara Torres (USA)	1984-2008	12	4	4	4
	Alexei Nemov (Russie)	1996-2000	12	4	2	6
	Natalie Coughlin (USA)	2004-2012	12	3	4	5

Source : olympic.org

Le plus de spectateurs lors d'une édition

8,3 millions de billets a été vendu pour les JO d'Atlanta (USA) en 1996, une édition surnommée « Jeux du centenaire ». Cela représente plus d'un demi-million de spectateurs présents chaque jour de la quinzaine. Environ 11 millions de billets ont été vendus pour les jeux Olympiques et Paralympiques de Londres 2012. Quelque 7,5 millions d'entrées seront mises en vente pour Rio 2016, dont 3,4 millions à moins de 30 $.

Le plus de médailles individuelles

Larisa Latynina (URSS/ auj. Ukraine) a remporté 14 médailles individuelles aux jeux Olympiques entre 1956 et 1964. Elle en a également décroché 4 en épreuves par équipe.

À droite, Latynina aux JO d'été 1956, à Melbourne (Australie). Ci-dessous, en compétition aux jeux de Tokyo 1964 aux barres asymétriques, lors de l'épreuve de gymnastique artistique féminine individuelle

Le plus de pays représentés aux JO d'été

Pas moins de 204 comités nationaux olympiques (CNO) étaient représentés aux jeux Olympiques d'été 2008 qui se sont tenus à Pékin (Chine).

Trois pays – Monténégro, les îles Marshall et Tuvalu – y participaient pour la 1re fois après leur admission par le Comité international olympique respectivement en 2008, 2006 et 2008.

Au total, 166 comités nationaux paralympiques (CNP) ont envoyé des athlètes aux jeux de Londres (RU) en 2012, soit le **plus de pays participants aux jeux Paralympiques d'été**. Quinze pays – dont 8 d'Afrique – y participaient pour la 1re fois : Antigua-et-Barbuda, Brunei, Cameroun, Comores, Djibouti, République démocratique du Congo, Gambie, Guinée-Bissau, Liberia, Malawi, Mozambique, Corée du Nord, Saint-Marin,

Le plus de Jeux d'été inaugurés par une même personne

Elizabeth II a inauguré les Jeux de Montréal en 1976 *(vignette)* et ceux de Londres, 36 ans plus tard, le 27 juillet 2012 *(photo principale)*. Ci-dessus, le cascadeur Gary Connery se fait passer pour la reine lors de son parachutage dans le stade olympique de Stratford (Londres) pour la cérémonie d'ouverture.

La plus longue distance parcourue par la torche olympique

Le relais de la flamme olympique a parcouru 137 000 km en vue des XXIXes jeux Olympiques d'été de Pékin (Chine). Le relais est parti d'Athènes (Grèce) le 24 mars 2008 et a traversé 21 pays avant d'atteindre le stade national de Pékin pour la cérémonie d'ouverture le 8 août 2008. Ci-dessus, des alpinistes avec la torche au sommet de l'Everest.

Le plus de participations aux JO

Le cavalier canadien Ian Millar, alias "Captain Canada", a disputé ses 10ᵉ jeux Olympiques lorsqu'il a pris part à l'épreuve de saut d'obstacles par équipe aux JO de Londres, le 4 août 2012, à 65 ans. Sa 1ʳᵉ participation remonte à 1972, il était alors âgé de 25 ans *(vignette)*. Il a ensuite disputé 8 éditions consécutives, de 1984 à 2012.

îles Salomon et îles Vierges britanniques.

Ces deux records devraient être battus à Rio 2016 : 205 pays sont attendus aux jeux Olympiques et 176 aux Paralympiques.

Un total de 2,7 millions de billets a été acheté pour les jeux Paralympiques de Londres (RU) en 2012, le **plus de billets vendus pour des jeux Paralympiques** et la toute 1ʳᵉ édition se disputant à guichets fermés en 52 ans. Les 2,5 millions de billets prévus initialement ont été vendus pendant les JO, mais les espaces ont été aménagés pour accueillir 200 000 visiteurs supplémentaires.

Le **plus de médailles paralympiques remportées par un même pays** est 2 067, par les États-Unis, entre 1960 et 2012.

Le plus de médailles mises en jeu en une édition
Selon le site web officiel des JO de Rio 2016, 306 épreuves seront organisées aux XXXIᵉˢ Olympiades, à Rio de Janeiro (Brésil).

La 1ʳᵉ ville hôte à 2 reprises
En 1924, Paris est devenue la 1ʳᵉ ville à organiser les jeux Olympiques à 2 reprises après 1900. Cette même année, alors que les JO d'hiver se déroulaient à Chamonix, la France est devenue le **1ᵉʳ pays à accueillir les Jeux d'été et d'hiver la même année**. Elle sera imitée par les États-Unis en 1932 et l'Allemagne en 1936.

La championne olympique la plus âgée aux jeux d'été
Sybil "Queenie" Newall (RU, née le 17 octobre 1854) a décroché l'or au tir à l'arc (Double National Round) aux jeux Olympiques d'été qui se sont déroulés à White City (Londres, RU), le 18 juillet 1908. Elle était âgée de 53 ans et 275 jours.

Il faudra attendre 2004 et la médaille de bronze d'Alison Williamson pour voir une archère britannique remonter sur un podium olympique.

🙂 En route pour Rio 2016

Après une coupe du monde FIFA de football mémorable en 2014, Rio de Janeiro se concentre désormais sur les jeux Olympiques (5-21 août 2016) et Paralympiques (7-18 septembre). C'est la 1ʳᵉ fois que les Jeux se dérouleront en Amérique du Sud, une perspective qui semble réjouir les mascottes officielles Vinicius (à gauche, représentant la faune brésilienne) et Tom (qui incarne sa flore).

Tout au long des 17 jours de compétition, Rio accueillera 10 500 athlètes venant de 205 pays dans 42 sports. Quelque 1,8 million de billets seront mis en vente pour les jeux Paralympiques, où s'affronteront 4 350 athlètes de 176 nations dans 528 disciplines. Les épreuves se disputeront sur 34 sites (21 pour les Paralympiques) principalement concentrés dans 4 quartiers de Rio. Quatre autres villes du pays seront mobilisées pour le tournoi olympique de football.

Rio 2016 marque également le retour de 2 disciplines olympiques : le rugby (absent depuis 92 ans) et le golf (disputé pour la dernière fois il y a 112 ans). Les jeux Paralympiques accueillent 2 épreuves inédites : le paracanoë et le paratriathlon.

Bien entendu, une fête olympique de cette ampleur est très chère : en avril 2014, le coût des Jeux de Rio était estimé à 16,3 milliards $.

Le plus de titres lors d'une édition des JO

Entre les 9 et 17 août 2008, à Pékin, Michael Phelps (USA) a glané 8 médailles d'or en natation : 400 m 4 nages, 4 x 100 m nage libre, 200 m nage libre, 200 m papillon, 4 x 200 m nage libre, 200 m 4 nages, 100 m papillon et 4 x 100 m nage libre. Son bilan de 13 médailles sur 3 éditions représente le **plus de médailles olympiques individuelles (hommes)**.

❗ INFO
Les 4 médailles d'or de Phelps à Londres 2012 surpassent le nombre de titres de l'Espagne, du Brésil et de l'Afrique du Sud (3 chacun) ou du Danemark, de la Pologne et de la Norvège (2 chacun).

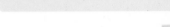

RUGBY

Le **coup d'envoi** des coupes du monde de rugby est donné avec le sifflet utilisé par l'**arbitre gallois Gil Evans** en 1905.

EN CHIFFRES

61 823
Le plus de spectateurs pour un match de Super Rugby (rugby à XV) : la finale 2014 entre les Waratahs (Australie) et les Crusaders (Nouvelle-Zélande), à Sydney (Australie).

39
Le succès le plus large en World Club Challenge (rugby à XIII), par les South Sydney Rabbitohs (Australie) contre St Helens (RU), 39-0, le 22 février 2015.

3
Nombre de pays où le rugby est le sport national : Nouvelle-Zélande, pays de Galles et Madagascar.

4
Nombre de jeux Olympiques où le rugby était une discipline officielle : 1900, 1908, 1920 et 1924.

58
Le plus de pénalités en coupes du monde, par Jonny Wilkinson (RU).

40 ans et 26 jours
Âge du **joueur le plus âgé à disputer un match de coupe du monde** : Diego Ormaechea (Uruguay), contre l'Afrique du Sud, le 15 octobre 1999.

Le plus de finales de coupe du monde féminine (équipe)

Depuis la 1re coupe du monde féminine « officieuse » au pays de Galles en 1991, l'Angleterre n'a manqué que la finale 1998, soit 6 finales disputées, pour seulement 2 titres : en 1994 face aux États-Unis (38-23) et en 2014 contre le Canada (21-9). La Nouvelle-Zélande a remporté le **plus de titres en coupe du monde féminine** : 4 (1998-2010).

Le plus grand joueur du championnat anglais en activité

Will Carrick-Smith (RU) mesure 211 cm et jouait pour les Exeter Chiefs en 2014-2015. Comme presque tous les joueurs de grande taille, il évolue en 2e ligne.

Le **plus grand joueur de l'histoire du rugby** est Richard Metcalfe (RU), du haut de ses 213 cm. Il a disputé 9 matchs internationaux pour l'Écosse en 2000-2001.

Le 1er essai en coupe du monde

Face à l'Italie, Michael Jones (Nouvelle-Zélande) a été le 1er joueur à inscrire un essai en Coupe du monde, à Auckland (Nouvelle-Zélande), le 22 mai 1987.

La 1re finale de championnat anglais décidée en prolongation

La finale 2013-2014 entre les Northampton Saints et les Saracens, disputé à Twickenham (Londres, RU), le 31 mai 2014, s'est jouée en 100 min. Les Saints ont décroché leur 1er titre en championnat à la dernière minute (24-20).

La 1re saison de National Rugby League sans expulsion

La saison 2014 du championnat australien à XIII s'est terminée sans la moindre expulsion, une première en 106 ans. À l'instauration du format actuel en 1998, 17 cartons rouges avaient été sortis.

LE PLUS DE…

National Rugby League remportés par une équipe

Depuis la 1re saison en 1908-1909, quand la compétition s'appelait encore New South Wales Rugby League, les South Sydney Rabbitohs ont été titrés 21 fois.

Le plus d'essais par un joueur en un match de World Club Challenge

Contre les Wigan Warriors, Michael Jennings (Australie) a signé 3 essais pour les Sydney Roosters, au Sydney Football Stadium (Australie), le 22 février 2014. Il a ainsi aidé son équipe à glaner un 3e titre.

Victoires en World Club Challenge (rugby à XIII)

Wigan (RU) s'est imposé 3 fois, en 1987, 1991 et 1994, avant d'être égalé par les Bradford Bulls (RU), en 2002, 2004 et 2006, puis par leurs voisins, les Leeds Rhinos, en 2005, 2008 et 2012. Dernièrement, les Sydney Roosters (Australie) ont signé le triplé en 1976, 2003 et 2014.

INFO

Les 1ers ballons de rugby étaient fabriqués en vessie de porc recouverte de cuir et gonflés à l'aide d'un tube en argile. Une activité malodorante et dangereuse si la vessie était infectée.

Le 1er joueur expulsé en finale de Super League

Le 11 octobre 2014, Ben Flower (RU), jouant pour les Wigan Warriors contre St Helens, à Old Trafford (Manchester, RU), a reçu un carton rouge après 3 min de jeu pour avoir frappé son vis-à-vis Lance Hohaia (Nouvelle-Zélande) au sol. En infériorité numérique, Wigan s'est incliné 14-6.

Points inscrits en un match de Challenge Cup par un même joueur

Le 6 mars 2011, au 3e tour de la Challenge Cup au Huntington Stadium de York (RU), Chris Thorman (RU) a marqué 54 points, aidant les York City Knights à écraser Northumbria University 132-0.

> **! INFO**
>
> Pour sa 1re sélection avec les blues en 2000, Meleamu était si excité qu'il en a oublié ses crampons à l'hôtel. Il en a finalement emprunté une paire à l'un de ses coéquipiers.

Un résultat synonyme de **plus gros score en Challenge Cup (rugby à XIII)**.

Essais inscrits en carrière en Super League

Le demi d'ouverture Danny McGuire (RU) a aplati 215 fois pour les Leeds Rhinos, entre le 22 juin 2002 et le 12 septembre 2014. Rien qu'en 2005, il a inscrit 23 essais en 27 matchs. Il bat le record de son ancien coéquipier Keith Senior et ses 199 essais jusqu'en 2011.

Le plus de finales de Super League

En 1999-2014, Paul Wellens (RU, *ci-dessous*) a joué 10 finales pour 5 titres avec St Helens. En 2001-2012, Jamie Peacock (RU) a remporté 8 titres en 10 finales avec les Bradford Bulls et Leeds Rhinos.

Matchs internationaux sans défaite en une année calendaire (rugby à XV)

En 2013, les All Blacks (Nouvelle-Zélande), aidés par leur star Dan Carter (*à droite*), n'ont perdu aucun de leurs 14 matchs disputés cette année-là, une première dans l'histoire du rugby international. Le dernier succès, arraché 24-22 face à l'Irlande, a été décroché à l'Aviva Stadium de Dublin, le 24 novembre 2013.

Le plus de matchs en carrière en Super Rugby

Le 7 mars 2015, Keven Mealamu (Nouvelle-Zélande) a disputé son 163e match pour les Auckland Blues contre les Lions, dépassant Nathan Sharpe (Australie) d'un match. Mealamu a aussi joué le **plus de matchs de Super Rugby pour une même équipe** : 152 pour les Blues.

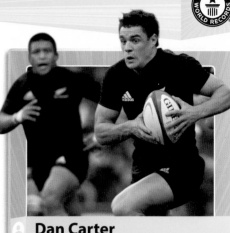

Dan Carter

Le demi d'ouverture kiwi deviendra le joueur de rugby le mieux payé lorsqu'il rejoindra le club parisien du Racing Metro en Top 14 en octobre 2015. Il s'est engagé pour 3 ans et devrait toucher un salaire avoisinant 1,5 million €.

Début 2015, Carter avait réussi le **plus de transformations** (260), le **plus de pénalités** (258) et le **plus de points en matchs internationaux** (1 457) au cours d'une carrière longue de 12 ans et ponctuée de 102 sélections. Sa vitesse et sa vista font de lui bien plus qu'un frappeur hors norme, même si le jeu au pied reste son point fort. À ce jour, le joueur de 33 ans présente un taux de réussite exceptionnel de 88,72 % en match international. Carter a remporté la coupe du monde en 2011 et a inscrit le **plus de points en Rugby Championship (anciennement Tri Nations)**, avec 531 points en 11 éditions. En club, il a remporté 4 championnats de Super Rugby avec les Crusaders (Canterbury, Nouvelle-Zélande), **l'équipe la plus titrée dans la compétition** (7 titres). Carter est l'un des 9 joueurs à avoir disputé plus de 100 matchs pour ce club. Il espère maintenant atteindre de nouveaux sommets en France avec le Racing.

Diamètre du Grand Nuage de Magellan, la **plus grande galaxie satellite de la Voie lactée**, considérée comme une galaxie irrégulière 132 000 000 000 000 000 000 m

233

CLUBS DE FOOTBALL

Pelé (Brésil), le joueur de légende, a été le 1er à qualifier le foot de « **beau jeu** » – « o jogo bonito ».

6
Le plus de participations à la coupe du monde des clubs FIFA pour un club : Auckland City (Nouvelle-Zélande), 2006-2014.

38 ans et 59 jours
Le buteur le plus âgé de l'UEFA Champions League : Francesco Totti (Italie), pour l'AS Roma, le 25 novembre 2014.

124
Le plus de buts marqués par un gardien : Rogério Ceni (Brésil) pour São Paulo, 1998-2015 ; il a aussi disputé le **plus de matchs pour un même club** : 606 au 1er avril 2015.

2
Le plus de titres consécutifs en UEFA Women's Champions League, record partagé par Umeå IK (Suède), l'Olympique Lyonnais (France) et le VfL Wolfsburg (Allemagne).

85
Le plus de victoires consécutives en 1re division féminine par un club : l'Apollon Ladies FC (Chypre), de 2009 à 2014.

Le plus de buts à l'extérieur en 1 saison de Premier League par un club

Le 5 mai 2014, Liverpool a marqué 3 fois contre le Crystal Palace en dernière journée de la saison 2013-2014, totalisant ainsi 48 buts à l'extérieur. Les Reds ont marqué au moins 3 buts sur 10 de leurs 19 déplacements, dépassant le record de Manchester United en 2001-2002 d'un but.

Le but le plus rapide par un remplaçant en Premier League

Le 11 février 2015, Chris Smalling (RU) a placé une tête gagnante pour Manchester United après 5 min et 9 s de jeu contre Burnley, 22 s après son entrée en jeu. Le match se déroulait à Old Trafford (Manchester, RU). Smalling a doublé la mise avant la mi-temps, établissant **un nombre record de buts en 1re mi-temps de Premier League par un remplaçant.**

Le plus de buts en Champions League

Au 6 mai 2015, Lionel Messi (Argentine, ci-dessus) avait inscrit 77 buts pour Barcelone en UEFA Champions League, un de plus que Cristiano Ronaldo (Portugal), pour Manchester United et le Real Madrid. Lors d'un même match, Messi a signé un quintuplé, record partagé avec Luiz Adriano (voir à droite et p. 235 pour les exploits de Messi et Ronaldo).

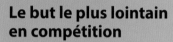

Le but le plus lointain en compétition

Le 2 novembre 2013, Asmir Begović (Bosnie), le gardien de Stoke City, a marqué de 91,9 m contre Southampton en Premier League, au Britannia Stadium (RU). En recevant son certificat du GWR, Begović a déclaré : « C'est extra d'être honoré de la sorte… Je vais lui trouver une place de choix sur un mur chez moi ! »

Le plus de dépenses lors d'un même mercato (même division)

Une somme totale estimée à 1,34 milliard $ a été déboursée par les clubs de Premier League lors du mercato estival du 1er juillet au 1er septembre 2014. Le record précédent, déjà établi par le championnat anglais, était de 901 millions $, loin devant les autres championnats européens. Manchester United a été le plus dépensier avec environ 221 millions $, dont près de la moitié pour l'ailier Ángel Di María (Argentine).

Le plus de victoires en une saison de Ligue 1 par une équipe

En 2013-2014, le Paris Saint-Germain (France) a remporté 27 matchs, échouant seulement face à l'AS Monaco. Le PSG a obtenu 8 nuls pour 3 défaites, et remporté le **plus de points en 1 saison de Ligue 1** (89).

Le plus de buts en Champions League

Au 6 mai 2015, Lionel Messi (Argentine, ci-dessus) avait inscrit 77 buts pour Barcelone en UEFA Champions League, un de plus que Cristiano Ronaldo (Portugal), pour Manchester United et le Real de Madrid. Lors d'un même match, Messi a signé un quintuplé, record partagé (voir à droite), sans oublier un doublé décisif en demi-finale contre le Bayern Munich.

✚ Lampard, génial buteur

Durant ses 13 saisons sous le maillot de Chelsea, Lampard est devenu le meilleur buteur du club (211). Passé à Manchester City, le milieu de 36 ans a marqué contre son ancien club sa 172e réalisation en Premier League pour arracher le nul en fin de match, évitant une seconde défaite d'affilée aux siens et stoppant la série de victoire des Blues.

Le plus de défenses percées en Premier League

Le milieu de terrain Frank Lampard (RU) a marqué contre 39 des 46 clubs qu'il a affrontés avec les maillots de West Ham, Chelsea et City entre 1995 et 2015. Son 39e club martyrisé n'était autre que Chelsea, à l'Etihad Stadium de Manchester (RU), le 21 septembre 2014.

283 820 000 000 000 000 000 m Longueur d'onde de la **note la plus grave de l'Univers** : un si bémol, 57 octaves sous le do (1 million de milliards de fois plus bas que ce que perçoit l'oreille)

L'entraîneur le plus jeune à remporter la Copa Sudamericana

Marcelo Gallardo (Argentine, né le 18 janvier 1976) avait 38 ans et 326 jours quand il a mené River Plate à la victoire contre l'Atlético Nacional, à Buenos Aires (Argentine), le 10 décembre 2014.

Le plus de titres en coupe des Champions/Champions League pour un entraîneur

Carlo Ancelotti (Italie) a triomphé à 3 reprises avec l'AC Milan (Italie) en 2003 et 2007 puis avec le Real Madrid (Espagne) en 2014. Il partage le record avec Bob Paisley (RU), manager de Liverpool (RU) victorieux en 1977-1978 et 1981.

La plus longue série d'invincibilité en Bundesliga pour un joueur

Le défenseur du Bayern Munich Jérôme Boateng (Allemagne) a joué 56 matchs sans connaître la défaite entre le 3 novembre 2012 et le 19 décembre 2014. Boateng était absent lors des 2 revers du Bayern (contre Augsbourg et le Borussia Dortmund).

Le plus de matchs en Serie A pour un joueur étranger

Entre le 27 août 1995 et le 18 mai 2014, Javier Zanetti (Argentine) a disputé 615 rencontres pour l'Inter Milan. Il a remporté 5 fois le championnat et 4 fois la coupe d'Italie, sans oublier la coupe UEFA, la Champions League et la coupe du monde des clubs. En 2014, il avait aussi disputé le plus de matchs pour la sélection argentine.

Le carton rouge le plus rapide en Copa Libertadores

Le 11 mars 2014, Alejandro Bernal (Colombie), le milieu de terrain de l'Atlético Nacional, a été expulsé après 27 s contre le Nacional de Uruguay, à Medellín (Colombie).

LE PLUS DE BUTS...

En Liga

Du 1er mai 2005 au 14 mars 2015, l'attaquant Lionel Messi (Argentine) a battu un énième record (voir p. 234) en inscrivant son 275e but pour Barcelone en 1re division espagnole.

En Copa Libertadores

Avec Peñarol et Barcelona SC, du 19 avril 1960 au 22 mars 1972, Alberto Spencer (Équateur) a marqué 54 fois en Copa Libertadores, la plus grande compétition de clubs en Amérique du Sud.

En coupe du monde des clubs FIFA

L'ailier César Delgado

Le plus de triplés en Liga

Cristiano Ronaldo (Portugal) a signé 25 triplés pour le Real Madrid, du 5 mai 2010 au 2 mai 2015 – dont l'un en seulement 8 min lors d'une leçon de football infligée à Grenade (9-1). Ronaldo a ainsi fait son 25e triplé contre Séville le 2 mai 2015 et établi ce record.

(Argentine), de Monterrey, a trouvé les filets à 5 reprises dans la compétition. Il avait inscrit 3 buts dans l'édition 2012 et 2 autres dans le match pour la 5e place en 2013.

En Major League Soccer

De 2001 à 2014, Landon Donovan (USA), joueur des San Jose Earthquakes et du Los Angeles Galaxy, a totalisé 144 buts. Pour sa dernière saison, en 2014, il a marqué 10 fois en saison régulière avant d'aider le LA Galaxy à décrocher un 5e titre en MLS. Donovan a également délivré 136 passes décisives, inscrit 41 buts décisifs et remporté 6 championnats.

José Mourinho

José Mário dos Santos Mourinho Félix (Portugal, né le 26 janvier 1963), manager de Chelsea (RU) depuis 2013 pour son 2e mandat, a remporté 20 trophées et battu de nombreux records en 15 saisons.

En 2004, alors âgé de 41 ans, Mourinho devenait le plus jeune entraîneur à gagner la Champions League, avec Porto, après avoir gagné la coupe UEFA la saison précédente. Ces succès ont attiré l'œil de Chelsea et de son richissime propriétaire, Roman Abramovitch (Russie).

En mai 2005, Mourinho devient **l'entraîneur de football le mieux payé**, avec un contrat de 9,8 millions $ par an. Cette année-là, il remporte le championnat d'Angleterre avec le **plus de points en une saison de Premier League** (95) et le **moins de buts encaissés en une saison de Premier League** (15 en 38 journées).

Durant ses 2 saisons à l'Inter Milan, Mourinho a signé un triplé inédit, en 2010. Son 2e titre en Champions League, après celui de 2004 avec Porto, lui permet d'égaler le record du **plus de titres de Champions League remportés par un entraîneur avec des clubs différents**. En 2012, à la tête du Real Madrid, il devient le **plus jeune coach à diriger 100 matchs en Champions League**, à 49 ans et 312 jours.

De retour à Chelsea, Mourinho perd pour la 1re fois un match à domicile avec les Blues, après avoir disputé le **plus de matchs sans défaite à domicile en Premier League** (77).

! **INFO**

Le 23 juin 2010, en Afrique du Sud, Jérôme (Allemagne) et Kevin-Prince Boateng (Ghana) sont devenus les 1ers frères à s'affronter en coupe du monde de la FIFA.

FOOTBALL INTERNATIONAL

Le premier ballon **blanc et noir** a été utilisé lors de la **coupe du monde 1970** pour être plus visible à la télévision.

EN CHIFFRES

171
Le plus de buts en une coupe du monde FIFA, en France en 1998 et au Brésil en 2014.

3,5 milliards
Estimation du nombre de passionnés de football dans le monde, ce qui en fait le **sport le plus populaire** selon *The Economist*.

17 ans et 249 jours
L'âge du plus **jeune champion du monde** : Pelé (Brésil), le 29 juin 1958.

0
Nombre de matchs perdus par le Brésil quand Pelé et le dribbleur Garrincha jouaient ensemble.

6
Nombre de pays organisateurs à avoir gagné la coupe du monde (en 20 éditions).

Le plus jeune joueur en championnat d'Europe de l'UEFA

Le 13 octobre 2014, Martin Ødegaard (Norvège, né le 17 décembre 1998) est entré en jeu contre la Bulgarie, à Oslo (Norvège), à 15 ans et 300 jours. Le milieu de terrain a été impliqué dans le but de la victoire – 2-1. Depuis, Ødegaard a rejoint l'équipe B du Real Madrid (Espagne).

Le plus de matchs internationaux pour un sélectionneur

Du 15 mars 1983 au 20 juin 2009, Bora Milutinović (Serbie) a dirigé 8 sélections nationales : Mexique (104 matchs), Costa Rica (9), USA (96), Nigeria (11), Chine (46), Honduras (10), Jamaïque (7) et Irak (4), pour un total inégalé de 287 rencontres.

Le plus de victoires consécutives

Du 26 juin 2008 au 20 juin 2009, l'Espagne a enchaîné 15 succès, le 1er contre la Russie – 3-0 en demi-finale de l'EURO 2008. Sa 15e victoire de rang a été acquise 2-0 contre l'Afrique du Sud pour son dernier match de groupe en coupe des confédérations 2009.

Le plus de buts internationaux pour une joueuse

Au 6 mars 2015, l'attaquante Abby Wambach (USA) totalisait 178 buts, à compter du 9 septembre 2001. Elle a battu le record de son ancienne coéquipière Mia Hamm (158 buts), le 20 juin 2013, avec un quadruplé face à la Corée du Sud.

Le **plus de buts internationaux pour un joueur** est de 109, par Ali Daei (Iran), entre 1993 et 2006.

Le plus grand tournoi féminin

Sponsorisée par Fundación Telmex (Mexique), la Copa Telmex 2013 a réuni 33 534 joueuses de 1 863 équipes, au Mexique, du 2 janvier au 15 décembre 2013.

La compétition internationale la plus ancienne

Le championnat sud-américain (Copa América depuis 1975) remonte à 1916. Il a débuté en Argentine, pays qui a le **plus souvent organisé la Copa América** (9) : 1916, 1921, 1925, 1929, 1937, 1946, 1959, 1987 et 2011.

Le **plus de participations à la Copa América pour un joueur** est de 8, par Álex Aguinaga (Équateur) : 1987, 1989, 1991, 1993, 1995, 1999, 2001 et 2004. Il a égalé le record d'Ángel Romano (Uruguay), établi entre 1916 et 1926.

Le plus de titres en coupe d'Afrique des nations par un joueur

Ahmed Hassan a participé à 8 éditions de la coupe d'Afrique des nations (CAN) pour l'Égypte entre 1996 et 2010 et en a remporté la moitié : 1998, 2006, 2008 et 2010.

Samuel Eto'o (Cameroun, *voir encadré ci-dessous*) a marqué le **plus de buts en CAN pour un joueur** (18), entre 1996 et 2010.

Le plus de coupes du monde FIFA disputées par un joueur

Lothar Matthäus (Allemagne) a participé à 5 coupes du monde (1982, 1986, 1990, 1994 et 1998), comme Antonio Carbajal (Mexique), mais l'Allemand a disputé le **plus de matchs de coupe du monde** (25). Matthäus a qualifié le prix GWR qu'il a reçu « d'hommage unique, celui dont [il est] le plus fier ».

Le plus de buts en un match de coupe d'Asie pour un joueur

Le 16 janvier 2015, Hamza Al-Dardour (Jordanie) a inscrit 4 buts contre la Palestine, à Melbourne (Australie). Ce record avait été établi par Behtash Fariba, le 22 septembre 1980, puis égalé par Ali Daei (tous deux Iran), le 16 décembre 1996, et Ismail Abdullatif (Bahreïn), le 14 janvier 2011. On dénombre 16 triplés à ce jour (dont les quadruplés en question).

Le 15 janvier 2015, face au Bahreïn, à Canberra (Australie), Ali Mabkhout (ÉAU) a marqué après 14 s de jeu, soit le **but le plus rapide en coupe d'Asie**. Les Émirats l'ont emporté 2-1.

Le plus de frères à marquer en un match de coupe d'Océanie des nations

Le 1er juin 2012, 3 frères – l'aîné Jonathan Tehau et les jumeaux Lorenzo et Alvin – ont marqué 8 buts pour Tahiti contre les Samoa

! INFO

Depuis 2010, le milieu de terrain Yaya Touré évolue à Manchester City, en Premier League. Le 1er mars 2015, il a affronté son frère Kolo, défenseur de Liverpool, pour la 1re fois en compétition.

Le plus de titres consécutifs de Meilleur joueur africain

Yaya Touré (Côte d'Ivoire, *à gauche*) est le 1er à avoir été distingué 4 ans de suite (2011-2014). Il a connu sa 1re sélection avec les « Éléphants » en 2004 avant de remplacer Didier Drogba comme capitaine en 2014. Touré a disputé 6 fois la CAN, qu'il a remportée le 8 février 2015, 1er titre des Ivoiriens depuis 23 ans. Le prix du Meilleur joueur africain de l'année est décerné depuis 1970. Samuel Eto'o (*à droite*) l'a aussi remporté 4 fois, mais pas de façon consécutive : en 2003-2005 et 2010.

La 1re équipe à remporter 2 coupes continentales différentes

Le 31 janvier 2015, l'Australie est devenue la 1re nation à remporter 2 coupes continentales différentes, en battant la Corée du Sud 2-1 en finale de coupe d'Asie AFC, à Sydney (Australie). Elle participait auparavant à la coupe d'Océanie OFC, qu'elle a remportée 4 fois entre 1980 et 2004. La coupe d'Asie 2015 a réuni 650 000 spectateurs.

en coupe de la confédération de football d'Océanie (OFC), au stade Lawson Tama d'Honiara (îles Salomon). Jonathan et Alvin ont inscrit un doublé, Lorenzo un quadruplé, et leur cousin Teaonui Tehau a marqué un but, contribuant au large succès (10-1).

La famille Tehau s'est aussi distinguée dans les matchs suivants contre la Nouvelle-Calédonie, le Vanuatu et les îles Salomon. Tahiti a remporté le tournoi, devenant la 1re équipe autre que l'Australie ou la Nouvelle-Zélande à s'imposer.

Le plus de titres en coupe d'Océanie féminine

Pour la 10e édition du tournoi, du 25 au 29 octobre 2014, la Nouvelle-Zélande a décroché un 5e sacre, après ceux de 1983, 1991, 2007 et 2010.

! INFO

Le but de Mario Götze (à droite) à la 113e min, en finale de coupe du monde 2014, a permis à l'Allemagne de devenir la 1re nation européenne à s'imposer en Amérique.

Le plus de buts en championnat d'Europe UEFA, qualifications comprises

Du 12 juin 2004 au 14 novembre 2014, Cristiano Ronaldo (Portugal) a marqué 23 buts en 37 rencontres : 17 en éliminatoires et 6 en phase finale de l'EURO. Il a battu le record précédent – 22 buts –, partagé par Jon Dahl Tomasson

(Danemark) et Hakan Şükür (Turquie), grâce au but de la victoire contre l'Arménie, dans le groupe I des qualifications pour l'EURO 2016.

Le plus de défaites consécutives

Entre le 4 septembre 2004 et le 14 octobre 2014, Saint-Marin a subi 61 revers. Sur un nuage après la 1re victoire de son histoire en août 2004, 1-0 contre le Liechtenstein, Saint-Marin n'a ensuite connu que des défaites jusqu'au 15 novembre 2014 et un nul 0-0 contre l'Estonie en éliminatoires de l'EURO, gagnant son tout 1er point dans cet exercice.

Le plus de matchs gagnés en championnat d'Europe UEFA par une équipe

Entre 1960, année de création de l'EURO, et 2012, l'Allemagne a remporté 23 rencontres (voir ci-dessous et à droite).

Le plus de tweets par minute pendant un événement sportif

Le 13 juillet 2014, 618 725 tweets par minute ont été envoyés durant la finale de coupe du monde à Rio (Brésil), opposant l'Allemagne à l'Argentine, pour le 3e duel en finale (record) entre ces 2 équipes. Le taux de tweets a atteint son paroxysme au coup de sifflet final.

Allemagne

L'équipe nationale d'Allemagne est l'un des acteurs majeurs du football international depuis son 1er titre mondial, en tant qu'Allemagne de l'Ouest, en 1954 (ci-dessous).

Lors de la dernière coupe du monde au Brésil, les Allemands ont décroché une 4e couronne (ci-dessus et en bas à gauche), revenant à une longueur du record du **plus de titres en coupe du monde FIFA** (détenu par le Brésil). L'Allemagne ne s'est pas arrêtée là : elle a disputé sa 8e finale, une de plus que le Brésil, et Mario Götze a inscrit le **1er but de la victoire par un remplaçant en finale de coupe du monde**. C'était aussi le 224e but de l'Allemagne, l'**équipe la plus prolifique en coupe du monde FIFA**.

En demi-finale, les Allemands ont sèchement battu le Brésil 7-1, la **plus lourde défaite subie par un pays organisateur**. L'attaquant expérimenté Miroslav Klose (ci-dessus, avec le trophée) est devenu le **meilleur buteur en phase finale** (16).

Ce triomphe est le fruit d'une nouvelle stratégie de formation des jeunes mise en place après l'élimination précoce à l'EURO 2000 dès la phase de groupes, une compétition qui réussit traditionnellement à l'Allemagne, puisqu'elle détient le record du **plus de matchs disputés en championnat d'Europe** (43) et du **plus de matchs gagnés** (23).

En 2016, l'Allemagne espère poursuivre sa moisson et reprendre seule le record du **plus de titres en championnats d'Europe UEFA**, récemment égalé par l'Espagne qui a remporté sa 3e coupe.

NATATION ET SPORTS NAUTIQUES

Le **water-polo** était à l'origine un dérivé du **rugby**, disputé dans les lacs et rivières avec une vessie de porc en guise de balle.

100 km/h
Vitesse à laquelle certains joueurs de water-polo lancent la balle.

3 182 260
Contenance en litres d'une piscine olympique.

14 h et 31 min
Temps nécessaire à Gertrude Ederle (USA) pour traverser la Manche à la nage en 1926, battant le record masculin.

600
Calories par heure brûlées par un joueur de water-polo en un match.

102
Âge de la plongeuse Viola Cady Krahn (USA) lors de son intronisation au panthéon de la natation internationale le 26 janvier 2004.

La 1re fratrie à constituer une équipe de relais

Le 15 décembre 2010, les quatre frères Al Jasmi – Obaid, Saeed, Bakheet et Faisal (tous ÉAU) – ont disputé le 4 x 100 m nage libre aux championnats du monde de natation de la Fédération internationale de natation (FINA), à Dubaï (ÉAU). Ils ont terminé à la 14e place en 3 min et 35,72 s. C'est la 1re fois que 4 frères participaient à une même épreuve aux mondiaux de la FINA.

Le plus de titres en tremplin à 3 m aux World Series de plongeon

Femmes : He Zi (Chine, ci-dessus) a triomphé 19 fois entre 2009 et le 4 mai 2014. Elle a dominé 5 des 6 épreuves individuelles en 2013 et a prolongé son incroyable série avec 3 succès en 2014.

Hommes : He Chong (Chine) a totalisé 12 succès entre septembre 2007 et juin 2014, dont 4 des 6 épreuves des World Series 2014.

LE PLUS DE MÉDAILLES...

Championnats du monde FINA de natation (25 m)

Entre le 7 octobre 2004 et le 7 décembre 2014, Ryan Lochte (USA, voir encart p. 239) a glané 38 médailles aux mondiaux en petit bassin : 21 en or, 10 en argent et 7 en bronze. Au passage, il a établi le record de 8 podiums en une seule édition, à Istanbul (Turquie), en 2012. Il a réédité sa performance en 2014, à Doha (Qatar).

Coupe du monde FINA de water-polo

La Hongrie a décroché 9 médailles, dont l'or en 1979, 1995 et 1999. En 2014, les Hongrois remportaient leur 4e médaille d'argent après 1993, 2002 et 2006. En 1989 et 1997, ils étaient montés sur la 3e marche du podium.

Coupe du monde FINA de natation synchronisée (équipe)

Le Canada et le Japon ont disputé toutes les éditions depuis sa création en 1979, remportant 31 médailles chacun jusqu'en 2014.

Le plus de médailles sur une épreuve individuelle aux mondiaux de la FINA (25 m)

Du 3 au 7 décembre 2014, Katinka Hosszú (Hongrie) a raflé 8 médailles aux 12e championnats du monde FINA, à Doha (Qatar). Elle s'est imposée sur 100 m dos, 200 m dos, 100 m 4 nages et 200 m 4 nages. Elle a également pris l'argent sur le 400 m quatre nages, le 200 m nage libre et le 200 m papillon. Elle a complété sa collection avec le bronze en 50 m dos.

Le 200 m le plus rapide en canoë-kayak (femmes)

Lisa Carrington (Nouvelle-Zélande) a signé un temps de 37,898 s au championnat du monde FIC de sprint à Moscou (Russie), le 10 août 2014, quelques heures après s'être emparée de l'argent sur 500 m. Elle signait son 3e succès aux Mondiaux sur 200 m après son titre olympique en 2012.

RECORDS DE NATATION 2014

Des championnats de natation ont eu lieu aux quatre coins du monde en 2014, de Perth et Gold Coast (Australie) à Dubaï (ÉAU) et Irvine (USA). De nouveaux records ont été battus chez les hommes et les femmes, en petit et grand bassins.

Les plus rapides	Nom/Pays	Temps (min:s)
Grand bassin 400 m nage libre (femmes)	Katie Ledecky (USA)	3:58,86
Grand bassin 1 500 m nage libre (femmes)*	Katie Ledecky (USA)	15:28,36
Grand bassin 4 x 100 m nage libre (femmes)	Australie	3:30,98
Grand bassin 4 x 100 m nage libre (mixte)	Australie	3:23,29
Grand bassin 4 x 100 m quatre nages (mixte)	Australie	3:46,52
Petit bassin 1 500 m nage libre (femmes)	Lauren Boyle (N.-Zélande)	15:22,68
Petit bassin 200 m brasse (hommes)	Dániel Gyurta (Hongrie)	2:00,48
Petit bassin 50 m dos (hommes)*	Florent Manaudou (France)	22,22
Petit bassin 100 m papillon (hommes)*	Chad le Clos (Afr. du Sud)	48,44
Petit bassin 100 m quatre nages (hommes)*	Markus Deibler (Allemagne)	50,66

*Sous réserve de validation par la FINA

Le 200 m papillon le plus rapide en petit bassin

Femmes : Mireia Belmonte (Espagne, photo) a fait un temps de 1 min et 59,61 s aux Mondiaux FINA de Doha (Qatar), le 3 décembre 2014, devenant la 1re nageuse sous les 2 min.

Hommes : Chad le Clos (Afrique du Sud) a terminé en 1 min et 48,56 s en coupe du monde FINA à Singapour, le 4 novembre 2013.

WINDSURF

Le plus de titres aux Mondiaux de Formula Windsurfing

Hommes : Véliplanchiste depuis ses 5 ans, Antoine Albeau (France) s'est imposé 4 fois, en 2005 (Australie), 2007 (Brésil), 2010 (Argentine) et 2011 (Porto Rico).

Femmes : Dorota Staszewska (Pologne) compte aussi 4 succès, en 2000-2002 et 2004.

Le plus longtemps sur une vague

Camille Juban (France) a ridé une vague pendant 7 min et 3 s, à Chicama (Ascope, Pérou), le 19 août 2013.

La plus rapide en windsurf

Le 17 novembre 2012, la windsurfeuse Zara Davis (RU) a atteint 23,58 m/s avec une planche Mistral 41 et une voile Simmer 5.5 SCR, à Lüderitz (Namibie). Elle a ainsi établi le record féminin de vitesse d'un véhicule à voile sur l'eau sur 500 m.

Le 50 m papillon le plus rapide en grand bassin (femmes)

Le 5 juillet 2014, Sarah Sjöström (Suède) n'a eu besoin que de 24,43 s, à Borås (Suède), lors du championnat national de natation.

La nageuse de 21 ans a donc fait tomber le record précédent de 25,07 s qui tenait depuis 5 ans. Elle a ensuite signé un temps de passage de 55,73 s lors du 4 x 100 m 4 nages (femmes). Son équipe a terminé deuxième.

CANOË-KAYAK

Le plus de titres en championnat du monde masculin FIC de kayak-polo

Le kayak-polo a été inauguré par la Fédération internationale de canoë (FIC), à Sheffield (RU), en 1994. L'Australie a été la 1re nation à obtenir 3 médailles, en 1994, 1996 et 1998, suivie des Pays-Bas en 2004, 2008 et 2012. La France a aussi réussi le triplé en 2006, 2010 et 2014.

Le plus de titres en championnat du monde FIC de slalom

Après avoir décroché 4 médailles d'or sur 8 lors des premiers mondiaux en 1949, la France est revenue au sommet en 2014 en glanant à nouveau 4 titres. Elle est la seule nation à plus de 50 médailles d'or, avec 52 premières places entre le 30 août 1949 et le 21 septembre 2014.

Le plus de participants au championnat du monde de dragon boat

La compétition de la Fédération internationale de dragon boat (IDBF) a réuni 5 400 participants sur 338 courses, à Ravenne (Italie), du 3 au 7 septembre 2014. Ces pirogues sont propulsées par 20 pagayeurs. Des clubs d'Iran, d'Israël et d'Espagne y participaient pour la première fois. Deux équipes canadiennes ont pris la tête du classement.

Le plus de titres consécutifs en coupe du monde masculine de water-polo

Après ses titres en 2006 et 2010, la Serbie a signé un triplé en s'imposant à Almaty (Kazakhstan), le 24 août 2014, à l'issue d'une séance de tirs au but. Les Serbes ont aussi remporté le championnat d'Europe et la Ligue mondiale cette année-là.

Ryan Lochte

Recordman en puissance, « Lochtenator » – désigné 3 fois Nageur de l'année par la FINA et 2 fois Nageur américain de l'année par *Swimming World Magazine* – a fait de Rio 2016 sa priorité.

L'Américain de 31 ans domine de la tête et des épaules en 4 nages, nage libre et dos sur 100, 200 et 400 m depuis plus de 10 ans. Il a remporté la 1re de ses 5 médailles d'or olympiques à Athènes 2004 en prenant part au relais 4 x 200 m nage libre aux côtés de Michael Phelps. Son 1er titre olympique individuel est remportéx à Pékin, sur le 200 m dos, où il établit un nouveau record du monde devant son compatriote Aaron Peirsol.

Avant la saison 2015, Lochte détenait 4 records mondiaux sur le 200 m 4 nages (grand bassin) et sur les 100 m, 200 m et 400 m 4 nages (petit bassin). Il était aussi membre du quatuor qui a nagé le 4 x 200 m nage libre en moins de 7 min, à Rome, en 2009.

Sa capacité à concourir dans différentes disciplines et sur différentes distances lui a permis de faire une razzia de médailles aux mondiaux, notamment en bassin de 25 m, où sa vitesse en immersion est un atout indéniable. Sans surprise, il détient le record de médailles remportées aux championnats du monde FINA de natation en petit bassin (voir p. 238).

Ses résultats ne sont pas passés inaperçus : il a été désigné Nageur FINA de l'année à 3 reprises (2010, 2011 et 2013) depuis la création de cette distinction en 2010, plus que tout autre athlète.

TENNIS

Charles VIII est mort après s'être cogné la tête **en allant assister à une partie de jeu de paume** en 1498.

EN CHIFFRES

8 mm
Hauteur du gazon des courts de Wimbledon.

40 millions $ AUS
La plus grosse récompense pour un tournoi du Grand Chelem, à l'Open d'Australie 2015.

50 970
Nombre de coups lors de l'**échange le plus long**, entre Frank Fuhrmann et son fils Dennis (tous deux Allemagne).

198 cm
Taille des **plus grands joueurs à avoir remporté un Grand Chelem** : Juan Martin del Potro (Argentine, 2009) et Marin Čilić (Croatie, 2014).

Le plus de matchs gagnés en simple
Femmes : Martina Navratilova (USA) a remporté 1 442 rencontres au cours de sa carrière professionnelle (1975-2004).
Hommes : Jimmy Connors (USA, *ci-dessus*) totalise 1 253 victoires en simple entre 1972 et 1996, dont 109 finales, soit le **plus de titres remportés**.

Le plus de victoires d'affilée en simple en fauteuil roulant
Femmes : en décrochant son 4e titre aux jeux Paralympiques de Londres le 7 septembre 2012, Esther Vergeer (Pays-Bas) a porté sa série de victoires à 470 matchs.

Hommes : entre le 23 janvier 2008 et le 20 novembre 2010, Shingo Kunieda (Japon) est resté invaincu pendant 106 matchs de simple.

Le 1er tournoi international par équipe
Le 1er tournoi de l'International Premier Tennis League (IPTL) s'est déroulé du 28 novembre au 13 décembre 2014. Il regroupait 21 champions de Grands Chelems et 14 anciens n° 1 mondiaux représentant 4 franchises asiatiques : Indian Aces, Manila Mavericks, Singapore Slammers et UAE Royals. L'équipe Indian Aces – comprenant notamment Roger Federer (Suisse), Pete Sampras (USA) et Ana Ivanovic (Serbie) – a décroché le titre et la somme de 1 million $.

La plus grande affluence à l'ATP World Tour Finals
Les Masters 2014 de l'Association professionnelle de tennis (ATP), organisés à Londres (RU) du 9 au 16 novembre 2014, ont attiré 263 560 spectateurs. Le tournoi, qui regroupe les meilleurs joueurs du circuit, s'est joué à guichets fermés 9 fois ces 15 dernières années.

GRAND CHELEM

L'amende la plus lourde
Serena Williams (USA) a beau être la joueuse la mieux payée du circuit *(voir ci-dessous)*, c'est aussi celle qui a été le plus lourdement sanctionnée. Elle a dû payer 82 500 $ pour avoir insulté une juge de ligne en demi-finale de l'US Open, le 12 septembre 2009.

Le plus de titres en double
Vainqueurs de l'Open de Delray Beach en Floride le 22 février 2015, les jumeaux Bob et Mike Bryan (USA) totalisent 104 titres en double.

Sacrés au Masters de Shanghai (Chine) le 12 octobre 2014, les frères sont devenus la **1re paire à réussir un « Career Golden Masters »**, en remportant au moins une fois tous les Masters 1000 du circuit ATP.

Le service le plus rapide
Femmes : Sabine Lisicki (Allemagne, *à gauche*) a été flashée à 210,8 km/h au Classic de Stanford (Californie, USA), le 29 juillet 2014. Lisicki se souvient de ce jour-là : « Je savais que c'était puissant. Je servais bien depuis le début de la semaine. » L'Allemande poursuit : « Le service est un élément essentiel de mon jeu… Le record n'était pas mon objectif, mais je me disais que ça pouvait arriver. »
Hommes : Samuel Groth (Australie) a servi à 263 km/h lors d'un tournoi ATP à Busan (Corée du Sud), le 9 mai 2012.

Les gains les plus élevés en carrière (femmes)
Au 9 mars 2015, Serena Williams (USA), couronnée 19 fois en Grand Chelem, avait accumulé 66 211 528 $ de gains depuis 1995. C'est presque 2 fois plus que sa 1re poursuivante, Maria Sharapova (Russie) et ses 34 094 202 $ de gains.

Avec 17 titres du Grand Chelem, Roger Federer (Suisse) totalise les **gains les plus élevés en carrière (hommes)** avec un total de 89 280 550 $ à la même date.

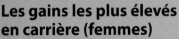

Le plus d'ATP World Tour Finals consécutifs

En 2014, Roger Federer (Suisse) a disputé ses 13es Masters de suite, surpassant le record d'Ivan Lendl (Rép. tchèque/USA) : 12 saisons d'affilée (1980-91). Federer détient aussi le **plus de titres à l'ATP World Tour Finals** (6).

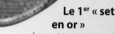

Le 1er « set en or »

À Wimbledon en 2012, Yaroslava Shvedova (Kazakhstan) a pris un set à Sara Errani (Italie) sans concéder le moindre point. C'était la 1re fois dans l'histoire des Grands Chelems qu'une joueuse réussissait cet exploit.

Le match de simple le plus long

Au 1er tour de Wimbledon en 2010, John Isner (USA) et Nicolas Mahut (France) ont commencé à jouer à 18 h 13, le 22 juin, avant d'être interrompus par l'obscurité. Le lendemain, les 2 hommes ont poursuivi leur marathon au 5e set jusqu'à la tombée de la nuit. Le match s'est terminé le 24 juin à 16 h 48, après 11 h et 5 min de jeu.

Le plus de matchs en 5 sets

Au 22 janvier 2015, Lleyton Hewitt (Australie) avait disputé 43 matchs en 5 sets en Grands Chelems, avec 26 victoires pour 17 défaites. En 2014, il égalait puis surpassait Andre Agassi (USA) et ses 41 cinquièmes sets.

Le plus de tournois du Grand Chelem consécutifs en simple

Ai Sugiyama (Japon) a disputé 62 tournois du Grand Chelem de suite en simple, de Wimbledon 1994 à l'US Open 2009. En mars 2015, le record de Sugiyama était menacé par Roger Federer (61 Grands Chelems d'affilée) et Francesca Schiavone (Italie, 58 tournois), les 2 joueurs ayant disputé l'Open d'Australie en début d'année.

La plus jeune joueuse à remporter un Grand Chelem en fauteuil roulant (femmes)

À 20 ans et 135 jours, Yui Kamiji (Japon, née le 24 avril 1994) s'est imposée en double à l'US Open 2014 au côté de Jordanne Whiley (RU), à New York (USA), le 6 septembre 2014.

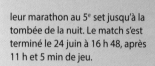

Novak Djokovic

Avec 49 titres en simple – dont 8 Grands Chelems – à son actif en février 2015, le n° 1 mondial Novak Djokovic (Serbie) règne sur le circuit ATP. Retour sur les temps forts de sa carrière.

À l'heure où nous écrivons ces lignes, Djokovic a décroché son dernier titre en Grand Chelem à l'Open d'Australie le 1er février 2015 : une victoire en 4 sets contre Andy Murray (RU), dans une Rod Laver Arena baignée de soleil. Le Serbe a remporté ce jour-là son 5e titre à Melbourne, prolongeant sa formidable série de 32 victoires en 33 matchs de Grand Chelem. Auparavant, le « Djoker » était devenu le **1er joueur à remporter l'Open d'Australie 3 fois de suite (ère Open)**, entre 2011 et 2013.

En 2014, le meilleur joueur ATP de l'année a totalisé 14 250 527 $ de gains, dépassant son record annuel de plus de 1,5 million $.

La même année, Djokovic a raflé 7 titres ATP, dont Wimbledon pour la 2e fois et les Masters de Londres pour la 3e fois de suite. Il est devenu le 23e joueur de l'ère Open à dépasser les 600 victoires en carrière. Sa plus grande fierté reste sans doute d'avoir épousé son amour de jeunesse, Jelena Ristic, avec qui il a eu un enfant.

À l'Open d'Australie 2012, Djokovic a établi un autre record avec son rival Rafael Nadal (Espagne). Le Serbe s'est imposé 5-7, 6-4, 6-2, 6-7, 7-5 en 5 h et 53 min, lors de la **finale de Grand Chelem la plus longue**, le 28 janvier 2012.

Ses 8 titres majeurs – autant que les légendes de l'ère Open telles que Jimmy Connors (USA), Ivan Lendl (Rép. tchèque/ USA) et Andre Agassi (USA) –, sa combativité et son endurance font de lui l'un des meilleurs joueurs de l'histoire du tennis. Jeu, set et match : Djokovic.

INFO

Novak Djokovic est le seul joueur à avoir battu Roger Federer dans les 4 tournois du Grand Chelem. Inversement : Federer est le seul à avoir battu Djokovic dans ces mêmes tournois.

ATHLÉTISME

Aux **jeux Olympiques** antiques, le **lancer de javelot** se pratiquait à **cheval**.

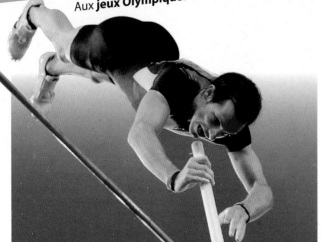

EN CHIFFRES

13 471
Nombre maximum de points en décathlon.

9 971
Nombre maximum de points en heptathlon.

7,26 kg
Poids d'une boule en lancer de poids pour les athlètes masculins en IAAF.

2,3 m
Longueur maximale d'un javelot pour les athlètes féminines en IAAF.

85 mm
Diamètre des médailles aux JO 2012, les **plus grandes médailles olympiques aux jeux d'été**.

213
Nombre de fédérations membres de l'IAAF en février 2015.

126
Le plus de points marqués en Ligue de diamant en carrière, par Valerie Adams (Nouvelle-Zélande), entre 2010 et 2014.

3 h, 32 min et 33 s
Le 50 km marche le plus rapide, par Yohann Diniz (France), à Zurich (Suisse), le 15 août 2014.

Le plus de titres en Ligue de diamant

Le perchiste Renaud Lavillénie (France) a remporté 5 fois la Ligue de diamant, compétition annuelle d'athlétisme organisée par l'Association internationale des Fédérations d'athlétisme (IAAF). Le **record féminin** est partagé entre Milcah Chemos Cheywa (steeple, Kenya), Valerie Adams (poids, Nouvelle-Zélande) et Kaliese Spencer (haies, Jamaïque).

CHAMPIONNATS DU MONDE EN SALLE DE L'IAAF

Le plus de médailles

Femmes : Engagée sur 800 m, Maria Mutola (Mozambique) a glané 9 médailles de 1993 à 2008. Elle a été égalée par Natalya Nazarova (Russie) sur 400 m et 4 x 400 m entre 1999 et 2010.
Hommes : En saut en hauteur, Javier Sotomayor a décroché 6 médailles de 1985 à 1999.
Pays : La nation la plus décorée est les États-Unis avec la bagatelle de 214 médailles entre 1985 et 2014.

Les médaillés les plus âgés

Femmes : La coureuse Yekaterina Podkopayeva (Russie) a remporté le 1 500 m à Paris (France), à 44 ans et 271 jours, le 9 mars 1997.
Hommes : Bernard Lagat (USA, né au Kenya) a pris l'argent sur 3 000 m, à 39 ans et 87 jours, à Sopot (Pologne), le 9 mars 2014.

JEUX OLYMPIQUES ET PARALYMPIQUES

Le 100 m le plus rapide (T11)

Hommes : Dans la catégorie T11 (handicap visuel), David Brown (USA) a enregistré un temps de 10,92 s, le 18 avril 2014, **améliorant le record précédent de 0,11 s.**
Femmes : Terezinha Guilhermina et son guide voyant Guilherme Santana (tous deux Brésil) ont parcouru les 100 m en 12,01 s, aux jeux Paralympiques de Londres, le 5 septembre 2012.

Le 4 x 400 m le plus rapide en salle

Kind Butler III, David Verburg, Calvin Smith et Kyle Clemons (tous USA, ci-dessous de gauche à droite) ont signé un temps de 3'02"13, aux Mondiaux en salle de l'IAAF 2014, à Sopot (Pologne), le 9 mars 2014. Le record précédent de 3'03"01 était détenu par la Pologne depuis 15 ans.

ÉPREUVES DE COURSE SUR PISTE (HOMMES)

Épreuve	Temps	Nom (Nationalité)	Date
100 m	9"58	Usain Bolt (Jamaïque, photo)	16 août 2009
200 m	19"19	Usain Bolt (Jamaïque)	20 août 2009
400 m	43"18	Michael Johnson (USA)	26 août 1999
800 m	1'40"91	David Rudisha (Kenya)	9 août 2012
1 000 m	2'11"96	Noah Ngeny (Kenya)	5 sept. 1999
1 500 m	3'26"00	Hicham El Guerrouj (Maroc)	14 juill. 1998
1 mile	3'43"13	Hicham El Guerrouj (Maroc)	7 juill. 1999
2 000 m	4'44"79	Hicham El Guerrouj (Maroc)	7 sept. 1999
3 000 m	7'20"67	Daniel Komen (Kenya)	1 sept. 1996
5 000 m	12'37"35	Kenenisa Bekele (Éthiopie)	31 mai 2004
10 000 m	26'17"53	Kenenisa Bekele (Éthiopie)	26 août 2005
20 000 m	56'26"00	Haile Gebrselassie (Éthiopie)	27 juin 2007
25 000 m	1h12'25"4	Moses Cheruiyot Mosop (Kenya)	3 juin 2011
30 000 m	1h26'47"4	Moses Cheruiyot Mosop (Kenya)	3 juin 2011
3 000 m steeple	7h53"63	Saif Saaeed Shaheen (Qatar)	3 sept. 2004
110 m haies	12"80	Aries Merritt (USA)	7 sept. 2012
400 m haies	46"78	Kevin Young (USA)	6 août 1992
Relais 4 x 100 m	36"84	Jamaique	11 août 2012
Relais 4 x 200 m	1'18"63	Jamaique	24 mai 2014
Relais 4 x 400 m	2'54"29	USA	22 août 1993
Relais 4 x 800 m	7'02"43	Kenya	25 août 2006
Relais 4 x 1 500 m	14'22"22	Kenya	25 mai 2014

AUTRES ÉPREUVES D'ATHLÉTISME (HOMMES)

Épreuve	Distance	Nom (Nationalité)	Date
Saut en hauteur	2,45 m	Javier Sotomayor (Cuba)	27 juill. 1993
Saut à la perche	6,14 m	Sergey Bubka (Ukraine)	31 juill. 1994
Saut en longueur	8,95 m	Mike Powell (USA)	30 août 1991
Triple saut	18,29 m	Jonathan Edwards (RU)	7 août 1995
Poids	23,12 m	Randy Barnes (USA)	20 mai 1990
Disque	74,08 m	Jürgen Schult (ex-RDA)	6 juin 1986
Marteau	86,74 m	Yuriy Sedykh (ex-URSS)	30 août 1986
Javelot	98,48 m	Jan Železný (Rép. tchèque)	25 mai 1996

Épreuve	Points	Nom (Nationalité)	Date
Décathlon	9 039	Ashton Eaton (USA)	23 juin 2012

Statistiques au 17 février 2015

Le plus de titres paralympiques en athlétisme

Femmes : Chantal Petitclerc (Canada) a obtenu 14 médailles d'or entre 1996 et 2008 pour différentes courses en T53 et T54, qui regroupent les athlètes atteints à la moelle épinière.

Hommes : Entre 1980 et 2000, Franz Nietlispach (Suisse) a décroché 14 titres en course en fauteuil.

Le 20 km marche le plus rapide (femmes)

Elena Lashmanova (Russie) a mis 1 h, 25 min et 2 s aux jeux Olympiques de Londres, le 11 août 2012.

94 607 000 000 000 000 000 000 000 m Diamètre du Grand Mur d'Hercule-Couronne boréale, la **plus grande structure connue de l'Univers**

ÉPREUVES DE COURSE SUR PISTE (FEMMES)

Épreuve	Temps	Nom (Nationalité)	Date
100 m	10"49	Florence Griffith-Joyner	16 juil. 1988
200 m	21"34	Florence Griffith-Joyner (USA)	29 sept. 1988
400 m	47"60	Marita Koch (ex-RDA)	6 oct. 1985
800 m	1'53"28	Jarmila Kratochvílová (Rép. tchèque)	26 juil. 1983
1 000 m	2'28"98	Svetlana Masterkova (Russie)	23 août 1996
1 500 m	3'50"46	Qu Yunxia (Chine)	11 sept. 1993
1 mile	4'12"56	Svetlana Masterkova (Russie)	14 août 1996
2 000 m	5'25"36	Sonia O'Sullivan (Irlande)	8 juil. 1994
3 000 m	8'06"11	Wang Junxia (Chine)	13 sept. 1993
5 000 m	14'11"15	Tirunesh Dibaba (Éthiopie)	6 juin 2008
10 000 m	29'31"78	Wang Junxia (Chine)	8 sept. 1993
20 000 m	1h05'26"6	Tegla Loroupe (Kenya)	3 sept. 2000
25 000 m	1h27'05"9	Tegla Loroupe (Kenya)	21 sept. 2002
30 000 m	1h45'50"0	Tegla Loroupe (Kenya)	6 juin 2003
3 000 m steeple	8'58"81	Gulnara Galkina (Russie)	17 août 2008
100 m haies	12"21	Yordanka Donkova (Bulgarie)	20 août 1988
400 m haies	52"34	Yuliya Pechenkina (Russie)	8 août 2003
Relais 4 x 100 m	40"82	USA	10 août 2012
Relais 4 x 200 m	1'27"46	USA « Blue »	29 avril 2000
Relais 4 x 400 m	3'15"17	ex-USSR	1er oct. 1988
Relais 4 x 800 m	7'50"17	ex-USSR	5 août 1984
Relais 4 x 1 500 m	16'33"58	Kenya	24 mai 2014

AUTRES ÉPREUVES D'ATHLÉTISME (FEMMES)

Épreuve	Mètres	Nom (Nationalité)	Date
Saut en hauteur	2,09 m	Stefka Kostadinova (Bulgarie)	30 août 1987
Saut à la perche	5,06 m	Elena Isinbayeva (Russie)	28 août 2009
Saut en longueur	7,52 m	Galina Chistyakova (ex-URSS)	11 juin 1988
Triple saut	15,50 m	Inessa Kravets (Ukraine)	10 août 1995
Poids	22,63 m	Natalya Lisovskaya (ex-URSS)	7 juin 1987
Disque	76,80 m	Gabriele Reinsch (ex-RDA)	9 juil. 1988
Marteau	79,58 m	Anita Włodarczyk (Pologne)	31 août 2014
Javelot	72,28 m	Barbora Špotáková (Rép. tchèque)	13 sept. 2008

Épreuve	Points	Nom (Nationalité)	Date
Heptathlon	7 291	Jackie Joyner-Kersee (USA)	24 sept. 1988
Decathlon	8 358	Austra Skujytė (Lituanie)	15 avril 2005

Statistiques au 17 février 2015

Le plus de médailles olympiques en athlétisme

Hommes : Le coureur Paavo Nurmi (Finlande) a raflé 12 médailles sur l'ensemble de sa carrière (9 en or, 3 en argent) aux JO 1920, 1924 et 1928. Il a gagné 5 titres aux seuls jeux de Paris en 1924, ce qui représente encore à ce jour le **plus de médailles d'or d'athlétisme remportées en une édition des JO**.

Femmes : La sprinteuse Merlene Ottey (Jamaïque) a gagné 9 médailles sur 100 et 200 m, 3 en argent et 6 en bronze, entre Moscou 1980 (Russie) et Sydney 2000 (Australie).

Ottey est également la **sportive la plus médaillée aux Mondiaux d'athlétisme de l'IAAF**, après être montée 14 fois sur le podium entre 1983 et 1997.

Le lancer de marteau le plus long (femmes)

Anita Włodarczyk (Pologne) a effectué un lancer à 79,58 m, à l'Olympiastadion de Berlin (Allemagne), le 31 août 2014, au Challenge mondial IAAF. Włodarczyk avait déjà établi des records en 2009 et 2010.

Le plus de participations à la Ligue de diamant

Blessing Okagbare (Nigeria) a disputé 38 épreuves de Ligue de diamant, entre le 3 juillet 2010 et le 5 septembre 2014. Elle est spécialiste des 100 m, 200 m et saut en longueur (ci-dessous).

Usain Bolt

À chaque sport sa légende, mais bien peu atteignent le niveau de célébrité d'Usain St Leo Bolt (Jamaïque). Recordman sur **100 et 200 m** (voir tableau), il est aussi le **1er athlète à avoir signé le doublé sur ces distances à 2 éditions successives des JO.** Comment l'homme le plus rapide au monde est-il devenu une superstar ?

Usain Bolt était souvent qualifié d'hyperactif dans son enfance. Dès l'adolescence, il se tourne vers le sport pour dépenser son surplus d'énergie.

Si le jeune Bolt se passionne pour le cricket, ses parents remarquent sa vitesse et l'incitent à se mettre à l'athlétisme. Sa 1re médaille, en bronze, arrive au collège, à 13 ans, sur le 80 m haies. Ce succès suffit pour galvaniser son ambition sur piste.

En 2002, il fait ses grands débuts au Championnat du monde junior IAAF, à Kingston (Jamaïque). Il survole le 200 m en 20,61 s et offre à son pays la seule médaille d'or individuelle dans la compétition, à tout juste 15 ans.

Malgré une maladie, Bolt revient plus fort aux jeux Olympiques de Pékin et établit de nouveaux records sur **100 m, 200 m et 4 x 100 m** : des records qu'il battra à nouveau par la suite.

À la remise d'une médaille commémorative pour le 60e anniversaire du GWR (ci-dessus), Bolt a déclaré : « Le Guinness World Records est synonyme d'"extraordinaire" et de "remarquable". Je suis donc sincèrement honoré et enchanté d'en faire partie. »

INDEX

INDEX

INDEX

REMERCIEMENTS

Les records sont faits pour être battus ; en effet, c'est l'un des critères clés pour entrer dans une catégorie de record. Aussi, si vous pensez pouvoir battre un record, informez-nous en et présentez votre candidature. Toutes les informations sur les démarches à effectuer p.4-5. Contactez-nous toujours avant de vous lancer dans une tentative de record.

Retrouvez régulièrement sur le site www.guinnessworldrecords.com des informations sur les records et des vidéos des tentatives de record. Rejoignez la communauté en ligne GWR.

Développement durable
Le papier utilisé pour cette édition est fabriqué par UPM Plattling, Allemagne. Le site de production assure une traçabilité du bois et bénéficie de la certification ISO14001 et du certificat EMAS.
Les papiers UPM sont des produits Biofore authentiques, produits à partir de matériaux renouvelables et recyclables.

Pour l'édition française
Édition : Anne Le Meur
Réalisation : Dédicace/NordCompo (Villeneuve-d'Ascq)
Traduction : Stéphanie Alglave, Olivier Cechman, Karine Descamps, Alice Gallori, Cécile Giroldi, Laurent Laget, Armelle Lebrun, Agnès Letourneur, Guillaume Marlière, Christine Mignot, Anne-Marie Naboudet-Martin.
Relecture : Dorica Lucaci et Anne-Fleur Drillon
L'éditeur remercie Célia Robert pour son aide précieuse.

Guinness World Records Limited a recours à des méthodes de vérification très précises pour certifier les records. Malgré ses efforts, des erreurs peuvent subsister. Guinness World Records Limited ne peut être tenu pour responsable des erreurs ou omissions que comporterait cette édition. Toute correction ou précision de la part des lecteurs est bienvenue.

Guinness World Records Limited utilise le système métrique dans cette édition. Pour la conversion des monnaies, lorsqu'une date précise est indiquée, nous appliquons le taux de change en vigueur à l'époque. Si seule l'année est mentionnée, nous appliquons le taux de change au 31 décembre de l'année.

Il est important de prendre conseil auprès de personnes compétentes préalablement à toute tentative de record. Les candidats agissent à leurs risques et périls. Guinness World Records Limited conserve l'entière liberté d'inclure ou non un record dans ses ouvrages. Être détenteur d'un record ne garantit pas sa mention dans une publication de Guinness World Records.

OFFICIALLY AMAZING

Éditeur en chef
Craig Glenday
Responsable éditorial
Stephen Fall
Mise en page
Rob Dimery, Alice Peebles
Responsable de projet
Adam Millward
Éditeur Jeux vidéo
Stephen Daultrey
Relecteurs
Matthew White
Indexation
Marie Lorimer
Éditeur iconographe
Michael Whitty
Assistant d'édition iconographe
Fran Morales

Recherches iconographiques
Saffron Fradley, Laura Nieberg
Chercheur de talents
Jenny Langridge
Directeur général de l'édition
Jenny Heller
Directeur des acquisitions
Patricia Magill
Responsable de la production éditoriale
Jane Boatfield
Assistants de production éditoriale
Roger Hawkins, Dennis Thon
Impression et façonnage
MOHN Media Mohndruck GmbH, Gütersloh, Allemagne
Fabrication de la couverture
Spectratek (Terry Conway et Mike Foster), API, GT Produktion (Bernd Salewski)

Responsable artistique
Paul Oakley
Conception graphique
Jon Addison, Nick Clark, Neal Cobourne, Nick Evans, Jane McKenna, Rebecca Buchanan Smith, Nigel Wright (XAB)
Illustrations
Tim Brown, William Donohoe, Valesca Ferrari, Tim Starkey
Conception graphique de la couverture
Paul Deacon, Neil Fitter
Gravure
Born Group
Photographies originales
Cristian Barnett, Richard Bradbury, Daniel Deme, James Ellerker, Paul Michael Hughes, Shinsuke Kamioka, Ranald Mackechnie, Gil Montano, Kevin Scott Ramos, Ryan Schude, Walter Succu

SIÈGE SOCIAL
Président-directeur général : Alistair Richards

ADMINISTRATION
Directeur financier : Alison Ozanne
Contrôleur financier : Zuzanna Reid
Responsable des comptes débiteurs : Lisa Gibbs
Comptable assistant : Jess Blake
Responsable des comptes créditeurs : Victoria Aweh
Comptabilité : Shabana Zaffar, Daniel Ralph
Responsable des opérations de négociation : Andrew Wood
Directeur des affaires juridiques et commerciales : Raymond Marshall
Avocat : Terence Tsang
Responsable des affaires juridiques et commerciales : Xiangyun Rablen
Responsable administratif : Jackie Angus
Directeur informatique DSI : Rob Howe
Support informatique : Ainul Ahmed
Développeur : Cenk Selim
Développeur assistant : Lewis Ayers

STRATÉGIE DE MARQUE MONDIALE
Directeur général de la stratégie de marque mondiale : Samantha Fay

MARKETING MONDIAL
Directrice du marketing mondial : Katie Forde
Responsable marketing B2B : Tanya Batra
Responsable marketing des produits numériques : Veronica Irons
Éditeur Web : Kevin Lynch
Community Manager : Dan Thorne
Producteur de vidéos numériques : Matt Musson
Concepteur graphique : Jon Addison
Concepteur graphique assistant : Rebecca Buchanan Smith
Assistant chef de produit : Victor Fenes

TV ET PROGRAMMATION
Directeur de la programmation et des ventes de programmes : Rob Molloy
Responsable de distribution audiovisuelle : Denise Carter-Steel/Caroline Percy
Responsable de contenu audiovisuel : Jonathon Whitton

GESTION DES RECORDS (RMT)
Directeur général des records : Marco Frigatti
Responsable des opérations RMT : Jacqui Sherlock
Responsables des records : Sam Golin, Sam Mason, Victoria Tweedy, Chris Lynch, Corinne Burns, Mark McKinley

Responsable Base de données et recherches : Carim Valerio
Responsable des certifications : Ben Backhouse
Specialistes-responsables des records : Anatole Baboukhian
Responsables service clients : Louise McLaren/ Janet Craffey
Responsable de projets senior : Alan Pixsley
Responsable Programmes – Attractions : Louise Toms
Responsable de projets : Shantha Chinniah
Consultants records : Aleksandr Vypirailenko, Sophie Molloy
Juges officiels : Eva Norroy, Lorenzo Veltri, Pravin Patel, Anna Orford, Jack Brockbank, Fortuna Burke, Lucia Sinigagliesi, Şeyda Subaşı Gemici, Chris Sheedy, Sofia Greenacre, Evelyn Carrera, Michael Empric, Philip Robertson, Mai McMillan, Glenn Pollard, Justin Patterson, John Garland, Brittany Dunn

EMEA & APAC
Directeur général EMEA & APAC : Nadine Causey
Directeur de la création : Paul O'Neill
Directeur de la communication : Amarilis Whitty
Responsable de la communication : Doug Male
Publiciste : Madalyn Bielfeld
Relations presse RU et International : Jamie Clarke
Responsable marketing B2C : Justine Tommey
Chargée de marketing B2C : Christelle BeTrong
Responsable marketing B2B : Mawa Rodriguez
Responsable des ventes livres : John Pilley
Responsable des ventes et de la distribution : Richard Stenning
Responsable des licences et de l'édition : Emma Davies
Chef des ventes : Sam Prosser
Responsables comptes clients : Lucie Pessereau, Roman Sosnovsky, Jessica Rae
Assistant comptes clients : Sadie Smith
Représentants commerciaux, Inde : Nikhil Shukla
Responsable pays, MENA : Talal Omar
Responsable de projets : Samer Khallouf
Responsable marketing B2B : Leila Issa
Responsable compte client : Muhsen Jalal

AMERIQUES
Directeur général Ameriques : Peter Harper
Directeur produits et ventes livres : Jennifer Gilmour
Comptes clés : Amanda Mochan
Directeur de RMT – Amérique latine : Carlos Martinez

Directeur RMT – Amérique du Nord : Kimberly Partrick

Responsables de comptabilité : Nicole Pando, Alex Angert, Ralph Hannah
Représentant commercial, Amérique latine : Ralph Hannah
Assistant comptable : Hanna Kubat
Responsable de la communication : Kristen Ott
Chargée de marketing B2B : Tavia Levy
Responsable de projets : Casey DeSantis
Responsable des records : Annie Nguyen
Responsable des ressources humaines : Kellie Ferrick

JAPON
Directeur général Japon : Erika Ogawa
Administrateur : Fumiko Kitagawa
Directeur de RMT : Kaoru Ishikawa
Responsable de projets : Aya McMillan
Responsable des records : Mariko Koike, Gulnaz Ukassova
Conception graphique : Momoko Cunneen
Responsable Communication et ventes : Kazami Kamioka
Responsable contenu numérique et édition : Takafumi Suzuki
Directeur des ventes et du marketing : Vihag Kulshrestha
Marketing : Asumi Funatsu
Responsable de la comptabilité : Takuro Maruyama
Comptable senior : Daisuke Katayama
Comptable : Minami Ito

CHINE ET TAÏWAN
Président : Rowan Simons
Responsable des ressources humaines : Tina Shi
Administrateur : Kate Wang
Directeur marketing : Sharon Yang
Responsable numérique : Jacky Yuan
Assistant relations presse : Leila Wang
Responsable marketing B2B : Iris Hou
Marketing : Tracy Cui
Responsable de RMT : Charles Wharton
Responsable des records : Lisa Hoffman
Responsable des records/Coordinateur de projets : Fay Jiang
Directeur de contenu : Angela Wu
Directeur commercial : Blythe Fitzwilliam
Responsable de comptabilité sénior : Dong Cheng
Responsable de comptabilité : Catherine Gao

Guinness World Records adresse ses remerciements pour leur aide dans la réalisation de cette édition à :

James Acraman ; Roger Acraman ; Alexa ; Carmen Alfonzo de Hannah ; Jamie Antoniou ; Tarik "Cilvaringz" Azzougarh ; Andrea Bánfi ; Anthony Barbieri-Low (UCSB) ; API Laminates Ltd ; Oliver Beatson ; Theresa Bebbington ; Bergsteigerschule Pontresina (Gian et Jan Peer) ; Brian Birch ; Luke Boatfield ; Joseph Boatfield ; Ryan Boatfield ; Brandon Boatfield ; Betty Bond ; Brighouse High School ; Joe Brown ; Saul Browne ; Cartoon Museum, London ; Ren et Una Cave ; CERN (Frédérick Bordry, André David, Heather Gray, Rolf-Dieter Heuer, Joanna Iwanska, Kate Kahle, Abha Eli Phoboo) ; Frank Chambers ; Martyn Chapman ; Stuart Claxton ; Clod Magazine ; Adam et Carey Cloke ; Collaboration Inc. (Mr Suzuki, Miho, Kyoto et tous leurs collègues) ; Connection Cars (Rob et Tracey Dunkerley) ; Grace Coryell (ESPN X Games) ; Cosplay Sky ; Fiona Craven (Bluehat Group) ; David Crystal ; Martyn Davis ; Fernando Delgado ; Denmaur Independent Papers Limited (Julian Townsend) ; Mrs M E Dimery ; Amy S Dimstail ; Christian Duarte ; Warren Elsmore (BRICK) ; Europroduzione (Stefano et Orsetta) ; Europroduzione srl (Renato, Paola, Alessio, Gabriela, Marcy) ; Amelia et Toby Ewen ; Benjamin Fall ; Rebecca Fall ; Jonathan Fargher ; Jonathan de Ferranti ; FJT Logistics Ltd (Ray Harper, Gavin Hennessy) ; Formulation Inc. (Yuko Hirai, Mr Suzuki, Kyoko, Miyabi) ; Forncett St Peter CEVA Primary School ; Bob Fox ; Marshall Gerometta ; Martha Gifford ; Damien Gildea ; Global Eagle Entertainment ; Paul Gravett ; Great Pumpkin Commonwealth (Ian Paton, Dave Stelts) ; Victoria Grimsell ; H J Lutcher Stark Center for Physical Culture & Sports ; Quinton Hamel ; Hampshire Sports and Prestige Cars ; Amy Cecilia Hannah ; Sophie Alexia Hannah ; Bob Headland ; Johanna Hessling ; The Himalayan Database ; HoloLens Technology Co., Ltd ; Marsha K Hoover ; Hotel Cour du Corbeau, Strasbourg ; Colin Hughes ; Icebar by Icehotel Stockholm ; ICM (Michael, Greg et Greg) ; Integrated Colour Editions Europe (Roger Hawkins, Susie Hawkins, Clare Merryfield) ; International Committee for the Study of Human Strength (ICSHS) ; Rich Johnson (Bleeding Cool) ; Enid Jones ; Michael Jungbluth ; Res Kahraman ; Richard Kebabjian (www.planecrashinfo.com) ; John Kendall (www.rubymurray.org) ; Harry Kikstra ; Rex Lane ; Orla Langton ; Thea Langton ; David Lardi ; Lionsgate (Bianca Boey, Emma Micklewright) ; Frederick Horace Lazell ; Kuo-Yu Liang (Diamond Comic Distributors) ; Lion Television (Simon, Jeremy, Nick, Kirsty, Sarah, Millie, Susan, Tom, Ruth) ; Rüdiger Lorenz ; Jason Mander (Global Web Index) ; Jonathan Mann ; Kez Margrie ; Christian de Marliave ; Dr Niki Mavropoulou ; Dave McAleer ; Helen McCarthy ; Mercedes-Benz Hanover ; Sevim Mollova ; Harriet Molloy ; Sophie, Joshua, Florence et Amara Molloy ; Colin Monteath ; Alan Moore ; Leah Moore ; Dan Mudford ; Oakleigh Park School of Swimming ; Victoria (Tori) Oakley ; Percy Inc ; Olly Pike ; Abhishek Ponia (International Premier Tennis League) ; James Pratt ; Dr Robert Pullar (University of Aveiro) ; Harro Ranter (Aviation Safety Network – www.aviation-safety.net) ; Brandon Reed ; John Reed (World Sailing Speed Record Council) ; Martyn Richards ; Joe Rodriguez ; the Rogers ; Royal Museums Greenwich (Emma Gough, Rory McEvoy, Sheryl Twigg) ; Edward et Thomas Rushmere ; RZA (aka Robert Diggs) ; Dr Michael Delle Selve (FEVE – the European Glass Container Federation) ; Michael Serra (São Paulo FC) ; Ben Shires ; Shotokan Karate, Barnet ; Dr Marios Skarvelakis (D-Waste) ; Mr Pedro Sousa (Quercus) ; Spectratek Technologies, Inc. (Terry Conway, Mike Foster) ; Glenn Speer ; Bill Spindler ; St Chad's CEVA Primary School ; Samantha Stacey ; Peter Stanbury ; Chris Staros (IDW/Top Shelf Productions) ; David Stelts ; Ray Stevenson ; Kay Sugihara ; Amy Swanson ; Sebastian Sylvester ; TG4 ; Holly, Daisy et Charlie Taylor ; Simon Thompson ; Ellan Tibbs ; Terry et Janice "Jan" Todd ; Martyn Tovey ; UPM Plattling, Germany ; Visual Data (Anita et Amy) ; Sierra Voss ; Jonah Weiland (Comic Book Resources) ; Wensum Junior School ; Sevgi et Lara White ; William, Charlie, Sally et Poppy Whelton ; the Whittons ; Beverly Williams (Production Suite) ; Mr Jim Wood (American Iron & Steel Institute) ; Daniel Woods ; Fraser Wright (IMG Tennis) ; Nigel Wright (XAB Design) ; WSSA ; Madeleine Wuschech ; Freddie et Stanley Wynne ; Matthew D Zolnowski (J A Green & Company)

Crédits photographiques

1 : Ranald Mackechnie/GWR **2** : Reuters, Paul Michael Hughes/GWR, Alamy, Ranald Mackechnie/GWR, Daniel Deme/GWR **3 (UK)** : Supercell, Getty, Reuters **3 (US)** : Supercell, Getty, Reuters **3 (CAN & INT)** : Supercell, Getty, Alamy **4** : Paul Michael Hughes/GWR, Europroducciones, CCTV **5** : Ranald Mackechnie/GWR, Diana Santamaria **9** : Jacques Habas (photo du Moulin Rouge). **10** : Alamy, NASA, Th.Hubin, Dono **11** : Alamy **12** : Alamy, Thinkstock **14** : Tim Brown, Map Resources, William Donohoe **15** : TopFoto, Alamy, Bridgeman **16** : Alamy, AP/PA **17** : Cabinet Magazine, Alamy **18** : Alamy, Paulina Holmgren **19** : Reuters, Bethel Area Chamber of Commerce **20** : Shutterstock, Corbis, Alistair McMillan, iStock **21** : Shutterstock, Aurora Photos **22** : Alamy, Getty **23** : Alamy, Rex AP/PA **24** : Shutterstock, Alamy **25** : Getty, Reuters, PA **26** : AFP, Europa Press, Zhong & Huang, Corbis **27** : Corbis, Reuters **28** : Amanda Brewer **30** : Tim Brown, Matthew H Adjemian, William Donohoe **31** : Alamy, Shutterstock **32** : Alamy, Rex, FLPA **33** : Alamy, Getty, Corbis, Getty **34** : Alamy, Fotolia **35** : SuperStock, Alamy, FLPA, Reuters, SuperStock **36** : Nature PL, Getty, Photoshot **37** : Alamy **38** : Ronai Rocha, SuperStock, Alamy, SuperStock **39** : Science Photo Library, Nature PL, Steve Woodhall, Manchester Museum, Alamy **40** : Alamy, Ardea **41** : Alamy, iStock, US Navy, Plymouth University **42** : Reuters, FLPA, iStock **43** : Alamy, Getty, Reuters **44** : Alamy, cowyeouw/Flickr, Nature PL **45** : Alamy, NHPA **46** : Alamy **47** : Alamy, Blair Hedges, Rex, Discover Fossils **48** : Getty, FLPA, Alamy **49** : Science Photo Library, Getty, SuperStock, Mandy Lowder, Reuters **50** : Paul Michael Hughes/GWR **52** : Alamy, Shutterstock **53** : Alamy **54** : Reuters **55** : Alamy, Jessica McGowan/GWR **56** : Ranald Mackechnie/GWR, Paul Michael Hughes/GWR **57** : Paul Michael Hughes/GWR, Ranald Mackechnie/GWR, Prakash Mathema/GWR **58** : Ranald Mackechnie/GWR, Gil Montano/GWR **59** : Ranald Mackechnie/GWR **60** : Abraham Joffe/Diimex, Walter Succu/GWR, Dermablend **61** : Jorge Silva/Reuters, Cristian Barnett/GWR **62** : Alamy, Mirrorpix, AP/PA, Mary Ellen Stumpfl **63** : Getty, AP/PA, NASA **64** : Paul Michael Hughes/GWR **65** : Memory Sports, Paul Michael Hughes/GWR **66** : Roger Baer **67** : Alamy **70** : Richard Bradbury/GWR, Richard Bradbury/GWR **71** : Andi Southam/Sky **73** : Getty, Paul Michael Hughes/GWR **74** : Fitness Sutra, Paul Michael Hughes/GWR **75** : Paul Michael Hughes/GWR **76** : Erik Svensson, Christian Horn **77** : Ryan Schude/GWR, Andreas Lander, Paul Michael Hughes/GWR **78** : Paul Michael Hughes/GWR **79** : ESPN, Paul Michael Hughes/GWR, Sandro Zangrando **80** : Paul Michael Hughes/GWR, Matt Crossick **81** : Ranald Mackechnie/GWR, Ryan Schude/GWR **82** : Kevin Scott Ramos/GWR **84** : William Donohoe, Nigel Andrews, Alamy **86** : Ranald Mackechnie/GWR, Richard Bradbury/GWR, Paul Michael Hughes/GWR **87** : Paul Michael Hughes/GWR **89** : Philip Robertson/GWR **90** : Alamy, Ranald Mackechnie/GWR **91** : Getty, Kevin Scott Ramos/GWR **92** : National Geographic **93** : Getty **94** : Steve Zylius, Alamy **95** : Andres Allain **96** : Ranald Mackechnie/GWR, Michel Bega **97** : Ranald Mackechnie/GWR **98** : Paul Michael Hughes/GWR, Kevin Scott Ramos/GWR **99** : Ranald Mackechnie/GWR, Cindy Goodman/North Shore News, AP/PA, Paul Michael Hughes/GWR **101** : Shropshire Star, Reuters **102** : Reuters, Alamy **104** : Getty, Alamy **105** : Alamy, Disney/Rex, New Line Cinema, Marvel/Rex **106** : Getty, Reuters, iStock **107** : Erik Kabik, Reuters, Alamy **108** : Richard Bradbury/GWR **109** : Costa Coffee, Matt Writtle **110** : Walt Disney Pictures, US Navy **111** : US Navy, Getty, Jean Leon Gerome Ferris **112** : Reuters **113** : Columbia Pictures, Alamy, Getty **114** : USAF, Alamy **115** : AP/PA, PA, Alamy **116** : Caters, Reuters **117** : Omar Almarrie, Alamy, Lindsey Hoshaw, NOAA **118** : James Ellerker/GWR, Kevin Scott Ramos/GWR **119** : Kevin Scott Ramos/GWR, Ranald Mackechnie/GWR **120** : James Ellerker/GWR, Shinsuke Kamioka/GWR **121** : Paul Michael Hughes/GWR **122** : Richard Bradbury/GWR **124** : Tim Brown, Alamy **125** : Getty, Alamy **126** : NASA, Iwan Baan, Red Bull **127** : Reuters, Visit PA Dutch Country, Alamy, Camera Press, Rex Features, Alamy **128** : Alamy **129** : Alamy, Getty **130** : Alamy, Fotolia **131** : Alamy **132** : Alamy, Brightsource, AP/PA **133** : Getty, Alamy, PA **134** : Alamy, Getty **135** : Getty, Corbis **136** : PA **138** : Daniel Deme/GWR **139** : Daniel Deme/GWR, Paul Michael Hughes/GWR, Cristian Barnett/GWR **140** : Daniel Deme/GWR **141** : Alamy, Paul Michael Hughes/GWR **142** : Corbis **144** : Tim Brown, Alamy, William Donohoe **146** : Michael McAlpine/Princeton University, Getty **147** : Frank Wojciechowski, Steffen Richter, Getty **148** : Alamy **149** : Alamy, Rex, Science Photo Library **150** : AP/PA, Getty, Bridgeman, Alamy **151** : Science Photo Library, US National Library of Medicine, Science Photo Library, Institute For Forensic Art, Alamy **152** : Johan Reinhard, Getty **153** : Alamy, Museum of London, Alamy **154** : AP/PA **155** : IBM Research, USAF, Alamy **156** : Alamy, USAF **157** : Alamy, Reuters **158** : Getty, NASA, Reuters **159** : NASA, Getty, NASA, Science Photo Library, Alamy **160** : Ranald Mackechnie/GWR **161** : Richard Bradbury/GWR **162** : Lucasfilm **164** : Alamy **165** : Alamy, Andrew Jameson **166** : Universal Pictures, New Line Cinema, Marvel Enterprises, Twentieth Century Fox, DreamWorks Animation, Paramount Pictures **167** : Alamy, Marvel Studios, Reuters, Reuters, Alamy **168** : LEGO, Alamy **169** : Zoltán Simon (SimonZ), Alamy, Ryan Schude/GWR **170** : Alamy, Getty **171** : Reuters, Alamy, Reuters, Walt Disney Pictures **174** : Paul Michael Hughes/GWR **175** : Alamy **176** : George Kalinsky, Getty, Joi Ito, Getty **177** : PA, Getty, Alamy **178** : Paul Michael Hughes/GWR, Getty **179** : Reuters, Getty, Rex, HBO **180** : Reuters, Matt Crossick, Marvel Entertainment **181** : Alamy **182** : Harambee Institute of Science & Technology **183** : Getty **185** : Sony Music, Disney, Reuters, Getty **186** : Tom McShane, Reuters **187** : Rex **188** : Red Bull **190** : Tim Brown **191** : NASA **192** : Sarah McNair-Landry, Simon Foster **193** : Tim Soper, South Pole Epic, Ranald Mackechnie/GWR, PA **194** : Shinsuke Kamioka/GWR, Alamy, Rex **195** : Paul Michael Hughes/GWR, Getty, Reuters **197** : Marcin Kin/Source, The North Face **198** : Ellen Hoke, Getty **199** : Richard Rossiter, Greg Roberts, Corbis, Getty **200** : Reuters **201** : Reuters, Scuttlebutt Sailing News **202** : AP/PA **203** : AP/PA, Paul Michael Hughes/GWR, Rex, Rex **204** : Corbis, The Seattle Times, Robert Carp, Robert Carp **205** : AP, Corbis, Alamy **206** : Reuters **207** : Alamy **208** : Tim Starkey, AP/PA **209** : Terry Todd/Rouge Fitness, AP/PA, Alamy **210** : Getty, Alamy **211** : Getty, Reuters **212** : Reuters **213** : Reuters **214** : AP/PA, Getty, Alamy **215** : Getty, Reuters **216** : Reuters, Getty, AP/PA, Getty **217** : Getty, Reuters **218** : Alamy, Lupi Spuma, William Donohoe **219** : Alamy, Getty, Reuters **220** : ESPN, Red Bull **221** : Dreamstime, Red Bull, Paul Michael Hughes/GWR **222** : Alamy, Reuters, Getty **223** : AP/PA **224** : Alamy, Reuters **225** : Alamy, Getty **226** : Reuters **227** : Alamy, Getty, Trevor Adams/GWR **228** : Getty, Reuters, Alamy **229** : Getty, John Brooks, AP/PA, Alamy **230** : Getty, Reuters, Getty **231** : Reuters, Topham, Reuters **232** : Getty, Rex **233** : Alamy, Getty **234** : Alamy, Phil Greig, Reuters **235** : Reuters, Alamy **236** : AP/PA, Getty, Alamy **237** : Reuters, Alamy **238** : Alamy, Giorgio Scala, AP/PA **239** : Alamy, Joel Marklund/Bildbyrån, Russell McKinnon, Reuters **240** : Getty, Reuters, Philip Robertson/GWR **241** : Alamy, Getty, Reuters **242** : Getty, Alamy, Reuters **243** : Reuters, Alamy, Reuters **252 (UK)** : Paul Michael Hughes/GWR, Ryan Schude/GWR, Europroducciones, High Noon Entertainment **253 (UK)** : Lion TV/BBC **252 (US)** : Alamy, Red Bull, Alamy, Ranald Mackechnie/GWR **253 (US)** : Richard Bradbury/GWR, Barry Gossage, Paul Michael Hughes/GWR **254 (UK)** : Paul Michael Hughes/GWR, Ranald Mackechnie/GWR, Alamy **255 (UK)** : Paul Michael Hughes/GWR, Ranald Mackechnie/GWR **254 (US)** : Shutterstock, Getty **255 (US)** : Getty, Reuters, Alamy, Reuters **254 (CAN & INT)** : Alamy **255 (CAN & INT)** : National Maritime Museum, Reuters **Endpapers** : Valesca Ferrari

CONTRIBUTEURS

Hans Åkerstedt
La passion d'Hans pour le vol se révèle dans son enfance quand on lui offre un livre relatant les aventures de l'aviateur Biggles. Son enthousiasme le mène à l'obtention de sa licence de vol à voile. Il s'engage dans l'armée de l'air suédoise en 1962, devient pilote en 1963 et rejoint l'aviation civile en 1969 jusqu'à sa retraite en 2002. Parmi d'autres honneurs, Hans est le délégué suédois de la commission aérostation de la Fédération aéronautique internationale (FAI) depuis 1974 et membre de la commission astronautique de la FAI depuis 2010.

Docteur Mark Aston
FRAS ; CPhys ; MInstP ; docteur en optique ondulatoire ; BSc (Hons) en physique et astrophysique
Mark, ingénieur et physicien, a plus de 20 ans d'expérience dans l'industrie et à l'université. De la conception de télescopes, afin de percer les mystères de l'espace, à la création de feux de circulation à haute visibilité, il possède un vaste éventail de compétences dans les domaines scientifiques et techniques. Mark travaille au GWR depuis plus de 5 ans.

Professeur Iain Borden *BA ; MA ; MSc ; PhD ; membre du Royal Institute of British Architects*
Iain est professeur d'architecture et de cultures urbaines, et vice-doyen chargé de la communication à la Bartlett faculty de l'University College de Londres. Il est l'auteur de plus de 100 livres et articles : de l'architecture à l'urbanisme, en passant par la conduite automobile, le cinéma et le skateboard.

Rob Cave *BA (Hons) anglais et communication ; CELTA* Rob a commencé sa carrière d'éditeur en publiant des encyclopédies sur la nature et des magazines sur l'ingénierie électrique avant d'écrire et d'éditer des ouvrages sur ses deux passions : les comics et les jeux vidéo. Il a travaillé sur BleedingCool. com, *500 Essential Graphic Novels* (2008) et *1001 Comics You Must Read Before You Die* (2011). Il œuvre comme consultant pour GWR sur les comics, les mangas et les romans graphiques, ainsi que pour la *Gamer's Edition*.

Creative Urban Projects Inc.
CUP est une agence d'urbanisme spécialisée dans les téléphériques et les télécabines. Elle utilise les méthodes de la recherche appliquée et adaptative les plus pointues, associées à un processus de réflexion interdisciplinaire, pour développer de nouveaux concepts et aider chaque ville à résoudre les défis spécifiques auxquels elle est confrontée.

Dick Fiddy
Auteur et chercheur, Dick s'est spécialisé dans les archives télévisuelles. D'abord scénariste, il a ensuite travaillé comme consultant pour des organismes tels que la BBC et le British Film Institute (BFI).

David Fischer
David a écrit de nombreux ouvrages sur le sport, dont les plus récents *Derek Jeter : Thanks for the Memories* et *Facing Mariano Rivera* (publiés en 2014). Il a collaboré à *The New York Times*, *Sports Illustrated for Kids* et *Sports Illustrated*, *NBC Sports* et *The National Sports Daily*. David est le consultant de Guinness World Records pour les sports américains depuis 2006.

Mike Flynn
Mike est l'auteur de nombreux best-sellers, de sites web récompensés et d'expositions avant-gardistes. Ancien conservateur du musée des Sciences de Londres, il a énormément publié dans les domaines suivants : science, technologie, mathématique, histoire, culture populaire et musique.

Justin Garvanovic
Cofondateur de The Roller Coaster Club of Great Britain en 1988, Justin a ensuite créé le magazine *First Drop* pour les fans de montagnes russes. En 1996, il fonde The European Coaster Club. Justin participe à la conception de nombreuses montagnes russes et photographie les attractions pour divers parcs et fabricants.

Le centre H. J. Lutcher Stark pour la culture physique et les sports
Basé à l'université du Texas à Austin (USA), le Stark Center est dirigé par les professeurs Terry et Jan Todd et abrite la principale collection mondiale consacrée à la culture physique. Les Todd ont détenu des records mondiaux de force athlétique *(powerlifting)* et Jan est apparue pendant plus de 10 ans dans GWR. Ils publient la revue *Iron Game History* et siègent à la Commission pour l'étude de la force humaine, consacrée à la réglementation des sports de force.

Ben Haggar
Né dans une famille de cinéphiles – son arrière-grand-père fut un pionnier du cinéma muet au pays de Galles –, la passion de Ben s'est éveillée après avoir vu *Le Livre de la jungle*, à 3 ans, dans le cinéma de son père. Trente ans plus tard, il passe toujours le plus clair de son temps à faire des recherches, à écrire et surtout à regarder des films.

Ralph Hannah
BA (Hons) en histoire
Passionné de sport, spécialiste de la statistique, Ralph travaille avec Guinness World Records depuis 8 ans. Il vit actuellement à Luque (Paraguay), où il déniche de nouveaux records mondiaux dans la région. En tant que fan d'Arsenal, son record préféré reste l'**invincibilité la plus longue en Premier League**.

Dave Hawksett
Dave a été le principal contributeur et consultant scientifique de GWR pendant 15 ans. Ayant étudié l'astrophysique et la planétologie, il a une vraie passion pour la vulgarisation scientifique. Fondateur du UK Planetary Forum, il a travaillé pour la télévision et enseigné. Il a conseillé le gouvernement et l'industrie spatiale.

Bruce Nash
Président de Nash Information Services, LLC, il est le principal fournisseur de données, statistiques et conseils sur l'industrie cinématographique. Il gère trois services : The Numbers (www. the-numbers.com), site fournissant le box-office et les statistiques des ventes de vidéo, l'OpusData, services de données cinématographiques, et un service de recherches à destination de toute l'industrie.

Eberhard Jurgalski
Depuis l'enfance, Eberhard est fasciné par les montagnes. En 1981, il répertorie officiellement les plus hautes montagnes d'Asie. Il développe le système d'« Égalité de l'altitude », méthode universelle de classement des chaînes et pics montagneux. Son site web, 8000ers.com, est devenu la source principale de statistiques consacrées à l'altitude de l'Himalaya et du Karakoram. Il est le coauteur de *Herausforderung 8000er*, le guide faisant autorité sur les 14 sommets mondiaux de plus de 8 000 m.

Ocean Rowing Society International (ORS Int.)
Elle a été créée en 1983 par Kenneth F. Crutchlow et Peter Bird, rejoints plus tard par Tom Lynch et Tatiana Rezvaya-Crutchlow. La société tient un fichier des tentatives de traversées océaniques à la rame (ainsi que des zones maritimes les plus vastes, telles que la mer de Tasmanie ou des Caraïbes, et des expéditions autour des îles Britanniques). L'ORS classe, vérifie et arbitre tous les exploits concernant les traversées océaniques à la rame.

Glen O'Hara
MA en histoire moderne ; MSc en histoire économique ; PhD
Glen est professeur d'histoire moderne et contemporaine à l'Oxford Brookes University. Il a également enseigné à l'université de Bristol et à celle d'Oxford. Il est l'auteur d'une série d'ouvrages sur la Grande-Bretagne à l'époque moderne, parmi lesquels *Britain and the Sea Since 1600* (2010) et *Governing Post-War Britain : The Paradoxes of Progress, 1951-1973* (2012).

Docteur Paul Parsons *DPhil en cosmologie théorique*
Après des études le destinant à la recherche, il est devenu rédacteur en chef du magazine

de la BBC consacré à la science et à la technologie, *Focus*. Il est l'auteur de *The Science of Doctor Who*. Il travaille pour un bookmaker pour lequel il bâtit des modèles mathématiques liés au sport.

Docteur Clara Piccirillo *PhD en science des matériaux*

Chercheuse en science des matériaux et en microbiologie depuis une vingtaine d'années, elle s'intéresse à la vulgarisation scientifique et écrit des articles en ligne sur la recherche, les découvertes scientifiques et leurs applications pratiques dans notre vie quotidienne (cf. www.decodedscience.com/author/clara-piccirillo).

Docteur Nancy L Segal *BA en psychologie et anglais ; MA en science sociale ; PhD en sciences comportementales.*

Postdoctoral Fellow et Research Associate à l'université du Minnesota (1982-1991)
Professeur de psychologie et directrice du Twin Studies Center à l'université d'État de Californie, à Fullerton (USA), elle est l'auteure de plus de 200 publications et de plusieurs ouvrages sur les jumeaux. *Born Together – Reared Apart : The Landmark Minnesota Twin Study* (2012) a remporté en 2013 le William James Book Award de l'American Psychological Association. Elle a également reçu le James Shields Award for Lifetime Contributions to Twin Research de l'International Society for Twin Studies en 2005.

Natasha Sheldon *BA (Hons) en histoire de l'antiquité et en archéologie ; MA en histoire de l'Antiquité et historiographie*

Natasha étudie et publie dans les domaines de l'Antiquité et de l'archéologie. Ses articles ont paru dans Italianvisits.com, TravelThruHistory.com et DecodedPast.com. Parmi les livres de Natasha, on citera *Discovering Pompeii* (2013), *Not a Guide to Leicester* (2013) et *Leicester in 100 Dates* (2014). Son site : www.ancienthistoryarchaeology.com.

Docteur Karl P. N. Shuker *BSc (Hons) en zoologie ; PhD en zoologie et physiologie comparative ; membre de la Zoological Society of London ; membre de la Royal*

Entomological Society ; membre de la Society of Authors
Karl est zoologiste free-lance, consultant média et auteur de 21 ouvrages et de plusieurs centaines d'articles couvrant tous les aspects de l'histoire naturelle. Il s'intéresse plus particulièrement aux animaux atypiques, et surtout aux espèces nouvelles, redécouvertes ou inconnues, et aux animaux incroyables (en termes de record), aux bêtes mythologiques, folkloriques et légendaires.

Matthew White

« Matt les Stats » a été correcteur et documentaliste pour les quatre dernières éditions de la « Bible de la pop », *British Hit Singles & Albums* (2002-2006), ainsi que l'éditeur d'une version en ligne de cet ouvrage. Correcteur pour le *Guinness World Records* depuis 2008 et la *Gamer's Edition* depuis 2009, il est consultant GWR pour la musique, le cricket et le tennis. Les connaissances de Matthew sur la musique populaire irriguent des livres tels que *Top 40 Charts* (2009) et la série *Rock Atlas* (2011-présent), ainsi que des projets lancés, entre autres, par EMI ou l'Official Charts Company.

Colonel Stephen Wrigley, RAF

Après être devenu pilote au RAF College Cranwell, Stephen a pris les commandes d'avions de transport. Il a participé à des échanges avec l'armée de l'air allemande et, plus tard, a commandé le 47e Squadron et ses Hercules C-130. Enfin, il a servi comme officier de liaison et a œuvré dans le renseignement avant d'être propulsé attaché militaire. Depuis 15 ans, il est consultant militaire. Stephen est également linguiste.

Robert D. Young *MA en gérontologie ; MA en histoire*

Robert est le consultant senior de GWR pour la gérontologie. Il met à jour les listes des personnes les plus âgées du monde pour le Gerontology Research Group (GRG) depuis 1999, et a travaillé avec le Max Planck Institute for Demographic Research et l'International Database on Longevity. En 2015, il devient directeur du Supercentenarians Department du Gerontology Research Group. Robert est l'auteur de *African-American Longevity Advantage : Myth or Reality?* (2009).

Codes des pays

ABW	Aruba
AFG	Afghanistan
AGO	Angola
AIA	Anguilla
ALB	Albanie
AND	Andorre
ANT	Antilles néerlandaises
ARG	Argentine
ARM	Arménie
ASM	Samoa américaines
ATA	Antarctique
ATF	Terres australes et antarctiques françaises
ATG	Antigua-et-Barbuda
AUS	Australie
AUT	Autriche
AZE	Azerbaïdjan
BDI	Burundi
BEL	Belgique
BEN	Bénin
BFA	Burkina Faso
BGD	Bangladesh
BGR	Bulgarie
BHR	Bahreïn
BHS	Bahamas
BIH	Bosnie-Herzégovine
BLR	Biélorussie
BLZ	Belize
BMU	Bermudes
BOL	Bolivie
BRA	Brésil
BRB	Barbade
BRN	Brunei Darussalam
BTN	Bhoutan
BVT	Bouvet (île)
BWA	Botswana
CAF	République centrafricaine
CAN	Canada
CCK	Cocos (îles)
CHE	Suisse
CHL	Chili
CHN	Chine
CIV	Côte d'Ivoire
CMR	Cameroun
COD	République démocratique du Congo
COG	Congo
COK	Cook (îles)
COL	Colombie
COM	Comores
CPV	Cap-Vert
CRI	Costa Rica
CUB	Cuba
CXR	Christmas (île)
CYM	Caïmans (îles)
CYP	Chypre
CZE	République tchèque
DEU	Allemagne
DJI	Djibouti
DMA	Dominique
DNK	Danemark
DOM	République dominicaine
DZA	Algérie
ECU	Équateur
EGY	Égypte
ERI	Érythrée
ESH	Sahara occidental
ESP	Espagne
EST	Estonie
ETH	Éthiopie
FIN	Finlande
FJI	Fiji
FLK	Îles Malouines (Falkland/Malvinas)
FRA	France
FRG	Allemagne de l'Ouest
FRO	Îles Féroé
FSM	Micronésie, États fédérés
FXX	France métropolitaine
GAB	Gabon
GEO	Géorgie
GHA	Ghana
GIB	Gibraltar
GIN	Guinée
GLP	Guadeloupe
GMB	Gambie
GNB	Guinée-Bissau
GNQ	Guinée équatoriale
GRC	Grèce
GRD	Grenade
GRL	Groenland
GTM	Guatemala
GUF	Guyane française
GUM	Guam
GUY	Guyana
HKG	Hong Kong
HMD	Heard-and-McDonald (îles)
HND	Honduras
HRV	Croatie
HTI	Haïti
HUN	Hongrie
IDN	Indonésie
IND	Inde
IOT	Territoire britannique de l'océan Indien
IRL	Irlande
IRN	Iran
IRQ	Irak
ISL	Islande
ISR	Israël
ITA	Italie
JAM	Jamaïque
JOR	Jordanie
JPN	Japon
KAZ	Kazakhstan
KEN	Kenya
KGZ	Kirghizstan
KHM	Cambodge
KIR	Kiribati
KNA	Saint-Kitts-et-Nevis
KOR	Corée, République de
KWT	Koweït
LAO	Laos
LBN	Liban
LBR	Liberia
LBY	Libye
LCA	Sainte-Lucie
LIE	Liechtenstein
LKA	Sri Lanka
LSO	Lesotho
LTU	Lituanie
LUX	Luxembourg
LVA	Lettonie
MAC	Macao
MAR	Maroc
MCO	Monaco
MDA	Moldavie
MDG	Madagascar
MDV	Maldives
MEX	Mexique
MHL	Marshall (îles)
MKD	Macédoine
MLI	Mali
MLT	Malte
MMR	Myanmar (Birmanie)
MNE	Monténégro
MNG	Mongolie
MNP	Îles Marianne du Nord
MOZ	Mozambique
MRT	Mauritanie
MSR	Montserrat
MTQ	Martinique
MUS	Maurice
MWI	Malawi
MYS	Malaisie
MYT	Mayotte
NAM	Namibie
NCL	Nouvelle-Calédonie
NER	Niger
NFK	Norfolk (île)
NGA	Nigeria
NIC	Nicaragua
NIU	Niue
NLD	Pays-Bas
NOR	Norvège
NPL	Népal
NRU	Nauru
NZ	Nouvelle-Zélande
OMN	Oman
PAK	Pakistan
PAN	Panama
PCN	Pitcairn (îles)
PER	Pérou
PHL	Philippines
PLW	Palaos
PNG	Papouasie-Nouvelle-Guinée
POL	Pologne
PRI	Porto Rico
PRK	Corée, République populaire démocratique de
PRT	Portugal
PRY	Paraguay
PYF	Polynésie française
QAT	Qatar
REU	Réunion
ROM	Roumanie
RUS	Fédération de Russie
RWA	Rwanda
SAU	Arabie saoudite
SDN	Soudan
SEN	Sénégal
SGP	Singapour
SGS	Géorgie du Sud et les îles Sandwich du Sud
SHN	Sainte-Hélène
SJM	Svalbard et Jan Mayen
SLB	Salomon (îles)
SLE	Sierra Leone
SLV	Salvador
SMR	Saint-Marin
SOM	Somalie
SPM	Saint-Pierre-et-Miquelon
SRB	Serbie
SSD	Soudan du Sud
STP	São Tomé et Príncipe
SUR	Suriname
SVK	Slovaquie
SVN	Slovénie
SWE	Suède
SWZ	Swaziland
SYC	Seychelles
SYR	Syrie
TCA	Turks-et-Caicos (îles)
TCD	Tchad
TGO	Togo
THA	Thaïlande
TJK	Tadjikistan
TKL	Tokelau
TKM	Turkménistan
TMP	Timor oriental
TON	Tonga
TPE	Taïwan (Taipei chinois)
TTO	Trinité-et-Tobago
TUN	Tunisie
TUR	Turquie
TUV	Tuvalu
TZA	Tanzanie
UAE	Émirats arabes unis
UGA	Ouganda
UK	Royaume-Uni
UKR	Ukraine
UMI	Îles mineures éloignées des États-Unis
URY	Uruguay
USA	États-Unis d'Amérique
UZB	Ouzbékistan
VAT	Saint-Siège (Vatican)
VCT	Saint-Vincent-et-les-Grenadines
VEN	Venezuela
VGB	Îles Vierges (britanniques)
VIR	Îles Vierges (USA)
VNM	Vietnam
VUT	Vanuatu
WLF	Wallis-et-Futuna
WSM	Samoa
YEM	Yémen
ZAF	Afrique du Sud
ZMB	Zambie
ZWE	Zimbabwe

DERNIÈRE MINUTE

De décembre 1997 à 2014, Eiichiro Oda (Japon) a vendu **320 866 000 exemplaires** de *One Piece* – le **plus d'exemplaires vendus d'un manga**.

EN CHIFFRES

8,04 s
Le plus rapide à manger un Ferrero Rocher sans les mains, par Thomas Gangstad (Norvège), le 23 février 2015.

1 h, 16 min et 36 s
La marche de 20 km sur route la plus rapide (homme), par Yusuke Suzuki (Japon), à Nomi, Ishikawa (Japon), le 15 mars 2015.

60 ans
Nombre d'années depuis la création de l'Eurovision de la chanson, la **compétition musicale télévisée annuelle la plus ancienne**.

70 252
Public le plus nombreux pour une cérémonie de remise de prix musicaux, lors de la 50ᵉ Academy of Country Music Awards (USA), à Arlington (Texas, USA), le 19 avril 2015.

26 710
Le plus de sandwichs préparés en 1 h, par Which Wich Superior Sandwiches (USA) à Dallas (Texas, USA), le 15 janvier 2015.

La plus grande leçon d'hygiène bucco-dentaire

Le 24 mars 2015, au Caire (Égypte), le géant du dentifrice Signal a organisé un « brush-in » avec 1 148 participants, dont 95 % d'enfants. Il s'agissait de célébrer la Journée mondiale de la santé bucco-dentaire 2015.

Le plus grand spectacle acrobatique aérien

Le 16 août 2014, lors de la cérémonie d'ouverture des jeux Olympiques de la jeunesse, à Nankin (Chine), 106 jeunes du Comité d'organisation olympique de la jeunesse de Nankin et de l'école d'art martial Shaolin Tagou de Dengfeng (tous deux Chine) ont dessiné un entrelacement dans le ciel nocturne. Ce spectacle a nécessité 5 km de câbles ; certains participants étaient suspendus à 42 m du sol.

La plus grande image pyrotechnique

Sur l'hippodrome de Meydan à Dubaï (EAU), le 28 mars 2015, Fireworks by Grucci (USA) a créé une image de 65 526 m². Représentant le drapeau national des Émirats arabes unis, elle était « peinte » grâce à 648 « pixels » séparés – des fusées embarquant une puce contrôlant leur détonation – en l'honneur du 20ᵉ anniversaire de la Dubaï World Cup.

La plus haute résolution pour une image astronomique

Conçu par la NASA et l'ESA, le télescope spatial *Hubble* a réalisé une image de la galaxie d'Andromède avec une résolution de 780 800 x 1 388 160 pixels, publiée en janvier 2015.

La plus grande danse aux rubans

Le Blue Ribbon Children's Festival se tient tous les ans au Music Center du centre de Los Angeles (Californie, USA), afin d'éveiller l'intérêt des jeunes pour les arts du spectacle. Le 9 avril 2015, 2 321 écoliers et enseignants venus des écoles locales ont réalisé pendant plus de 5 min une chorégraphie de danse aux rubans.

La plus grande de collection de...

- **Objets *Skylanders* :** Christopher Desaliza (USA) de Pace (Floride, USA) possédait 4 100 objets différents tirés de ce jeu vidéo extrêmement populaire au 27 janvier 2015.
- **Objets associés aux pyramides :** Vladimir Spivakovsky (Ukraine) a rassemblé 1 292 objets différents liés aux pyramides de Gizeh. Ils ont été comptés à Kiev (Ukraine), le 2 mars 2015.
- **Balles de golf dédicacées :** Joe Galiardi (USA) a rassemblé 204 balles de golf dédicacées par différents joueurs professionnels. La vérification a eu lieu à Cupertino (Californie, USA), le 1ᵉʳ mars 2015. Sa 1ʳᵉ balle a été signée par Arnold Palmer en 1989.

Le trajet Le Caire-Le Cap à vélo le plus rapide

Entre le 2 janvier et le 2 mars 2015, Keegan Longueira (Afrique du Sud) a traversé à vélo le continent africain du Caire (Égypte) au Cap (Afrique du Sud), en 59 jours, 8 h et 30 min – une épopée de plus de 10 500 km.

Le patient le plus jeune opéré à cœur ouvert

Chanel Murrish (RU, née le 24 février 2014) avait 1 min lorsqu'elle a été opérée à Newcastle (RU), le 24 février 2014. Affectée d'une maladie rare, seule une moitié de son cœur battait à sa naissance. Une semaine plus tard, elle a subi une nouvelle opération. Elle a pu quitter l'hôpital et gagner son domicile à l'âge de 3 mois.

Le plus grand smiley humain

Le 27 mars 2015, Smile Hypermarket (Qatar) a créé un smiley humain avec 4 047 participants, au West End Park International Cricket Stadium de Doha (Qatar). Étudiants et enfants se sont réunis pour fêter le lancement de l'hypermarché, au DragonMart complex.

La plus longue animation d'un talk-show radiophonique (en équipe)

Du 1ᵉʳ au 3 avril 2015, au studio de la radio russe, à Moscou (Russie), les animateurs du *Morning Radio Show* – Vadim Voronov, Alisa Selezneva et Dmitry Olenin (tous Russie) – ont animé un talk-show pendant 60 h. Organisée pour célébrer le 20ᵉ anniversaire de la station, cette tentative a été réalisée par la même équipe qui avait établi le précédent record de 52 h en 2010.

Les personnes les plus « likées » sur Facebook

Le 20 avril 2015, la chanteuse Shakira (née Shakira Mebarak Ripoll, Colombie) a partagé sur les réseaux sociaux une photographie d'elle-même tenant 3 certificats GWR : **personne la plus « likée » sur Facebook** (87 042 153 au 25 avril 2014), **1ʳᵉ personne à atteindre 100 millions de « likes »** (le 18 juillet 2014) et **plus longue présence en tête du hit-parade US Hot Latin Songs** (25 semaines pour *La Tortura*).

Le 6 mai 2015, tandis que le *GWR* allait être mis sous presse, Shakira a perdu son titre pour les « likes » sur Facebook au profit du footballeur du Real Madrid Cristiano Ronaldo (Portugal) et ses 102 782 302 « likes ». La star latina de la pop reste la **femme la plus « likée » sur Facebook**.

INFO
La Tortura de Shakira a perdu son record : *Bailando* d'Enrique Iglesias (Espagne) l'a dépassée en octobre 2014 avec 26 semaines consécutives en tête du classement Hot Latin Songs ; elle y est restée 41 semaines.